U0899152

# 监狱刑罚执行涉诉

# 法律实务

JIANYU XINGFA ZHIXING SHESU
FALV SHIWU

辽宁省沈阳市城郊地区人民检察院　编著

中国检察出版社

图书在版编目（CIP）数据

监狱刑罚执行涉诉法律实务／辽宁省沈阳市城郊地区人民检察院编著．—北京：中国检察出版社，2024.1
ISBN 978-7-5102-2980-0

Ⅰ.①监… Ⅱ.①辽… Ⅲ.①监狱-刑罚-执行（法律）-研究-中国 Ⅳ.①D926.7

中国国家版本馆 CIP 数据核字(2024)第 011411 号

**监狱刑罚执行涉诉法律实务**

辽宁省沈阳市城郊地区人民检察院　编著

**责任编辑**：侯逸霄
**技术编辑**：王英英
**封面设计**：徐嘉武

**出版发行**：中国检察出版社
**社　　址**：北京市石景山区香山南路 109 号（100144）
**网　　址**：中国检察出版社（www.zgjccbs.com）
**编辑电话**：（010）86423796
**发行电话**：（010）86423726　86423727　86423728
（010）86423730　86423732
**经　　销**：新华书店
**印　　刷**：唐山玺诚印务有限公司
**开　　本**：710 mm×960 mm　16 开
**印　　张**：24.75
**字　　数**：452 千字
**版　　次**：2024 年 1 月第一版　　2024 年 5 月第二次印刷
**书　　号**：ISBN 978-7-5102-2980-0
**定　　价**：76.00 元

# 《监狱刑罚执行涉诉法律实务》编委会

主　　编：郑　郁

编　　委：张　韧　吴　伟　平建芳
　　　　　高　岩　王　敏　彭云杰
　　　　　李海燕　王子东

执行编委：平建芳　彭云杰　李海燕
　　　　　王子东

# 序　言

党的二十大报告强调“坚持全面依法治国，推进法治中国建设”。监狱刑罚执行工作是中国特色社会主义法治建设的重要一环，也是严格规范公正文明执法的重点领域，作为刑事诉讼的最后环节，事关人民群众对公平公正感受的“最后一公里”。检察机关作为国家法律监督机关，是全面建设社会主义现代化法治国家的重要参与者、推动者，而监狱检察作为检察机关的传统职能，肩负着保证国家法律在刑罚执行活动中正确实施、保障罪犯合法权益、维护监管秩序稳定的重要使命。辽宁省沈阳市城郊地区人民检察院现承担沈阳地区10所监狱的法律监督职责。日常工作中，通过与监狱干警、检察人员等进行座谈交流，发现监狱执法活动和对其监督工作的规范性还有进一步提高的空间，监狱干警和检察人员的履职能力水平还需不断提升，如何着力破解制约“高质效办好每一个案件”的难题，成为刑罚执行机关和检察机关需要共同思考和解决的重点问题之一。

工欲善其事，必先利其器。在与监狱干警并肩作战的过程中，我们发现涉及监狱刑罚执行相关的法律法规较多，这些法律法规涉及的职能部门也比较多，但是对其进行系统归纳整理的法律实务书籍较少，一定程度上制约了监狱刑罚执行工作的高质效开展。在充分筹备后，我院组织本院业务骨干编写《监狱刑罚执行涉诉法律实务》一书，主要从实用性角度出发，结合一线刑罚执行工作和检察工作实践，对监狱刑罚执行和对其进行法律监督涉及的相关法律法规进行梳理，突出针对性和可操作性，旨在强化刑罚执行机关和检察机关工作标准化水平，进一步规范减刑、假释、暂予监外执行案件，罪犯又犯罪案件，罪犯死亡和其他监管事故案件，刑事审判监督案件等几类常见案件办理。同时兼顾警示教育，以案释法。

国法如炉，吴钩赛雪。希望本书能够成为监狱系统战友们手中的又一件执法利器，更希望本书为刑罚执行机关和检察机关工作人员带来工作上的便利，不断夯实业务素质基础，提高执法、司法的质量和效率，将“有质量的数量”和“有数量的质量”有机统一，确保刑罚执行公平公正，以高素质的法治工作队伍助推法治工作现代化。由于能力水平有限，本书还有诸多不足，请大家及时提出宝贵意见建议，为本书的进一步修改完善提供帮助。在此，也对中国检察出版社的编辑老师在本书出版过程中的悉心指导和付出表示诚挚的感谢。

辽宁省沈阳市城郊地区人民检察院

分党组书记、检察长　郑郁

# 目　录

## 第一章　罪犯减刑、假释、暂予监外执行案件办理



## 第二章　罪犯又犯罪案件办理

## 第三章 罪犯死亡案件和其他监管事故案件办理

## 第四章 刑事审判监督案件的办理

# 第五章　警钟长鸣——监狱工作人员犯罪风险防范

# 第一章

# 罪犯减刑、假释、暂予监外执行案件办理

# 第一节　罪犯减刑、假释案件办理

## 一、实体规定

### （一）减刑、假释的价值功能

**最高人民法院《关于办理减刑、假释案件具体应用法律的规定》**（自2017年1月1日起施行，法释〔2016〕23号）（节录）

**第一条**　减刑、假释是激励罪犯改造的刑罚制度，减刑、假释的适用应当贯彻宽严相济刑事政策，最大限度地发挥刑罚的功能，实现刑罚的目的。

### （二）减刑、假释的基本条件

1.《**中华人民共和国刑法**》（2020年12月26日修正）（节录）

**第七十八条**　被判处管制、拘役、有期徒刑、无期徒刑的犯罪分子，在执行期间，如果认真遵守监规，接受教育改造，确有悔改表现的，或者有立功表现的，可以减刑；有下列重大立功表现之一的，应当减刑：

（一）阻止他人重大犯罪活动的；

（二）检举监狱内外重大犯罪活动，经查证属实的；

（三）有发明创造或者重大技术革新的；

（四）在日常生产、生活中舍己救人的；

（五）在抗御自然灾害或者排除重大事故中，有突出表现的；

（六）对国家和社会有其他重大贡献的。

减刑以后实际执行的刑期不能少于下列期限：

（一）判处管制、拘役、有期徒刑的，不能少于原判刑期的二分之一；

（二）判处无期徒刑的，不能少于十三年；

（三）人民法院依照本法第五十条第二款规定限制减刑的死刑缓期执行的犯罪分子，缓期执行期满后依法减为无期徒刑的，不能少于二十五年，缓期执行期满后依法减为二十五年有期徒刑的，不能少于二十年。

**第八十一条** 被判处有期徒刑的犯罪分子，执行原判刑期二分之一以上，被判处无期徒刑的犯罪分子，实际执行十三年以上，如果认真遵守监规，接受教育改造，确有悔改表现，没有再犯罪的危险的，可以假释。如果有特殊情况，经最高人民法院核准，可以不受上述执行刑期的限制。

对累犯以及因故意杀人、强奸、抢劫、绑架、放火、爆炸、投放危险物质或者有组织的暴力性犯罪被判处十年以上有期徒刑、无期徒刑的犯罪分子，不得假释。

对犯罪分子决定假释时，应当考虑其假释后对所居住社区的影响。

2. **《中华人民共和国监狱法》**（2012 年 10 月 26 日修正）（节录）

**第二十九条** 被判处无期徒刑、有期徒刑的罪犯，在服刑期间确有悔改或者立功表现的，根据监狱考核的结果，可以减刑。有下列重大立功表现之一的，应当减刑：

（一）阻止他人重大犯罪活动的；

（二）检举监狱内外重大犯罪活动，经查证属实的；

（三）有发明创造或者重大技术革新的；

（四）在日常生产、生活中舍己救人的；

（五）在抗御自然灾害或者排除重大事故中，有突出表现的；

（六）对国家和社会有其他重大贡献的。

3. **最高人民法院《关于办理减刑、假释案件具体应用法律的规定》**（自 2017 年 1 月 1 日起施行，法释〔2016〕23 号）（节录）

**第二条** 对于罪犯符合刑法第七十八条第一款规定“可以减刑”条件的案件，在办理时应当综合考察罪犯犯罪的性质和具体情节、社会危害程度、原判刑罚及生效裁判中财产性判项的履行情况、交付执行后的一贯表现等因素。

**第十二条** 被判处死刑缓期执行的罪犯经过一次或者几次减刑后，其实际执行的刑期不得少于十五年，死刑缓期执行期间不包括在内。

死刑缓期执行罪犯在缓期执行期间不服从监管、抗拒改造，尚未构成犯罪的，在减为无期徒刑后再减刑时应当适当从严。

**第十五条** 对被判处终身监禁的罪犯，在死刑缓期执行期满依法减为无期徒刑的裁定中，应当明确终身监禁，不得再减刑或者假释。

**第二十二条** 办理假释案件，认定“没有再犯罪的危险”，除符合刑法第八十一条规定的情形外，还应当根据犯罪的具体情节、原判刑罚情况，在刑罚执行中的一贯表现，罪犯的年龄、身体状况、性格特征，假释后生活来源以及监管条件等因素综合考虑。

**第二十三条** 被判处有期徒刑的罪犯假释时，执行原判刑期二分之一的时间，应当从判决执行之日起计算，判决执行以前先行羁押的，羁押一日折抵刑期一日。

被判处无期徒刑的罪犯假释时，刑法中关于实际执行刑期不得少于十三年的时间，应当从判决生效之日起计算。判决生效以前先行羁押的时间不予折抵。

被判处死刑缓期执行的罪犯减为无期徒刑或者有期徒刑后，实际执行十五年以上，方可假释，该实际执行时间应当从死刑缓期执行期满之日起计算。死刑缓期执行期间不包括在内，判决确定以前先行羁押的时间不予折抵。

**第二十四条** 刑法第八十一条第一款规定的“特殊情况”，是指有国家政治、国防、外交等方面特殊需要的情况。

**第二十五条** 对累犯以及因故意杀人、强奸、抢劫、绑架、放火、爆炸、投放危险物质或者有组织的暴力性犯罪被判处十年以上有期徒刑、无期徒刑的罪犯，不得假释。

因前款情形和犯罪被判处死刑缓期执行的罪犯，被减为无期徒刑、有期徒刑后，也不得假释。

**第二十七条** 对于生效裁判中有财产性判项，罪犯确有履行能力而不履行或者不全部履行的，不予假释。

**4. 最高人民法院《关于办理减刑、假释案件具体应用法律的补充规定》**（自2019年6月1日起施行，法释〔2019〕6号）（节录）

为准确把握宽严相济刑事政策，严格执行《最高人民法院关于办理减刑、假释案件具体应用法律的规定》，现对《中华人民共和国刑法修正案（九）》施行后，依照刑法分则第八章贪污贿赂罪判处刑罚的原具有国家工作人员身份的罪犯的减刑、假释补充规定如下：

**第一条** 对拒不认罪悔罪的，或者确有履行能力而不履行或者不全部履行生效裁判中财产性判项的，不予假释，一般不予减刑。

## （三）“确有悔改表现”的认定条件

**1. 最高人民法院《关于办理减刑、假释案件具体应用法律的规定》**（自2017年1月1日起施行，法释〔2016〕23号）（节录）

**第三条** “确有悔改表现”是指同时具备以下条件：

（一）认罪悔罪；

（二）遵守法律法规及监规，接受教育改造；

（三）积极参加思想、文化、职业技术教育；

（四）积极参加劳动，努力完成劳动任务。

对职务犯罪、破坏金融管理秩序和金融诈骗犯罪、组织（领导、参加、包庇、纵容）黑社会性质组织犯罪等罪犯，不积极退赃、协助追缴赃款赃物、赔偿损失，或者服刑期间利用个人影响力和社会关系等不正当手段意图获得减刑、假释的，不认定其“确有悔改表现”。

罪犯在刑罚执行期间的申诉权利应当依法保护，对其正当申诉不能不加分析地认为是不认罪悔罪。

**2. 最高人民法院、最高人民检察院、公安部、司法部《关于加强减刑、假释案件实质化审理的意见》**（自 2021 年 12 月 1 日起施行，法发〔2021〕31 号）（节录）

5. 严格审查罪犯服刑期间改造表现的考核材料。对于罪犯的计分考核材料，应当认真审查考核分数的来源及其合理性等，如果存在考核分数与考核期不对应、加扣分与奖惩不对应、奖惩缺少相应事实和依据等情况，应当要求刑罚执行机关在规定期限内作出说明或者补充。对于在规定期限内不能作出合理解释的考核材料，不作为认定罪犯确有悔改表现的依据。

对于罪犯的认罪悔罪书、自我鉴定等自书材料，要结合罪犯的文化程度认真进行审查，对于无特殊原因非本人书写或者自书材料内容虚假的，不认定罪犯确有悔改表现。

对于罪犯存在违反监规纪律行为的，应当根据行为性质、情节等具体情况，综合分析判断罪犯的改造表现。罪犯服刑期间因违反监规纪律被处以警告、记过或者禁闭处罚的，可以根据案件具体情况，认定罪犯是否确有悔改表现。

7. 严格审查罪犯履行财产性判项的能力。罪犯未履行或者未全部履行财产性判项，具有下列情形之一的，不认定罪犯确有悔改表现：

（1）拒不交代赃款、赃物去向；

（2）隐瞒、藏匿、转移财产；

（3）有可供履行的财产拒不履行。

对于前款罪犯，无特殊原因狱内消费明显超出规定额度标准的，一般不认定罪犯确有悔改表现。

9. 严格审查罪犯身份信息、患有严重疾病或者身体有残疾的证据材料。对于上述证据材料有疑问的，可以委托有关单位重新调查、诊断、鉴定。对原判适用《中华人民共和国刑事诉讼法》第一百六十条第二款规定判处刑罚的罪犯，在刑罚执行期间不真心悔罪，仍不讲真实姓名、住址，且无法调查核实清楚的，除具有重大立功表现等特殊情形外，一律不予减刑、假释。

### （四）“立功表现”和“重大立功表现”的认定条件

1. **最高人民法院《关于办理减刑、假释案件具体应用法律的规定》**（自2017年1月1日起施行，法释〔2016〕23号）（节录）

**第四条** 具有下列情形之一的，可以认定为有“立功表现”：

（一）阻止他人实施犯罪活动的；

（二）检举、揭发监狱内外犯罪活动，或者提供重要的破案线索，经查证属实的；

（三）协助司法机关抓捕其他犯罪嫌疑人的；

（四）在生产、科研中进行技术革新，成绩突出的；

（五）在抗御自然灾害或者排除重大事故中，表现积极的；

（六）对国家和社会有其他较大贡献的。

第（四）项、第（六）项中的技术革新或者其他较大贡献应当由罪犯在刑罚执行期间独立或者为主完成，并经省级主管部门确认。

**第五条** 具有下列情形之一的，应当认定为有“重大立功表现”：

（一）阻止他人实施重大犯罪活动的；

（二）检举监狱内外重大犯罪活动，经查证属实的；

（三）协助司法机关抓捕其他重大犯罪嫌疑人的；

（四）有发明创造或者重大技术革新的；

（五）在日常生产、生活中舍己救人的；

（六）在抗御自然灾害或者排除重大事故中，有突出表现的；

（七）对国家和社会有其他重大贡献的。

第（四）项中的发明创造或者重大技术革新应当是罪犯在刑罚执行期间独立或者为主完成并经国家主管部门确认的发明专利，且不包括实用新型专利和外观设计专利；第（七）项中的其他重大贡献应当由罪犯在刑罚执行期间独立或者为主完成，并经国家主管部门确认。

2. **最高人民法院、最高人民检察院、公安部、司法部《关于加强减刑、假释案件实质化审理的意见》**（自2021年12月1日起施行，法发〔2021〕31号）（节录）

6. 严格审查罪犯立功、重大立功的证据材料，准确把握认定条件。对于检举、揭发监狱内外犯罪活动，或者提供重要破案线索的，应当注重审查线索的来源。对于揭发线索来源存疑的，应当进一步核查，如果查明线索系通过贿买、暴力、威胁或者违反监规等非法手段获取的，不认定罪犯具有立功或者重大立功表现。

对于技术革新、发明创造，应当注重审查罪犯是否具备该技术革新、发明创造的专业能力和条件，对于罪犯明显不具备相应专业能力及条件、不能说明技术革新或者发明创造原理及过程的，不认定罪犯具有立功或者重大立功表现。

对于阻止他人实施犯罪活动，协助司法机关抓捕其他犯罪嫌疑人，在日常生产、生活中舍己救人，在抗御自然灾害或者排除重大事故中有积极或者突出表现的，除应当审查有关部门出具的证明材料外，还应当注重审查能够证明上述行为的其他证据材料，对于罪犯明显不具备实施上述行为能力和条件的，不认定罪犯具有立功或者重大立功表现。

严格把握“较大贡献”或者“重大贡献”的认定条件。该“较大贡献”或者“重大贡献”，是指对国家、社会具有积极影响，而非仅对个别人员、单位有贡献和帮助。对于罪犯在警示教育活动中现身说法的，不认定罪犯具有立功或者重大立功表现。

### （五）减刑、假释的起始时间、间隔时间和减刑幅度

1. **《中华人民共和国刑法》**（2020年12月26日修正）（节录）

**第八十条** 无期徒刑减为有期徒刑的刑期，从裁定减刑之日起计算。

2. **《最高人民法院关于适用〈中华人民共和国刑事诉讼法〉的解释》**（自2021年3月1日起施行，法释〔2021〕1号）（节录）

**第四百九十八条** 死刑缓期执行的期间，从判决或者裁定核准死刑缓期执行的法律文书宣告或者送达之日起计算。

死刑缓期执行期满，依法应当减刑的，人民法院应当及时减刑。死刑缓期执行期满减为无期徒刑、有期徒刑的，刑期自死刑缓期执行期满之日起计算。

3. **最高人民法院《关于办理减刑、假释案件具体应用法律的规定》**（自2017年1月1日起施行，法释〔2016〕23号）（节录）

**第六条** 被判处有期徒刑的罪犯减刑起始时间为：不满五年有期徒刑的，应当执行一年以上方可减刑；五年以上不满十年有期徒刑的，应当执行一年六个月以上方可减刑；十年以上有期徒刑的，应当执行二年以上方可减刑。有期徒刑减刑的起始时间自判决执行之日起计算。

确有悔改表现或者有立功表现的，一次减刑不超过九个月有期徒刑；确有悔改表现并有立功表现的，一次减刑不超过一年有期徒刑；有重大立功表现的，一次减刑不超过一年六个月有期徒刑；确有悔改表现并有重大立功表现的，一次减刑不超过二年有期徒刑。

被判处不满十年有期徒刑的罪犯，两次减刑间隔时间不得少于一年；被判处十年以上有期徒刑的罪犯，两次减刑间隔时间不得少于一年六个月。减刑间隔时间不得低于上次减刑减去的刑期。

罪犯有重大立功表现的，可以不受上述减刑起始时间和间隔时间的限制。

**第七条**　对符合减刑条件的职务犯罪罪犯，破坏金融管理秩序和金融诈骗犯罪罪犯，组织、领导、参加、包庇、纵容黑社会性质组织犯罪罪犯，危害国家安全犯罪罪犯，恐怖活动犯罪罪犯，毒品犯罪集团的首要分子及毒品再犯，累犯，确有履行能力而不履行或者不全部履行生效裁判中财产性判项的罪犯，被判处十年以下有期徒刑的，执行二年以上方可减刑，减刑幅度应当比照本规定第六条从严掌握，一次减刑不超过一年有期徒刑，两次减刑之间应当间隔一年六个月以上。

对被判处十年以上有期徒刑的前款罪犯，以及因故意杀人、强奸、抢劫、绑架、放火、爆炸、投放危险物质或者有组织的暴力性犯罪被判处十年以上有期徒刑的罪犯，数罪并罚且其中两罪以上被判处十年以上有期徒刑的罪犯，执行二年以上方可减刑，减刑幅度应当比照本规定第六条从严掌握，一次减刑不超过一年有期徒刑，两次减刑之间应当间隔一年六个月以上。

罪犯有重大立功表现的，可以不受上述减刑起始时间和间隔时间的限制。

**第八条**　被判处无期徒刑的罪犯在刑罚执行期间，符合减刑条件的，执行二年以上，可以减刑。减刑幅度为：确有悔改表现或者有立功表现的，可以减为二十二年有期徒刑；确有悔改表现并有立功表现的，可以减为二十一年以上二十二年以下有期徒刑；有重大立功表现的，可以减为二十年以上二十一年以下有期徒刑；确有悔改表现并有重大立功表现的，可以减为十九年以上二十年以下有期徒刑。无期徒刑罪犯减为有期徒刑后再减刑时，减刑幅度依照本规定第六条的规定执行。两次减刑间隔时间不得少于二年。

罪犯有重大立功表现的，可以不受上述减刑起始时间和间隔时间的限制。

**第九条**　对被判处无期徒刑的职务犯罪罪犯，破坏金融管理秩序和金融诈骗犯罪罪犯，组织、领导、参加、包庇、纵容黑社会性质组织犯罪罪犯，危害国家安全犯罪罪犯，恐怖活动犯罪罪犯，毒品犯罪集团的首要分子及毒品再犯，累犯以及因故意杀人、强奸、抢劫、绑架、放火、爆炸、投放危险物质或者有组织的暴力性犯罪的罪犯，确有履行能力而不履行或者不全部履行生效裁判中财产性判项的罪犯，数罪并罚被判处无期徒刑的罪犯，符合减刑条件的，执行三年以上方可减刑，减刑幅度应当比照本规定第八条从严掌握，减刑后的刑期最低不得少于二十年有期徒刑；减为有期徒刑后再减刑时，减刑幅度比照本规定第六条从严掌握，一次不超过一年有期徒刑，两次减刑之间应当间隔二年以上。

罪犯有重大立功表现的，可以不受上述减刑起始时间和间隔时间的限制。

**第十条** 被判处死刑缓期执行的罪犯减为无期徒刑后，符合减刑条件的，执行三年以上方可减刑。减刑幅度为：确有悔改表现或者有立功表现的，可以减为二十五年有期徒刑；确有悔改表现并有立功表现的，可以减为二十四年以上二十五年以下有期徒刑；有重大立功表现的，可以减为二十三年以上二十四年以下有期徒刑；确有悔改表现并有重大立功表现的，可以减为二十二年以上二十三年以下有期徒刑。

被判处死刑缓期执行的罪犯减为有期徒刑后再减刑时，比照本规定第八条的规定办理。

**第十一条** 对被判处死刑缓期执行的职务犯罪罪犯，破坏金融管理秩序和金融诈骗犯罪罪犯，组织、领导、参加、包庇、纵容黑社会性质组织犯罪罪犯，危害国家安全犯罪罪犯，恐怖活动犯罪罪犯，毒品犯罪集团的首要分子及毒品再犯，累犯以及因故意杀人、强奸、抢劫、绑架、放火、爆炸、投放危险物质或者有组织的暴力性犯罪的罪犯，确有履行能力而不履行或者不全部履行生效裁判中财产性判项的罪犯，数罪并罚被判处死刑缓期执行的罪犯，减为无期徒刑后，符合减刑条件的，执行三年以上方可减刑，一般减为二十五年有期徒刑，有立功表现或者重大立功表现的，可以比照本规定第十条减为二十三年以上二十五年以下有期徒刑；减为有期徒刑后再减刑时，减刑幅度比照本规定第六条从严掌握，一次不超过一年有期徒刑，两次减刑之间应当间隔二年以上。

**第十三条** 被限制减刑的死刑缓期执行罪犯，减为无期徒刑后，符合减刑条件的，执行五年以上方可减刑。减刑间隔时间和减刑幅度依照本规定第九条的规定执行。

**第十四条** 被限制减刑的死刑缓期执行罪犯，减为有期徒刑后再减刑时，一次减刑不超过六个月有期徒刑，两次减刑间隔时间不得少于二年。有重大立功表现的，间隔时间可以适当缩短，但一次减刑不超过一年有期徒刑。

**第十六条** 被判处管制、拘役的罪犯，以及判决生效后剩余刑期不满二年有期徒刑的罪犯，符合减刑条件的，可以酌情减刑，减刑起始时间可以适当缩短，但实际执行的刑期不得少于原判刑期的二分之一。

**第二十三条** 被判处有期徒刑的罪犯假释时，执行原判刑期二分之一的时间，应当从判决执行之日起计算，判决执行以前先行羁押的，羁押一日折抵刑期一日。

被判处无期徒刑的罪犯假释时，刑法中关于实际执行刑期不得少于十三年的时间，应当从判决生效之日起计算。判决生效以前先行羁押的时间不予折抵。

被判处死刑缓期执行的罪犯减为无期徒刑或者有期徒刑后，实际执行十五年以上，方可假释，该实际执行时间应当从死刑缓期执行期满之日起计算。死刑缓期执行期间不包括在内，判决确定以前先行羁押的时间不予折抵。

**第四十条**　本规定所称“判决执行之日”，是指罪犯实际送交刑罚执行机关之日。

本规定所称“减刑间隔时间”，是指前一次减刑裁定送达之日起至本次减刑报请之日止的期间。

**4. 最高人民法院《关于办理减刑、假释案件具体应用法律的补充规定》**（自2019年6月1日起施行，法释〔2019〕6号）（节录）

为准确把握宽严相济刑事政策，严格执行《最高人民法院关于办理减刑、假释案件具体应用法律的规定》，现对《中华人民共和国刑法修正案（九）》施行后，依照刑法分则第八章贪污贿赂罪判处刑罚的原具有国家工作人员身份的罪犯的减刑、假释补充规定如下：

**第二条**　被判处十年以上有期徒刑，符合减刑条件的，执行三年以上方可减刑；被判处不满十年有期徒刑，符合减刑条件的，执行二年以上方可减刑。

确有悔改表现或者有立功表现的，一次减刑不超过六个月有期徒刑；确有悔改表现并有立功表现的，一次减刑不超过九个月有期徒刑；有重大立功表现的，一次减刑不超过一年有期徒刑。

被判处十年以上有期徒刑的，两次减刑之间应当间隔二年以上；被判处不满十年有期徒刑的，两次减刑之间应当间隔一年六个月以上。

**第三条**　被判处无期徒刑，符合减刑条件的，执行四年以上方可减刑。

确有悔改表现或者有立功表现的，可以减为二十三年有期徒刑；确有悔改表现并有立功表现的，可以减为二十二年以上二十三年以下有期徒刑；有重大立功表现的，可以减为二十一年以上二十二年以下有期徒刑。

无期徒刑减为有期徒刑后再减刑时，减刑幅度比照本规定第二条的规定执行。两次减刑之间应当间隔二年以上。

**第四条**　被判处死刑缓期执行的，减为无期徒刑后，符合减刑条件的，执行四年以上方可减刑。

确有悔改表现或者有立功表现的，可以减为二十五年有期徒刑；确有悔改表现并有立功表现的，可以减为二十四年六个月以上二十五年以下有期徒刑；有重大立功表现的，可以减为二十四年以上二十四年六个月以下有期徒刑。

减为有期徒刑后再减刑时，减刑幅度比照本规定第二条的规定执行。两次减刑之间应当间隔二年以上。

**第五条** 罪犯有重大立功表现的，减刑时可以不受上述起始时间和间隔时间的限制。

**5. 最高人民法院、最高人民检察院、公安部、司法部《关于加强减刑、假释案件实质化审理的意见》**（自2021年12月1日施行，法发〔2021〕31号）（节录）

10. 严格把握罪犯减刑后的实际服刑刑期。正确理解法律和司法解释规定的最低服刑期限，严格控制减刑起始时间、间隔时间及减刑幅度，并根据罪犯前期减刑情况和效果，对其后续减刑予以总体掌握。死刑缓期执行、无期徒刑罪犯减为有期徒刑后再减刑时，在减刑间隔时间及减刑幅度上，应当从严把握。

### （六）剥夺政治权利的酌减

**最高人民法院《关于办理减刑、假释案件具体应用法律的规定》**（自2017年1月1日起施行，法释〔2016〕23号）（节录）

**第十七条** 被判处有期徒刑罪犯减刑时，对附加剥夺政治权利的期限可以酌减。酌减后剥夺政治权利的期限，不得少于一年。

被判处死刑缓期执行、无期徒刑的罪犯减为有期徒刑时，应当将附加剥夺政治权利的期限减为七年以上十年以下，经过一次或者几次减刑后，最终剥夺政治权利的期限不得少于三年。

### （七）未成年犯的减刑

**最高人民法院《关于办理减刑、假释案件具体应用法律的规定》**（自2017年1月1日起施行，法释〔2016〕23号）（节录）

**第十九条** 对在报请减刑前的服刑期间不满十八周岁，且所犯罪行不属于刑法第八十一条第二款规定情形的罪犯，认罪悔罪，遵守法律法规及监规，积极参加学习、劳动，应当视为确有悔改表现。

对上述罪犯减刑时，减刑幅度可以适当放宽，或者减刑起始时间、间隔时间可以适当缩短，但放宽的幅度和缩短的时间不得超过本规定中相应幅度、时间的三分之一。

### （八）老、病、残犯的减刑、假释

**最高人民法院《关于办理减刑、假释案件具体应用法律的规定》**（自2017年1月1日起施行，法释〔2016〕23号）（节录）

**第二十条** 老年罪犯、患严重疾病罪犯或者身体残疾罪犯减刑时，应当主要考察其认罪悔罪的实际表现。

对基本丧失劳动能力，生活难以自理的上述罪犯减刑时，减刑幅度可以适当放宽，或者减刑起始时间、间隔时间可以适当缩短，但放宽的幅度和缩短的时间不得超过本规定中相应幅度、时间的三分之一。

**第三十一条** 年满八十周岁、身患疾病或者生活难以自理、没有再犯罪危险的罪犯，既符合减刑条件，又符合假释条件的，优先适用假释；不符合假释条件的，参照本规定第二十条有关的规定从宽处理。

**第三十九条** 本规定所称“老年罪犯”，是指报请减刑、假释时年满六十五周岁的罪犯。

本规定所称“患严重疾病罪犯”，是指因患有重病，久治不愈，而不能正常生活、学习、劳动的罪犯。

本规定所称“身体残疾罪犯”，是指因身体有肢体或者器官残缺、功能不全或者丧失功能，而基本丧失生活、学习、劳动能力的罪犯，但是罪犯犯罪后自伤致残的除外。

对刑罚执行机关提供的证明罪犯患有严重疾病或者有身体残疾的证明文件，人民法院应当审查，必要时可以委托有关单位重新诊断、鉴定。

### （九）又犯新罪罪犯的减刑

**最高人民法院《关于办理减刑、假释案件具体应用法律的规定》**（自2017年1月1日起施行，法释〔2016〕23号）（节录）

**第二十一条** 被判处有期徒刑、无期徒刑的罪犯在刑罚执行期间又故意犯罪，新罪被判处有期徒刑的，自新罪判决确定之日起三年内不予减刑；新罪被判处无期徒刑的，自新罪判决确定之日起四年内不予减刑。

罪犯在死刑缓期执行期间又故意犯罪，未被执行死刑的，死刑缓期执行的期间重新计算，减为无期徒刑后，五年内不予减刑。

被判处死刑缓期执行罪犯减刑后，在刑罚执行期间又故意犯罪的，依照第一款规定处理。

### （十）假释“没有再犯罪的危险”的判断

1. **最高人民法院《关于办理减刑、假释案件具体应用法律的规定》**（自2017年1月1日起施行，法释〔2016〕23号）（节录）

**第二十二条** 办理假释案件，认定“没有再犯罪的危险”，除符合刑法第八十一条规定的情形外，还应当根据犯罪的具体情节、原判刑罚情况，在刑罚执行中的一贯表现，罪犯的年龄、身体状况、性格特征，假释后生活来源以及监管条件等因素综合考虑。

2. **最高人民法院、最高人民检察院、公安部、司法部《关于加强减刑、假释案件实质化审理的意见》**（自2021年12月1日起施行，法发〔2021〕31号）（节录）

8. 严格审查反映罪犯是否有再犯罪危险的材料。对于报请假释的罪犯，应当认真审查刑罚执行机关提供的反映罪犯服刑期间现实表现和生理、心理状况的材料，并认真审查司法行政机关或者有关社会组织出具的罪犯假释后对所居住社区影响的材料，同时结合罪犯犯罪的性质、具体情节、社会危害程度、原判刑罚及生效裁判中财产性判项的履行情况等，综合判断罪犯假释后是否具有再犯罪危险性。

### （十一）特殊假释的情形

**最高人民法院《关于办理减刑、假释案件具体应用法律的规定》**（自2017年1月1日起施行，法释〔2016〕23号）（节录）

**第二十四条** 刑法第八十一条第一款规定的“特殊情况”，是指有国家政治、国防、外交等方面特殊需要的情况。

### （十二）不得假释的情形

**最高人民法院《关于办理减刑、假释案件具体应用法律的规定》**（自2017年1月1日起施行，法释〔2016〕23号）（节录）

**第二十五条** 对累犯以及因故意杀人、强奸、抢劫、绑架、放火、爆炸、投放危险物质或者有组织的暴力性犯罪被判处十年以上有期徒刑、无期徒刑的罪犯，不得假释。

因前款情形和犯罪被判处死刑缓期执行的罪犯，被减为无期徒刑、有期徒刑后，也不得假释。

**第二十七条** 对于生效裁判中有财产性判项，罪犯确有履行能力而不履行或者不全部履行的，不予假释。

### （十三）假释的从宽和从严情形

1. **最高人民法院《关于办理减刑、假释案件具体应用法律的规定》**（自2017年1月1日起施行，法释〔2016〕23号）（节录）

**第二十六条** 对下列罪犯适用假释时可以依法从宽掌握：

（一）过失犯罪的罪犯、中止犯罪的罪犯、被胁迫参加犯罪的罪犯；

（二）因防卫过当或者紧急避险过当而被判处有期徒刑以上刑罚的罪犯；

（三）犯罪时未满十八周岁的罪犯；

（四）基本丧失劳动能力、生活难以自理，假释后生活确有着落的老年罪犯、患严重疾病罪犯或者身体残疾罪犯；

（五）服刑期间改造表现特别突出的罪犯；

（六）具有其他可以从宽假释情形的罪犯。

罪犯既符合法定减刑条件，又符合法定假释条件的，可以优先适用假释。

**2. 最高人民法院《关于办理减刑、假释案件具体应用法律的补充规定》**（自2019年6月1日起施行，法释〔2019〕6号）（节录）

为准确把握宽严相济刑事政策，严格执行《最高人民法院关于办理减刑、假释案件具体应用法律的规定》，现对《中华人民共和国刑法修正案（九）》施行后，依照刑法分则第八章贪污贿赂罪判处刑罚的原具有国家工作人员身份的罪犯的减刑、假释补充规定如下：

**第六条**　对本规定所指贪污贿赂罪犯适用假释时，应当从严掌握。

### （十四）减刑后再假释的间隔时间

**最高人民法院《关于办理减刑、假释案件具体应用法律的规定》**（自2017年1月1日起施行，法释〔2016〕23号）（节录）

**第二十八条**　罪犯减刑后又假释的，间隔时间不得少于一年；对一次减去一年以上有期徒刑后，决定假释的，间隔时间不得少于一年六个月。

罪犯减刑后余刑不足二年，决定假释的，可以适当缩短间隔时间。

### （十五）假释的考验期限和考验合格的处理

**《中华人民共和国刑法》**（2020年12月26日修正）（节录）

**第八十三条**　有期徒刑的假释考验期限，为没有执行完毕的刑期；无期徒刑的假释考验期限为十年。

假释考验期限，从假释之日起计算。

**第八十四条**　被宣告假释的犯罪分子，应当遵守下列规定：

（一）遵守法律、行政法规，服从监督；

（二）按照监督机关的规定报告自己的活动情况；

（三）遵守监督机关关于会客的规定；

（四）离开所居住的市、县或者迁居，应当报经监督机关批准。

**第八十五条**　对假释的犯罪分子，在假释考验期限内，依法实行社区矫正，如果没有本法第八十六条规定的情形，假释考验期满，就认为原判刑罚已经执行完毕，并公开予以宣告。

### （十六）假释考验不合格的处理

1.《**中华人民共和国刑法**》（2020年12月26日修正）（节录）

**第八十六条** 被假释的犯罪分子，在假释考验期限内犯新罪，应当撤销假释，依照本法第七十一条的规定实行数罪并罚。

在假释考验期限内，发现被假释的犯罪分子在判决宣告以前还有其他罪没有判决的，应当撤销假释，依照本法第七十条的规定实行数罪并罚。

被假释的犯罪分子，在假释考验期限内，有违反法律、行政法规或者国务院有关部门关于假释的监督管理规定的行为，尚未构成新的犯罪的，应当依照法定程序撤销假释，收监执行未执行完毕的刑罚。

2. **最高人民法院《关于办理减刑、假释案件具体应用法律的规定》**（自2017年1月1日起施行，法释〔2016〕23号）（节录）

**第三十条** 依照刑法第八十六条规定被撤销假释的罪犯，一般不得再假释。但依照该条第二款被撤销假释的罪犯，如果罪犯对漏罪曾作如实供述但原判未予认定，或者漏罪系其自首，符合假释条件的，可以再假释。

被撤销假释的罪犯，收监后符合减刑条件的，可以减刑，但减刑起始时间自收监之日起计算。

3. **最高人民法院、最高人民检察院、公安部、司法部《中华人民共和国社区矫正法实施办法》**（自2020年7月1日起施行，司发通〔2020〕59号）（节录）

**第四十七条** 社区矫正对象在假释考验期内，有下列情形之一的，由执行地同级社区矫正机构提出撤销假释建议：

（一）无正当理由不按规定时间报到或者接受社区矫正期间脱离监管，超过一个月的；

（二）受到社区矫正机构两次警告，仍不改正的；

（三）其他违反有关法律、行政法规和监督管理规定，尚未构成新的犯罪的。

社区矫正机构一般向原审人民法院提出撤销假释建议。如果原审人民法院与执行地同级社区矫正机构不在同一省、自治区、直辖市的，可以向执行地人民法院提出建议，执行地人民法院作出裁定的，裁定书同时抄送原审人民法院。

社区矫正机构撤销假释的建议书和人民法院的裁定书副本同时抄送社区矫正执行地同级人民检察院、公安机关、罪犯原服刑或者接收其档案的监狱。

**第四十八条**　被提请撤销缓刑、撤销假释的社区矫正对象具备下列情形之一的，社区矫正机构在提出撤销缓刑、撤销假释建议书的同时，提请人民法院决定对其予以逮捕：

（一）可能逃跑的；

（二）具有危害国家安全、公共安全、社会秩序或者他人人身安全现实危险的；

（三）可能对被害人、举报人、控告人或者社区矫正机构工作人员等实施报复行为的；

（四）可能实施新的犯罪的。

社区矫正机构提请人民法院决定逮捕社区矫正对象时，应当提供相应证据，移送人民法院审查决定。

社区矫正机构提请逮捕、人民法院作出是否逮捕决定的法律文书，应当同时抄送执行地县级人民检察院。

## （十七）减刑、假释与新罪、漏罪的关系

**最高人民法院《关于办理减刑、假释案件具体应用法律的规定》**（自2017年1月1日起施行，法释〔2016〕23号）（节录）

**第三十二条**　人民法院按照审判监督程序重新审理的案件，裁定维持原判决、裁定的，原减刑、假释裁定继续有效。

再审裁判改变原判决、裁定的，原减刑、假释裁定自动失效，执行机关应当及时报请有管辖权的人民法院重新作出是否减刑、假释的裁定。重新作出减刑裁定时，不受本规定有关减刑起始时间、间隔时间和减刑幅度的限制。重新裁定时应综合考虑各方面因素，减刑幅度不得超过原裁定减去的刑期总和。

再审改判为死刑缓期执行或者无期徒刑的，在新判决减为有期徒刑之时，原判决已经实际执行的刑期一并扣减。

再审裁判宣告无罪的，原减刑、假释裁定自动失效。

**第三十三条**　罪犯被裁定减刑后，刑罚执行期间因故意犯罪而数罪并罚时，经减刑裁定减去的刑期不计入已经执行的刑期。原判死刑缓期执行减为无期徒刑、有期徒刑，或者无期徒刑减为有期徒刑的裁定继续有效。

**第三十四条**　罪犯被裁定减刑后，刑罚执行期间因发现漏罪而数罪并罚的，原减刑裁定自动失效。如漏罪系罪犯主动交代的，对其原减去的刑期，由执行机关报请有管辖权的人民法院重新作出减刑裁定，予以确认；如漏罪系有关机关发现或者他人检举揭发的，由执行机关报请有管辖权的人民法院，在原

减刑裁定减去的刑期总和之内，酌情重新裁定。

**第三十五条** 被判处死刑缓期执行的罪犯，在死刑缓期执行期内被发现漏罪，依据刑法第七十条规定数罪并罚，决定执行死刑缓期执行的，死刑缓期执行期间自新判决确定之日起计算，已经执行的死刑缓期执行期间计入新判决的死刑缓期执行期间内，但漏罪被判处死刑缓期执行的除外。

**第三十六条** 被判处死刑缓期执行的罪犯，在死刑缓期执行期满后被发现漏罪，依据刑法第七十条规定数罪并罚，决定执行死刑缓期执行的，交付执行时对罪犯实际执行无期徒刑，死缓考验期不再执行，但漏罪被判处死刑缓期执行的除外。

在无期徒刑减为有期徒刑时，前罪死刑缓期执行减为无期徒刑之日起至新判决生效之日止已经实际执行的刑期，应当计算在减刑裁定决定执行的刑期以内。

原减刑裁定减去的刑期依照本规定第三十四条处理。

**第三十七条** 被判处无期徒刑的罪犯在减为有期徒刑后因发现漏罪，依据刑法第七十条规定数罪并罚，决定执行无期徒刑的，前罪无期徒刑生效之日起至新判决生效之日止已经实际执行的刑期，应当在新判决的无期徒刑减为有期徒刑时，在减刑裁定决定执行的刑期内扣减。

无期徒刑罪犯减为有期徒刑后因发现漏罪判处三年有期徒刑以下刑罚，数罪并罚决定执行无期徒刑的，在新判决生效后执行一年以上，符合减刑条件的，可以减为有期徒刑，减刑幅度依照本规定第八条、第九条的规定执行。

原减刑裁定减去的刑期依照本规定第三十四条处理。

### （十八）财产性判项的证明

1. **最高人民法院《关于办理减刑、假释案件具体应用法律的规定》**（自2017年1月1日起施行，法释〔2016〕23号）（节录）

**第三十八条** 人民法院作出的刑事判决、裁定发生法律效力后，在依照刑事诉讼法第二百五十三条、第二百五十四条的规定将罪犯交付执行刑罚时，如果生效裁判中有财产性判项，人民法院应当将反映财产性判项执行、履行情况的有关材料一并随案移送刑罚执行机关。罪犯在服刑期间本人履行或者其亲属代为履行生效裁判中财产性判项的，应当及时向刑罚执行机关报告。刑罚执行机关报请减刑时应随案移送以上材料。

人民法院办理减刑、假释案件时，可以向原一审人民法院核实罪犯履行财产性判项的情况。原一审人民法院应当出具相关证明。

刑罚执行期间，负责办理减刑、假释案件的人民法院可以协助原一审人民法院执行生效裁判中的财产性判项。

**第四十一条** 本规定所称“财产性判项”是指判决罪犯承担的附带民事赔偿义务判项，以及追缴、责令退赔、罚金、没收财产等判项。

2. **最高人民法院、最高人民检察院、公安部、司法部《关于加强减刑、假释案件实质化审理的意见》**（自2021年12月1日起施行，法发〔2021〕31号）（节录）

15. 完善财产性判项执行衔接机制。人民法院刑事审判部门作出具有财产性判项内容的刑事裁判后，应当及时按照规定移送负责执行的部门执行。刑罚执行机关对罪犯报请减刑、假释时，可以向负责执行财产性判项的人民法院调取罪犯财产性判项执行情况的有关材料，负责执行的人民法院应当予以配合。刑罚执行机关提交的关于罪犯财产性判项执行情况的材料，可以作为人民法院认定罪犯财产性判项执行情况和判断罪犯是否具有履行能力的依据。

### ＊减刑、假释案件证据清单

**最高人民法院《关于减刑、假释案件审理程序的规定》**（自2014年6月1日起施行，法释〔2014〕5号）（节录）

**第二条** 人民法院受理减刑、假释案件，应当审查执行机关移送的下列材料：

（一）减刑或者假释建议书；

（二）终审法院裁判文书、执行通知书、历次减刑裁定书的复印件；

（三）罪犯确有悔改或者立功、重大立功表现的具体事实的书面证明材料；

（四）罪犯评审鉴定表、奖惩审批表等；

（五）其他根据案件审理需要应予移送的材料。

报请假释的，应当附有社区矫正机构或者基层组织关于罪犯假释后对所居住社区影响的调查评估报告。

人民检察院对报请减刑、假释案件提出检察意见的，执行机关应当一并移送受理减刑、假释案件的人民法院。

经审查，材料齐备的，应当立案；材料不齐的，应当通知执行机关在三日内补送，逾期未补送的，不予立案。

司法实践中，一般应当包括以下证据材料：[①]

（一）减刑、假释建议书及审批表。

① 注：此为作者依据工作实践经验总结。

（二）人民法院一审、二审、再审等历次裁判文书、执行通知书、历次减刑裁定书及最近一次减刑裁定送达回证的全部复印件。

（三）入监登记表。

（四）认罪悔罪书原件。

（五）证明罪犯确有悔改、立功或者重大立功表现具体事实的书面材料。

（六）罪犯评审鉴定表、奖惩审批表、月计分考核明细材料、月消费考核明细材料等。

（七）罪犯财产性判项履行情况的相关材料。

（八）罪犯的管教干警、同监室罪犯（各不少于2人）、公示期间提出异议的人员以及其他了解情况的人员的书面证人证言原件；管教干警书面证言应加盖公章。

（九）罪犯服刑场所公共区域公示减刑、假释建议照片（近景公告内容照片一张，可见具体公告内容；远景公告地点照片一张，可见公告场所）。

（十）罪犯患有严重疾病或者有身体残疾的，应当委托省级人民政府指定的医院出具病情诊断或者检查证明文件。受委托的省政府指定医院出具的罪犯病情诊断结论或者检查证明文件，由两名具有副高以上专业技术职称的医师共同作出，经主管业务院长审核签名，加盖医院公章，并附化验单、影像学资料和病历等有关医疗文书复印件。

（十一）其他根据案件审理需要移送的材料。

（十二）人民检察院出具的提请减刑、假释检察意见书。

提请假释的，一般还应当提交以下材料：

（一）刑罚执行机关出具罪犯没有再犯罪危险的报告；

（二）刑罚执行机关对罪犯在提请假释前的考核期间内没有因抗拒改造、违规违纪而受到警告以上处罚的情况证明；

（三）县级司法行政机关关于罪犯假释后对所居住社区影响的调查评估报告；

（四）罪犯近亲属作为担保人保证其在假释期间遵纪守法、落实其生活来源的保证书，以及担保人的收入证明和其他自愿为罪犯提供生活来源的近亲属收入证明；

（五）其他根据案件审理需要提供的材料。

人民法院对于刑罚执行机关移送的复制件证据材料，认为需要进一步核实的，刑罚执行机关应由两名以上干警在复印件上签字证明与原件核对无异，并加盖刑罚执行机关公章。

对未全部履行财产性判项的罪犯提请减刑、假释时，一般还应当根据案件实际情况提供以下相关材料：

（一）执行法院出具的延期缴纳、减少或免除罚金的裁定，中止、终结执行等裁定。

（二）罪犯本次提请期间监狱内接收钱款、狱内存款、获得劳动报酬、消费支出等具体情况的明细；罪犯考核期内的消费总额及月平均消费额。罪犯因本人的医药费支出等特殊需要超出省监狱管理局关于罪犯狱内消费限额规定的，刑罚执行机关应出具相关证明材料。

（三）罪犯对赃款赃物去向的具体解释说明，说明内容应包括但不限于处理赃款赃物的时间、地点、去向、金额、见证人、支付转移方式等。

（四）罪犯对服刑前、后本人及家庭经济情况的具体说明，重点说明本人及家庭财产、收入、支出情况等。

（五）罪犯自称确无履行能力的，应提供证明罪犯确无履行能力的材料，如罪犯户籍所在地或经常居住地乡（镇）级以上民政部门出具的罪犯在判刑前系最低生活保障对象或符合最低生活保障条件的证明，负责执行的人民法院出具的相关证明材料等。

（六）省监狱管理局关于罪犯狱内消费的限额规定。

罪犯服刑期间，刑罚执行机关发生变化的，提请减刑的刑罚执行机关应提供罪犯服刑以来的财产性判项履行情况的相关材料。

## 二、程序规定

### （一）减刑、假释程序的基本要求

1.《**中华人民共和国刑法**》（2020年12月26日修正）（节录）

**第七十九条** 对于犯罪分子的减刑，由执行机关向中级以上人民法院提出减刑建议书。人民法院应当组成合议庭进行审理，对确有悔改或者立功事实的，裁定予以减刑。非经法定程序不得减刑。

**第八十二条** 对于犯罪分子的假释，依照本法第七十九条规定的程序进行。非经法定程序不得假释。

2.《**中华人民共和国刑事诉讼法**》（2018年10月26日修正）（节录）

**第二百六十一条** 最高人民法院判处和核准的死刑立即执行的判决，应当由最高人民法院院长签发执行死刑的命令。

被判处死刑缓期二年执行的罪犯，在死刑缓期执行期间，如果没有故意犯罪，死刑缓期执行期满，应当予以减刑的，由执行机关提出书面意见，报请高级人民法院裁定；如果故意犯罪，情节恶劣，查证属实，应当执行死刑的，由高级人民法院报请最高人民法院核准；对于故意犯罪未执行死刑的，死刑缓期执行的期间重新计算，并报最高人民法院备案。

**第二百七十三条** 罪犯在服刑期间又犯罪的，或者发现了判决的时候所没有发现的罪行，由执行机关移送人民检察院处理。

被判处管制、拘役、有期徒刑或者无期徒刑的罪犯，在执行期间确有悔改或者立功表现，应当依法予以减刑、假释的时候，由执行机关提出建议书，报请人民法院审核裁定，并将建议书副本抄送人民检察院。人民检察院可以向人民法院提出书面意见。

**第二百七十四条** 人民检察院认为人民法院减刑、假释的裁定不当，应当在收到裁定书副本后二十日以内，向人民法院提出书面纠正意见。人民法院应当在收到纠正意见后一个月以内重新组成合议庭进行审理，作出最终裁定。

3.《**中华人民共和国监狱法**》（2012年10月26日修正）（节录）

**第三十条** 减刑建议由监狱向人民法院提出，人民法院应当自收到减刑建议书之日起一个月内予以审核裁定；案情复杂或者情况特殊的，可以延长一个月。减刑裁定的副本应当抄送人民检察院。

**第三十一条** 被判处死刑缓期二年执行的罪犯，在死刑缓期执行期间，符合法律规定的减为无期徒刑、有期徒刑条件的，二年期满时，所在监狱应当及时提出减刑建议，报经省、自治区、直辖市监狱管理机关审核后，提请高级人民法院裁定。

**第三十二条** 被判处无期徒刑、有期徒刑的罪犯，符合法律规定的假释条件的，由监狱根据考核结果向人民法院提出假释建议，人民法院应当自收到假释建议书之日起一个月内予以审核裁定；案情复杂或者情况特殊的，可以延长一个月。假释裁定的副本应当抄送人民检察院。

**第三十三条** 人民法院裁定假释的，监狱应当按期假释并发给假释证明书。

对被假释的罪犯，依法实行社区矫正，由社区矫正机构负责执行。被假释的罪犯，在假释考验期限内有违反法律、行政法规或者国务院有关部门关于假释的监督管理规定的行为，尚未构成新的犯罪的，社区矫正机构应当向人民法院提出撤销假释的建议，人民法院应当自收到撤销假释建议书之日起一个月内予以审核裁定。人民法院裁定撤销假释的，由公安机关将罪犯送交监狱收监。

**第三十四条** 对不符合法律规定的减刑、假释条件的罪犯，不得以任何理由将其减刑、假释。

人民检察院认为人民法院减刑、假释的裁定不当，应当依照刑事诉讼法规定的期间向人民法院提出书面纠正意见。对于人民检察院提出书面纠正意见的案件，人民法院应当重新审理。

**4. 最高人民法院、最高人民检察院、公安部、司法部《关于加强减刑、假释案件实质化审理的意见》**（自2021年12月1日起施行，法发〔2021〕31号）（节录）

减刑、假释制度是我国刑罚执行制度的重要组成部分。依照我国法律规定，减刑、假释案件由刑罚执行机关提出建议书，报请人民法院审理裁定，人民检察院依法进行监督。为严格规范减刑、假释工作，确保案件审理公平、公正，现就加强减刑、假释案件实质化审理提出如下意见。

**一、准确把握减刑、假释案件实质化审理的基本要求**

1. 坚持全面依法审查。审理减刑、假释案件应当全面审查刑罚执行机关报送的材料，既要注重审查罪犯交付执行后的一贯表现，同时也要注重审查罪犯犯罪的性质、具体情节、社会危害程度、原判刑罚及生效裁判中财产性判项的履行情况等，依法作出公平、公正的裁定，切实防止将考核分数作为减刑、假释的唯一依据。

2. 坚持主客观改造表现并重。审理减刑、假释案件既要注重审查罪犯劳动改造、监管改造等客观方面的表现，也要注重审查罪犯思想改造等主观方面的表现，综合判断罪犯是否确有悔改表现。

3. 坚持严格审查证据材料。审理减刑、假释案件应当充分发挥审判职能作用，坚持以审判为中心，严格审查各项证据材料。认定罪犯是否符合减刑、假释法定条件，应当有相应证据予以证明；对于没有证据证实或者证据不确实、不充分的，不得裁定减刑、假释。

4. 坚持区别对待。审理减刑、假释案件应当切实贯彻宽严相济刑事政策，具体案件具体分析，区分不同情形，依法作出裁定，最大限度地发挥刑罚的功能，实现刑罚的目的。

**二、严格审查减刑、假释案件的实体条件**

5. 严格审查罪犯服刑期间改造表现的考核材料。对于罪犯的计分考核材料，应当认真审查考核分数的来源及其合理性等，如果存在考核分数与考核期不对应、加扣分与奖惩不对应、奖惩缺少相应事实和依据等情况，应当要求刑罚执行机关在规定期限内作出说明或者补充。对于在规定期限内不能作出合理解释的考核材料，不作为认定罪犯确有悔改表现的依据。

对于罪犯的认罪悔罪书、自我鉴定等自书材料，要结合罪犯的文化程度认真进行审查，对于无特殊原因非本人书写或者自书材料内容虚假的，不认定罪犯确有悔改表现。

对于罪犯存在违反监规纪律行为的，应当根据行为性质、情节等具体情况，综合分析判断罪犯的改造表现。罪犯服刑期间因违反监规纪律被处以警告、记过或者禁闭处罚的，可以根据案件具体情况，认定罪犯是否确有悔改表现。

6. 严格审查罪犯立功、重大立功的证据材料，准确把握认定条件。对于检举、揭发监狱内外犯罪活动，或者提供重要破案线索的，应当注重审查线索的来源。对于揭发线索来源存疑的，应当进一步核查，如果查明线索系通过贿买、暴力、威胁或者违反监规等非法手段获取的，不认定罪犯具有立功或者重大立功表现。

对于技术革新、发明创造，应当注重审查罪犯是否具备该技术革新、发明创造的专业能力和条件，对于罪犯明显不具备相应专业能力及条件、不能说明技术革新或者发明创造原理及过程的，不认定罪犯具有立功或者重大立功表现。

对于阻止他人实施犯罪活动，协助司法机关抓捕其他犯罪嫌疑人，在日常生产、生活中舍己救人，在抗御自然灾害或者排除重大事故中有积极或者突出表现的，除应当审查有关部门出具的证明材料外，还应当注重审查能够证明上述行为的其他证据材料，对于罪犯明显不具备实施上述行为能力和条件的，不认定罪犯具有立功或者重大立功表现。

严格把握“较大贡献”或者“重大贡献”的认定条件。该“较大贡献”或者“重大贡献”，是指对国家、社会具有积极影响，而非仅对个别人员、单位有贡献和帮助。对于罪犯在警示教育活动中现身说法的，不认定罪犯具有立功或者重大立功表现。

7. 严格审查罪犯履行财产性判项的能力。罪犯未履行或者未全部履行财产性判项，具有下列情形之一的，不认定罪犯确有悔改表现：

（1）拒不交代赃款、赃物去向；

（2）隐瞒、藏匿、转移财产；

（3）有可供履行的财产拒不履行。

对于前款罪犯，无特殊原因狱内消费明显超出规定额度标准的，一般不认定罪犯确有悔改表现。

8. 严格审查反映罪犯是否有再犯罪危险的材料。对于报请假释的罪犯，应当认真审查刑罚执行机关提供的反映罪犯服刑期间现实表现和生理、心理状况的材料，并认真审查司法行政机关或者有关社会组织出具的罪犯假释后对所居住社区影响的材料，同时结合罪犯犯罪的性质、具体情节、社会危害程度、原判刑罚及生效裁判中财产性判项的履行情况等，综合判断罪犯假释后是否具有再犯罪危险性。

9. 严格审查罪犯身份信息、患有严重疾病或者身体有残疾的证据材料。对于上述证据材料有疑问的，可以委托有关单位重新调查、诊断、鉴定。对原判适用《中华人民共和国刑事诉讼法》第一百六十条第二款规定判处刑罚的罪犯，在刑罚执行期间不真心悔罪，仍不讲真实姓名、住址，且无法调查核实清楚的，除具有重大立功表现等特殊情形外，一律不予减刑、假释。

10. 严格把握罪犯减刑后的实际服刑刑期。正确理解法律和司法解释规定的最低服刑期限，严格控制减刑起始时间、间隔时间及减刑幅度，并根据罪犯前期减刑情况和效果，对其后续减刑予以总体掌握。死刑缓期执行、无期徒刑罪犯减为有期徒刑后再减刑时，在减刑间隔时间及减刑幅度上，应当从严把握。

**三、切实强化减刑、假释案件办理程序机制**

11. 充分发挥庭审功能。人民法院开庭审理减刑、假释案件，应当围绕罪犯实际服刑表现、财产性判项执行履行情况等，认真进行法庭调查。人民检察院应当派员出庭履行职务，并充分发表意见。人民法院对于有疑问的证据材料，要重点进行核查，必要时可以要求有关机关或者罪犯本人作出说明，有效发挥庭审在查明事实、公正裁判中的作用。

12. 健全证人出庭作证制度。人民法院审理减刑、假释案件，应当通知罪犯的管教干警、同监室罪犯、公示期间提出异议的人员以及其他了解情况的人员出庭作证。开庭审理前，刑罚执行机关应当提供前述证人名单，人民法院根据需要从名单中确定相应数量的证人出庭作证。证人到庭后，应当对其进行详细询问，全面了解被报请减刑、假释罪犯的改造表现等情况。

13. 有效行使庭外调查核实权。人民法院、人民检察院对于刑罚执行机关提供的罪犯确有悔改表现、立功表现等证据材料存有疑问的，根据案件具体情况，可以采取讯问罪犯、询问证人、调取相关材料、与监所人民警察座谈、听取派驻监所检察人员意见等方式，在庭外对相关证据材料进行调查核实。

14. 强化审判组织的职能作用。人民法院审理减刑、假释案件，合议庭成员应当对罪犯是否符合减刑或者假释条件、减刑幅度是否适当、财产性判项是否执行履行等情况，充分发表意见。对于重大、疑难、复杂的减刑、假释案件，合议庭必要时可以提请院长决定提交审判委员会讨论，但提请前应当先经专业法官会议研究。

15. 完善财产性判项执行衔接机制。人民法院刑事审判部门作出具有财产性判项内容的刑事裁判后，应当及时按照规定移送负责执行的部门执行。刑罚执行机关对罪犯报请减刑、假释时，可以向负责执行财产性判项的人民法院调取罪犯财产性判项执行情况的有关材料，负责执行的人民法院应当予以配合。刑罚执行机关提交的关于罪犯财产性判项执行情况的材料，可以作为人民法院认定罪犯财产性判项执行情况和判断罪犯是否具有履行能力的依据。

16. 提高信息化运用水平。人民法院、人民检察院、刑罚执行机关要进一步提升减刑、假释信息化建设及运用水平，充分利用减刑、假释信息化协同办案平台、执行信息平台及大数据平台等，采用远程视频开庭等方式，不断完善案件办理机制。同时，加强对减刑、假释信息化协同办案平台和减刑、假释、暂予监外执行信息网的升级改造，不断拓展信息化运用的深度和广度，为提升减刑、假释案件办理质效和加强权力运行制约监督提供科技支撑。

**四、大力加强减刑、假释案件监督指导及工作保障**

17. 不断健全内部监督。人民法院、人民检察院、刑罚执行机关要进一步强化监督管理职责，严格落实备案审查、专项检查等制度机制，充分发挥层级审核把关作用。人民法院要加强文书的释法说理，进一步提升减刑、假释裁定公信力。对于发现的问题及时责令整改，对于确有错误的案件，坚决依法予以纠正，对于涉嫌违纪违法的线索，及时移交纪检监察部门处理。

18. 高度重视外部监督。人民法院、人民检察院要自觉接受同级人民代表大会及其常委会的监督，主动汇报工作，对于人大代表关注的问题，认真研究处理并及时反馈，不断推进减刑、假释工作规范化开展；人民法院、刑罚执行机关要依法接受检察机关的法律监督，认真听取检察机关的意见、建议，支持检察机关巡回检察等工作，充分保障检察机关履行检察职责；人民法院、人民检察院、刑罚执行机关均要主动接受社会监督，积极回应人民群众关切。

19. 着力强化对下指导。人民法院、人民检察院、刑罚执行机关在减刑、假释工作中，遇到法律适用难点问题或者其他重大政策问题，应当及时向上级机关请示报告。上级机关应当准确掌握下级机关在减刑、假释工作中遇到的突出问题，加强研究和指导，并及时收集辖区内减刑、假释典型案例层报。最高人民法院、最高人民检察院应当适时发布指导性案例，为下级人民法院、人民检察院依法办案提供指导。

20. 切实加强工作保障。人民法院、人民检察院、刑罚执行机关应当充分认识减刑、假释工作所面临的新形势、新任务、新要求，坚持各司其职、分工负责、相互配合、相互制约的原则，不断加强沟通协作。根据工作需要，配足配强办案力量，加强对办案人员的业务培训，提升能力素质，建立健全配套制度机制，确保减刑、假释案件实质化审理公正、高效开展。

5. **最高人民法院、最高人民检察院、公安部、司法部《中华人民共和国社区矫正法实施办法》**（自2020年7月1日起施行，司发通〔2020〕59号）（节录）

**第五条**　人民法院依法履行以下职责：

（一）拟判处管制、宣告缓刑、决定暂予监外执行的，可以委托社区矫正机构或者有关社会组织对被告人或者罪犯的社会危险性和对所居住社区的影响，进行调查评估，提出意见，供决定社区矫正时参考；

（二）对执行机关报请假释的，审查执行机关移送的罪犯假释后对所居住社区影响的调查评估意见；

（三）核实并确定社区矫正执行地；

（四）对被告人或者罪犯依法判处管制、宣告缓刑、裁定假释、决定暂予监外执行；

（五）对社区矫正对象进行教育，及时通知并送达法律文书；

（六）对符合撤销缓刑、撤销假释或者暂予监外执行收监执行条件的社区矫正对象，作出判决、裁定和决定；

（七）对社区矫正机构提请逮捕的，及时作出是否逮捕的决定；

（八）根据社区矫正机构提出的减刑建议作出裁定；

（九）其他依法应当履行的职责。

**第六条**　人民检察院依法履行以下职责：

（一）对社区矫正决定机关、社区矫正机构或者有关社会组织的调查评估活动实行法律监督；

（二）对社区矫正决定机关判处管制、宣告缓刑、裁定假释、决定或者批准暂予监外执行活动实行法律监督；

（三）对社区矫正法律文书及社区矫正对象交付执行活动实行法律监督；

（四）对监督管理、教育帮扶社区矫正对象的活动实行法律监督；

（五）对变更刑事执行、解除矫正和终止矫正的活动实行法律监督；

（六）受理申诉、控告和举报，维护社区矫正对象的合法权益；

（七）按照刑事诉讼法的规定，在对社区矫正实行法律监督中发现司法工作人员相关职务犯罪，可以立案侦查直接受理的案件；

（八）其他依法应当履行的职责。

**第七条**　公安机关依法履行以下职责：

（一）对看守所留所服刑罪犯拟暂予监外执行的，可以委托开展调查评估；

（二）对看守所留所服刑罪犯拟暂予监外执行的，核实并确定社区矫正执行地；对符合暂予监外执行条件的，批准暂予监外执行；对符合收监执行条件的，作出收监执行的决定；

（三）对看守所留所服刑罪犯批准暂予监外执行的，进行教育，及时通知并送达法律文书；依法将社区矫正对象交付执行；

（四）对社区矫正对象予以治安管理处罚；到场处置经社区矫正机构制止无效，正在实施违反监督管理规定或者违反人民法院禁止令等违法行为的社区矫正对象；协助社区矫正机构处置突发事件；

（五）协助社区矫正机构查找失去联系的社区矫正对象；执行人民法院作出的逮捕决定；被裁定撤销缓刑、撤销假释和被决定收监执行的社区矫正对象逃跑的，予以追捕；

（六）对裁定撤销缓刑、撤销假释，或者对人民法院、公安机关决定暂予监外执行收监的社区矫正对象，送交看守所或者监狱执行；

（七）执行限制社区矫正对象出境的措施；

（八）其他依法应当履行的职责。

**第八条**　监狱管理机关以及监狱依法履行以下职责：

（一）对监狱关押罪犯拟提请假释的，应当委托进行调查评估；对监狱关押罪犯拟暂予监外执行的，可以委托进行调查评估；

（二）对监狱关押罪犯拟暂予监外执行的，依法核实并确定社区矫正执行地；对符合暂予监外执行条件的，监狱管理机关作出暂予监外执行决定；

（三）对监狱关押罪犯批准暂予监外执行的，进行教育，及时通知并送达法律文书；依法将社区矫正对象交付执行；

（四）监狱管理机关对暂予监外执行罪犯决定收监执行的，原服刑或者接收其档案的监狱应当立即将罪犯收监执行；

（五）其他依法应当履行的职责。

**第九条**　社区矫正机构是县级以上地方人民政府根据需要设置的，负责社区矫正工作具体实施的执行机关。社区矫正机构依法履行以下职责：

（一）接受委托进行调查评估，提出评估意见；

（二）接收社区矫正对象，核对法律文书、核实身份、办理接收登记，建立档案；

（三）组织入矫和解矫宣告，办理入矫和解矫手续；

（四）建立矫正小组、组织矫正小组开展工作，制定和落实矫正方案；

（五）对社区矫正对象进行监督管理，实施考核奖惩；审批会客、外出、变更执行地等事项；了解掌握社区矫正对象的活动情况和行为表现；组织查找失去联系的社区矫正对象，查找后依情形作出处理；

（六）提出治安管理处罚建议，提出减刑、撤销缓刑、撤销假释、收监执行等变更刑事执行建议，依法提请逮捕；

（七）对社区矫正对象进行教育帮扶，开展法治道德等教育，协调有关方面开展职业技能培训、就业指导，组织公益活动等事项；

（八）向有关机关通报社区矫正对象情况，送达法律文书；

（九）对社区矫正工作人员开展管理、监督、培训，落实职业保障；

（十）其他依法应当履行的职责。

设置和撤销社区矫正机构，由县级以上地方人民政府司法行政部门提出意见，按照规定的权限和程序审批。社区矫正日常工作由县级社区矫正机构具体承担；未设置县级社区矫正机构的，由上一级社区矫正机构具体承担。省、市两级社区矫正机构主要负责监督指导、跨区域执法的组织协调以及与同级社区矫正决定机关对接的案件办理工作。

**第十条**　司法所根据社区矫正机构的委托，承担社区矫正相关工作。

**第十一条**　社区矫正机构依法加强信息化建设，运用现代信息技术开展监督管理和教育帮扶。

社区矫正工作相关部门之间依法进行信息共享，人民法院、人民检察院、公安机关、司法行政机关依法建立完善社区矫正信息交换平台，实现业务协同、互联互通，运用现代信息技术及时准确传输交换有关法律文书，根据需要实时查询社区矫正对象交付接收、监督管理、教育帮扶、脱离监管、被治安管理处罚、被采取强制措施、变更刑事执行、办理再犯罪案件等情况，共享社区矫正工作动态信息，提高社区矫正信息化水平。

**第十二条**　对拟适用社区矫正的，社区矫正决定机关应当核实社区矫正对象的居住地。社区矫正对象在多个地方居住的，可以确定经常居住地为执行地。没有居住地，居住地、经常居住地无法确定或者不适宜执行社区矫正的，应当根据有利于社区矫正对象接受矫正、更好地融入社会的原则，确定社区矫正执行地。被确定为执行地的社区矫正机构应当及时接收。

社区矫正对象的居住地是指其实际居住的县（市、区）。社区矫正对象的经常居住地是指其经常居住的，有固定住所、固定生活来源的县（市、区）。

社区矫正对象应如实提供其居住、户籍等情况，并提供必要的证明材料。

**第十三条**　社区矫正决定机关对拟适用社区矫正的被告人、罪犯，需要调查其社会危险性和对所居住社区影响的，可以委托拟确定为执行地的社区矫正机构或者有关社会组织进行调查评估。社区矫正机构或者有关社会组织收到委托文书后应当及时通知执行地县级人民检察院。

**第十四条**　社区矫正机构、有关社会组织接受委托后，应当对被告人或者罪犯的居所情况、家庭和社会关系、犯罪行为的后果和影响、居住地村（居）

民委员会和被害人意见、拟禁止的事项、社会危险性、对所居住社区的影响等情况进行调查了解，形成调查评估意见，与相关材料一起提交委托机关。调查评估时，相关单位、部门、村（居）民委员会等组织、个人应当依法为调查评估提供必要的协助。

社区矫正机构、有关社会组织应当自收到调查评估委托函及所附材料之日起十个工作日内完成调查评估，提交评估意见。对于适用刑事案件速裁程序的，应当在五个工作日内完成调查评估，提交评估意见。评估意见同时抄送执行地县级人民检察院。需要延长调查评估时限的，社区矫正机构、有关社会组织应当与委托机关协商，并在协商确定的期限内完成调查评估。因被告人或者罪犯的姓名、居住地不真实、身份不明等原因，社区矫正机构、有关社会组织无法进行调查评估的，应当及时向委托机关说明情况。社区矫正决定机关对调查评估意见的采信情况，应当在相关法律文书中说明。

对调查评估意见以及调查中涉及的国家秘密、商业秘密、个人隐私等信息，应当保密，不得泄露。

**第十五条** 社区矫正决定机关应当对社区矫正对象进行教育，书面告知其到执行地县级社区矫正机构报到的时间期限以及逾期报到或者未报到的后果，责令其按时报到。

**第十六条** 社区矫正决定机关应当自判决、裁定或者决定生效之日起五日内通知执行地县级社区矫正机构，并在十日内将判决书、裁定书、决定书、执行通知书等法律文书送达执行地县级社区矫正机构，同时抄送人民检察院。收到法律文书后，社区矫正机构应当在五日内送达回执。

社区矫正对象前来报到时，执行地县级社区矫正机构未收到法律文书或者法律文书不齐全，应当先记录在案，为其办理登记接收手续，并通知社区矫正决定机关在五日内送达或者补齐法律文书。

**第十七条** 被判处管制、宣告缓刑、裁定假释的社区矫正对象到执行地县级社区矫正机构报到时，社区矫正机构应当核对法律文书、核实身份，办理登记接收手续。对社区矫正对象存在因行动不便、自行报到确有困难等特殊情况的，社区矫正机构可以派员到其居住地等场所办理登记接收手续。

暂予监外执行的社区矫正对象，由公安机关、监狱或者看守所依法移送至执行地县级社区矫正机构，办理交付接收手续。罪犯原服刑地与居住地不在同一省、自治区、直辖市，需要回居住地暂予监外执行的，原服刑地的省级以上监狱管理机关或者设区的市一级以上公安机关应当书面通知罪犯居住地的监狱管理机关、公安机关，由其指定一所监狱、看守所接收社区矫正对象档案，负责办理其收监、刑满释放等手续。对看守所留所服刑罪犯暂予监外执行，原服刑地与居住地在同一省、自治区、直辖市的，可以不移交档案。

**第二十四条**　社区矫正对象应当按照有关规定和社区矫正机构的要求，定期报告遵纪守法、接受监督管理、参加教育学习、公益活动和社会活动等情况。发生居所变化、工作变动、家庭重大变故以及接触对其矫正可能产生不利影响人员等情况时，应当及时报告。被宣告禁止令的社区矫正对象应当定期报告遵守禁止令的情况。

暂予监外执行的社区矫正对象应当每个月报告本人身体情况。保外就医的，应当到省级人民政府指定的医院检查，每三个月向执行地县级社区矫正机构、受委托的司法所提交病情复查情况。执行地县级社区矫正机构根据社区矫正对象的病情及保证人等情况，可以调整报告身体情况和提交复查情况的期限。延长一个月至三个月以下的，报上一级社区矫正机构批准；延长三个月以上的，逐级上报省级社区矫正机构批准。批准延长的，执行地县级社区矫正机构应当及时通报同级人民检察院。

社区矫正机构根据工作需要，可以协调对暂予监外执行的社区矫正对象进行病情诊断、妊娠检查或者生活不能自理的鉴别。

**第二十五条**　未经执行地县级社区矫正机构批准，社区矫正对象不得接触其犯罪案件中的被害人、控告人、举报人，不得接触同案犯等可能诱发其再犯罪的人。

**第二十六条**　社区矫正对象未经批准不得离开所居住市、县。确有正当理由需要离开的，应当经执行地县级社区矫正机构或者受委托的司法所批准。

社区矫正对象外出的正当理由是指就医、就学、参与诉讼、处理家庭或者工作重要事务等。

前款规定的市是指直辖市的城市市区、设区的市的城市市区和县级市的辖区。在设区的同一市内跨区活动的，不属于离开所居住的市、县。

**第二十七条**　社区矫正对象确需离开所居住的市、县的，一般应当提前三日提交书面申请，并如实提供诊断证明、单位证明、入学证明、法律文书等材料。

申请外出时间在七日内的，经执行地县级社区矫正机构委托，可以由司法所批准，并报执行地县级社区矫正机构备案；超过七日的，由执行地县级社区矫正机构批准。执行地县级社区矫正机构每次批准外出的时间不超过三十日。

因特殊情况确需外出超过三十日的，或者两个月内外出时间累计超过三十日的，应报上一级社区矫正机构审批。上一级社区矫正机构批准社区矫正对象外出的，执行地县级社区矫正机构应当及时通报同级人民检察院。

**第二十八条**　在社区矫正对象外出期间，执行地县级社区矫正机构、受委托的司法所应当通过电话通讯、实时视频等方式实施监督管理。

执行地县级社区矫正机构根据需要，可以协商外出目的地社区矫正机构协助监督管理，并要求社区矫正对象在到达和离开时向当地社区矫正机构报告，接受监督管理。外出目的地社区矫正机构在社区矫正对象报告后，可以通过电话通讯、实地查访等方式协助监督管理。

社区矫正对象应在外出期限届满前返回居住地，并向执行地县级社区矫正机构或者司法所报告，办理手续。因特殊原因无法按期返回的，应及时向社区矫正机构或者司法所报告情况。发现社区矫正对象违反外出管理规定的，社区矫正机构应当责令其立即返回，并视情节依法予以处理。

**第二十九条** 社区矫正对象确因正常工作和生活需要经常性跨市、县活动的，应当由本人提出书面申请，写明理由、经常性去往市县名称、时间、频次等，同时提供相应证明，由执行地县级社区矫正机构批准，批准一次的有效期为六个月。在批准的期限内，社区矫正对象到批准市、县活动的，可以通过电话、微信等方式报告活动情况。到期后，社区矫正对象仍需要经常性跨市、县活动的，应当重新提出申请。

**第三十条** 社区矫正对象因工作、居所变化等原因需要变更执行地的，一般应当提前一个月提出书面申请，并提供相应证明材料，由受委托的司法所签署意见后报执行地县级社区矫正机构审批。

执行地县级社区矫正机构收到申请后，应当在五日内书面征求新执行地县级社区矫正机构的意见。新执行地县级社区矫正机构接到征求意见函后，应当在五日内核实有关情况，作出是否同意接收的意见并书面回复。执行地县级社区矫正机构根据回复意见，作出决定。执行地县级社区矫正机构对新执行地县级社区矫正机构的回复意见有异议的，可以报上一级社区矫正机构协调解决。

经审核，执行地县级社区矫正机构不同意变更执行地的，应在决定作出之日起五日内告知社区矫正对象。同意变更执行地的，应对社区矫正对象进行教育，书面告知其到新执行地县级社区矫正机构报到的时间期限以及逾期报到或者未报到的后果，责令其按时报到。

**第三十一条** 同意变更执行地的，原执行地县级社区矫正机构应当在作出决定之日起五日内，将有关法律文书和档案材料移交新执行地县级社区矫正机构，并将有关法律文书抄送社区矫正决定机关和原执行地县级人民检察院、公安机关。新执行地县级社区矫正机构收到法律文书和档案材料后，在五日内送达回执，并将有关法律文书抄送所在地县级人民检察院、公安机关。

同意变更执行地的，社区矫正对象应当自收到变更执行地决定之日起七日内，到新执行地县级社区矫正机构报到。新执行地县级社区矫正机构应当核实身份、办理登记接收手续。发现社区矫正对象未按规定时间报到的，新执行地县级社区矫正机构应当立即通知原执行地县级社区矫正机构，由原执行地县级社区矫正机构组织查找。未及时办理交付接收，造成社区矫正对象脱管漏管的，原执行地社区矫正机构会同新执行地社区矫正机构妥善处置。

对公安机关、监狱管理机关批准暂予监外执行的社区矫正对象变更执行地的，公安机关、监狱管理机关在收到社区矫正机构送达的法律文书后，应与新执行地同级公安机关、监狱管理机关办理交接。新执行地的公安机关、监狱管理机关应指定一所看守所、监狱接收社区矫正对象档案，负责办理其收监、刑满释放等手续。看守所、监狱在接收档案之日起五日内，应当将有关情况通报新执行地县级社区矫正机构。对公安机关批准暂予监外执行的社区矫正对象在同一省、自治区、直辖市变更执行地的，可以不移交档案。

**第三十二条** 社区矫正机构应当根据有关法律法规、部门规章和其他规范性文件，建立内容全面、程序合理、易于操作的社区矫正对象考核奖惩制度。

社区矫正机构、受委托的司法所应当根据社区矫正对象认罪悔罪、遵守有关规定、服从监督管理、接受教育等情况，定期对其考核。对于符合表扬条件、具备训诫、警告情形的社区矫正对象，经执行地县级社区矫正机构决定，可以给予其相应奖励或者处罚，作出书面决定。对于涉嫌违反治安管理行为的社区矫正对象，执行地县级社区矫正机构可以向同级公安机关提出建议。社区矫正机构奖励或者处罚的书面决定应当抄送人民检察院。

社区矫正对象的考核结果与奖惩应当书面通知其本人，定期公示，记入档案，做到准确及时、公开公平。社区矫正对象对考核奖惩提出异议的，执行地县级社区矫正机构应当及时处理，并将处理结果告知社区矫正对象。社区矫正对象对处理结果仍有异议的，可以向人民检察院提出。

**第三十三条** 社区矫正对象认罪悔罪、遵守法律法规、服从监督管理、接受教育表现突出的，应当给予表扬。

社区矫正对象接受社区矫正六个月以上并且同时符合下列条件的，执行地县级社区矫正机构可以给予表扬：

（一）服从人民法院判决，认罪悔罪；

（二）遵守法律法规；

（三）遵守关于报告、会客、外出、迁居等规定，服从社区矫正机构的管理；

（四）积极参加教育学习等活动，接受教育矫正的。

社区矫正对象接受社区矫正期间，有见义勇为、抢险救灾等突出表现，或者帮助他人、服务社会等突出事迹的，执行地县级社区矫正机构可以给予表扬。对于符合法定减刑条件的，由执行地县级社区矫正机构依照本办法第四十二条的规定，提出减刑建议。

**第三十四条** 社区矫正对象具有下列情形之一的，执行地县级社区矫正机构应当给予训诫：

（一）不按规定时间报到或者接受社区矫正期间脱离监管，未超过十日的；

（二）违反关于报告、会客、外出、迁居等规定，情节轻微的；

（三）不按规定参加教育学习等活动，经教育仍不改正的；

（四）其他违反监督管理规定，情节轻微的。

**第三十五条** 社区矫正对象具有下列情形之一的，执行地县级社区矫正机构应当给予警告：

（一）违反人民法院禁止令，情节轻微的；

（二）不按规定时间报到或者接受社区矫正期间脱离监管，超过十日的；

（三）违反关于报告、会客、外出、迁居等规定，情节较重的；

（四）保外就医的社区矫正对象无正当理由不按时提交病情复查情况，经教育仍不改正的；

（五）受到社区矫正机构两次训诫，仍不改正的；

（六）其他违反监督管理规定，情节较重的。

**第三十六条** 社区矫正对象违反监督管理规定或者人民法院禁止令，依法应予治安管理处罚的，执行地县级社区矫正机构应当及时提请同级公安机关依法给予处罚，并向执行地同级人民检察院抄送治安管理处罚建议书副本，及时通知处理结果。

**第三十七条** 电子定位装置是指运用卫星等定位技术，能对社区矫正对象进行定位等监管，并具有防拆、防爆、防水等性能的专门的电子设备，如电子定位腕带等，但不包括手机等设备。

对社区矫正对象采取电子定位装置进行监督管理的，应当告知社区矫正对象监管的期限、要求以及违反监管规定的后果。

**第三十八条** 发现社区矫正对象失去联系的，社区矫正机构应当立即组织查找，可以采取通信联络、信息化核查、实地查访等方式查找，查找时要做好记录，固定证据。查找不到的，社区矫正机构应当及时通知公安机关，公安机关应当协助查找。社区矫正机构应当及时将组织查找的情况通报人民检察院。

查找到社区矫正对象后，社区矫正机构应当根据其脱离监管的情形，给予相应处置。虽能查找到社区矫正对象下落但其拒绝接受监督管理的，社区矫正机构应当视情节依法提请公安机关予以治安管理处罚，或者依法提请撤销缓刑、撤销假释、对暂予监外执行的收监执行。

**第三十九条**　社区矫正机构根据执行禁止令的需要，可以协调有关的部门、单位、场所、个人协助配合执行禁止令。

对禁止令确定需经批准才能进入的特定区域或者场所，社区矫正对象确需进入的，应当经执行地县级社区矫正机构批准，并通知原审人民法院和执行地县级人民检察院。

**第四十条**　发现社区矫正对象有违反监督管理规定或者人民法院禁止令等违法情形的，执行地县级社区矫正机构应当调查核实情况，收集有关证据材料，提出处理意见。

社区矫正机构发现社区矫正对象有撤销缓刑、撤销假释或者暂予监外执行收监执行的法定情形的，应当组织开展调查取证工作，依法向社区矫正决定机关提出撤销缓刑、撤销假释或者暂予监外执行收监执行建议，并将建议书抄送同级人民检察院。

**第四十一条**　社区矫正对象被依法决定行政拘留、司法拘留、强制隔离戒毒等或者因涉嫌犯新罪、发现判决宣告前还有其他罪没有判决被采取强制措施的，决定机关应当自作出决定之日起三日内将有关情况通知执行地县级社区矫正机构和执行地县级人民检察院。

**第四十二条**　社区矫正对象符合法定减刑条件的，由执行地县级社区矫正机构提出减刑建议书并附相关证据材料，报经地（市）社区矫正机构审核同意后，由地（市）社区矫正机构提请执行地的中级人民法院裁定。

依法应由高级人民法院裁定的减刑案件，由执行地县级社区矫正机构提出减刑建议书并附相关证据材料，逐级上报省级社区矫正机构审核同意后，由省级社区矫正机构提请执行地的高级人民法院裁定。

人民法院应当自收到减刑建议书和相关证据材料之日起三十日内依法裁定。

社区矫正机构减刑建议书和人民法院减刑裁定书副本，应当同时抄送社区矫正执行地同级人民检察院、公安机关及罪犯原服刑或者接收其档案的监狱。

**第四十七条**　社区矫正对象在假释考验期内，有下列情形之一的，由执行地同级社区矫正机构提出撤销假释建议：

（一）无正当理由不按规定时间报到或者接受社区矫正期间脱离监管，超过一个月的；

（二）受到社区矫正机构两次警告，仍不改正的；

（三）其他违反有关法律、行政法规和监督管理规定，尚未构成新的犯罪的。

社区矫正机构一般向原审人民法院提出撤销假释建议。如果原审人民法院与执行地同级社区矫正机构不在同一省、自治区、直辖市的，可以向执行地人民法院提出建议，执行地人民法院作出裁定的，裁定书同时抄送原审人民法院。

社区矫正机构撤销假释的建议书和人民法院的裁定书副本同时抄送社区矫正执行地同级人民检察院、公安机关、罪犯原服刑或者接收其档案的监狱。

**第四十八条** 被提请撤销缓刑、撤销假释的社区矫正对象具备下列情形之一的，社区矫正机构在提出撤销缓刑、撤销假释建议书的同时，提请人民法院决定对其予以逮捕：

（一）可能逃跑的；

（二）具有危害国家安全、公共安全、社会秩序或者他人人身安全现实危险的；

（三）可能对被害人、举报人、控告人或者社区矫正机构工作人员等实施报复行为的；

（四）可能实施新的犯罪的。

社区矫正机构提请人民法院决定逮捕社区矫正对象时，应当提供相应证据，移送人民法院审查决定。

社区矫正机构提请逮捕、人民法院作出是否逮捕决定的法律文书，应当同时抄送执行地县级人民检察院。

**第五十条** 人民法院裁定撤销缓刑、撤销假释或者决定暂予监外执行收监执行的，由执行地县级公安机关本着就近、便利、安全的原则，送交社区矫正对象执行地所属的省、自治区、直辖市管辖范围内的看守所或者监狱执行刑罚。

公安机关决定暂予监外执行收监执行的，由执行地县级公安机关送交存放或者接收罪犯档案的看守所收监执行。

监狱管理机关决定暂予监外执行收监执行的，由存放或者接收罪犯档案的监狱收监执行。

**第五十一条** 撤销缓刑、撤销假释的裁定和收监执行的决定生效后，社区矫正对象下落不明的，应当认定为在逃。

被裁定撤销缓刑、撤销假释和被决定收监执行的社区矫正对象在逃的，由执行地县级公安机关负责追捕。撤销缓刑、撤销假释裁定书和对暂予监外执行罪犯收监执行决定书，可以作为公安机关追逃依据。

**第五十三条** 社区矫正对象矫正期限届满，且在社区矫正期间没有应当撤销缓刑、撤销假释或者暂予监外执行收监执行情形的，社区矫正机构依法办理解除矫正手续。

社区矫正对象一般应当在社区矫正期满三十日前，作出个人总结，执行地县级社区矫正机构应当根据其在接受社区矫正期间的表现等情况作出书面鉴定，与安置帮教工作部门做好衔接工作。

执行地县级社区矫正机构应当向社区矫正对象发放解除社区矫正证明书，并书面通知社区矫正决定机关，同时抄送执行地县级人民检察院和公安机关。

公安机关、监狱管理机关决定暂予监外执行的社区矫正对象刑期届满的，由看守所、监狱依法为其办理刑满释放手续。

社区矫正对象被赦免的，社区矫正机构应当向社区矫正对象发放解除社区矫正证明书，依法办理解除矫正手续。

**第五十四条**　社区矫正对象矫正期满，执行地县级社区矫正机构或者受委托的司法所可以组织解除矫正宣告。

解矫宣告包括以下内容：

（一）宣读对社区矫正对象的鉴定意见；

（二）宣布社区矫正期限届满，依法解除社区矫正；

（三）对判处管制的，宣布执行期满，解除管制；对宣告缓刑的，宣布缓刑考验期满，原判刑罚不再执行；对裁定假释的，宣布考验期满，原判刑罚执行完毕。

宣告由社区矫正机构或者司法所工作人员主持，矫正小组成员及其他相关人员到场，按照规定程序进行。

**第五十七条**　有关单位对人民检察院的书面纠正意见在规定的期限内没有回复纠正情况的，人民检察院应当督促回复。经督促被监督单位仍不回复或者没有正当理由不纠正的，人民检察院应当向上一级人民检察院报告。

有关单位对人民检察院的检察建议在规定的期限内经督促无正当理由不予整改或者整改不到位的，检察机关可以将相关情况报告上级人民检察院，通报被建议单位的上级机关、行政主管部门或者行业自律组织等，必要时可以报告同级党委、人大，通报同级政府、纪检监察机关。

## （二）执行机关办案程序

**《监狱提请减刑假释工作程序规定》**（自2014年12月1日起施行，中华人民共和国司法部令第130号）

### 第一章　总　则

**第一条**　为规范监狱提请减刑、假释工作程序，根据《中华人民共和国刑法》、《中华人民共和国刑事诉讼法》、《中华人民共和国监狱法》等有关规定，结合刑罚执行工作实际，制定本规定。

**第二条** 监狱提请减刑、假释，应当根据法律规定的条件和程序进行，遵循公开、公平、公正的原则，严格实行办案责任制。

**第三条** 被判处有期徒刑和被减刑为有期徒刑的罪犯的减刑、假释，由监狱提出建议，提请罪犯服刑地的中级人民法院裁定。

**第四条** 被判处死刑缓期二年执行的罪犯的减刑，被判处无期徒刑的罪犯的减刑、假释，由监狱提出建议，经省、自治区、直辖市监狱管理局审核同意后，提请罪犯服刑地的高级人民法院裁定。

**第五条** 省、自治区、直辖市监狱管理局和监狱分别成立减刑假释评审委员会，由分管领导及刑罚执行、狱政管理、教育改造、狱内侦查、生活卫生、劳动改造、政工、监察等有关部门负责人组成，分管领导任主任。监狱管理局、监狱减刑假释评审委员会成员不得少于9人。

**第六条** 监狱提请减刑、假释，应当由分监区或者未设分监区的监区人民警察集体研究，监区长办公会议审核，监狱刑罚执行部门审查，监狱减刑假释评审委员会评审，监狱长办公会议决定。

省、自治区、直辖市监狱管理局刑罚执行部门审查监狱依法定程序提请的减刑、假释建议并出具意见，报请分管副局长召集减刑假释评审委员会审核后，报局长审定，必要时可以召开局长办公会议决定。

## 第二章 监狱提请减刑、假释的程序

**第七条** 提请减刑、假释，应当根据法律规定的条件，结合罪犯服刑表现，由分监区人民警察集体研究，提出提请减刑、假释建议，报经监区长办公会议审核同意后，由监区报送监狱刑罚执行部门审查。

直属分监区或者未设分监区的监区，由直属分监区或者监区人民警察集体研究，提出提请减刑、假释建议，报送监狱刑罚执行部门审查。

分监区、直属分监区或者未设分监区的监区人民警察集体研究以及监区长办公会议审核情况，应当有书面记录，并由与会人员签名。

**第八条** 监区或者直属分监区提请减刑、假释，应当报送下列材料：

（一）《罪犯减刑（假释）审核表》；

（二）监区长办公会议或者直属分监区、监区人民警察集体研究会议的记录；

（三）终审法院裁判文书、执行通知书、历次减刑裁定书的复印件；

（四）罪犯计分考核明细表、罪犯评审鉴定表、奖惩审批表和其他有关证明材料；

（五）罪犯确有悔改表现或者立功、重大立功表现的具体事实的书面证明材料。

**第九条** 监狱刑罚执行部门收到监区或者直属分监区对罪犯提请减刑、假释的材料后，应当就下列事项进行审查：

（一）需提交的材料是否齐全、完备、规范；

（二）罪犯确有悔改或者立功、重大立功表现的具体事实的书面证明材料是否来源合法；

（三）罪犯是否符合法定减刑、假释的条件；

（四）提请减刑、假释的建议是否适当。

经审查，对材料不齐全或者不符合提请条件的，应当通知监区或者直属分监区补充有关材料或者退回；对相关材料有疑义的，应当提讯罪犯进行核查；对材料齐全、符合提请条件的，应当出具审查意见，连同监区或者直属分监区报送的材料一并提交监狱减刑假释评审委员会评审。提请罪犯假释的，还应当委托县级司法行政机关对罪犯假释后对所居住社区影响进行调查评估，并将调查评估报告一并提交。

**第十条** 监狱减刑假释评审委员会应当召开会议，对刑罚执行部门审查提交的提请减刑、假释建议进行评审，提出评审意见。会议应当有书面记录，并由与会人员签名。

监狱可以邀请人民检察院派员列席减刑假释评审委员会会议。

**第十一条** 监狱减刑假释评审委员会经评审后，应当将提请减刑、假释的罪犯名单以及减刑、假释意见在监狱内公示。公示内容应当包括罪犯的个人情况、原判罪名及刑期、历次减刑情况、提请减刑假释的建议及依据等。公示期限为5个工作日。公示期内，如有监狱人民警察或者罪犯对公示内容提出异议，监狱减刑假释评审委员会应当进行复核，并告知复核结果。

**第十二条** 监狱应当在减刑假释评审委员会完成评审和公示程序后，将提请减刑、假释建议送人民检察院征求意见。征求意见后，监狱减刑假释评审委员会应当将提请减刑、假释建议和评审意见连同人民检察院意见，一并报请监狱长办公会议审议决定。监狱对人民检察院意见未予采纳的，应当予以回复，并说明理由。

**第十三条** 监狱长办公会议决定提请减刑、假释的，由监狱长在《罪犯减刑（假释）审核表》上签署意见，加盖监狱公章，并由监狱刑罚执行部门根据法律规定制作《提请减刑建议书》或者《提请假释建议书》，连同有关材料一并提请人民法院裁定。人民检察院对提请减刑、假释提出的检察意见，应当一并移送受理减刑、假释案件的人民法院。

对本规定第四条所列罪犯决定提请减刑、假释的，监狱应当将《罪犯减刑（假释）审核表》连同有关材料报送省、自治区、直辖市监狱管理局审核。

**第十四条** 监狱在向人民法院提请减刑、假释的同时，应当将提请减刑、假释的建议书副本抄送人民检察院。

**第十五条** 监狱提请人民法院裁定减刑、假释，应当提交下列材料：

（一）《提请减刑建议书》或者《提请假释建议书》；

（二）终审法院裁判文书、执行通知书、历次减刑裁定书的复印件；

（三）罪犯计分考核明细表、评审鉴定表、奖惩审批表；

（四）罪犯确有悔改或者立功、重大立功表现的具体事实的书面证明材料；

（五）提请假释的，应当附有县级司法行政机关关于罪犯假释后对所居住社区影响的调查评估报告；

（六）根据案件情况需要提交的其他材料。

对本规定第四条所列罪犯提请减刑、假释的，应当同时提交省、自治区、直辖市监狱管理局签署意见的《罪犯减刑（假释）审核表》。

## 第三章 监狱管理局审核提请减刑、假释建议的程序

**第十六条** 省、自治区、直辖市监狱管理局刑罚执行部门收到监狱报送的提请减刑、假释建议的材料后，应当进行审查。审查中发现监狱报送的材料不齐全或者有疑义的，应当通知监狱补充有关材料或者作出说明。审查无误后，应当出具审查意见，报请分管副局长召集评审委员会进行审核。

**第十七条** 监狱管理局分管副局长主持完成审核后，应当将审核意见报请局长审定；分管副局长认为案件重大或者有其他特殊情况的，可以建议召开局长办公会议审议决定。

监狱管理局审核同意对罪犯提请减刑、假释的，由局长在《罪犯减刑（假释）审核表》上签署意见，加盖监狱管理局公章。

## 第四章 附 则

**第十八条** 人民法院开庭审理减刑、假释案件的，监狱应当派员参加庭审，宣读提请减刑、假释建议书并说明理由，配合法庭核实相关情况。

**第十九条** 分监区、直属分监区或者未设分监区的监区人民警察集体研究会议、监区长办公会议、监狱评审委员会会议、监狱长办公会议、监狱管理局评审委员会会议、监狱管理局局长办公会议的记录和本规定第十五条所列的材料，应当存入档案并永久保存。

**第二十条** 违反法律规定和本规定提请减刑、假释，涉嫌违纪的，依照有关处分规定追究相关人员责任；涉嫌犯罪的，移送司法机关依法追究刑事责任。

**第二十一条** 监狱办理职务犯罪罪犯减刑、假释案件，应当按照有关规定报请备案审查。

**第二十二条** 本规定自2014年12月1日起施行。

### （三）检察机关办案程序

1.**《人民检察院办理减刑、假释案件规定》**（自2014年8月1日起施行，高检发监字〔2014〕8号）

**第一条** 为了进一步加强和规范减刑、假释法律监督工作，确保刑罚变更执行合法、公正，根据《中华人民共和国刑法》、《中华人民共和国刑事诉讼法》和《中华人民共和国监狱法》等有关规定，结合检察工作实际，制定本规定。

**第二条** 人民检察院依法对减刑、假释案件的提请、审理、裁定等活动是否合法实行法律监督。

**第三条** 人民检察院办理减刑、假释案件，应当按照下列情形分别处理：

（一）对减刑、假释案件提请活动的监督，由对执行机关承担检察职责的人民检察院负责；

（二）对减刑、假释案件审理、裁定活动的监督，由人民法院的同级人民检察院负责；同级人民检察院对执行机关不承担检察职责的，可以根据需要指定对执行机关承担检察职责的人民检察院派员出席法庭；下级人民检察院发现减刑、假释裁定不当的，应当及时向作出减刑、假释裁定的人民法院的同级人民检察院报告。

**第四条** 人民检察院办理减刑、假释案件，依照规定实行统一案件管理和办案责任制。

**第五条** 人民检察院收到执行机关移送的下列减刑、假释案件材料后，应当及时进行审查：

（一）执行机关拟提请减刑、假释意见；

（二）终审法院裁判文书、执行通知书、历次减刑裁定书；

（三）罪犯确有悔改表现、立功表现或者重大立功表现的证明材料；

（四）罪犯评审鉴定表、奖惩审批表；

（五）其他应当审查的案件材料。

对拟提请假释案件，还应当审查社区矫正机构或者基层组织关于罪犯假释后对所居住社区影响的调查评估报告。

**第六条** 具有下列情形之一的，人民检察院应当进行调查核实：

（一）拟提请减刑、假释罪犯系职务犯罪罪犯，破坏金融管理秩序和金融诈骗犯罪罪犯，黑社会性质组织犯罪罪犯，严重暴力恐怖犯罪罪犯，或者其他在社会上有重大影响、社会关注度高的罪犯；

（二）因罪犯有立功表现或者重大立功表现拟提请减刑的；

（三）拟提请减刑、假释罪犯的减刑幅度大、假释考验期长、起始时间早、间隔时间短或者实际执行刑期短的；

（四）拟提请减刑、假释罪犯的考核计分高、专项奖励多或者鉴定材料、奖惩记录有疑点的；

（五）收到控告、举报的；

（六）其他应当进行调查核实的。

**第七条** 人民检察院可以采取调阅复制有关材料、重新组织诊断鉴别、进行文证鉴定、召开座谈会、个别询问等方式，对下列情况进行调查核实：

（一）拟提请减刑、假释罪犯在服刑期间的表现情况；

（二）拟提请减刑、假释罪犯的财产刑执行、附带民事裁判履行、退赃退赔等情况；

（三）拟提请减刑罪犯的立功表现、重大立功表现是否属实，发明创造、技术革新是否系罪犯在服刑期间独立完成并经有关主管机关确认；

（四）拟提请假释罪犯的身体状况、性格特征、假释后生活来源和监管条件等影响再犯罪的因素；

（五）其他应当进行调查核实的情况。

**第八条** 人民检察院可以派员列席执行机关提请减刑、假释评审会议，了解案件有关情况，根据需要发表意见。

**第九条** 人民检察院发现罪犯符合减刑、假释条件，但是执行机关未提请减刑、假释的，可以建议执行机关提请减刑、假释。

**第十条** 人民检察院收到执行机关抄送的减刑、假释建议书副本后，应当逐案进行审查，可以向人民法院提出书面意见。发现减刑、假释建议不当或者提请减刑、假释违反法定程序的，应当在收到建议书副本后十日以内，依法向审理减刑、假释案件的人民法院提出书面意见，同时将检察意见书副本抄送执行机关。案情复杂或者情况特殊的，可以延长十日。

**第十一条** 人民法院开庭审理减刑、假释案件的，人民检察院应当指派检察人员出席法庭，发表检察意见，并对法庭审理活动是否合法进行监督。

**第十二条** 出席法庭的检察人员不得少于二人，其中至少一人具有检察官职务。

**第十三条** 检察人员应当在庭审前做好下列准备工作：

（一）全面熟悉案情，掌握证据情况，拟定法庭调查提纲和出庭意见；

（二）对执行机关提请减刑、假释有异议的案件，应当收集相关证据，可以建议人民法院通知相关证人出庭作证。

**第十四条** 庭审开始后，在执行机关代表宣读减刑、假释建议书并说明理由之后，检察人员应当发表检察意见。

**第十五条** 庭审过程中，检察人员对执行机关提请减刑、假释有疑问的，经审判长许可，可以出示证据，申请证人出庭作证，要求执行机关代表出示证据或者作出说明，向被提请减刑、假释的罪犯及证人提问并发表意见。

**第十六条** 法庭调查结束时，在被提请减刑、假释罪犯作最后陈述之前，经审判长许可，检察人员可以发表总结性意见。

**第十七条** 庭审过程中，检察人员认为需要进一步调查核实案件事实、证据，需要补充鉴定或者重新鉴定，或者需要通知新的证人到庭的，应当建议休庭。

**第十八条** 检察人员发现法庭审理活动违反法律规定的，应当在庭审后及时向本院检察长报告，依法向人民法院提出纠正意见。

**第十九条** 人民检察院收到人民法院减刑、假释裁定书副本后，应当及时审查下列内容：

（一）人民法院对罪犯裁定予以减刑、假释，以及起始时间、间隔时间、实际执行刑期、减刑幅度或者假释考验期是否符合有关规定；

（二）人民法院对罪犯裁定不予减刑、假释是否符合有关规定；

（三）人民法院审理、裁定减刑、假释的程序是否合法；

（四）按照有关规定应当开庭审理的减刑、假释案件，人民法院是否开庭审理；

（五）人民法院减刑、假释裁定书是否依法送达执行并向社会公布。

**第二十条** 人民检察院经审查认为人民法院减刑、假释裁定不当的，应当在收到裁定书副本后二十日以内，依法向作出减刑、假释裁定的人民法院提出书面纠正意见。

**第二十一条** 人民检察院对人民法院减刑、假释裁定提出纠正意见的，应当监督人民法院在收到纠正意见后一个月以内重新组成合议庭进行审理并作出最终裁定。

**第二十二条** 人民检察院发现人民法院已经生效的减刑、假释裁定确有错误的，应当向人民法院提出书面纠正意见，提请人民法院按照审判监督程序依法另行组成合议庭重新审理并作出裁定。

**第二十三条** 人民检察院收到控告、举报或者发现司法工作人员在办理减刑、假释案件中涉嫌违法的，应当依法进行调查，并根据情况，向有关单位提出纠正违法意见，建议更换办案人，或者建议予以纪律处分；构成犯罪的，依法追究刑事责任。

**第二十四条** 人民检察院办理职务犯罪罪犯减刑、假释案件，按照有关规定实行备案审查。

**第二十五条** 本规定自发布之日起施行。最高人民检察院以前发布的有关规定与本规定不一致的，以本规定为准。

2. **《人民检察院刑事诉讼规则》**（自2019年12月30日起施行，高检发释字〔2019〕4号）（节录）

**第六百三十五条** 人民检察院收到执行机关抄送的减刑、假释建议书副本后，应当逐案进行审查。发现减刑、假释建议不当或者提请减刑、假释违反法定程序的，应当在十日以内报经检察长批准，向审理减刑、假释案件的人民法院提出书面检察意见，同时也可以向执行机关提出书面纠正意见。案情复杂或者情况特殊的，可以延长十日。

**第六百三十六条** 人民检察院发现监狱等执行机关提请人民法院裁定减刑、假释的活动具有下列情形之一的，应当依法提出纠正意见：

（一）将不符合减刑、假释法定条件的罪犯，提请人民法院裁定减刑、假释的；

（二）对依法应当减刑、假释的罪犯，不提请人民法院裁定减刑、假释的；

（三）提请对罪犯减刑、假释违反法定程序，或者没有完备的合法手续的；

（四）提请对罪犯减刑的减刑幅度、起始时间、间隔时间或者减刑后又假释的间隔时间不符合有关规定的；

（五）被提请减刑、假释的罪犯被减刑后实际执行的刑期或者假释考验期不符合有关法律规定的；

（六）其他违法情形。

**第六百三十七条** 人民法院开庭审理减刑、假释案件，人民检察院应当指派检察人员出席法庭，发表意见。

**第六百三十八条** 人民检察院收到人民法院减刑、假释的裁定书副本后，应当及时审查下列内容：

（一）被减刑、假释的罪犯是否符合法定条件，对罪犯减刑的减刑幅度、起始时间、间隔时间或者减刑后又假释的间隔时间、罪犯被减刑后实际执行的刑期或者假释考验期是否符合有关规定；

（二）执行机关提请减刑、假释的程序是否合法；

（三）人民法院审理、裁定减刑、假释的程序是否合法；

（四）人民法院对罪犯裁定不予减刑、假释是否符合有关规定；

（五）人民法院减刑、假释裁定书是否依法送达执行并向社会公布。

**第六百三十九条**　人民检察院经审查认为人民法院减刑、假释的裁定不当，应当在收到裁定书副本后二十日以内，向作出减刑、假释裁定的人民法院提出纠正意见。

**第六百四十条**　对人民法院减刑、假释裁定的纠正意见，由作出减刑、假释裁定的人民法院的同级人民检察院书面提出。

下级人民检察院发现人民法院减刑、假释裁定不当的，应当向作出减刑、假释裁定的人民法院的同级人民检察院报告。

**第六百四十一条**　人民检察院对人民法院减刑、假释的裁定提出纠正意见后，应当监督人民法院是否在收到纠正意见后一个月以内重新组成合议庭进行审理，并监督重新作出的裁定是否符合法律规定。对最终裁定不符合法律规定的，应当向同级人民法院提出纠正意见。

**第六百五十条**　判处被告人死刑缓期二年执行的判决、裁定在执行过程中，人民检察院监督的内容主要包括：

（一）死刑缓期执行期满，符合法律规定应当减为无期徒刑、有期徒刑条件的，监狱是否及时提出减刑建议提请人民法院裁定，人民法院是否依法裁定；

（二）罪犯在缓期执行期间故意犯罪，监狱是否依法侦查和移送起诉；罪犯确系故意犯罪，情节恶劣，查证属实，应当执行死刑的，人民法院是否依法核准或者裁定执行死刑。

被判处死刑缓期二年执行的罪犯在死刑缓期执行期间故意犯罪，执行机关向人民检察院移送起诉的，由罪犯服刑所在地设区的市级人民检察院审查决定是否提起公诉。

人民检察院发现人民法院对被判处死刑缓期二年执行的罪犯减刑不当的，应当依照本规则第六百三十九条、第六百四十条的规定，向人民法院提出纠正意见。罪犯在死刑缓期执行期间又故意犯罪，经人民检察院起诉后，人民法院仍然予以减刑的，人民检察院应当依照本规则相关规定，向人民法院提出抗诉。

## （四）审判机关办案程序

1.**《最高人民法院关于减刑、假释案件审理程序的规定》**（自2014年6月1日起施行，法释〔2014〕5号）

为进一步规范减刑、假释案件的审理程序，确保减刑、假释案件审理的合法、公正，根据《中华人民共和国刑法》《中华人民共和国刑事诉讼法》有关规定，结合减刑、假释案件审理工作实际，制定本规定。

**第一条** 对减刑、假释案件，应当按照下列情形分别处理：

（一）对被判处死刑缓期执行的罪犯的减刑，由罪犯服刑地的高级人民法院在收到同级监狱管理机关审核同意的减刑建议书后一个月内作出裁定；

（二）对被判处无期徒刑的罪犯的减刑、假释，由罪犯服刑地的高级人民法院在收到同级监狱管理机关审核同意的减刑、假释建议书后一个月内作出裁定，案情复杂或者情况特殊的，可以延长一个月；

（三）对被判处有期徒刑和被减为有期徒刑的罪犯的减刑、假释，由罪犯服刑地的中级人民法院在收到执行机关提出的减刑、假释建议书后一个月内作出裁定，案情复杂或者情况特殊的，可以延长一个月；

（四）对被判处拘役、管制的罪犯的减刑，由罪犯服刑地中级人民法院在收到同级执行机关审核同意的减刑、假释建议书后一个月内作出裁定。

对暂予监外执行罪犯的减刑，应当根据情况，分别适用前款的有关规定。

**第二条** 人民法院受理减刑、假释案件，应当审查执行机关移送的下列材料：

（一）减刑或者假释建议书；

（二）终审法院裁判文书、执行通知书、历次减刑裁定书的复印件；

（三）罪犯确有悔改或者立功、重大立功表现的具体事实的书面证明材料；

（四）罪犯评审鉴定表、奖惩审批表等；

（五）其他根据案件审理需要应予移送的材料。

报请假释的，应当附有社区矫正机构或者基层组织关于罪犯假释后对所居住社区影响的调查评估报告。

人民检察院对报请减刑、假释案件提出检察意见的，执行机关应当一并移送受理减刑、假释案件的人民法院。

经审查，材料齐备的，应当立案；材料不齐的，应当通知执行机关在三日内补送，逾期未补送的，不予立案。

**第三条** 人民法院审理减刑、假释案件，应当在立案后五日内将执行机关报请减刑、假释的建议书等材料依法向社会公示。

公示内容应当包括罪犯的个人情况、原判认定的罪名和刑期、罪犯历次减刑情况、执行机关的建议及依据。

公示应当写明公示期限和提出意见的方式。公示期限为五日。

**第四条**　人民法院审理减刑、假释案件，应当依法由审判员或者由审判员和人民陪审员组成合议庭进行。

**第五条**　人民法院审理减刑、假释案件，除应当审查罪犯在执行期间的一贯表现外，还应当综合考虑犯罪的具体情节、原判刑罚情况、财产刑执行情况、附带民事裁判履行情况、罪犯退赃退赔等情况。

人民法院审理假释案件，除应当审查第一款所列情形外，还应当综合考虑罪犯的年龄、身体状况、性格特征、假释后生活来源以及监管条件等影响再犯罪的因素。

执行机关以罪犯有立功表现或重大立功表现为由提出减刑的，应当审查立功或重大立功表现是否属实。涉及发明创造、技术革新或者其他贡献的，应当审查该成果是否系罪犯在执行期间独立完成，并经有关主管机关确认。

**第六条**　人民法院审理减刑、假释案件，可以采取开庭审理或者书面审理的方式。但下列减刑、假释案件，应当开庭审理：

（一）因罪犯有重大立功表现报请减刑的；

（二）报请减刑的起始时间、间隔时间或者减刑幅度不符合司法解释一般规定的；

（三）公示期间收到不同意见的；

（四）人民检察院有异议的；

（五）被报请减刑、假释罪犯系职务犯罪罪犯，组织（领导、参加、包庇、纵容）黑社会性质组织犯罪罪犯，破坏金融管理秩序和金融诈骗犯罪罪犯及其他在社会上有重大影响或社会关注度高的；

（六）人民法院认为其他应当开庭审理的。

**第七条**　人民法院开庭审理减刑、假释案件，应当通知人民检察院、执行机关及被报请减刑、假释罪犯参加庭审。

人民法院根据需要，可以通知证明罪犯确有悔改表现或者立功、重大立功表现的证人，公示期间提出不同意见的人，以及鉴定人、翻译人员等其他人员参加庭审。

**第八条**　开庭审理应当在罪犯刑罚执行场所或者人民法院确定的场所进行。有条件的人民法院可以采取视频开庭的方式进行。

在社区执行刑罚的罪犯因重大立功被报请减刑的，可以在罪犯服刑地或者居住地开庭审理。

**第九条** 人民法院对于决定开庭审理的减刑、假释案件，应当在开庭三日前将开庭的时间、地点通知人民检察院、执行机关、被报请减刑、假释罪犯和有必要参加庭审的其他人员，并于开庭三日前进行公告。

**第十条** 减刑、假释案件的开庭审理由审判长主持，应当按照以下程序进行：

（一）审判长宣布开庭，核实被报请减刑、假释罪犯的基本情况；

（二）审判长宣布合议庭组成人员、检察人员、执行机关代表及其他庭审参加人；

（三）执行机关代表宣读减刑、假释建议书，并说明主要理由；

（四）检察人员发表检察意见；

（五）法庭对被报请减刑、假释罪犯确有悔改表现或立功表现、重大立功表现的事实以及其他影响减刑、假释的情况进行调查核实；

（六）被报请减刑、假释罪犯作最后陈述；

（七）审判长对庭审情况进行总结并宣布休庭评议。

**第十一条** 庭审过程中，合议庭人员对报请理由有疑问的，可以向被报请减刑、假释罪犯、证人、执行机关代表、检察人员提问。

庭审过程中，检察人员对报请理由有疑问的，在经审判长许可后，可以出示证据，申请证人到庭，向被报请减刑、假释罪犯及证人提问并发表意见。被报请减刑、假释罪犯对报请理由有疑问的，在经审判长许可后，可以出示证据，申请证人到庭，向证人提问并发表意见。

**第十二条** 庭审过程中，合议庭对证据有疑问需要进行调查核实，或者检察人员、执行机关代表提出申请的，可以宣布休庭。

**第十三条** 人民法院开庭审理减刑、假释案件，能够当庭宣判的应当当庭宣判；不能当庭宣判的，可以择期宣判。

**第十四条** 人民法院书面审理减刑、假释案件，可以就被报请减刑、假释罪犯是否符合减刑、假释条件进行调查核实或听取有关方面意见。

**第十五条** 人民法院书面审理减刑案件，可以提讯被报请减刑罪犯；书面审理假释案件，应当提讯被报请假释罪犯。

**第十六条** 人民法院审理减刑、假释案件，应当按照下列情形分别处理：

（一）被报请减刑、假释罪犯符合法律规定的减刑、假释条件的，作出予以减刑、假释的裁定；

（二）被报请减刑的罪犯符合法律规定的减刑条件，但执行机关报请的减刑幅度不适当的，对减刑幅度作出相应调整后作出予以减刑的裁定；

（三）被报请减刑、假释罪犯不符合法律规定的减刑、假释条件的，作出不予减刑、假释的裁定。

在人民法院作出减刑、假释裁定前，执行机关书面申请撤回减刑、假释建议的，是否准许，由人民法院决定。

**第十七条**　减刑、假释裁定书应当写明罪犯原判和历次减刑情况，确有悔改表现或者立功、重大立功表现的事实和理由，以及减刑、假释的法律依据。

裁定减刑的，应当注明刑期的起止时间；裁定假释的，应当注明假释考验期的起止时间。

裁定调整减刑幅度或者不予减刑、假释的，应当在裁定书中说明理由。

**第十八条**　人民法院作出减刑、假释裁定后，应当在七日内送达报请减刑、假释的执行机关、同级人民检察院以及罪犯本人。作出假释裁定的，还应当送达社区矫正机构或者基层组织。

**第十九条**　减刑、假释裁定书应当通过互联网依法向社会公布。

**第二十条**　人民检察院认为人民法院减刑、假释裁定不当，在法定期限内提出书面纠正意见的，人民法院应当在收到纠正意见后另行组成合议庭审理，并在一个月内作出裁定。

**第二十一条**　人民法院发现本院已经生效的减刑、假释裁定确有错误的，应当依法重新组成合议庭进行审理并作出裁定；上级人民法院发现下级人民法院已经生效的减刑、假释裁定确有错误的，应当指令下级人民法院另行组成合议庭审理，也可以自行依法组成合议庭进行审理并作出裁定。

**第二十二条**　最高人民法院以前发布的司法解释和规范性文件，与本规定不一致的，以本规定为准。

2.《**最高人民法院关于办理减刑、假释案件具体应用法律的规定**》（自2017年1月1日起施行，法释〔2016〕23号）（节录）

**第二十九条**　罪犯在假释考验期内违反法律、行政法规或者国务院有关部门关于假释的监督管理规定的，作出假释裁定的人民法院，应当在收到报请机关或者检察机关撤销假释建议书后及时审查，作出是否撤销假释的裁定，并送达报请机关，同时抄送人民检察院、公安机关和原刑罚执行机关。

罪犯在逃的，撤销假释裁定书可以作为对罪犯进行追捕的依据。

3.《**最高人民法院关于适用〈中华人民共和国刑事诉讼法〉的解释**》（自2021年3月1日起施行，法释〔2021〕1号）（节录）

**第四百二十条**　报请最高人民法院核准因罪犯具有特殊情况，不受执行刑期限制的假释案件，应当按照下列情形分别处理：

（一）中级人民法院依法作出假释裁定后，应当报请高级人民法院复核。高级人民法院同意的，应当书面报请最高人民法院核准；不同意的，应当裁定撤销中级人民法院的假释裁定。

（二）高级人民法院依法作出假释裁定的，应当报请最高人民法院核准。

**第四百二十一条** 报请最高人民法院核准因罪犯具有特殊情况，不受执行刑期限制的假释案件，应当报送报请核准的报告、罪犯具有特殊情况的报告、假释裁定书各五份，以及全部案卷。

**第四百二十二条** 对因罪犯具有特殊情况，不受执行刑期限制的假释案件，最高人民法院予以核准的，应当作出核准裁定书；不予核准的，应当作出不核准裁定书，并撤销原裁定。

**第五百三十三条** 被判处死刑缓期执行的罪犯，在死刑缓期执行期间，没有故意犯罪的，死刑缓期执行期满后，应当裁定减刑；死刑缓期执行期满后，尚未裁定减刑前又犯罪的，应当在依法减刑后，对其所犯新罪另行审判。

**第五百三十四条** 对减刑、假释案件，应当按照下列情形分别处理：

（一）对被判处死刑缓期执行的罪犯的减刑，由罪犯服刑地的高级人民法院在收到同级监狱管理机关审核同意的减刑建议书后一个月以内作出裁定；

（二）对被判处无期徒刑的罪犯的减刑、假释，由罪犯服刑地的高级人民法院在收到同级监狱管理机关审核同意的减刑、假释建议书后一个月以内作出裁定，案情复杂或者情况特殊的，可以延长一个月；

（三）对被判处有期徒刑和被减为有期徒刑的罪犯的减刑、假释，由罪犯服刑地的中级人民法院在收到执行机关提出的减刑、假释建议书后一个月以内作出裁定，案情复杂或者情况特殊的，可以延长一个月；

（四）对被判处管制、拘役的罪犯的减刑，由罪犯服刑地的中级人民法院在收到同级执行机关审核同意的减刑建议书后一个月以内作出裁定。

对社区矫正对象的减刑，由社区矫正执行地的中级以上人民法院在收到社区矫正机构减刑建议书后三十日以内作出裁定。

**第五百三十五条** 受理减刑、假释案件，应当审查执行机关移送的材料是否包括下列内容：

（一）减刑、假释建议书；

（二）原审法院的裁判文书、执行通知书、历次减刑裁定书的复制件；

（三）证明罪犯确有悔改、立功或者重大立功表现具体事实的书面材料；

（四）罪犯评审鉴定表、奖惩审批表等；

（五）罪犯假释后对所居住社区影响的调查评估报告；

（六）刑事裁判涉财产部分、附带民事裁判的执行、履行情况；

（七）根据案件情况需要移送的其他材料。

人民检察院对报请减刑、假释案件提出意见的，执行机关应当一并移送受理减刑、假释案件的人民法院。

经审查，材料不全的，应当通知提请减刑、假释的执行机关在三日以内补送；逾期未补送的，不予立案。

**第五百三十六条**　审理减刑、假释案件，对罪犯积极履行刑事裁判涉财产部分、附带民事裁判确定的义务的，可以认定有悔改表现，在减刑、假释时从宽掌握；对确有履行能力而不履行或者不全部履行的，在减刑、假释时从严掌握。

**第五百三十七条**　审理减刑、假释案件，应当在立案后五日以内对下列事项予以公示：

（一）罪犯的姓名、年龄等个人基本情况；

（二）原判认定的罪名和刑期；

（三）罪犯历次减刑情况；

（四）执行机关的减刑、假释建议和依据。

公示应当写明公示期限和提出意见的方式。

**第五百三十八条**　审理减刑、假释案件，应当组成合议庭，可以采用书面审理的方式，但下列案件应当开庭审理：

（一）因罪犯有重大立功表现提请减刑的；

（二）提请减刑的起始时间、间隔时间或者减刑幅度不符合一般规定的；

（三）被提请减刑、假释罪犯系职务犯罪罪犯，组织、领导、参加、包庇、纵容黑社会性质组织罪犯，破坏金融管理秩序罪犯或者金融诈骗罪犯的；

（四）社会影响重大或者社会关注度高的；

（五）公示期间收到不同意见的；

（六）人民检察院提出异议的；

（七）有必要开庭审理的其他案件。

**第五百三十九条**　人民法院作出减刑、假释裁定后，应当在七日以内送达提请减刑、假释的执行机关、同级人民检察院以及罪犯本人。人民检察院认为减刑、假释裁定不当，在法定期限内提出书面纠正意见的，人民法院应当在收到意见后另行组成合议庭审理，并在一个月以内作出裁定。

对假释的罪犯，适用本解释第五百一十九条的有关规定，依法实行社区矫正。

**第五百四十条** 减刑、假释裁定作出前，执行机关书面提请撤回减刑、假释建议的，人民法院可以决定是否准许。

**第五百四十一条** 人民法院发现本院已经生效的减刑、假释裁定确有错误的，应当另行组成合议庭审理；发现下级人民法院已经生效的减刑、假释裁定确有错误的，可以指令下级人民法院另行组成合议庭审理，也可以自行组成合议庭审理。

**第五百四十二条** 罪犯在缓刑、假释考验期限内犯新罪或者被发现在判决宣告前还有其他罪没有判决，应当撤销缓刑、假释的，由审判新罪的人民法院撤销原判决、裁定宣告的缓刑、假释，并书面通知原审人民法院和执行机关。

**第五百四十三条** 人民法院收到社区矫正机构的撤销缓刑建议书后，经审查，确认罪犯在缓刑考验期限内具有下列情形之一的，应当作出撤销缓刑的裁定：

（一）违反禁止令，情节严重的；

（二）无正当理由不按规定时间报到或者接受社区矫正期间脱离监管，超过一个月的；

（三）因违反监督管理规定受到治安管理处罚，仍不改正的；

（四）受到执行机关二次警告，仍不改正的；

（五）违反法律、行政法规和监督管理规定，情节严重的其他情形。

人民法院收到社区矫正机构的撤销假释建议书后，经审查，确认罪犯在假释考验期限内具有前款第二项、第四项规定情形之一，或者有其他违反监督管理规定的行为，尚未构成新的犯罪的，应当作出撤销假释的裁定。

**第五百四十四条** 被提请撤销缓刑、假释的罪犯可能逃跑或者可能发生社会危险，社区矫正机构在提出撤销缓刑、假释建议的同时，提请人民法院决定对其予以逮捕的，人民法院应当在四十八小时以内作出是否逮捕的决定。决定逮捕的，由公安机关执行。逮捕后的羁押期限不得超过三十日。

**第五百四十五条** 人民法院应当在收到社区矫正机构的撤销缓刑、假释建议书后三十日以内作出裁定。撤销缓刑、假释的裁定一经作出，立即生效。

人民法院应当将撤销缓刑、假释裁定书送达社区矫正机构和公安机关，并抄送人民检察院，由公安机关将罪犯送交执行。执行以前被逮捕的，羁押一日折抵刑期一日。

**第六百五十条** 人民法院讯问被告人，宣告判决，审理减刑、假释案件等，可以根据情况采取视频方式。

## 减刑、假释案件办理流程图示①

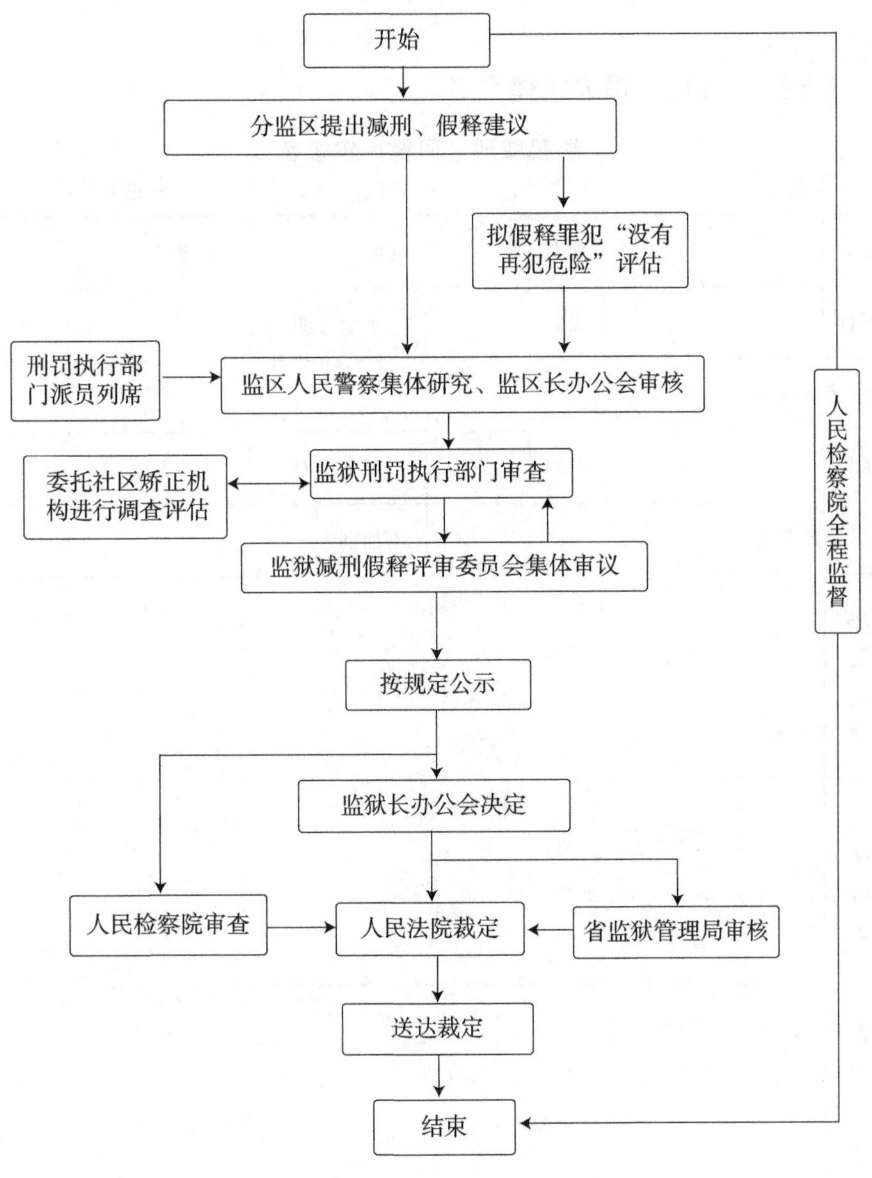


① 此为作者根据工作实践经验总结。

# 三、法律文书

## （一）执行机关相关法律文书

### 罪犯减刑（假释）审核表[1]

单位：罪犯　　　　　　　　　　　　　　　　　　　　　　　　罪犯编号：

<table>
<tr><td>姓名</td><td></td><td>别名</td><td></td><td>性别</td><td></td><td>文化程度</td><td></td></tr>
<tr><td>籍贯</td><td></td><td>民族</td><td></td><td colspan="2">出生日期</td><td colspan="2"></td></tr>
<tr><td colspan="2">家庭住址</td><td colspan="6"></td></tr>
<tr><td>罪名</td><td></td><td>刑种</td><td></td><td colspan="2">原判刑期</td><td colspan="2"></td></tr>
<tr><td colspan="2">刑期起止</td><td colspan="2"></td><td>附加刑</td><td colspan="3"></td></tr>
<tr><td>刑期变动</td><td colspan="7"></td></tr>
<tr><td>犯罪事实</td><td colspan="7"></td></tr>
<tr><td>改造表现</td><td colspan="7"></td></tr>
</table>

① 此表为辽宁省监狱管理局制发文书模板。

续表

| | |
|---|---|
| 分监区意见 | （签字）<br>年　月　日 |
| 监区意见 | （签字）<br>年　月　日 |
| 科室意见 | |
| 监狱意见 | （签字）<br>年　月　日 |
| 监狱局意见 | （签字）<br>年　月　日 |
| 备注 | |

## 提请减刑（假释）建议书①

（ ）____字第____号

罪犯________，男（女），____年____月____日出生，____族，原户籍所在地____________________，因____________________罪经__________人民法院于____年____月____日以（ ）____字第____号刑事判决书判处________，附加________，刑期自____年____月____日至____年____月____日止，于____年____月____日送我监狱服刑改造。服刑期间执行刑期变动情况：__________
______________________________________________________________________
______________________________________________________________________
______________________________________________________________________
______________________________________________________________________
______________________________________________________________________
____________________________________。

该犯在近期确有______表现，具体事实如下：

______________________________________________________________________
______________________________________________________________________
______________________________________________________________________
______________________________________________________________________
______________________________________________________________________
______________________________________________________________________
____________________________________________。

为此，根据《中华人民共和国监狱法》第____条、《中华人民共和国刑法》第____条第____款、《中华人民共和国刑事诉讼法》第____条第____款的规定，建议对罪犯______予以减刑（假释）。特提请裁定。

此致

________人民法院

（公章）

年　月　日

附：罪犯　　　　卷宗材料共　　卷　　册　　页。

① 此表为辽宁省监狱管理局制发文书模板。

## （二）检察机关相关法律文书

**××人民检察院**

**减刑（假释）征求意见反馈函**

×检执检减假征意函〔20××〕×号

（提请单位名称）：

罪犯（姓名），（性别），（民族），（出生日期）出生，（受教育状况）文化程度，（证件类型）（证件号码），（工作单位/所在学校），职务为（职务）户籍所在地为（户籍所在地），住（住所地）（住所地详细地址）。（生效判决日期）因（生效判决罪名）（生效判决其他罪名）被（生效判决法院）判处（生效宣告刑（主刑））（生效宣告刑刑期），（财产刑种类）（财产刑其他种类）罚金金额（没收财产）万元。（执行日期）交付（执行机关）执行。历次减刑情况。

你狱认为，罪犯（姓名）在服刑期间，能够做到（具体表现）。

经审查，我院认为：

1. 罪犯（姓名）符合提请减刑/假释条件。未发现提请减刑/假释建议不当，同意将案件交监狱长办公会审核。

2. 罪犯（姓名）不符合减刑/假释条件/提请减刑/假释的程序违法/提请减刑/假释建议不当，理由是：……。建议不予减刑/假释。

年　月　日

（院印）

## ××人民检察院
## 提请减刑检察意见书

×检减意〔20××〕×号

(法院名称):

本院于(审查日期)收到(提请单位名称)抄送的对罪犯(姓名)提请减刑建议书副本后,根据《中华人民共和国刑事诉讼法》第二百七十三条的规定,对该减刑建议进行了审查。

罪犯(姓名),(证件类型)(证件号码),(性别),(民族),(出生日期)出生,户籍所在地为(户籍所在地),住(住所地)(住所地详细地址)。(生效判决日期)因(生效判决罪名)(生效判决其他罪名)被(生效判决法院)判处[生效宣告刑(主刑)](生效宣告刑刑期),(财产刑种类)(财产刑其他种类)罚金金额(没收财产)万元。(执行日期)交付(执行机关)执行。

经审查,我院认为,罪犯(姓名)在本次考核评奖周期内能做到认罪悔罪,认真遵守监规纪律,积极参加思想、文化、职业技术教育,完成劳动任务,积极履行财产刑或履行附带民事赔偿义务,确有悔改表现(或立功表现、重大立功表现)。或者罪犯(姓名)不符合减刑条件/提请减刑的程序违法/减刑建议不当,理由是:……上述事实有以下证据予以证明:……

依据《中华人民共和国刑法》第七十八条及有关法律法规、司法解释之规定,建议人民法院裁定减刑。或者依据《中华人民共和国刑事诉讼法》第二百七十三条的规定,建议你院对罪犯(姓名)裁定不予减刑/减刑的幅度予以调整。

年　月　日

(院印)

**××人民检察院**
**提请假释检察意见书**

×检假意〔20××〕×号

（法院名称）：

本院于（审查日期）收到（提请单位名称）抄送的对罪犯（姓名）提请假释建议书副本后，根据《中华人民共和国刑事诉讼法》第二百七十三条的规定，对该假释建议进行了审查。

罪犯（姓名），（证件类型）（证件号码），（性别），（民族），（出生日期）出生，户籍所在地为（户籍所在地），住（住所地）（住所地详细地址）。（生效判决日期）因（生效判决罪名）（生效判决其他罪名）被（生效判决法院）判处（生效宣告刑（主刑））（生效宣告刑刑期），（财产刑种类）（财产刑其他种类）罚金金额（没收财产）万元。（执行日期）交付（执行机关）执行。

经审查，我院认为，罪犯（姓名）在本次考核评奖周期内能做到认罪悔罪，认真遵守监规纪律，积极参加思想、文化、职业技术教育，完成劳动任务，积极履行财产刑或履行附带民事赔偿义务，确有悔改表现（或立功表现、重大立功表现）。/且执行原判刑期二分之一以上（无期徒刑罪犯已实际执行十三年以上），经执行机关综合评估没有再犯罪危险）。或者罪犯（姓名）不符合假释条件/提请假释的程序违法，理由是：……。上述事实有以下证据予以证明：……。

依据《中华人民共和国刑法》第八十一条及有关法律法规、司法解释之规定，建议人民法院裁定假释。或者依据《中华人民共和国刑事诉讼法》第二百七十三条的规定，建议你院对罪犯（姓名）裁定不予假释。

年　月　日

（院印）

**××人民检察院**

**减刑案件出庭意见书**

××检减庭意〔20××〕×号

审判长、审判员：

根据《中华人民共和国刑事诉讼法》《中华人民共和国人民检察院组织法》的相关规定，我（们）受（本院名称：“　　人民检察院”）指派出席法庭，参加由（提请单位名称）提请的对罪犯（姓名）提请减刑一案的审理，依法履行法律监督职责。

（本院名称：“　　人民检察院”）于（审查日期）收到（提请单位名称）抄送的对罪犯（姓名）提请减刑建议书以及相应证据材料。本院依法进行了审查。现就法庭审理罪犯减刑一案发表如下检察意见：

1. 对庭审的评价。刚才，执行机关宣读了对罪犯的提请减刑建议书，并就罪犯（姓名）自×年×月×日至今的改造情况举证，法庭依法讯问了罪犯（姓名），证人（证人姓名）出庭对罪犯（姓名）改造情况予以作证，罪犯（姓名）当庭作了陈述，出庭检察官询问了证人，讯问了罪犯（姓名），并对执行机关出示的有关证据进行了质证。出庭检察官依法对庭审全程实行了监督。我们认为：（阐明执行机关出示的有关证据材料是否真实有效，法庭审理程序是否合法。）

2. 阐明罪犯减刑是否符合法定条件：主要从主观上是否认罪服法，客观上是否遵守监规、接受教育改造，积极参加政治、文化、技术学习，积极参加劳动、完成生产任务以及奖惩情况等五个方面作出评价。对于符合减刑条件的，要排除罪犯的社会危害性、人身危险性因素。

3. 阐明提请减刑的程序是否符合规定：包括是否进行了公示，是否经过监区长办公会、减刑假释评审委员会集体评审会、监狱长办公会讨论等。

4. 发表检察意见：认为“符合”或者“不符合”减刑意见。在符合减刑条件的情况下，对减刑幅度发表检察意见。认为“不符合”减刑的，应当阐述“不符合”的理由。

5. 其他需要发表的意见。

审判长、审判员，检察机关的出庭意见发表完毕。

检察官：

年　月　日

## ××××人民检察院
## 假释案件出庭意见书

××检假庭意〔20××〕×号

审判长、审判员：

根据《中华人民共和国刑事诉讼法》《中华人民共和国人民检察院组织法》的相关规定，我们受（本院名称：“　　　人民检察院”）指派出席法庭，参加由（提请单位名称）提请的对罪犯（姓名）提请假释一案的审理，依法履行法律监督职责。

（本院名称：“　　　人民检察院”）于（审查日期）收到（提请单位名称）抄送的对罪犯（姓名）提请假释建议书以及相应证据材料。本院依法进行了审查。现就法庭审理罪犯假释一案发表如下检察意见：

1. 对庭审的评价。刚才，执行机关宣读了对罪犯的提请假释建议书，并就罪犯（姓名）自×年×月×日至今的改造情况举证，法庭依法讯问了罪犯（姓名），证人（证人姓名）出庭对罪犯（姓名）改造情况予以作证，罪犯（姓名）当庭作了陈述，出庭检察官询问了证人，讯问了罪犯（姓名），并对执行机关出示的有关证据进行了质证。出庭检察官依法对庭审全程实行了监督。我们认为：（阐明执行机关出示的有关证据材料是否真实有效，法庭审理程序是否合法。）

2. 阐明罪犯假释是否符合法定条件。主要从主观上是否认罪服法，客观上是否遵守监规、接受教育改造，积极参加政治、文化、技术学习，积极参加劳动、完成生产任务以及奖惩情况等五个方面作出评价。对于符合假释条件的，要排除罪犯的社会危害性、人身危险性因素。

3. 阐明提请假释的程序是否符合规定。包括是否进行了公示，是否经过监区长办公会、减刑假释评审委员会集体评审会、监狱长办公会讨论，假释是否征求罪犯居住地社区矫正机构的意见等。

4. 发表检察意见。认为“符合”或者“不符合”假释意见。认为“不符合”假释的，应当阐述“不符合”的理由。

5. 其他需要发表的意见。

审判长、审判员，检察机关的出庭意见发表完毕。

检察官：

年　月　日

**××人民检察院**

**纠正不当减刑裁定意见书**

××检纠减〔20××〕×号

一、发往单位。

二、罪犯基本情况，包括罪犯姓名、性别、出生日期、罪犯所在监管场所。

三、原判决、裁定情况和执行刑期情况，包括原判决、裁定认定的罪名、刑期，已执行刑期，剩余刑期。

四、裁定减刑情况，包括减刑理由，减刑时间。

五、认定裁定不当的理由和法律依据。可表述为：经审查，本院认为……。

六、纠正意见。可表述为：依据《中华人民共和国刑事诉讼法》第二百七十四条的规定，特向你院提出纠正意见。请你院在收到本纠正意见后一个月以内依法重新组成合议庭进行审理，并重新作出裁定。

20××年××月××日

（院印）

## ××人民检察院
## 纠正不当假释裁定意见书

××检纠假〔20××〕×号

一、发往单位。

二、罪犯基本情况。包括罪犯姓名、性别、出生日期、罪犯所在的监管场所。

三、原判决、裁定情况和执行刑期情况。包括原判决、裁定认定的罪名、刑期，已执行刑期及减刑情况，剩余刑期。

四、裁定假释情况。包括假释理由，可表述为：你院以……为由，裁定假释。

五、认定裁定假释不当的理由及法律依据。可表述为：经审查，本院认为……。

六、纠正意见。可表述为：依据《中华人民共和国刑事诉讼法》第二百七十四条的规定，特向你院提出纠正意见。请你院在收到本纠正意见后一个月以内依法重新组成合议庭进行审理，并重新作出裁定。

20××年××月××日

（院印）

## （三）审判机关相关法律文书

×××人民法院

刑事裁定书①

（减刑用）

（××××）……刑执……号

罪犯……（写明姓名、性别、出生年月日、民族、出生地、文化程度和现服刑监所）。

×××人民法院于××××年××月××日作出了（××××）×刑初字第××号刑事判决，以被告人×××犯××罪，判处……（写明主刑的刑种、刑期和附加剥夺政治权利及其刑期）。……（写明上诉、抗诉后二审法院的裁判结果和执行中的刑种、刑期变更情况）。执行机关……（写明机关名称）于××××年××月××日提出减刑建议书，报送本院审理。本院依法组成合议庭进行了审理。现已审理终结。

执行机关……（简述执行机关所提罪犯确有悔改或者立功、重大立功表现的事实和证据）。

经审理查明，……（写明确认罪犯在服刑期间确有悔改表现或者立功、重大立功表现的具体事实和证据）。

本院认为，……（写明应予减刑的理由）。依照……（写明裁定的法律依据）的规定，裁定如下：

……（写明罪犯姓名和对其减刑的具体内容）。

本裁定送达后即发生法律效力。

审判长×××

审判员×××

审判员×××

（院印）

××××年××月××日

本件与原本核对无异

书记员×××

① 参见法律研究中心编：《最高人民法院刑事诉讼文书样式：制作规范与法律依据》，中国法制出版社2021年10月第1版。

**×××人民法院**

**刑事裁定书[①]**

（假释用）

（××××）……刑执……号

罪犯……（姓名、性别、出生年月日、民族、出生地、文化程度、现服刑监所和原住址）。

×××人民法院于××××年××月××日作出了（××××）×刑初字第××号刑事判决，以被告人×××犯××罪，判处……（写明具体刑种、刑期）。……（上诉、抗诉的写明二审裁判结果。未经二审的写明“判决发生法律效力后”）交付执行。……（续写执行中的刑种、刑期变更情况）。执行机关……（写明机关名称）于××××年××月××日提出假释建议书，报送本院审理。本院依法组成合议庭进行了审理。现已审理终结。

执行机关……（简述执行机关所提罪犯确有悔改表现、假释后不致再危害社会或者具有的特殊情况）。

经审理查明，……（写明确认罪犯在服刑期间确有悔改表现，假释后不致再危害社会或者有特殊情况的具体事实和证据）。

本院认为，……（写明应予假释的理由）。依照……（写明裁定的法律依据）的规定，裁定如下：

对罪犯×××予以假释，剥夺政治权利×年不变。（假释考验期限，从假释之日起计算，即自××××年××月××日起，至××××年××月××日止。）

本裁定送达后即发生法律效力。

审判长×××
审判员×××
审判员×××
（院印）
××××年××月××日

本件与原本核对无异

书记员×××

① 参见法律研究中心编：《最高人民法院刑事诉讼文书样式：制作规范与法律依据》，中国法制出版社2021年10月第1版。

## ×××人民法院
## 刑事裁定书[①]
## （核准或者不予核准有特殊情况的假释用）

（××××）……刑执核……号

罪犯……（姓名、性别、出生年月日、民族、出生地、文化程度、现服刑监所和原住址）。

×××人民法院于×××年××月××日作出（××××）×刑初字第××号刑事判决，以被告人×××犯××罪，判处……（写明具体刑种、刑期）。……（上诉、抗诉的写明二审裁判结果。未经二审的写明“判决发生法律效力后交付执行”）。……（续写执行中的刑种、刑期变更情况）。执行机关……（写明机关名称）于××××年××月××日以该犯具有特殊情况，不受执行刑期限制为由，向×××中级（或者高级）人民法院提出假释建议书。经×××中级（或者高级）人民法院审理后，依法报请本院核准。本院依法组成合议庭进行了审理。现已审理终结。

……（简述原审人民法院认定罪犯有特殊情况的事实和证据）。

经审理查明，……（写明有特殊情况的具体事实或者不属于特殊情况的事实）。

本院认为，……（写明应予假释或者不准假释的理由）。依照……（写明裁定的法律依据）的规定，裁定如下：

……［写明裁定结果。分两种情况：

第一，核准假释的，表述为：

“一、核准×××人民法院（××××）×刑执字第××号对罪犯×××假释的刑事裁定；

二、对犯罪×××予以假释。”

第二，不核准假释的，表述为：

“一、撤销×××人民法院（××××）×刑执字第××号对罪犯×××假释的刑事裁定；

① 参见法律研究中心编：《最高人民法院刑事诉讼文书样式：制作规范与法律依据》，中国法制出版社2021年10月第1版。

二、对罪犯×××不准假释。”]

本裁定送达后即发生法律效力。

审判长×××

审判员×××

审判员×××

（院印）

××××年××月××日

本件与原本核对无异

书记员×××

**×××人民法院**

**刑事裁定书①**

**（维持或者撤销减刑、假释用）**

（××××）……刑执……号

罪犯……（姓名、性别、年龄、民族、出生地、文化程度、现服刑监所或者住址）。

××××年××月××日，本院作出了（××××）×刑执字第××号刑事裁定，将（对）罪犯……（写明减刑的具体刑期或者宣告假释）。×××人民检察院认为对罪犯×××减刑（或者假释）的裁定不当，在法定期间向本院提出书面纠正意见。本院依法重新组成合议庭进行了审理。现已审理终结。

×××人民检察院认为……（写明认为减刑或者假释裁定不当的事实和理由）。

经审理查明，……（写明对人民检察院纠正意见中所列事实、证据查证的结果）。

本院认为，……（写明维持或者撤销减刑或假释裁定的理由）。依照……（写明裁定的法律依据）的规定，裁定如下：

……［写明裁定结果。分两种情况：

第一，裁定维持减刑或者假释的，分别表述为：

（一）裁定维持减刑的，表述为：

维持本院××××年××月××日（××××）×刑执字第××号对罪犯×××减刑的刑事裁定。

（二）裁定维持假释的，表述为：

维持本院××××年××月××日（××××）×刑执字第××号对罪犯×××予以假释的刑事裁定。

第二，裁定撤销减刑或者假释的，分别表述为：

（一）裁定撤销减刑的，表述为：

撤销本院××××年××月××日（××××）×刑执字第××号对罪犯×××减刑的

刑事裁定。

① 参见法律研究中心编：《最高人民法院刑事诉讼文书样式：制作规范与法律依据》，中国法制出版社2021年10月第1版。

（二）裁定撤销假释的，表述为：

一、撤销本院××××年××月××日（××××）×刑执字第××号对罪犯×××予以假释的刑事裁定；

二、对罪犯×××收监执行未执行完毕的刑罚（即自××××年××月××日起，至××××年××月××日止）。]

本裁定为最终裁定。

审判长×××

审判员×××

审判员×××

（院印）

××××年××月××日

本件与原本核对无异

书记员×××

**×××人民法院**

**决定书①**

**(退回减刑、假释建议书用)**

(××××)×刑执字第××号

罪犯……(写明姓名、性别、出生年月日、民族、出生地、文化程度和现服刑监所)。

×××人民法院于××××年××月××日作出(××××)×刑初字第××号刑事判决，认定被告人×××犯××罪，判处……(写明刑种、刑期)……(写明上诉、抗诉后第二审人民法院的裁判结果和执行中刑种、刑期的变更情况)。执行机关×××(机关名称)于××××年××月××日提出减刑(或者假释)建议书，报送本院审理。本院认为……(简要写明经审核不符合法定减刑或者假释的理由)。依照《中华人民共和国刑法》第七十九条(或者第八十二条)之规定，决定如下：

将××号减刑(或者假释)建议书退回×××执行机关(机关名称)。

(院印)

××××年××月××日

① 参见法律研究中心编:《最高人民法院刑事诉讼文书样式：制作规范与法律依据》，中国法制出版社2021年10月第1版。

# 四、典型案例

## （一）减刑典型案例

### 案例1　罪犯张松坚不予减刑案[①]
——职务犯罪罪犯不认罪悔罪，依法不予减刑

**【基本案情】**

罪犯张松坚，男，原安徽省滁州市人大常委会副主任（副厅级），1994年6月至2008年12月间先后任滁州市南谯区常务副区长、区长、区委书记、人大常委会主任、明光市委书记、市人大常委会主任等职。因犯受贿罪于2011年5月被判处无期徒刑，剥夺政治权利终身，并处没收个人全部财产，受贿所得现金428.3万元、购物卡7.08万元予以追缴。判决生效后交付执行。2014年11月，执行机关安徽省巢湖监狱向安徽省高级人民法院提出减刑建议，该院立案后将减刑建议书等材料通过互联网向社会公示，同年12月4日在巢湖监狱公开开庭审理本案，并邀请市人大代表旁听庭审。

安徽高院经审理查明，罪犯张松坚虽然在狱内遵守监规，积极劳动，服刑期间受到表扬3次，记功3次，表现较好，但庭审中，张松坚对原审认定的受贿事实仅承认不足10万元的礼金和购物卡，其他部分拒不认罪。另查明，案发后张松坚实际退出赃款163万余元。

**【裁判结果】**

安徽高院认为，罪犯张松坚在服刑期间遵守法律和监规，积极参加劳动，表现较好，但在原判事实清楚，证据确实充分的情况下，仍否认原判认定的绝大部分犯罪事实，未能认识所犯罪行的严重性和社会危害性，不能认定其“认罪悔罪”。张松坚不符合法律规定的减刑条件，依法裁定不予减刑。减刑裁定书已在中国裁判文书网公布。

---

① 此案例选自2015年2月13日最高人民法院发布的减刑、假释、暂予监外执行典型案例。

## 案例2　罪犯奚中杰不予减刑案[①]

### ——原判为严重危害民生犯罪的罪犯，依法从严控制不予减刑

**【基本案情】**

罪犯奚中杰，男，个体工商户。原判认定，2007年至2011年3月间奚中杰伙同他人生产盐酸克仑特罗原粉（俗称“瘦肉精”）2700余公斤，销售至河南、山东等八省市，给广大消费者身体健康及生命财产造成严重危害，并致公私财产遭受特别重大损失，仅济源双汇食品有限公司损失即达3400余万元，焦作市辖区生猪养殖户损失达1.61亿元。非法所得共250万元，奚中杰个人得160余万元。在共同犯罪中系主犯。2011年8月10日，人民法院以危险方法危害公共安全罪判处奚中杰无期徒刑，剥夺政治权利终身。宣判后交付河南省平原监狱执行刑罚。2014年4月14日，河南省平原监狱以罪犯奚中杰确有悔改表现为由，向河南省高级人民法院报请将其无期徒刑减为有期徒刑二十年，河南高院立案后将减刑建议书等材料通过互联网向社会公示，并于同年5月21日在平原监狱公开开庭审理了本案。

河南高院经审理查明，罪犯奚中杰在服刑期间能认罪悔罪，认真遵守法律法规及监规，积极参加学习和劳动，获表扬1次、记功1次。

**【裁判结果】**

河南高院认为，罪犯奚中杰虽有悔改表现，但其所犯罪行严重，犯罪情节恶劣，社会危害及社会影响巨大，应从严控制减刑，遂依法作出对奚中杰不予减刑的裁定。减刑裁定书已在中国裁判文书网公布。

## 案例3　罪犯陈雪冰不予减刑案[②]

### ——金融犯罪罪犯拒不退赃，依法不予减刑

**【基本案情】**

罪犯陈雪冰，女，某公司退休职工，1954年12月13日出生，因犯集资诈骗罪于2011年3月被判处无期徒刑，剥夺政治权利终身，并处没收个人全

① 此案例选自2015年2月13日最高人民法院发布的减刑、假释、暂予监外执行典型案例。

② 此案例选自2015年2月13日最高人民法院发布的减刑、假释、暂予监外执行典型案例。

部财产，继续追缴违法所得人民币875.59万元。判决生效后交付执行。执行机关安徽省未成年犯管教所以陈雪冰在服刑期间确有悔改表现为由，报请对其减刑。安徽省高级人民法院于2014年11月19日立案后，将减刑建议书等材料通过互联网向社会公示，并于12月4日公开开庭审理了本案。

安徽高院经审理查明，罪犯陈雪冰服刑期间，受到表扬3次，记功2次。另查明，原审认定陈雪冰以非法占有为目的，使用诈骗方法非法向他人集资，数额特别巨大，且陈雪冰案发后拒不供述赃款去向，至今未退出违法所得。

**【裁判结果】**

安徽高院认为，罪犯陈雪冰作为金融犯罪罪犯，诈骗他人巨款，案发后拒不供述赃款去向，且至今不退赃，给被害人造成特别重大损失的社会影响未能消除，不能认定其“确有悔改表现”，依法裁定对其不予减刑。减刑裁定书已在中国裁判文书网公布。

## 案例4　罪犯赵威减刑撤销案[①]

——备案审查中发现之前减刑裁定确有错误，依法撤销减刑

**【基本案情】**

罪犯赵威，男，原系重庆市万盛区安全生产监督管理局局长兼煤炭工业管理局局长、万盛区政协副主席（副厅级）。2010年9月8日重庆市高级人民法院以受贿罪、滥用职权罪，数罪并罚，判处赵威有期徒刑九年，并处没收个人财产人民币50000元，追缴其所退赃款人民币210000元。判决生效后，赵威于2010年10月13日被交付执行。刑期至2018年8月25日止。2012年5月29日重庆市第三中级人民法院作出裁定，认定赵威确有悔改表现，对其减去有期徒刑八个月。2012年6月13日执行机关以赵威服刑期间积极主动检举吴雅、苏怀志等人制造、贩卖毒品的违法犯罪线索，经办案单位查证属实，确有重大立功表现为由再次建议对其减刑。重庆三中院经审理认定赵威检举他人重大犯罪活动经查证属实，确有重大立功表现，遂于2012年7月3日作出（2012）渝三中法刑执字第2725号刑事裁定，对赵威减去有期徒刑一年零十一个月，刑期至2016年1月25日止。

2014年6月11日垫江监狱以罪犯赵威自上次减刑以来确有悔改表现为

① 此案例选自2015年7月29日最高人民法院发布的严格规范减刑、假释、暂予监外执行典型案例。

由，向重庆三中院提出减刑建议。重庆三中院受理后，依法将减刑建议书等有关材料进行公示，并公开开庭审理了本案。该院于 2014 年 7 月 11 日作出（2014）渝三中法刑执字第 2485 号刑事裁定，对赵威减去有期徒刑一年。

减刑裁定作出后，重庆三中院依法将该案向重庆市高级人民法院报备审查。重庆高院经审查认为，重庆三中院于 2014 年 7 月 11 日作出的（2014）渝三中法刑执字第 2485 号刑事裁定符合法律规定，但重庆三中院 2012 年 7 月 3 日作出的（2012）渝三中法刑执字第 2725 号刑事裁定中将罪犯赵威举报他人的行为认定为重大立功，并对其减去有期徒刑一年零十一个月确有错误。经查，赵威举报吴雅、苏怀志等人制毒贩毒之前，公安机关已经将吴雅逮捕，故不能认定赵威有重大立功表现。

**【裁判结果】**

重庆高院于 2014 年 12 月 31 日作出（2015）渝高法刑执字第 0073 号刑事裁定，撤销重庆三中院（2012）渝三中法刑执字第 2725 号刑事裁定。罪犯赵威刑期起止时间为：自 2009 年 8 月 26 日起至 2016 年 12 月 25 日止。

## 案例 5　罪犯鲁龙不予减刑案[①]

## ——罪犯狱中窃取他犯财物受警告处分，不能认定确有悔改表现，依法不予减刑

**【基本案情】**

罪犯鲁龙，男，汉族，无业，原判认定其于 2007 年 2 月伙同他人携带凶器实施抢劫两起，并在抢劫过程中致使被害人崔某死亡，共抢劫现金 540 余元及价值 120 元的诺基亚手机一部。在共同犯罪中，鲁龙系主犯；曾因犯盗窃罪被判处拘役三个月。2009 年 11 月 14 日郑州市中级人民法院以抢劫罪，判处鲁龙死刑，缓期二年执行，剥夺政治权利终身，并处没收个人全部财产；赔偿附带民事诉讼原告人经济损失人民币 20000 元（已赔付 3000 元）。判决生效后交付执行。2012 年 11 月 23 日河南省高级人民法院裁定将鲁龙的刑罚依法减为无期徒刑，剥夺政治权利终身。刑罚执行机关河南省第一监狱以鲁龙自上次减刑以来确有悔改表现为由，再次提请对其减刑。河南高院于 2015 年 3 月 2 日立案后，依法将减刑建议书等材料向社会公示，并于 3 月 19 日公开开庭审

① 此案例选自 2015 年 7 月 29 日最高人民法院发布的严格规范减刑、假释、暂予监外执行典型案例。

理了本案。

河南高院经审理查明，罪犯鲁龙服刑期间获记功 2 次，又因多次窃取他犯财物，经教育仍屡教不改，于 2012 年 8 月 30 日被警告处分 1 次。

**【裁判结果】**

河南高院认为，罪犯鲁龙犯盗窃罪刑满释放后再次纠集他人两次实施抢劫犯罪并致一人死亡，且系主犯，主观恶性深，社会危害大，服刑期间虽积极参加劳动和教育改造，但多次盗窃他人财物，非法占有他人财物的恶习未革除，需要进一步接受教育和改造。综合其原判情况和改造表现，不能认定鲁龙确有悔改表现。遂依法作出对鲁龙不予减刑的裁定。

## （二）假释典型案例

### 案例 1　罪犯黎满泉不予假释案[①]
### ——职务犯罪罪犯未主动退赃、积极履行财产刑，依法不予假释

**【基本案情】**

罪犯黎满泉，男，原中山火炬工业联合总公司工程经理，因犯受贿罪于 2010 年 10 月被判处有期徒刑八年，并处没收财产人民币 5 万元。判决生效后交付执行。广东省肇庆市中级人民法院于 2012 年 10 月 30 日对其减去有期徒刑一年零四个月。

执行机关广东省四会监狱以罪犯黎满泉在考核期间，确有悔改表现为由，报请对其予以假释。肇庆中院于 2014 年 4 月立案后，将假释建议书等材料通过互联网予以公示，并于同年 5 月 15 日公开开庭审理了本案。肇庆市、四会市六名人大代表受邀旁听庭审。

肇庆中院经审理查明，罪犯黎满泉虽在考核期间共获表扬 6 次，改造积极分子 1 次，但原判并处没收财产 5 万元，只缴纳 1 万余元，另外还有受贿所得赃款 82 万余元未退出。该犯未能提供个人家庭经济困难的证据材料证实其无能力履行财产刑。从黎满泉狱内的收支明细看，其服刑期间往来钱款较多，月零花消费超过 400 元，高于一般狱内消费水平，有一定的退赔履行能力。

**【裁判结果】**

肇庆中院认为，罪犯黎满泉虽在服刑期间改造表现较好，但其系职务犯罪

① 此案例选自 2015 年 2 月 13 日最高人民法院发布的减刑、假释、暂予监外执行典型案例。

罪犯，未通过主动退赃、积极履行财产刑，消除其犯罪行为所产生的社会影响，尚不能认定为确有悔改表现，不符合假释条件，对黎满泉不予假释。生效法律文书已通过互联网向社会公布。

## 案例2　罪犯魏玉庆假释案[①]

### ——罪犯确有悔改表现，没有再犯罪危险，依法获得假释

**【基本案情】**

罪犯魏玉庆，男，南开大学毕业生，因犯招摇撞骗罪于2012年11月被判处有期徒刑三年零六个月。判决生效后交付河南省安阳市监狱服刑。魏玉庆服刑一年零九个月后，安阳监狱提出其确有悔改表现，建议对其假释。2014年9月安阳市中级人民法院受理该案后，将假释建议书等相关材料通过互联网向社会公示，同年9月12日公开开庭审理了本案，五名有关方面的代表受邀旁听了庭审。

安阳中院经审理查明，罪犯魏玉庆在服刑期间认罪悔罪、积极改造，获得表扬1次，记功1次。另查明：(1) 林州市司法局出具的《社会调查评估报告》证实，魏玉庆家在农村，父母常年身体不好，家庭经济条件困难，其本人及家人平常无不良嗜好，与邻居关系相处和睦。其居住地村委会、邻居及其家属均表示愿意协助对其进行监管教育。(2) 刑事判决书及谅解书证实，魏玉庆虽在犯罪中骗取他人一定数量的钱款，但案发后与被害人达成和解协议，全部退还所骗款项，取得了被害人谅解，社会影响不大。(3) 魏玉庆具有较高文化程度，假释后有能力凭借自身的劳动获取生活来源。

**【裁判结果】**

安阳中院认为，魏玉庆确有悔改表现，且假释后再犯罪的可能性较小，符合法律规定的假释条件。该院在充分听取有关方面代表意见的基础上，依法对魏玉庆作出准予假释的裁定。假释裁定书已在中国裁判文书网公布。

---

① 此案例选自2015年2月13日最高人民法院发布的减刑、假释、暂予监外执行典型案例。

## 案例3　罪犯管钦志不予假释案①

### ——对犯罪情节恶劣，有执行能力而不执行财产刑的故意伤害罪犯，依法不予假释

**【基本案情】**

罪犯管钦志，男，无业，原判认定其与同案犯龙某等人案发前经常在贵州省黄平县境内打架斗殴、故意伤害他人，并在多地开设赌场，聚众赌博，发放高利贷等，系“恶势力”犯罪团伙成员，严重扰乱当地社会生活秩序，影响恶劣。管钦志伙同龙某在非法拘禁被害人白某过程中，多次殴打被害人，致其颅脑损伤死亡，在共同犯罪中管钦志系从犯。2011 年 10 月 9 日贵州市黄平县人民法院以故意伤害罪、赌博罪判处管钦志有期徒刑六年，并处罚金人民币 10000 元。判决生效后交付执行。2015 年 1 月 15 日，执行机关贵州省铜仁监狱以管钦志在服刑期间确有悔改表现为由，提请对其假释。贵州省铜仁市中级人民法院立案后，将管钦志的基本情况通过互联网予以公示，并依法提讯了该犯。

铜仁中院经审理查明，罪犯管钦志在考核期间共被评为改造积极分子 2 次，但原判并处罚金人民币 10000 元未履行。2013 年 1 月 1 日至 2014 年 12 月 31 日期间，管钦志两年内共计消费 31590 元，月消费超过 1300 元，明显高于一般狱内消费水平，应认定为有履行财产刑能力。

**【裁判结果】**

铜仁中院认为，罪犯管钦志虽在服刑期间改造表现较好，但其所犯罪行严重扰乱当地社会秩序，影响十分恶劣，且其确有财产刑履行能力而不履行。综合考量管钦志的犯罪情节、性质和财产刑履行情况，其尚不符合假释条件，遂裁定对管钦志不予假释。相关法律文书已通过互联网向社会公布。

---

① 此案例选自 2015 年 7 月 29 日最高人民法院发布的严格规范减刑、假释、暂予监外执行典型案例。

## 案例4　罪犯王晓梦不予假释案[①]

### ——对虽有一定悔改表现，但犯罪性质恶劣，社会危害性较大的罪犯，依法从严控制假释

**【基本案情】**

罪犯王晓梦，女，原判认定其以介绍工作为由骗取被害人信任，而后采取非法拘禁，暴力、胁迫等手段，强迫两被害人卖淫五次，后果严重。2009年11月25日山东省胶州市人民法院以强迫卖淫罪判处王晓梦有期徒刑十一年。判决生效后交付执行。济南市中级人民法院于2012年、2014年分别裁定对王晓梦减去有期徒刑一年零三个月和一年零五个月。2015年3月30日执行机关山东省女子监狱以王晓梦确有悔改表现为由，向济南中院提出对其予以假释的建议。济南中院立案后将假释建议书等材料通过互联网向社会公示，并组成合议庭依法审理了本案。

济南中院经审理查明，罪犯王晓梦自上次减刑以来能认罪悔罪，积极改造，受记功1次、表扬1次、嘉奖1次，2013年度被评为省级改造积极分子、2014年度被评为监狱级改造积极分子。

**【裁判结果】**

济南中院认为，罪犯王晓梦在服刑期间虽有悔改表现，但其所犯罪行性质恶劣，其犯罪活动严重影响到社会正常务工秩序，社会危害性较大，故在假释时应从严掌握。遂依法作出对王晓梦不予假释的裁定。相关法律文书已在中国裁判文书网公布。

## 案例5　罪犯康某假释监督案[②]

**【关键词】**

未成年罪犯　假释适用　帮教

**【要旨】**

人民检察院办理未成年罪犯减刑、假释监督案件，应当比照成年罪犯依法

① 此案例选自2015年7月29日最高人民法院发布的严格规范减刑、假释、暂予监外执行典型案例。

② 此案例选自2020年2月28日最高人民检察院第十九批指导性案例，检例第71号。

适当从宽把握假释条件。对既符合法定减刑条件又符合法定假释条件的，可以建议刑罚执行机关优先适用假释。审查未成年罪犯是否符合假释条件时，应当结合犯罪的具体情节、原判刑罚情况、刑罚执行中的表现、家庭帮教能力和条件等因素综合认定。

**【基本案情】**

罪犯康某，男，1999 年 9 月 29 日出生，汉族，初中文化。2016 年 12 月 23 日因犯抢劫罪被河南省安阳市中级人民法院终审判处有期徒刑三年，并处罚金人民币 1000 元，刑期至 2018 年 11 月 13 日。康某因系未成年罪犯，于 2017 年 1 月 20 日被交付到河南省郑州未成年犯管教所执行刑罚。2018 年 6 月，郑州未成年犯管教所在办理减刑过程中，认定康某认真遵守监规，接受教育改造，确有悔改表现，拟对其提请减刑。

**【检察机关监督情况】**

线索发现 2018 年 6 月，郑州未成年犯管教所就罪犯康某提请减刑征求检察机关意见，郑州市人民检察院审查认为，康某符合法定减刑条件，同时符合法定假释条件，依据相关司法解释规定可以优先适用假释。与对罪犯适用减刑相比，假释更有利于促进罪犯教育改造和融入社会。

调查核实 为了确保监督意见的准确性，派驻检察室根据假释的条件重点开展了以下调查核实工作：一是对康某改造表现进行考量。通过询问罪犯、监管民警及相关人员，查阅计分考核材料，认定康某在服刑期间确有悔改表现。二是对康某原判犯罪情节进行考量。通过审查案卷材料，查明康某虽系抢劫犯罪，但其犯罪时系在校学生，犯罪情节较轻，且罚金刑已履行完毕。三是对康某假释后是否具有再犯罪危险进行考量。结合司法局出具的“关于对康某适用假释调查评估意见书”，走访调取了康某居住地村支书、邻居等人的证言，证实康某犯罪前表现良好，无犯罪前科和劣迹，且上述人员均愿意协助监管帮教康某。四是对康某家庭是否具有监管条件和能力进行考量。通过走访康某原在校班主任，其证实康某在校期间系班干部，学习刻苦，乐于助人，无违反校规校纪情况；康某的父母职业稳定，认识到康某所犯罪行的社会危险性，对康某假释后监管帮教有明确可行的措施和计划。

监督意见 2018 年 6 月 26 日，郑州市人民检察院提出对罪犯康某依法提请假释的检察意见。郑州未成年犯管教所接受检察机关的意见，于 2018 年 6 月 28 日向郑州市中级人民法院提请审核裁定。为增强假释庭审效果，督促罪犯父母协助落实帮教措施，郑州市人民检察院提出让康某的父母参加假释庭审的建议并被郑州市中级人民法院采纳。

监督结果 2018 年 7 月 27 日，郑州市中级人民法院在郑州未成年犯管教所开庭审理罪犯康某假释案。庭审中，检察人员发表了依法对康某假释的检察意见，对康某成长经历、犯罪轨迹、性格特征、原判刑罚执行、假释后监管条件和帮教措施等涉及康某假释的问题进行了说明。康某的父母以及郑州未成年犯管教所百余名未成年服刑罪犯旁听了庭审，康某父母检讨了在教育孩子问题上的不足并提出了假释后的家庭帮教措施，百余名未成年罪犯受到了很好的法治教育。2018 年 7 月 30 日，郑州市中级人民法院依法对罪犯康某裁定假释。

**【指导意义】**

1. 罪犯既符合法定减刑条件又符合法定假释条件的，可以优先适用假释。减刑、假释都是刑罚变更执行的重要方式，与减刑相比，假释更有利于维护裁判的权威和促进罪犯融入社会、预防罪犯再犯罪。目前，世界其他法治国家多数是实行单一假释制度或者是假释为主、减刑为辅的刑罚变更执行制度。但在我国司法实践中，减刑、假释适用不平衡，罪犯减刑比例一般在百分之二十多，假释比例只有百分之一左右，假释适用率低。人民检察院在办理减刑、假释案件时，应当充分发挥减刑、假释制度的不同价值功能，对既符合法定减刑条件又符合法定假释条件的罪犯，可以建议刑罚执行机关提请人民法院优先适用假释。

2. 对犯罪时未满十八周岁的罪犯适用假释可以依法从宽掌握，综合各种因素判断罪犯是否符合假释条件。人民检察院办理犯罪时未满十八周岁的罪犯假释案件，应当综合罪犯犯罪情节、原判刑罚、服刑表现、身心特点、监管帮教等因素依法从宽掌握。特别是对初犯、偶犯和在校学生等罪犯，假释后其家庭和社区具有帮教能力和条件的，可以建议刑罚执行机关和人民法院依法适用假释。对罪犯“假释后有无再犯罪危险”的审查判断，人民检察院应当根据相关法律和司法解释的规定，结合未成年罪犯犯罪的具体情节、原判刑罚情况，其在刑罚执行中的一贯表现、帮教条件（包括其身体状况、性格特征、被假释后生活来源以及帮教环境等因素）综合考虑。

3. 对犯罪时未满十八周岁的罪犯假释案件，人民检察院可以建议罪犯的父母参加假释庭审。将未成年人罪犯父母到庭制度引入假释案件审理中，有助于更好地调查假释案件相关情况，客观准确地适用法律，保障罪犯的合法权益，督促罪犯假释后社会帮教责任的落实，有利于发挥司法机关、家庭和社会对罪犯改造帮教的合力作用，促进罪犯的权益保护和改造教育，实现办案的政治效果、法律效果和社会效果的有机统一。

4. 人民检察院应当做好罪犯监狱刑罚执行和社区矫正法律监督工作的衔接，继续加强对假释的罪犯社区矫正活动的法律监督。监狱罪犯被裁定假释实行社区矫正后，检察机关应当按照《中华人民共和国社区矫正法》的有关规定，监督有关部门做好罪犯的交付、接收等工作，并应当做好对社区矫正机构对罪犯社区矫正活动的监督，督促社区矫正机构对罪犯进行法治、道德等方面的教育，组织其参加公益活动，增强其法治观念，提高其道德素质和社会责任感，帮助其融入社会，预防和减少犯罪。

**【相关规定】**

《中华人民共和国刑法》第八十一条　被判处有期徒刑的犯罪分子，执行原判刑期二分之一以上，被判处无期徒刑的犯罪分子，实际执行十三年以上，如果遵守监规，接受教育改造，确有悔改表现，没有再犯罪的危险的，可以假释。如果有特殊情况的，经最高人民法院核准，可以不受上述执行刑期的限制。

对累犯以及因故意杀人、强奸、抢劫、绑架、放火、爆炸、投放危险物质或者有组织的暴力犯罪被判处十年以上有期徒刑、无期徒刑的犯罪分子，不得假释。

对犯罪分子决定假释时，应当考虑其假释后对所居住社区的影响。

第八十二条　对于犯罪分子的假释，依照本法第七十九条的程序进行。非经法定程序不得假释。

《中华人民共和国刑事诉讼法》第二百七十三条　被判处管制、拘役、有期徒刑或者无期徒刑的罪犯，在执行期间确有悔改表现或者立功表现，应当依法予以减刑、假释的时候，由执行机关提出建议书，报请人民法院审核裁定，并将建议书副本抄送人民检察院。人民检察院可以向人民法院提出书面意见。

第二百七十四条　人民检察院认为人民法院减刑、假释裁定不当，应当在收到裁定书副本后二十日以内，向人民法院提出书面纠正意见。人民法院应当在收到纠正意见后一个月内重新组成合议庭进行审理，作出最终裁定。

《中华人民共和国未成年人保护法》第五十条　公安机关、人民检察院、人民法院以及司法行政部门，应当依法履行职责，在司法活动中保护未成年人的合法权益。

《中华人民共和国预防未成年人犯罪法》第四十七条　未成年人的父母或者其他监护人和学校、城市居民委员会、农村村民委员会，对因不满十六周岁而不予刑事处罚、免予刑事处罚的未成年人，或者被判处非监禁刑罚、被判处刑罚宣告缓刑、被假释的未成年人，应当采取有效的帮教措施，协助司法机关做好未成年人的教育、挽救工作。

《中华人民共和国社区矫正法》第三十六条　社区矫正机构根据需要，对社区矫正对象进行法治、道德等教育，增强其法治观念，提高其道德素质和悔罪意识。

对社区矫正对象的教育应当根据其个体特征、日常表现等实际情况，充分考虑其工作和生活情况，因人施教。

第四十二条　社区矫正机构可以根据社区矫正对象的个人特长，组织其参加公益活动，修复社会关系，培养社会责任感。

《最高人民法院关于办理减刑、假释案件具体应用法律的规定》第二十六条　对下列罪犯适用假释时可以依法从宽掌握：

（一）过失犯罪的罪犯、中止犯罪的罪犯、被胁迫参加犯罪的罪犯；

（二）因防卫过当或者紧急避险过当而被判处有期徒刑以上刑罚的罪犯；

（三）犯罪时未满十八周岁的罪犯；

（四）基本丧失劳动能力、生活生活难以自理，假释后生活确有着落的老年罪犯、患严重疾病罪犯或者身体残疾罪犯；

（五）服刑期间改造表现特别突出的罪犯；

（六）具有其他可以从宽假释情形的罪犯

罪犯既符合法定减刑条件，又符合法定假释条件的，可以优先适用假释。

## 案例6　罪犯向某假释监督案①

**【关键词】**

大数据监督模型　线索发现　再犯罪危险指标量化评估　优先适用假释　“派驻＋巡回”检察机制

**【要旨】**

人民检察院办理假释监督案件可以充分运用大数据等手段进行审查，对既符合减刑又符合假释条件的案件，监狱未优先提请假释的，应依法监督监狱优先提请假释。可以对“再犯罪的危险”进行指标量化评估，增强判断的客观性、科学性。对罪犯再犯罪危险的量化评估应以证据为中心，提升假释监督案件的实质化审查水平。注重发挥“派驻＋巡回”检察机制优势，充分运用巡回检察成果，以“巡回切入、派驻跟进”的方式，依法推进假释制度适用。

**【基本案情】**

罪犯向某，男，1991年12月出生，户籍所在地湖北省来凤县绿水镇。

2014年10月28日，向某等三人驾车途中与被害人张某某产生纠纷，在争执过程中发生打斗，向某持随手捡起的砖块击打被害人张某某头部，张某某

---

① 此案例选自2023年10月16日最高人民检察院第四十九批指导性案例，检例第195号。

经送医抢救无效后死亡。2015 年 8 月 25 日，向某因犯故意伤害罪被山东省临清市人民法院判处有期徒刑十年六个月，刑期至 2025 年 5 月 2 日止。该犯不服，提出上诉后被法院裁定驳回上诉，维持原判。2016 年 1 月 8 日，向某被交付山东省聊城监狱执行刑罚。聊城市中级人民法院于 2018 年 7 月 26 日、2020 年 11 月 16 日分别裁定对向某减刑九个月，刑期至 2023 年 11 月 2 日止。

**【检察机关履职过程】**

线索发现。2022 年 4 月底，聊城市人民检察院对聊城监狱开展机动巡回检察，重点检察假释案件办理情况。派驻聊城监狱检察室将派驻检察日常履职掌握的涉减刑、假释相关监管信息提供给巡回检察组。巡回检察组将信息输入大数据监督模型，发现向某可能既符合减刑条件又符合假释条件，属于可以依法优先适用假释的情形，鉴于监狱已将向某列入了拟提请减刑对象，遂决定启动对向某进行再犯罪危险评估。

调查核实。聊城市人民检察院坚持以证据为中心，按照假释的有关法律法规及相关司法解释，依据“再犯罪危险系数评估法”，对原罪基本情况（包括前科劣迹、主从犯、既未遂等）、服刑期间表现情况（包括劳动任务完成情况、违规违纪次数、年均计分考核情况等）、罪犯主体情况（包括职业经历、健康程度、技能特长、监管干警和同监室人员评价等）、假释后生活及监管情况（包括婚姻状况、家庭关系、固定住所、出狱后就业途径等）四个方面多项具体指标进行定性定量分析。依据证据对各项指标进行正负面定性评定，以 1 和 -1 作为正面负面限值，根据程度轻重或有无计算各指标权重进行定量评定。通过定性定量分析，评定罪犯是否具有“再犯罪的危险”。

聊城市人民检察院依据该评估法，围绕证据的调取及审查运用开展了以下工作：一是调取原案卷宗材料综合评定罪犯主观恶性、人身危险性、社会危害程度。向某虽构成故意伤害罪（致人死亡），但归案后认罪态度较好，一审判决前积极主动赔偿被害人家属并取得谅解。二是审查监狱日常计分考核、劳动改造、教育改造、历次减刑、派驻检察工作记录等客观材料，调取其所在监室、劳动场所监控资料，并与监管民警、罪犯、相关人员进行谈话了解，综合评定其改造表现。三是询问罪犯户籍地和经常居住地相关人员、监管民警、同监室罪犯等，确定其生理、心理、认知正常，人格健全，无成瘾情况。四是征求社区矫正机构、基层组织、家庭成员、有关村民意见，确定假释后生活保障及监管条件。经了解，向某姐夫田某愿意为其提供工作条件并保证稳定收入，当地接纳程度、监管条件较好。五是召开有监狱民警、社区矫正工作人员、心理专家等参与的公开听证会，听证员均认为向某认真遵守监规，接受教育改造，确有悔改表现，认定其没有“再犯罪的危险”证据确实充分，同意检察院对罪犯向某适用假释的建议。

监督意见。聊城市人民检察院依据上述证据材料，综合评定向某各项指标，认为其没有再犯罪的危险，符合假释适用条件，根据相关规定，可依法优先适用假释，遂于2022年6月15日向聊城监狱提出对向某依法提请假释的检察意见。聊城监狱采纳检察机关的意见，于同年7月25日向聊城市中级人民法院提请对向某予以假释。

监督结果。2022年9月15日，聊城市中级人民法院依法对罪犯向某裁定假释，假释考验期至2023年11月2日止。向某假释后，由聊城监狱干警送至湖北省来凤县绿水镇司法所报到。聊城市人民检察院定期与聊城监狱、湖北当地司法所及所在地村委会联系沟通，了解到向某按期接受社区矫正监管教育，与周边村民相处融洽，现已融入正常生活。

此案办理后，聊城市人民检察院与聊城监狱召开联席会议，就假释适用的实体条件及“再犯罪危险系数评估法”达成共识，进一步完善假释适用大数据监督模型，形成常态化筛选机制。监狱依据模型设定的指标进一步完善罪犯具体监管信息，快速筛查出可能符合假释适用条件的罪犯，再结合相关证据材料，作出是否提请假释的决定。检察机关通过该模型开展同步监督。2022年12月至2023年8月，筛选出16件符合假释条件的案件，已由法院裁定假释7件。

**【指导意义】**

（一）根据相关司法解释精神，对既符合减刑又符合假释条件的罪犯，应当监督刑罚执行机关依法优先提请假释。假释制度能够更好实现刑罚特殊预防功能，促进罪犯更好更快融入社会，司法解释规定，对同时符合法定减刑条件和法定假释条件的罪犯，可以优先适用假释。在办理假释案件过程中，可以将罪犯执行的刑期、服刑期间表现、财产性判项履行等情况作为基本要素，运用大数据监督模型，通过数据比对分析，发现可能既符合减刑又符合假释条件的案件线索。应当注重发挥减刑、假释制度的不同价值功能，通过调查核实，认定罪犯既符合减刑条件又符合假释条件，刑罚执行机关未优先提请的，应当建议其优先提请假释，依法推进假释制度适用。

（二）人民检察院在办理假释监督案件时，可以进行指标量化评估，科学客观认定罪犯是否有“再犯罪的危险”。要依据相关法律法规及司法解释，综合考量假释适用实体条件中的各项要素。在认定罪犯是否有“再犯罪的危险”时，可以将认定标准细化为“原罪基本情况、服刑期间表现情况、罪犯主体情况、假释后生活及监管情况”等方面的具体指标，进行定性定量评估，参考量化分值得出结论，增强假释制度适用的客观性、科学性。要秉持客观公正立场，全面收集、依法审查原审卷宗、自书材料、服刑期间现实表现等主客观证据材料，提升假释案件实质化审查水平。

（三）人民检察院应当充分发挥“派驻＋巡回”检察机制优势，依法推进假释制度适用。对假释案件数量少、监狱适用主动性不高等问题，人民检察院可以通过开展机动巡回检察等方式监督监狱予以纠正。通过派驻检察日常监督掌握的涉减刑、假释相关监管信息，以巡回检察与派驻检察的相互协同、相互促进，提升假释案件检察监督质效。

**【相关规定】**

《中华人民共和国刑法》第八十一条、第八十二条

《人民检察院刑事诉讼规则》第六百三十六条

《最高人民法院关于办理减刑、假释案件具体应用法律的规定》第二十二条、第二十五条、第二十六条

《人民检察院巡回检察工作规定》第十四条

《最高人民法院、最高人民检察院、公安部、司法部关于加强减刑、假释案件实质化审理的意见》第三条

## 案例7　罪犯杨某某假释监督案①

**【关键词】**

禁止适用假释范围　能动履职　再犯罪的危险　抚养未成年子女

**【要旨】**

人民检察院在日常监督履职中发现罪犯符合假释法定条件而未被提请假释的，应当依法建议刑罚执行机关启动假释提请程序。要准确把握禁止适用假释的罪犯范围，对于故意杀人罪等严重暴力犯罪罪犯，没有被判处十年以上有期徒刑、无期徒刑且不是累犯的，不属于禁止适用假释的情形，可在综合判断其主观恶性、服刑期间现实表现等基础上，对于符合假释条件的，依法提出适用假释意见。注重贯彻宽严相济刑事政策，对有未成年子女确需本人抚养且配偶正在服刑等特殊情况的罪犯，可以依法提出从宽适用假释的建议。

**【基本案情】**

罪犯杨某某，女，1984年9月出生，户籍所在地重庆市渝北区木耳镇。

杨某某与被害人周某存在不正当男女关系被丈夫刘某发现。杨某某为摆脱

① 此案例选自2023年10月16日最高人民检察院第四十九批指导性案例，检例第196号。

与周某之间的关系，在明知刘某及刘某甲等人欲殴打被害人周某的情况下，将周某邀约至自己家中，周某被刘某及刘某甲等人以菜刀、铁锤、木凳打击的方式故意杀害致死。2014 年 11 月 27 日，杨某某因犯故意杀人罪被重庆市第一中级人民法院判处有期徒刑七年，刑期至 2021 年 2 月 11 日止。2014 年 12 月 23 日，杨某某被交付重庆市女子监狱执行刑罚。2017 年 3 月 30 日，重庆市第五中级人民法院裁定对杨某某减刑九个月，刑期至 2020 年 5 月 11 日止。

**【检察机关履职过程】**

线索发现。2018 年 3 月，重庆市人民检察院第五分院（以下简称重庆市第五分院）派驻重庆市女子监狱检察室检察官在日常履职过程中，通过与罪犯谈话得知：杨某某家有两名未成年子女确需其抚养，其本人担心家中老人及两个年幼子女的生活学习，希望获得假释，早日出狱承担起母亲和家庭的责任。经了解，监狱已掌握杨某某希望被提请假释的情况，但考虑到杨某某犯故意杀人罪属于重罪罪犯不宜提请假释，故未将其纳入拟提请假释考察对象。重庆市第五分院为查明杨某某是否符合假释适用条件开展调查核实。

调查核实。重庆市第五分院重点围绕杨某某是否符合假释条件开展了以下调查核实工作：一是研判杨某某的违法犯罪情况。杨某某并非犯意提起者，也未直接实施侵害行为，被判处有期徒刑七年，其主观恶性、人身危险性、社会危害性较其配偶刘某有明显区别。同时，杨某某对被害人亲属进行了民事赔偿，并已取得被害人亲属的谅解，本案财产性判项履行完毕。二是评估杨某某服刑期间现实表现。通过询问罪犯、监管民警、查阅计分考核材料等了解到，杨某某服刑以来认罪服法，遵守监规，服从安排，在监狱医院帮助护理病犯，确有悔改表现。三是调查杨某某的家庭经济情况。杨某某的配偶刘某、配偶的父亲刘某甲因共同实施故意杀人罪入狱服刑；家中两个未成年子女小学在读，由体弱多病的婆婆一人照顾，家庭缺乏收入来源，三口人仅依靠低保金生活，经济困难，确需杨某某承担抚养未成年子女等义务。四是评估杨某某个人基本情况和心理状况。杨某某身体健康，监狱提供的评估报告显示其心理状态良好，入狱前从事销售工作，是家庭收入的主要来源，其本人抚养教育子女、承担家庭责任的意愿强烈。五是评估其假释后的监管条件。建议监狱委托杨某某居住地社区矫正机构开展社区矫正调查评估。经调查，该罪犯具备社区矫正监管条件，可以适用社区矫正。综合分析研判全案事实、证据，认定杨某某人身危险性较低、没有再犯罪的危险、服刑期间现实表现较好，假释后能自食其力，具备社区监管条件。

监督意见。2018 年 4 月 6 日，重庆市第五分院建议重庆市女子监狱对罪犯杨某某依法启动假释程序。重庆市女子监狱采纳了检察意见，于同年 5 月

24 日向重庆市第五中级人民法院提请对罪犯杨某某予以假释。

监督结果。2018 年 6 月 29 日，重庆市第五中级人民法院依法裁定对罪犯杨某某予以假释，假释考验期限至 2020 年 5 月 11 日止。经重庆市第五分院跟踪回访，杨某某在社区矫正期间遵守社区矫正各项规定，表现良好，在社区矫正机构帮助下找到稳定工作，家庭生活条件得到较大改善，教育帮扶效果明显，其女儿因成绩优异，被一所重点中学录取。

**【指导意义】**

（一）人民检察院在日常检察履职过程中发现符合假释法定条件而未被提请假释的罪犯，应依法建议刑罚执行机关提请假释。人民检察院不仅应对提请假释案件的程序、条件是否符合法律规定进行监督，还应当在日常检察履职过程中，注重通过与罪犯谈话、列席假释评审委员会、查阅会议记录等方式发现监督线索，对符合假释条件而未被提请假释的罪犯，应当建议刑罚执行机关提请假释，依法推进假释制度适用。

（二）准确把握刑法第八十一条第二款禁止适用假释的案件范围，结合罪犯的主观恶性、服刑期间的表现等综合判断“再犯罪的危险”。我国刑法第八十一条第二款规定，“对累犯以及因故意杀人、强奸、抢劫、绑架、放火、爆炸、投放危险物质或者有组织的暴力性犯罪被判处十年以上有期徒刑、无期徒刑的犯罪分子，不得假释”。人民检察院在办理假释监督案件时，应准确把握禁止假释的条件和范围。对于故意杀人罪等严重暴力犯罪，没有被判处十年以上有期徒刑、无期徒刑，且不是累犯的，要结合罪犯的主观恶性、犯罪行为的危害程度、在共同犯罪中的作用、服刑期间现实表现、社区监管条件等综合判断有无再犯罪危险，符合假释条件的，可以依法提出适用假释的建议。

（三）对有未成年子女确需本人抚养等特殊情形的罪犯，符合法定假释条件的，要充分考虑案件办理的社会效果，提出依法从宽适用假释的建议。人民检察院对假释案件开展监督时，既要严格按照法律规定的条件、程序规范办理，又要贯彻落实宽严相济刑事政策，对符合假释条件，因配偶正在服刑有未成年子女确需本人抚养，或者父母等因患病、残疾、长期生活不能自理确需本人照顾等特殊情形的罪犯，可以提出依法从宽适用假释的建议。通过依法积极适用假释，既感化罪犯，促使其真诚悔改，又维护家庭、社会和谐稳定，实现假释案件办理政治效果、社会效果和法律效果的有机统一。

**【相关规定】**

《中华人民共和国刑法》第八十一条、第八十二条

《中华人民共和国刑事诉讼法》（2012 年修正）第二百六十二条（现为 2018 年修正后的第二百七十三条）

《最高人民法院关于办理减刑、假释案件具体应用法律的规定》第二十二条、第二十三条、第二十五条、第二十六条

《人民检察院办理减刑、假释案件规定》第九条

## 案例8　罪犯刘某某假释监督案[①]

**【关键词】**

单位犯罪　直接负责的主管人员假释　财产性判项履行　调查核实　公开听证

**【要旨】**

人民检察院办理涉及单位犯罪罪犯的假释监督案件，应分别审查罪犯个人和涉罪单位的财产性判项履行情况。对于罪犯个人财产性判项全部履行，涉罪单位财产性判项虽未履行或未全部履行，但不能归责于罪犯个人原因的，一般不影响对罪犯的假释。除实质化审查单位犯罪的罪犯原判刑罚、犯罪情节、刑罚执行中的表现等因素外，还应重点调查核实罪犯假释后对单位财产性判项履行的实际影响，实现假释案件办理“三个效果”有机统一。

**【基本案情】**

罪犯刘某某，男，1970年8月出生，户籍所在地山东省邹平市青阳镇，案发前为山东某实业有限公司等三家公司实际控制人。

山东某实业有限公司等三家公司为缓解资金压力，公司人员伪造虚假的工业品买卖合同，修改公司财务报表、隐瞒真实财务状况，向银行骗取贷款、票据承兑5400万元（判决前，已偿还银行贷款870万元）。2019年4月28日，山东某实业有限公司等三家公司因单位犯骗取贷款、票据承兑罪，被山东省邹平市人民法院判处罚金共计11万元，并追缴三家公司违法所得，刘某某作为单位直接负责的主管人员被判处有期徒刑四年一个月，并处罚金6万元，刑期至2022年2月26日止。2019年6月4日，刘某某被交付山东省鲁中监狱（以下简称鲁中监狱）执行刑罚。

**【检察机关履职过程】**

线索发现。2020年9月9日，山东省淄博市城郊地区人民检察院（以下简称淄博城郊地区检察院）收到罪犯刘某某妻子林某某的信访材料，请求检察机关监督鲁中监狱为其丈夫刘某某提请假释。淄博城郊地区检察院经与监狱

① 此案例选自2023年10月16日最高人民检察院第四十九批指导性案例，检例第197号。

沟通了解到，林某某此前也多次向监狱反映希望对刘某某适用假释的请求，但监狱未对其提请假释。为查明刘某某是否符合假释条件，淄博城郊地区检察院遂决定开展调查核实。

调查核实。为了确保监督意见的准确性，淄博城郊地区检察院重点开展了以下工作：一是加强沟通，找准争议焦点。分别从鲁中监狱和山东省淄博市中级人民法院了解到，两单位均以刘某某实控企业的财产性判项未全部履行为由，认为对刘某某适用假释可能存在风险。二是开展调查核实，各方达成共识。围绕争议焦点，办案人员与涉案企业部分员工进行了座谈，调取了刘某某实控企业资产评估报告，实地走访刘某某实控企业和被害银行，对刘某某实控企业贷款偿还能力和社会影响进行核查。经调查核实，刘某某实控企业在涉案前经营状况良好，提供就业岗位600余个，销售收入60亿元；现有资产6230万元（包括写字楼、苗木等资产），涉罪单位的相关资产已被人民法院依法查控以履行相应财产性判项，但因无法立即变现，尚未完全履行财产性判项。刘某某案发后，其妻子林某某积极提交公司资产状况的材料，偿还部分利息；银行出具谅解书，希望刘某某尽快假释出狱经营公司；刘某某本人表示出狱后会尽心经营公司，尽快偿还所骗贷款。三是全面考察评估，开展实质化审查。通过审查监狱档案材料、法院卷宗材料，查明刘某某具有自首情节，已向法庭提供了大于逾期贷款数额的资产评估报告，取得涉案银行的谅解；在监狱服刑期间认罪悔罪，遵守法律法规和监规纪律，接受教育改造，没有被处罚记录，三次获得表扬奖励，执行期间足额履行财产刑；社区矫正机构对刘某某进行了社会调查评估，认定其不具有社会危险性，对所居住社区未发现有不良影响。四是开展检察听证，以公开促公正。2020年11月20日，淄博城郊地区检察院邀请法学专家、律师、民营企业家等参加听证会，公开听取社会各界意见。各方均认为适用假释能更好地帮助刘某某回归社会、服务社会，充分发挥假释罪犯对涉罪单位财产性判项履行的积极作用。

监督意见。淄博城郊地区检察院认为，对刘某某适用假释能够促进企业恢复生产经营，更好帮助企业履行财产性判项。2020年12月15日，向鲁中监狱提出对罪犯刘某某依法提请假释的检察意见。鲁中监狱采纳了检察意见，于2021年1月18日向淄博市中级人民法院提请对罪犯刘某某予以假释。

监督结果。2021年1月27日，淄博市中级人民法院依法对罪犯刘某某裁定假释，假释考验期限至2022年2月26日止。刘某某假释后认真遵守社区矫正相关规定，积极配合法院对单位财产性判项的执行，并在涉案公司之一山东某生态实业有限公司投入90余万元，聘用员工60余人，企业得以恢复生产经营，避免了企业经营停滞、资产缩水对涉罪单位履行财产性判项造成更大不利影响。

【指导意义】

（一）单位犯罪生效裁判中有财产性判项未履行或未全部履行的，非归责于罪犯个人的原因，一般不影响对罪犯个人适用假释。人民检察院办理涉及单位犯罪罪犯的假释监督案件，应分别审查罪犯个人和涉罪单位的财产性判项履行情况。如果罪犯已经履行个人财产性判项，其主观恶性不大、取得被害人谅解且积极协助履行单位财产性判项的，不宜将单位犯罪财产性判项履行情况作为限制对罪犯个人适用假释的考量因素。如确有证据证实该罪犯滥用对公司支配地位或公司法人独立地位，隐藏、转移、故意毁损财产或者无偿转让财产、以明显不合理的低价转让财产等，妨害单位履行财产性判项的，不应认定该罪犯确有悔改表现，不能适用假释。

（二）人民检察院办理涉及单位犯罪罪犯的假释监督案件，应当重点调查核实罪犯假释后的社会影响，实现“三个效果”有机统一。人民检察院在办理涉单位犯罪罪犯假释案件过程中，除审查罪犯是否符合法定假释条件外，还应当重点审查罪犯假释后是否对单位履行财产性判项存在不利影响、是否影响社会安全稳定等。要充分发挥假释制度激励罪犯积极改造的价值功能，将刑罚执行对企业正常生产经营的负面影响降到最低，确保案件办理政治效果、社会效果和法律效果的有机统一。

【相关规定】

《中华人民共和国刑法》第八十一条、第八十二条

《最高人民法院关于办理减刑、假释案件具体应用法律的规定》第二十二条、第二十三条

《人民检察院办理减刑、假释案件规定》第六条、第九条

## 案例9　罪犯邹某某假释监督案[①]

【关键词】

假释刑期条件　执行原判刑期二分之一　先行羁押　折抵刑期

【要旨】

人民检察院应当准确把握假释罪犯的服刑期限条件，被判处有期徒刑的罪犯“执行原判刑期二分之一以上”的期限，包括罪犯在监狱中服刑刑期和罪

① 此案例选自2023年10月16日最高人民检察院第四十九批指导性案例，检例第198号。

犯判决执行前先行羁押期限。注重通过个案办理，推动司法行政机关及时调整不符合法律规定和立法原意的相关规定，保障法律统一正确实施。

**【基本案情】**

罪犯邹某某，男，1977 年 7 月出生，户籍所在地江苏省江阴市。

邹某某在担任江苏某投资股份有限公司销售部经理、总经理助理、副总经理期间，通过销售、购买沥青等业务，非法索取或者收受客户好处费 318.95465 万元；利用担任该投资公司副总经理的职务便利，通过私自购买空白的收款收据，私刻该投资公司财务专用章等方式，非法占有供货公司支付给该投资公司的银行承兑汇票贴息现金人民币 21.7908 万元。2017 年 3 月 29 日，邹某某被江苏省无锡市公安局刑事拘留，2019 年 4 月 19 日，因犯非国家工作人员受贿罪、职务侵占罪被江苏省江阴市人民法院判处有期徒刑六年六个月，并处没收财产人民币 30 万元，继续追缴违法所得人民币 318.95465 万元，刑期至 2023 年 9 月 27 日止。该犯不服，提出上诉。2020 年 6 月 2 日，江苏省无锡市中级人民法院作出刑事裁定，驳回上诉，维持原判。后邹某某被交付江苏省浦口监狱执行刑罚。

**【检察机关履职过程】**

线索发现。2022 年 5 月，江苏省南京市钟山地区人民检察院（以下简称钟山地区检察院）在审查浦口监狱报送的罪犯减刑假释案卷材料时，发现监狱拟对罪犯邹某某不予提请假释存在问题。浦口监狱认为，根据江苏省监狱管理局相关规定，对原判刑期不长，在监狱服刑时间较短的罪犯适用假释时，严格控制假释考验期，在监狱实际服刑时间一般应超过原判刑期的二分之一。罪犯邹某某属于该规定情形，不符合提请假释条件。钟山地区检察院认为，浦口监狱以该规定为依据对邹某某不予提请假释存在问题，应当予以监督纠正。

调查核实。围绕罪犯邹某某是否符合假释条件，钟山地区检察院开展了以下工作：一是调取起诉书、刑事判决书、刑事裁定书、刑事案件执行通知书、罪犯结案登记表等原始档案材料。证实罪犯邹某某在交付浦口监狱执行前，因案情疑难复杂已在无锡市某看守所先行羁押三年五个月，加上在浦口监狱执行的一年八个月，共计执行有期徒刑五年一个月，已执行原判刑期二分之一以上。二是核实罪犯邹某某认罪悔罪表现。通过对该犯奖励审批表、计分考核累计台账、罪犯评审鉴定表、改造小结、认罪悔罪书等材料的审查，认定该犯在浦口监狱服刑期间能够遵守监规，接受教育改造，努力完成劳动任务，财产性判项已全部履行，确有悔改表现。根据无锡市某看守所出具的羁押期间表现情况鉴定表等材料，认定该犯在所期间能遵守相关规定，表现较好。三是审查罪犯出监危险性评估报告、调查评估意见书等材料，证实该犯再犯罪危险性等级为低度，具备家庭监管条件，可适用社区矫正。

监督意见。钟山地区检察院审查后认为，根据《最高人民法院关于办理减刑、假释案件具体应用法律的规定》第二十三条，“被判处有期徒刑的罪犯假释时，执行原判刑期二分之一的时间，应当从判决执行之日起计算，判决执行以前先行羁押的，羁押一日折抵刑期一日”的规定，“执行原判刑期二分之一以上”不仅包括交付监狱实际执行的刑期，也包括判决执行以前先行羁押的期限。江苏省监狱管理局相关规定不符合法律和司法解释，不应当作为办案依据。2022 年 5 月 31 日，钟山地区检察院综合考虑邹某某犯罪情节、刑罚执行中的一贯表现、假释后监管条件等因素，向浦口监狱提出对其依法提请假释的检察意见。浦口监狱采纳钟山地区检察院的意见，于 2022 年 6 月 20 日向南京市中级人民法院提请对罪犯邹某某予以假释。

监督结果。2022 年 8 月 5 日，南京市中级人民法院裁定对罪犯邹某某予以假释，假释考验期限至 2023 年 9 月 27 日止。裁定生效后，钟山地区检察院积极与江苏省监狱管理局沟通，建议撤销关于假释执行刑期的相关规定，此后该规定被废止。

**【指导意义】**

（一）刑法规定适用假释须“执行原判刑期二分之一以上”的期限，应当包含罪犯在监狱中服刑刑期和判决执行前先行羁押期限。根据刑法规定，“执行原判刑期二分之一以上”是依法适用假释的前提条件。为充分保障罪犯合法权益，按照刑法中刑期折抵的规定，“执行原判刑期二分之一以上”应包含罪犯先行羁押期限。在罪犯符合“执行原判刑期二分之一以上”的刑期条件的基础上，检察机关还要结合罪犯交付执行刑罚后的教育改造情况、认罪悔罪表现、在羁押期间的表现情况、调查评估意见等综合考虑罪犯“再犯罪的危险”，依法提出对罪犯适用假释的检察意见。

（二）人民检察院在对假释案件监督中应当注重通过个案办理推动法律适用的统一规范。人民检察院在办理假释监督案件过程中，要加强对法律、司法解释的正确理解和准确适用，依法实现个案办理公平公正。同时，也要通过个案办理加强类案监督，对执法司法机关出于认识不同可能导致司法适用中出现偏差的相关内部规定、政策性文件等，推动相关机关及时调整修正，保障法律统一正确实施。

**【相关规定】**

《中华人民共和国刑法》第四十七条、第八十一条、第八十二条

《最高人民法院关于办理减刑、假释案件具体应用法律的规定》第二十三条、第四十条

## 案例 10　罪犯唐某假释监督案①

【关键词】

毒品犯罪　虚假证明材料　悔改表现　不适用假释

【要旨】

人民检察院要加强对再犯罪危险性高的罪犯，如毒品犯罪罪犯等假释适用条件的审查把关。要深入开展调查核实工作，注重实质化审查，准确认定涉毒罪犯是否确有悔改表现和有无再犯罪危险。罪犯采取不正当手段获取虚假证明材料意图获得假释的，表明主观上未能真诚悔罪，不能认定其确有悔改表现。在办理假释监督案件过程中，发现违纪违法等问题线索的，应依法移送相关机关办理，延伸监督效果。

【基本案情】

罪犯唐某，男，1988 年 3 月出生，户籍所在地湖南省衡阳县金兰镇。

2017 年 1 月 4 日，唐某因犯贩卖毒品罪被湖南省衡阳县人民法院判处有期徒刑十年，并处罚金人民币 3 万元，刑期至 2024 年 11 月 19 日止。唐某提出上诉，2017 年 6 月 7 日，被湖南省衡阳市中级人民法院裁定驳回上诉，维持原判。后唐某被交付湖南省雁南监狱执行刑罚。

【检察机关履职过程】

线索发现。2022 年 4 月，雁南监狱对罪犯唐某拟提请假释征求检察机关意见，衡阳市华新地区人民检察院（以下简称华新地区检察院）进行审查，发现案卷中存在一份衡阳县公安局某派出所于 2019 年 8 月 19 日出具的证实唐某无吸毒史证明材料。案卷中还存在一份该派出所于 2021 年 9 月 29 日出具的上述证明材料作废的《声明》。华新地区检察院针对存在矛盾的两份材料开展调查核实。

调查核实。为查明案件事实，提出精准的监督意见，华新地区检察院重点开展了以下工作：一是对唐某提请假释证据的真实性、合法性进行调查核实。通过询问派出所负责人、公安民警及相关人员，查阅原审判决法律文书，认定唐某的哥哥唐某甲明知唐某有吸毒史，为使其获得假释，到公安派出所开具唐某无吸毒史的证明。二是对唐某是否确有悔改表现进行调查核实。调查发现，虽然唐某在服刑期间基本能够遵守监规纪律，但其明知自己有吸毒史，却多次

① 此案例选自 2023 年 10 月 16 日最高人民检察院第四十九批指导性案例，检例第 199 号。

与哥哥唐某甲通讯、会见，要求唐某甲获取无吸毒史的证明。三是对唐某是否具有再犯罪危险进行调查核实。通过对唐某居住地村委会部分村民、村干部等人进行调查走访，了解到唐某未婚未育，姐姐外嫁，哥哥唐某甲长年在外地工作，经济状况较好。与罪犯唐某谈话，其明确表示出狱后要随唐某甲外出工作和生活。鉴于唐某甲在本案中使用不正当手段获取派出所虚假证明文件，又曾因犯交通肇事罪被检察机关作出不起诉处理，不宜由其承担协助监管唐某的责任。另外，唐某系贩卖毒品案件的主犯，有吸毒史，社会危害程度较高，再犯罪可能性较大。四是对衡阳县公安局某派出所出具的证明材料进行调查核实。经向该派出所负责人和相关民警、辅警了解情况，调阅公安机关出具的相关证明文件，发现派出所出具证明存在审核把关不严、公章使用不规范等问题。

监督意见。2022 年 10 月 26 日，华新地区检察院向雁南监狱出具不同意对罪犯唐某提请假释的检察意见，并将衡阳县公安局某派出所涉嫌违纪违法线索移送衡阳县纪委监委派驻县公安局纪检监察组。

监督结果。2022 年 10 月 28 日，雁南监狱采纳了华新地区检察院不同意对罪犯唐某提请假释的意见。衡阳县纪委监委派驻县公安局纪检监察组对检察机关移送的涉嫌违纪违法线索查实后，于 2023 年 5 月 16 日对该所相关人员予以党纪政务处分。

**【指导意义】**

（一）人民检察院要加强对再犯罪危险性高的罪犯，如毒品犯罪罪犯等假释适用条件的审查把关。人民检察院办理假释监督案件，既要依法推进假释制度适用，对于符合假释条件而监狱未提请的罪犯，依法监督监狱提请假释；又要严格把关，发现不符合假释条件的罪犯，监狱不当提请假释的，坚决依法监督纠正。要把改造难度大、再犯罪危险性高的罪犯作为监督重点。对毒品犯罪罪犯，赌博罪、盗窃罪等犯罪中的常业或者常习犯等，在适用假释时要从严把握，提升假释监督案件办理质效。

（二）人民检察院办理假释监督案件，要深入开展调查核实工作，准确认定涉毒罪犯是否确有悔改表现和有无再犯罪危险。要严格审查涉毒罪犯假释案件相关证据材料。罪犯通过亲属采取不正当手段获取虚假证明材料意图获得假释的，表明其主观上未能真诚悔罪，不能认定其确有悔改表现。对于毒品犯罪罪犯有吸毒史，且家庭成员不具备协助社区矫正机构做好社区矫正工作条件，存在再犯罪危险的，依法不应当适用假释。

（三）人民检察院在办理假释监督案件过程中，发现违纪违法等问题线索的，应依法移送相关机关办理，延伸监督效果。要注重发现假释案件办理中不当履职背后的深层次问题，强化对出具虚假证明材料、社区矫正调查评估弄虚作假等问题的调查核实力度，发现违纪违法或犯罪线索，属于检察机关管辖，构成徇私舞弊假释罪等犯罪的要坚决立案查处；对不属于检察机关管辖的，应依法移送相关机关处理。要与纪检监察机关、公安机关等形成工作合力，延伸法律监督的效果。

**【相关规定】**

《中华人民共和国刑法》第八十一条、第八十二条

《中华人民共和国刑事诉讼法》（2018 年修正）第二百七十六条

《最高人民法院关于办理减刑、假释案件具体应用法律的规定》第三条第二款、第二十二条

《最高人民法院、最高人民检察院、公安部、司法部关于加强减刑、假释案件实质化审理的意见》第三条

# 第二节　罪犯暂予监外执行案件办理

## 一、实体规定

### （一）暂予监外执行的基本条件

1.《**中华人民共和国刑事诉讼法**》（2018年10月26日修正）（节录）

**第二百六十五条**　对被判处有期徒刑或者拘役的罪犯，有下列情形之一的，可以暂予监外执行：

（一）有严重疾病需要保外就医的；

（二）怀孕或者正在哺乳自己婴儿的妇女；

（三）生活不能自理，适用暂予监外执行不致危害社会的。

对被判处无期徒刑的罪犯，有前款第二项规定情形的，可以暂予监外执行。

对适用保外就医可能有社会危险性的罪犯，或者自伤自残的罪犯，不得保外就医。

对罪犯确有严重疾病，必须保外就医的，由省级人民政府指定的医院诊断并开具证明文件。

在交付执行前，暂予监外执行由交付执行的人民法院决定；在交付执行后，暂予监外执行由监狱或者看守所提出书面意见，报省级以上监狱管理机关或者设区的市一级以上公安机关批准。

2.《**中华人民共和国监狱法**》（2012年10月26日）（节录）

**第二十五条**　对于被判处无期徒刑、有期徒刑在监内服刑的罪犯，符合刑事诉讼法规定的监外执行条件的，可以暂予监外执行。

3. **最高人民法院、最高人民检察院、公安部、司法部、国家卫生计生委《暂予监外执行规定》**（自2014年12月1日起施行，司发通〔2014〕112号）（节录）

**第五条**　对被判处有期徒刑、拘役或者已经减为有期徒刑的罪犯，有下列情形之一，可以暂予监外执行：

（一）患有属于本规定所附《保外就医严重疾病范围》的严重疾病，需要保外就医的；

（二）怀孕或者正在哺乳自己婴儿的妇女；

（三）生活不能自理的。

对被判处无期徒刑的罪犯，有前款第二项规定情形的，可以暂予监外执行。

**第六条** 对需要保外就医或者属于生活不能自理，但适用暂予监外执行可能有社会危险性，或者自伤自残，或者不配合治疗的罪犯，不得暂予监外执行。

对职务犯罪、破坏金融管理秩序和金融诈骗犯罪、组织（领导、参加、包庇、纵容）黑社会性质组织犯罪的罪犯适用保外就医应当从严审批，对患有高血压、糖尿病、心脏病等严重疾病，但经诊断短期内没有生命危险的，不得暂予监外执行。

对在暂予监外执行期间因违法违规被收监执行或者因重新犯罪被判刑的罪犯，需要再次适用暂予监外执行的，应当从严审批。

**第七条** 对需要保外就医或者属于生活不能自理的累犯以及故意杀人、强奸、抢劫、绑架、放火、爆炸、投放危险物质或者有组织的暴力性犯罪的罪犯，原被判处死刑缓期二年执行或者无期徒刑的，应当在减为有期徒刑后执行有期徒刑七年以上方可适用暂予监外执行；原被判处十年以上有期徒刑的，应当执行原判刑期三分之一以上方可适用暂予监外执行。

对未成年罪犯、六十五周岁以上的罪犯、残疾人罪犯，适用前款规定可以适度从宽。

对患有本规定所附《保外就医严重疾病范围》的严重疾病，短期内有生命危险的罪犯，可以不受本条第一款规定关于执行刑期的限制。

**第三十三条** 本规定所称生活不能自理，是指罪犯因患病、身体残疾或者年老体弱，日常生活行为需要他人协助才能完成的情形。

生活不能自理的鉴别参照《劳动能力鉴定—职工工伤与职业病致残等级分级》（GB/T16180－2006）执行。进食、翻身、大小便、穿衣洗漱、自主行动等五项日常生活行为中有三项需要他人协助才能完成，且经过六个月以上治疗、护理和观察，自理能力不能恢复的，可以认定为生活不能自理。六十五周岁以上的罪犯，上述五项日常生活行为有一项需要他人协助才能完成即可视为生活不能自理。

**最高人民法院、最高人民检察院、公安部、司法部、国家卫生计生委《暂予监外执行规定》**（自2014年12月1日起施行，司发通〔2014〕112号）

附件：保外就医严重疾病范围

罪犯有下列严重疾病之一，久治不愈，严重影响其身心健康的，属于适用保外就医的疾病范围：

一、严重传染病

1. 肺结核伴空洞并反复咯血；肺结核合并多脏器并发症；结核性脑膜炎。

2. 急性、亚急性或慢性重型病毒性肝炎。

3. 艾滋病病毒感染者和病人伴有需要住院治疗的机会性感染。

4. 其他传染病，如Ⅲ期梅毒并发主要脏器病变的，流行性出血热，狂犬病，流行性脑脊髓膜炎及新发传染病等监狱医院不具备治疗条件的。

二、反复发作的，无服刑能力的各种精神病，如脑器质性精神障碍、精神分裂症、心境障碍、偏执性精神障碍等，但有严重暴力行为或倾向，对社会安全构成潜在威胁的除外。

三、严重器质性心血管疾病

1. 心脏功能不全：心脏功能在 NYHA 三级以上，经规范治疗未见好转。(可由冠状动脉粥样硬化性心脏病、高血压性心脏病、风湿性心脏病、肺源性心脏病、先天性心脏病、心肌病、重度心肌炎、心包炎等引起。)

2. 严重心律失常：如频发多源室性期前收缩或有 R on T 表现、导致血流动力学改变的心房纤颤、二度以上房室传导阻滞、阵发性室性心动过速、病态窦房结综合征等。

3. 急性冠状动脉综合征（急性心肌梗死及重度不稳定型心绞痛），冠状动脉粥样硬化性心脏病有严重心绞痛反复发作，经规范治疗仍有严重冠状动脉供血不足表现。

4. 高血压病达到很高危程度的，合并靶器官受损。具体参见注释中靶器官受损相应条款。

5. 主动脉瘤、主动脉夹层动脉瘤等需要手术治疗的心血管动脉瘤和粘液瘤等需要手术的心脏肿瘤；或者不需要、难以手术治疗，但病情严重危及生命或者存在严重并发症，且监狱医院不具备治疗条件的心血管疾病。

6. 急性肺栓塞。

四、严重呼吸系统疾病

1. 严重呼吸功能障碍：由支气管、肺、胸膜疾病引起的中度以上呼吸功能障碍，经规范治疗未见好转。

2. 支气管扩张反复咯血，经规范治疗未见好转。

3. 支气管哮喘持续状态，反复发作，动脉血氧分压低于60mmHg，经规范治疗未见好转。

五、严重消化系统疾病

1. 肝硬化失代偿期（肝硬化合并上消化道出血、腹水、肝性脑病、肝肾综合征等)。

2. 急性出血性坏死性胰腺炎。

3. 急性及亚急性肝衰竭、慢性肝衰竭加急性发作或慢性肝衰竭。

4. 消化道反复出血，经规范治疗未见好转且持续重度贫血。

5. 急性梗阻性化脓性胆管炎，经规范治疗未见好转。

6. 肠道疾病：如克隆病、肠伤寒合并肠穿孔、出血坏死性小肠炎、全结肠切除、小肠切除四分之三等危及生命的。

六、各种急、慢性肾脏疾病引起的肾功能不全失代偿期，如急性肾衰竭、慢性肾小球肾炎、慢性肾盂肾炎、肾结核、肾小动脉硬化、免疫性肾病等。

七、严重神经系统疾病及损伤

1. 严重脑血管疾病、颅内器质性疾病并有昏睡以上意识障碍、肢体瘫痪、视力障碍等经规范治疗未见好转。如脑出血、蛛网膜下腔出血、脑血栓形成、脑栓塞、脑脓肿、乙型脑炎、结核性脑膜炎、化脓性脑膜炎及严重的脑外伤等。

2. 各种脊髓疾病及周围神经疾病与损伤所致的肢体瘫痪、大小便失禁经规范治疗未见好转，生活难以自理。如脊髓炎、高位脊髓空洞症、脊髓压迫症、运动神经元疾病（包括肌萎缩侧索硬化、进行性脊肌萎缩症、原发性侧索硬化和进行性延髓麻痹）等；周围神经疾病，如多发性神经炎、周围神经损伤等；急性炎症性脱髓鞘性多发性神经病；慢性炎症性脱髓鞘性多发性神经病。

3. 癫痫大发作，经规范治疗未见好转，每月发作仍多于两次。

4. 重症肌无力或进行性肌营养不良等疾病，严重影响呼吸和吞咽功能。

5. 锥体外系疾病所致的肌张力障碍（肌张力过高或过低）和运动障碍（包括震颤、手足徐动、舞蹈样动作、扭转痉挛等出现生活难以自理）。如帕金森病及各类帕金森综合征、小舞蹈病、慢性进行性舞蹈病、肌紧张异常、秽语抽动综合征、迟发性运动障碍、投掷样舞动、阵发性手足徐动症、阵发性运动源性舞蹈手足徐动症、扭转痉挛等。

八、严重内分泌代谢性疾病合并重要脏器功能障碍，经规范治疗未见好转。如脑垂体瘤需要手术治疗、肢端肥大症、尿崩症、柯兴氏综合征、原发性醛固酮增多症、嗜铬细胞瘤、甲状腺机能亢进危象、甲状腺机能减退症出现严重心脏损害或出现黏液性水肿昏迷，甲状旁腺机能亢进及甲状旁腺机能减退症出现高钙危象或低钙血症。

糖尿病合并严重并发症：糖尿病并发心、脑、肾、眼等严重并发症或伴发症，或合并难以控制的严重继发感染、严重酮症酸中毒或高渗性昏迷，经规范治疗未见好转。

心：诊断明确的冠状动脉粥样硬化性心脏，并出现以下情形之一的：1. 有心绞痛反复发作，经规范治疗未见好转仍有明显的冠状动脉供血不足的表现；2. 心功能三级；3. 心律失常（频发或多型性室早、新发束支传导阻滞、交界性心动过速、心房纤颤、心房扑动、二度及以上房室传导阻滞、阵发性室性心动过速、窦性停搏等)。

脑：诊断明确的脑血管疾病，出现痴呆、失语、肢体肌力达Ⅳ级以下。

肾：诊断明确的糖尿病肾病，肌酐达到177mmol/L以上水平。

眼：诊断明确的糖尿病视网膜病变，达到增殖以上。

九、严重血液系统疾病

1. 再生障碍性贫血。

2. 严重贫血并有贫血性心脏病、溶血危象、脾功能亢进其中一项，经规范治疗未见好转。

3. 白血病、骨髓增生异常综合征。

4. 恶性组织细胞病、嗜血细胞综合征。

5. 淋巴瘤、多发性骨髓瘤。

6. 严重出血性疾病，有重要器官、体腔出血的，如原发性血小板减少性紫癜、血友病等，经规范治疗未见好转。

十、严重脏器损伤和术后并发症，遗有严重功能障碍，经规范治疗未见好转

1. 脑、脊髓损伤治疗后遗有中度以上智能障碍，截瘫或偏瘫，大小便失禁，功能难以恢复。

2. 胸、腹腔重要脏器及气管损伤或手术后，遗有严重功能障碍，胸腹腔内慢性感染、重度粘连性梗阻，肠瘘、胰瘘、胆瘘、肛瘘等内外瘘形成反复发作；严重循环或呼吸功能障碍，如外伤性湿肺不易控制。

3. 肺、肾、肾上腺等器官一侧切除，对侧仍有病变或有明显功能障碍。

十一、各种严重骨、关节疾病及损伤

1. 双上肢，双下肢，一侧上肢和一侧下肢因伤、病在腕或踝关节以上截肢或失去功能不能恢复。双手完全失去功能或伤、病致手指缺损6个以上，且6个缺损的手指中有半数以上在掌指关节处离断，且必须包括两个拇指缺失。

2. 脊柱并一个主要关节或两个以上主要关节（肩、膝、髋、肘）因伤、病发生强直畸形，经规范治疗未见好转，脊柱伸屈功能完全丧失。

3. 严重骨盆骨折合并尿道损伤，经治疗后遗有运动功能障碍或遗有尿道狭窄、闭塞或感染，经规范治疗未见好转。

4. 主要长骨的慢性化脓性骨髓炎，反复急性发作，病灶内出现大块死骨或合并病理性骨折，经规范治疗未见好转。

十二、五官伤、病后，出现严重的功能障碍，经规范治疗未见好转

1. 伤、病后双眼矫正视力 $<0.1$，经影像检查证实患有白内障、眼外伤、视网膜剥离等需要手术治疗。内耳伤、病所致的严重前庭功能障碍、平衡失调，经规范治疗未见好转。

2. 咽、喉损伤后遗有严重疤痕挛缩，造成呼吸道梗阻受阻，严重影响呼吸功能和吞咽功能。

3. 上下颌伤、病经治疗后二度张口困难、严重咀嚼功能障碍。

十三、周围血管病经规范治疗未见好转，患肢有严重肌肉萎缩或干、湿性坏疽，如进展性脉管炎，高位深静脉栓塞等。

十四、非临床治愈期的各种恶性肿瘤。

十五、暂时难以确定性质的肿瘤，有下列情形之一的：

1. 严重影响机体功能而不能进行彻底治疗。

2. 身体状况进行性恶化。

3. 有严重后遗症，如偏瘫、截瘫、胃瘘、支气管食管瘘等。

十六、结缔组织疾病及其他风湿性疾病造成两个以上脏器严重功能障碍或单个脏器功能障碍失代偿，经规范治疗未见好转，如系统性红斑狼疮、硬皮病、皮肌炎、结节性多动脉炎等。

十七、寄生虫侵犯脑、肝、肺等重要器官或组织，造成继发性损害，伴有严重功能障碍者，经规范治疗未见好转。

十八、经职业病诊断机构确诊的以下职业病：

1. 尘肺病伴严重呼吸功能障碍，经规范治疗未见好转。

2. 职业中毒，伴有重要脏器功能障碍，经规范治疗未见好转。

3. 其他职业病并有瘫痪、中度智能障碍、双眼矫正视力 <0.1、严重血液系统疾病、严重精神障碍等其中一项，经规范治疗未见好转。

十九、年龄在六十五周岁以上同时患有两种以上严重疾病，其中一种病情必须接近上述一项或几项疾病程度。

注释：

1. 本范围所列严重疾病诊断标准应符合省级以上卫生行政部门、中华医学会制定并下发的医学诊疗常规、诊断标准、规范和指南。

2. 凡是确定诊断和确定脏器、肢体功能障碍必须具有诊疗常规所明确规定的相应临床症状、体征和客观医技检查依据。

3. 本范围所称“经规范治疗未见好转”，是指临床上经常规治疗至少半年后病情恶化或未见好转。

4. 本范围所称“反复发作”，是指发作间隔时间小于一个月，且至少发作三次及以上。

5. 本范围所称“严重心律失常”，是指临床上可引起严重血流动力学障碍，预示危及生命的心律失常。一般出现成对室性期前收缩、多形性室性期前收缩、阵发性室性心动过速、室性期前收缩有 R on T 现象、病态窦房结综合征、心室扑动或心室颤动等。

6. 本范围所称“意识障碍”，是指各种原因导致的迁延性昏迷1个月以上和植物人状态。

7. 本范围所称“视力障碍”，是指各种原因导致的患眼低视力2级。

8. 艾滋病和艾滋病机会性感染诊断依据应符合《艾滋病和艾滋病病毒感染诊断标准》(WS293——2008)、《艾滋病诊疗指南》(中华医学会感染病分会，2011年)等技术规范。其中，艾滋病合并肺孢子菌肺炎、活动性结核病、巨细胞病毒视网膜炎、马尼菲青霉菌病、细菌性肺炎、新型隐球菌脑膜炎等六种艾滋病机会性感染的住院标准应符合《卫生部办公厅关于印发艾滋病合并肺孢子菌肺炎等六个艾滋病机会感染病种临床路径的通知》(卫办医政发〔2012〕107号)。上述六种以外的艾滋病机会性感染住院标准可参考《艾滋病诊疗指南》(中华医学会感染病分会，2011年)及《实用内科学》(第13版)等。

9. 精神病的危险性按照《卫生部关于印发〈重性精神疾病管理治疗工作规范(2012年版)〉的通知》(卫疾控发〔2012〕20号)进行评估。

10. 心功能判定：心功能不全，表现出心悸、心律失常、低血压、休克，甚至发生心搏骤停。按发生部位和发病过程分为左侧心功能不全(急性、慢性)、右侧心功能不全(急性、慢性)和全心功能不全(急性、慢性)。出现心功能不全症状后，其心功能可分为四级。

Ⅰ级：体力活动不受限制。

Ⅱ级：静息时无不适，但稍重于日常生活活动量即致乏力、心悸、气促或者心绞痛。

Ⅲ级：体力活动明显受限，静息时无不适，但低于日常活动量即致乏力、心悸、气促或心绞痛。

Ⅳ级：任何体力活动均引起症状，静息时亦可有心力衰竭或者心绞痛。

11. 高血压判定：按照《中国高血压防治指南2010》执行。

**血压水平分类和定义(mmHg)**

| 分级 | 收缩压(SBP) | 舒张压(DBP) |
| --- | --- | --- |
| 正常血压 | <120 | 和 <80 |
| 正常高值血压 | 120~139 | 和/或 80~89 |
| 高血压1级(轻度) | 140~159 | 和/或 90~99 |
| 高血压2级(中度) | 160~179 | 和/或 100~109 |
| 高血压3级(重度) | ≥180 | 和/或 ≥110 |
| 单纯性收缩期高血压 | ≥140 | 和 <90 |

**高血压危险分层**

| 其他危险因素和病史 | 血压（mmHg） | | |
|---|---|---|---|
| | 1 级<br>SBP140 - 159 或<br>DBP90 - 99 | 2 级<br>SBP160 - 179 或<br>DBP100 - 109 | 3 级<br>SBP≥180 或<br>DBP≥110 |
| 无其他 CVD* 危险因素 | 低危 | 中危 | 高危 |
| 1 ~ 2 个 CVD 危险因素 | 中危 | 中危 | 很高危 |
| ≥3 个 CVD 危险因素或靶器官损伤 | 高危 | 高危 | 很高危 |
| 临床并发症或合并糖尿病 | 很高危 | 很高危 | 很高危 |

注：* CVD 为心血管危险因素

**影响高血压患者心血管预后的重要因素**

| 心血管危险因素 | 靶器官损害 | 伴临床疾患 |
|---|---|---|
| ·高血压（1 - 3 级）<br>·男性 > 55 岁；女性 > 65 岁<br>·吸烟<br>·糖耐量受损（餐后 2h 血糖 7.8 - 11.0mmol/L）和（或）空腹血糖受损（6.1 - 6.9mmol/L）<br>·血脂异常 TC≥5.7mmol/L（220mg/dl）或 LDL_ C > 3.3 mmol/L(130mg/dl）或HDL_ C < 1.0mmol/L（4. mg/dl）<br>·早发心血管病家族史（一般亲属发病年龄男性 < 55 岁；女性 < 65 岁）<br>·腹型肥胖（腰围：男性≥90cm，女性≥85cm）或肥胖（BMI≥28kg/m$^2$）<br>·血同型半胱氨酸升高（≥10μmol/L） | ·左心室肥厚<br>心电图：Sokolow _ Lyon > 38mm 或 Cornell > 2440mm · ms；超声心动图 LVMI：男≥125g/m$^2$，女≥120 g/m$^2$<br>·颈动脉超声 IMT≥0.9mm 或动脉粥样斑块<br>·颈 - 股动脉脉搏波速度≥12m/s<br>·踝/臂血压指数 < 0.9<br>·eGFR 降低（eGFR < 60ml · min 1.73m$^2$）或血清肌酐轻度升高：男性 115 - 133 μmol/L（1.3 - 1.5 mg/dl），女性 107 - 124μmol/L（1.2 - 1.4mg/dl）<br>·微量白蛋白尿：30 - 300 mg/24h 或白蛋白/肌酐比：≥30mg/g（3.5 mg/mmol） | ·脑血管病：脑出血，缺血性脑卒中短暂性脑缺血发作<br>·心脏疾病：心肌梗死史，心绞痛，冠状动脉血动重建史，慢性心力衰竭<br>·肾脏疾病：糖尿病肾病，肾功能受损，血肌酐：男性≥133μmol/L（1.5 mg/dl），女性≥124μmol/L（1.4mg/dl），蛋白尿（≥300mg/24h）<br>·外周血管疾病<br>·视网膜病变：出血或渗出，视乳头水肿<br>·糖尿病：空腹血糖≥7.0 mmol/L（126mg/dl），餐后 2h 血糖≥11.1 mmol/L（200 mg/dl），糖化血红蛋白≥6.5% |

注：TC：总胆固醇；LDL_ C：低密度脂蛋白胆固醇；HDL_ C：高密度脂蛋白胆固醇；BMI：体质指数；LVMI：左心室质量指数；IMT：颈动脉内中膜厚度；eGFR：估算的肾小球滤过率

12. 呼吸功能障碍判定：参照《道路交通事故受伤人员伤残评定》（GB 18667－2002）和《劳动能力鉴定——职工工伤与职业病致残程度鉴定标准》（GB/T 16180－2006），结合医学实践执行。症状：自觉气短、胸闷不适、呼吸费力。体征：呼吸频率增快，幅度加深或者变浅，或者伴周期节律异常，鼻翼扇动，紫绀等。实验室检查提示肺功能损害。在保外就医诊断实践中，判定呼吸功能障碍必须综合产生呼吸功能障碍的病理基础、临床表现和相关医技检查结果如血气分析，全面分析。

呼吸困难分级

Ⅰ级（轻度）：平路快步行走、登山或上楼梯时气短明显。

Ⅱ级（中度）：一般速度平路步行 100 米即有气短，体力活动大部分受限。

Ⅲ级（重度）：稍活动如穿衣、谈话即有气短，体力活动完全受限。

Ⅳ级（极重度）：静息时亦有气短。

**肺功能损伤分级**

| | FVC | FEV1 | MVV | FEV1/FVC | RV/TLC | DLco |
|---|---|---|---|---|---|---|
| 正常 | >80 | >80 | >80 | >70 | <35 | >80 |
| 轻度损伤 | 60～79 | 60～79 | 60～79 | 55～69 | 36～45 | 60～79 |
| 中度损伤 | 40～59 | 40～59 | 40～59 | 35～54 | 46～55 | 45～59 |
| 重度损伤 | <40 | <40 | <40 | <35 | >55 | <45 |

注：FVC、FEV1、MVV、DLco 均为占预计值百分数，单位为%。

FVC：用力肺活量；FEV1：1 秒钟用力呼气容积；MVV：分钟最大通气量；RV/TLC：残气量/肺总量；DLco：一氧化碳弥散量。

低氧血症分级

正常：$PO_2$ 为 13.3～10.6kPa（100～80 mmHg）；

轻度：$PO_2$ 为 10.5～8.0kPa（79～60 mmHg）；

中度：$PO_2$ 为 7.9～5.3kPa（40～59 mmHg）；

重度：$PO_2$ <5.3（<40 mmHg）。

13. 肝功能损害程度判定

A. 肝功能损害分度

| 分度 | 中毒症状 | 血浆白蛋白 | 血内胆红质 | 腹水 | 脑症 | 凝血酶原时间 | 谷丙转氨酶 |
|---|---|---|---|---|---|---|---|
| 重度 | 重度 | <2.5g% | >10mg% | 顽固性 | 明显 | 明显延长 | 供参考 |
| 中度 | 中度 | 2.5～3.0g% | 5～10mg% | 无或者少量，治疗后消失 | 无或者轻度 | 延长 | 供参考 |
| 轻度 | 轻度 | 3.0～3.5g% | 1.5～5mg% | 无 | 无 | 稍延长（较对照组>3s） | 供参考 |

B. 肝衰竭：肝衰竭的临床诊断需要依据病史、临床表现和辅助检查等综合分析而确定，参照中华医学会《肝衰竭诊治指南（2012年版）》执行。

（1）急性肝衰竭（急性重型肝炎）：急性起病，2周内出现Ⅱ度及以上肝性脑病并有以下表现：①极度乏力，并有明显厌食、腹胀、恶心、呕吐等严重消化道症状。②短期内黄疸进行性加深。③出血倾向明显，PTA≤40%，且排除其他原因。④肝脏进行性缩小。

（2）亚急性肝衰竭（亚急性重型肝炎）：起病较急，15天—26周出现以下表现：①极度乏力，有明显的消化道症状。②黄疸迅速加深，血清总胆红素大于正常值上限10倍或每日上升≥17.1μmol/L。③凝血酶原时间明显延长，PTA≤40%并排除其他原因。

（3）慢加急性（亚急性）肝衰竭（慢性重型肝炎）：在慢性肝病基础上，短期内发生急性肝功能失代偿的主要临床表现。

（4）慢性肝衰竭：在肝硬化基础上，肝功能进行性减退和失代偿。诊断要点为：①有腹水或其他门静脉高压表现。②可有肝性脑病。③血清总胆红素升高，白蛋白明显降低。④有凝血功能障碍，PTA≤40%。

C. 肝性脑病

**肝性脑病 West－Haven 分级标准**

| 肝性脑病分级 | 临床要点 |
|---|---|
| 0级 | 没有能觉察的人格或行为变化 |
| | 无扑翼样震颤 |

续表

| 肝性脑病分级 | 临床要点 |
|---|---|
| 1 级 | 轻度认知障碍 |
| | 欣快或抑郁 |
| | 注意时间缩短 |
| | 加法计算能力降低 |
| | 可引出扑翼样震颤 |
| 2 级 | 倦怠或淡漠 |
| | 轻度定向异常（时间和空间定向） |
| | 轻微人格改变 |
| | 行为错乱，语言不清 |
| | 减法计算能力异常 |
| | 容易引出扑翼样震颤 |
| 3 级 | 嗜睡到半昏迷*，但是对语言刺激有反应 |
| | 意识模糊 |
| | 明显的定向障碍 |
| | 扑翼样震颤可能无法引出 |
| 4 级 | 昏迷**（对语言和强刺激无反应） |

注：1～4 级即Ⅰ～Ⅳ度。

按照意识障碍以觉醒度改变为主分类，＊半昏迷即中度昏迷，＊＊昏迷即深昏迷。

14. 急、慢性肾功能损害程度判定：参照《实用内科学》（第 13 版）和《内科学》（第 7 版）进行综合判定。急性肾损伤的原因有肾前性、肾实质性及肾后性三类。每类又有少尿型和非少尿型两种。慢性肾脏病患者肾功能损害分期与病因、病变进展程度、部位、转归以及诊断时间有关。分期：

**慢性肾脏病肾功能损害程度分期**

| CKD 分期 | 肾小球滤过率（GFR）或 eGFR | 主要临床症状 |
|---|---|---|
| Ⅰ期 | ≥90 毫升/分 | 无症状 |
| Ⅱ期 | 60~89 毫升/分 | 基本无症状 |
| Ⅲ期 | 30~59 毫升/分 | 乏力；轻度贫血；食欲减退 |
| Ⅳ期 | 15~29 毫升/分 | 贫血；代谢性酸中毒；水电解质紊乱 |
| Ⅴ期 | <15 毫升/分 | 严重酸中毒和全身各系统症状 |

注：eGFR：基于血肌酐估计的肾小球滤过率。

15. 肢体瘫痪的判定：参照《神经病学》（第 2 版）判定。肢体瘫，以肌力测定判断肢体瘫痪程度。在保外就医诊断实践中，判定肢体瘫痪须具备疾病的解剖（病理）基础，0 级、1 级、2 级肌力可认定为肢体瘫痪。

0 级：肌肉完全瘫痪，毫无收缩。

1 级：可看到或者触及肌肉轻微收缩，但不能产生动作。

2 级：肌肉在不受重力影响下，可进行运动，即肢体能在床面上移动，但不能抬高。

3 级：在和地心引力相反的方向中尚能完成其动作，但不能对抗外加的阻力。

4 级：能对抗一定的阻力，但较正常人为低。

5 级：正常肌力。

16. 生活难以自理的判定：参照《劳动能力鉴定——职工工伤与职业病致残程度鉴定标准》（GB/T 16180-2006），结合医学实践执行。

17. 视力障碍判定：眼伤残鉴定依据为眼球或视神经器质性损伤所致的视力、视野、立体视功能障碍及其他解剖结构和功能的损伤或破坏。

（1）主观检查：凡损伤眼裸视或者加用矫正镜片（包括接触镜、针孔镜等）远视力<0.3 为视力障碍。

（2）客观检查：眼底照相、视觉电生理、眼底血管造影，眼科影像学检查如相干光断层成像（OCT）等以明确视力残疾实际情况，并确定对应的具体疾病状态。

视力障碍标准：

低视力：1 级：矫正视力<0.3；2 级：矫正视力<0.1。

盲：矫正视力<0.05。

**4. 最高人民法院 最高人民检察院 公安部 国家安全部 司法部 国家卫生健康委《关于进一步规范暂予监外执行工作的意见》**（自2023年7月1日起施行，司发通〔2023〕24号）（节录）

一、进一步准确把握相关诊断检查鉴别标准

1.《暂予监外执行规定》中的“短期内有生命危险”，是指罪犯所患疾病病情危重，有临床生命体征改变，并经临床诊断和评估后确有短期内发生死亡可能的情形。诊断医院在《罪犯病情诊断书》注明“短期内有死亡风险”或者明确出具病危通知书，视为“短期内有生命危险”。临床上把某种疾病评估为“具有发生猝死的可能”一般不作为“短期内有生命危险”的情形加以使用。

罪犯就诊的医疗机构七日内出具的病危通知书可以作为诊断医院出具《罪犯病情诊断书》的依据。

2.《保外就医严重疾病范围》中的“久治不愈”是指所有范围内疾病均应有规范治疗过程，仍然不能治愈或好转者，才符合《保外就医严重疾病范围》医学条件。除《保外就医严重疾病范围》明确规定需经规范治疗的情形外，“久治不愈”是指经门诊治疗和/或住院治疗并经临床评估后仍病情恶化或未见好转的情形。在诊断过程中，经评估确认短期内有生命危险，即符合保外就医医学条件。

3.《保外就医严重疾病范围》关于“严重功能障碍”中的“严重”，一般对应临床上实质脏器（心、肺、肝、肾、脑、胰腺等）功能障碍“中度及以上的”的分级标准。

4.《保外就医严重疾病范围》关于患精神疾病罪犯“无服刑能力”的评估，应当以法医精神病司法鉴定意见为依据。精神疾病的发作和控制、是否为反复发作，应当以省级人民政府指定医院的诊断结果为依据。

5.《暂予监外执行规定》中“生活不能自理”的鉴别参照《劳动能力鉴定 职工工伤与职业病致残等级》（GB/T 16180－2014）执行。进食、翻身、大小便、穿衣洗漱、自主行动等五项日常生活行为中有三项需要他人协助才能完成，且经过六个月以上治疗、护理和观察，自理能力不能恢复的，可以认定为生活不能自理。六十五周岁以上的罪犯，上述五项日常生活行为有一项需要他人协助才能完成即可视为生活不能自理。

## （二）收监执行的情形

1.**《中华人民共和国刑事诉讼法》**（2018年10月26日修正）（节录）

**第二百六十八条** 对暂予监外执行的罪犯，有下列情形之一的，应当及时收监：

（一）发现不符合暂予监外执行条件的；

（二）严重违反有关暂予监外执行监督管理规定的；

（三）暂予监外执行的情形消失后，罪犯刑期未满的。

对于人民法院决定暂予监外执行的罪犯应当予以收监的，由人民法院作出决定，将有关的法律文书送达公安机关、监狱或者其他执行机关。

不符合暂予监外执行条件的罪犯通过贿赂等非法手段被暂予监外执行的，在监外执行的期间不计入执行刑期。罪犯在暂予监外执行期间脱逃的，脱逃的期间不计入执行刑期。

罪犯在暂予监外执行期间死亡的，执行机关应当及时通知监狱或者看守所。

**2. 最高人民法院、最高人民检察院、公安部、司法部《中华人民共和国社区矫正法实施办法》**（自2020年7月1日起施行，司发通〔2020〕59号）（节录）

**第四十九条**　暂予监外执行的社区矫正对象有下列情形之一的，由执行地县级社区矫正机构提出收监执行建议：

（一）不符合暂予监外执行条件的；

（二）未经社区矫正机构批准擅自离开居住的市、县，经警告拒不改正，或者拒不报告行踪，脱离监管的；

（三）因违反监督管理规定受到治安管理处罚，仍不改正的；

（四）受到社区矫正机构两次警告的；

（五）保外就医期间不按规定提交病情复查情况，经警告拒不改正的；

（六）暂予监外执行的情形消失后，刑期未满的；

（七）保证人丧失保证条件或者因不履行义务被取消保证人资格，不能在规定期限内提出新的保证人的；

（八）其他违反有关法律、行政法规和监督管理规定，情节严重的情形。

社区矫正机构一般向执行地社区矫正决定机关提出收监执行建议。如果原社区矫正决定机关与执行地县级社区矫正机构在同一省、自治区、直辖市的，可以向原社区矫正决定机关提出建议。

社区矫正机构的收监执行建议书和决定机关的决定书，应当同时抄送执行地县级人民检察院。

### （三）暂予监外执行案件证据清单

**《监狱暂予监外执行程序规定》**（自2016年10月1日起施行，司发通〔2016〕78号）（节录）

**第二十条**　监狱决定提请暂予监外执行的，应当向省、自治区、直辖市监狱管理局提交提请暂予监外执行书面意见及下列材料：

（一）《暂予监外执行审批表》；

（二）终审法院裁判文书、执行通知书、历次刑罚变更执行法律文书；

（三）《罪犯病情诊断书》《罪犯妊娠检查书》及相关诊断、检查的医疗文书复印件，《罪犯生活不能自理鉴别书》及有关证明罪犯生活不能自理的治疗、护理和现场考察、询问笔录等材料；

（四）监区长办公会议、监狱评审委员会会议、监狱长办公会议记录；

（五）《保证人资格审查表》《暂予监外执行保证书》及相关材料；

（六）公示情况；

（七）根据案件情况需要提交的其他材料。

已委托县级司法行政机关进行核实、调查的，应当将调查评估意见书一并报送。

一般应当包括以下证据材料[①]：

监狱提请罪犯暂予监外执行医疗卷宗：（一）监狱关于罪犯暂予监外执行的请示；（二）罪犯暂予监外执行检察院意见；（三）监狱医院出具的《病情介绍》；（四）监狱机关向省政府指定医院提交的《罪犯暂予监外执行诊断检查委托书》；（五）省政府指定医院出具的《罪犯病情诊断书》；（六）省政府指定医院的辅助检查资料复印件；（七）监狱医院出具的《罪犯病情诊断书》；（八）罪犯入监后相关病史资料及诊治情况复印件；（九）罪犯当前治疗状态的照片。

监狱提请罪犯暂予监外执行程序卷宗：（一）监狱关于罪犯暂予监外执行的请示；（二）罪犯暂予监外执行检察院意见；（三）终审法院裁判文书、执行通知书、历次刑罚变更执行法律文书；（四）监区集体评议记录、监区长办公会议记录、刑罚执行等部门会议记录，监狱评审委员会会议、监狱长办公会议记录；（五）《保证人资格审查表》《暂予监外执行保证书》及相关材料；（六）已委托县级社区矫正机构进行核实、调查的，应当有调查评估意见书；（七）罪犯暂予监外执行社会危险性评估报告；（八）公示情况；（九）根据案件情况需要提交的其他材料。

① 此为作者依据工作实践经验总结。

# 二、程序规定

## （一）暂予监外执行程序的基本要求

1.《**中华人民共和国刑事诉讼法**》（2018年10月26日修正）（节录）

**第二百六十六条**　监狱、看守所提出暂予监外执行的书面意见的，应当将书面意见的副本抄送人民检察院。人民检察院可以向决定或者批准机关提出书面意见。

**第二百六十七条**　决定或者批准暂予监外执行的机关应当将暂予监外执行决定抄送人民检察院。人民检察院认为暂予监外执行不当的，应当自接到通知之日起一个月以内将书面意见送交决定或者批准暂予监外执行的机关，决定或者批准暂予监外执行的机关接到人民检察院的书面意见后，应当立即对该决定进行重新核查。

**第二百六十九条**　对被判处管制、宣告缓刑、假释或者暂予监外执行的罪犯，依法实行社区矫正，由社区矫正机构负责执行。

2.《**中华人民共和国监狱法**》（2012年10月26日修正）（节录）

**第十七条**　罪犯被交付执行刑罚，符合本法第十六条规定的，应当予以收监。罪犯收监后，监狱应当对其进行身体检查。经检查，对于具有暂予监外执行情形的，监狱可以提出书面意见，报省级以上监狱管理机关批准。

**第二十六条**　暂予监外执行，由监狱提出书面意见，报省、自治区、直辖市监狱管理机关批准。批准机关应当将批准的暂予监外执行决定通知公安机关和原判人民法院，并抄送人民检察院。

人民检察院认为对罪犯适用暂予监外执行不当的，应当自接到通知之日起一个月内将书面意见送交批准暂予监外执行的机关，批准暂予监外执行的机关接到人民检察院的书面意见后，应当立即对该决定进行重新核查。

**第二十七条**　对暂予监外执行的罪犯，依法实行社区矫正，由社区矫正机构负责执行。原关押监狱应当及时将罪犯在监内改造情况通报负责执行的社区矫正机构。

**第二十八条**　暂予监外执行的罪犯具有刑事诉讼法规定的应当收监的情形的，社区矫正机构应当及时通知监狱收监；刑期届满的，由原关押监狱办理释放手续。罪犯在暂予监外执行期间死亡的，社区矫正机构应当及时通知原关押监狱。

3. **《中华人民共和国社区矫正法》**（2020 年 7 月 1 日起施行）（节录）

**第十七条** 社区矫正决定机关判处管制、宣告缓刑、裁定假释、决定或者批准暂予监外执行时应当确定社区矫正执行地。

社区矫正执行地为社区矫正对象的居住地。社区矫正对象在多个地方居住的，可以确定经常居住地为执行地。

社区矫正对象的居住地、经常居住地无法确定或者不适宜执行社区矫正的，社区矫正决定机关应当根据有利于社区矫正对象接受矫正、更好地融入社会的原则，确定执行地。

本法所称社区矫正决定机关，是指依法判处管制、宣告缓刑、裁定假释、决定暂予监外执行的人民法院和依法批准暂予监外执行的监狱管理机关、公安机关。

**第十八条** 社区矫正决定机关根据需要，可以委托社区矫正机构或者有关社会组织对被告人或者罪犯的社会危险性和对所居住社区的影响，进行调查评估，提出意见，供决定社区矫正时参考。居民委员会、村民委员会等组织应当提供必要的协助。

**第十九条** 社区矫正决定机关判处管制、宣告缓刑、裁定假释、决定或者批准暂予监外执行，应当按照刑法、刑事诉讼法等法律规定的条件和程序进行。

社区矫正决定机关应当对社区矫正对象进行教育，告知其在社区矫正期间应当遵守的规定以及违反规定的法律后果，责令其按时报到。

**第二十条** 社区矫正决定机关应当自判决、裁定或者决定生效之日起五日内通知执行地社区矫正机构，并在十日内送达有关法律文书，同时抄送人民检察院和执行地公安机关。社区矫正决定地与执行地不在同一地方的，由执行地社区矫正机构将法律文书转送所在地的人民检察院、公安机关。

**第二十一条** 人民法院判处管制、宣告缓刑、裁定假释的社区矫正对象，应当自判决、裁定生效之日起十日内到执行地社区矫正机构报到。

人民法院决定暂予监外执行的社区矫正对象，由看守所或者执行取保候审、监视居住的公安机关自收到决定之日起十日内将社区矫正对象移送社区矫正机构。

监狱管理机关、公安机关批准暂予监外执行的社区矫正对象，由监狱或者看守所自收到批准决定之日起十日内将社区矫正对象移送社区矫正机构。

**第四十九条** 暂予监外执行的社区矫正对象具有刑事诉讼法规定的应当予以收监情形的，社区矫正机构应当向执行地或者原社区矫正决定机关提出收监执行建议，并将建议书抄送人民检察院。

社区矫正决定机关应当在收到建议书后三十日内作出决定，将决定书送达社区矫正机构和公安机关，并抄送人民检察院。

人民法院、公安机关对暂予监外执行的社区矫正对象决定收监执行的，由公安机关立即将社区矫正对象送交监狱或者看守所收监执行。

监狱管理机关对暂予监外执行的社区矫正对象决定收监执行的，监狱应当立即将社区矫正对象收监执行。

**第五十条**　被裁定撤销缓刑、假释和被决定收监执行的社区矫正对象逃跑的，由公安机关追捕，社区矫正机构、有关单位和个人予以协助。

**第五十一条**　社区矫正对象在社区矫正期间死亡的，其监护人、家庭成员应当及时向社区矫正机构报告。社区矫正机构应当及时通知社区矫正决定机关、所在地的人民检察院、公安机关。

**第五十九条**　社区矫正对象在社区矫正期间有违反监督管理规定行为的，由公安机关依照《中华人民共和国治安管理处罚法》的规定给予处罚；具有撤销缓刑、假释或者暂予监外执行收监情形的，应当依法作出处理。

**第六十条**　社区矫正对象殴打、威胁、侮辱、骚扰、报复社区矫正机构工作人员和其他依法参与社区矫正工作的人员及其近亲属，构成犯罪的，依法追究刑事责任；尚不构成犯罪的，由公安机关依法给予治安管理处罚。

**第六十二条**　人民检察院发现社区矫正工作违反法律规定的，应当依法提出纠正意见、检察建议。有关单位应当将采纳纠正意见、检察建议的情况书面回复人民检察院，没有采纳的应当说明理由。

**4. 最高人民法院、最高人民检察院、公安部、司法部、国家卫生计生委《暂予监外执行规定》**（自2014年12月1日起施行，司发通〔2014〕112号）（节录）

**第二条**　对罪犯适用暂予监外执行，分别由下列机关决定或者批准：

（一）在交付执行前，由人民法院决定；

（二）在监狱服刑的，由监狱审查同意后提请省级以上监狱管理机关批准；

（三）在看守所服刑的，由看守所审查同意后提请设区的市一级以上公安机关批准。

对有关职务犯罪罪犯适用暂予监外执行，还应当依照有关规定逐案报请备案审查。

**第三条**　对暂予监外执行的罪犯，依法实行社区矫正，由其居住地的社区矫正机构负责执行。

**第四条**　罪犯在暂予监外执行期间的生活、医疗和护理等费用自理。

罪犯在监狱、看守所服刑期间因参加劳动致伤、致残被暂予监外执行的，其出监、出所后的医疗补助、生活困难补助等费用，由其服刑所在的监狱、看守所按照国家有关规定办理。

**第八条** 对在监狱、看守所服刑的罪犯需要暂予监外执行的，监狱、看守所应当组织对罪犯进行病情诊断、妊娠检查或者生活不能自理的鉴别。罪犯本人或者其亲属、监护人也可以向监狱、看守所提出书面申请。

监狱、看守所对拟提请暂予监外执行的罪犯，应当核实其居住地。需要调查其对所居住社区影响的，可以委托居住地县级司法行政机关进行调查。

监狱、看守所应当向人民检察院通报有关情况。人民检察院可以派员监督有关诊断、检查和鉴别活动。

**第九条** 对罪犯的病情诊断或者妊娠检查，应当委托省级人民政府指定的医院进行。医院出具的病情诊断或者检查证明文件，应当由两名具有副高以上专业技术职称的医师共同作出，经主管业务院长审核签名，加盖公章，并附化验单、影像学资料和病历等有关医疗文书复印件。

对罪犯生活不能自理情况的鉴别，由监狱、看守所组织有医疗专业人员参加的鉴别小组进行。鉴别意见由组织鉴别的监狱、看守所出具，参与鉴别的人员应当签名，监狱、看守所的负责人应当签名并加盖公章。

对罪犯进行病情诊断、妊娠检查或者生活不能自理的鉴别，与罪犯有亲属关系或者其他利害关系的医师、人员应当回避。

**第十条** 罪犯需要保外就医的，应当由罪犯本人或者其亲属、监护人提出保证人，保证人由监狱、看守所审查确定。

罪犯没有亲属、监护人的，可以由其居住地的村（居）民委员会、原所在单位或者社区矫正机构推荐保证人。

保证人应当向监狱、看守所提交保证书。

**第十一条** 保证人应当同时具备下列条件：

（一）具有完全民事行为能力，愿意承担保证人义务；

（二）人身自由未受到限制；

（三）有固定的住处和收入；

（四）能够与被保证人共同居住或者居住在同一市、县。

**第十二条** 罪犯在暂予监外执行期间，保证人应当履行下列义务：

（一）协助社区矫正机构监督被保证人遵守法律和有关规定；

（二）发现被保证人擅自离开居住的市、县或者变更居住地，或者有违法犯罪行为，或者需要保外就医情形消失，或者被保证人死亡的，立即向社区矫正机构报告；

（三）为被保证人的治疗、护理、复查以及正常生活提供帮助；

（四）督促和协助被保证人按照规定履行定期复查病情和向社区矫正机构报告的义务。

**第十三条** 监狱、看守所应当就是否对罪犯提请暂予监外执行进行审议。经审议决定对罪犯提请暂予监外执行的，应当在监狱、看守所内进行公示。对病情严重必须立即保外就医的，可以不公示，但应当在保外就医后三个工作日以内在监狱、看守所内公告。

公示无异议或者经审查异议不成立的，监狱、看守所应当填写暂予监外执行审批表，连同有关诊断、检查、鉴别材料、保证人的保证书，提请省级以上监狱管理机关或者设区的市一级以上公安机关批准。已委托进行核实、调查的，还应当附县级司法行政机关出具的调查评估意见书。

监狱、看守所审议暂予监外执行前，应当将相关材料抄送人民检察院。决定提请暂予监外执行的，监狱、看守所应当将提请暂予监外执行书面意见的副本和相关材料抄送人民检察院。人民检察院可以向决定或者批准暂予监外执行的机关提出书面意见。

**第十四条** 批准机关应当自收到监狱、看守所提请暂予监外执行材料之日起十五个工作日以内作出决定。批准暂予监外执行的，应当在五个工作日以内将暂予监外执行决定书送达监狱、看守所，同时抄送同级人民检察院、原判人民法院和罪犯居住地社区矫正机构。暂予监外执行决定书应当上网公开。不予批准暂予监外执行的，应当在五个工作日以内将不予批准暂予监外执行决定书送达监狱、看守所。

**第十五条** 监狱、看守所应当向罪犯发放暂予监外执行决定书，及时为罪犯办理出监、出所相关手续。

在罪犯离开监狱、看守所之前，监狱、看守所应当核实其居住地，书面通知其居住地社区矫正机构，并对其进行出监、出所教育，书面告知其在暂予监外执行期间应当遵守的法律和有关监督管理规定。罪犯应当在告知书上签名。

**第十六条** 监狱、看守所应当派员持暂予监外执行决定书及有关文书材料，将罪犯押送至居住地，与社区矫正机构办理交接手续。监狱、看守所应当及时将罪犯交接情况通报人民检察院。

**第二十条** 罪犯原服刑地与居住地不在同一省、自治区、直辖市，需要回居住地暂予监外执行的，原服刑地的省级以上监狱管理机关或者设区的市一级以上公安机关监所管理部门应当书面通知罪犯居住地的监狱管理机关、公安机关监所管理部门，由其指定一所监狱、看守所接收罪犯档案，负责办理罪犯收监、刑满释放等手续，并及时书面通知罪犯居住地社区矫正机构。

**第二十一条** 社区矫正机构应当及时掌握暂予监外执行罪犯的身体状况以及疾病治疗等情况，每三个月审查保外就医罪犯的病情复查情况，并根据需要向批准、决定机关或者有关监狱、看守所反馈情况。

**第二十二条** 罪犯在暂予监外执行期间因犯新罪或者发现判决宣告以前还有其他罪没有判决的，侦查机关应当在对罪犯采取强制措施后二十四小时以内，将有关情况通知罪犯居住地社区矫正机构；人民法院应当在判决、裁定生效后，及时将判决、裁定的结果通知罪犯居住地社区矫正机构和罪犯原服刑或者接收其档案的监狱、看守所。

罪犯按前款规定被判处监禁刑罚后，应当由原服刑的监狱、看守所收监执行；原服刑的监狱、看守所与接收其档案的监狱、看守所不一致的，应当由接收其档案的监狱、看守所收监执行。

**第二十三条** 社区矫正机构发现暂予监外执行罪犯依法应予收监执行的，应当提出收监执行的建议，经县级司法行政机关审核同意后，报决定或者批准机关。决定或者批准机关应当进行审查，作出收监执行决定的，将有关的法律文书送达罪犯居住地县级司法行政机关和原服刑或者接收其档案的监狱、看守所，并抄送同级人民检察院、公安机关和原判人民法院。

人民检察院发现暂予监外执行罪犯依法应予收监执行而未收监执行的，由决定或者批准机关同级的人民检察院向决定或者批准机关提出收监执行的检察建议。

**第二十四条** 人民法院对暂予监外执行罪犯决定收监执行的，决定暂予监外执行时剩余刑期在三个月以下的，由居住地公安机关送交看守所收监执行；决定暂予监外执行时剩余刑期在三个月以上的，由居住地公安机关送交监狱收监执行。

监狱管理机关对暂予监外执行罪犯决定收监执行的，原服刑或者接收其档案的监狱应当立即赴羁押地将罪犯收监执行。

公安机关对暂予监外执行罪犯决定收监执行的，由罪犯居住地看守所将罪犯收监执行。

监狱、看守所将罪犯收监执行后，应当将收监执行的情况报告决定或者批准机关，并告知罪犯居住地县级人民检察院和原判人民法院。

**第二十五条** 被决定收监执行的罪犯在逃的，由罪犯居住地县级公安机关负责追捕。公安机关将罪犯抓捕后，依法送交监狱、看守所执行刑罚。

**第二十六条** 被收监执行的罪犯有法律规定的不计入执行刑期情形的，社区矫正机构应当在收监执行建议书中说明情况，并附有关证明材料。批准机关进行审核后，应当及时通知监狱、看守所向所在地的中级人民法院提出不计入执行刑期的建议书。人民法院应当自收到建议书之日起一个月以内依法对罪犯的刑期重新计算作出裁定。

人民法院决定暂予监外执行的，在决定收监执行的同时应当确定不计入刑期的期间。

人民法院应当将有关的法律文书送达监狱、看守所，同时抄送同级人民检察院。

**第二十七条** 罪犯暂予监外执行后，刑期即将届满的，社区矫正机构应当在罪犯刑期届满前一个月以内，书面通知罪犯原服刑或者接收其档案的监狱、看守所按期办理刑满释放手续。

人民法院决定暂予监外执行罪犯刑期届满的，社区矫正机构应当及时解除社区矫正，向其发放解除社区矫正证明书，并将有关情况通报原判人民法院。

**第二十八条** 罪犯在暂予监外执行期间死亡的，社区矫正机构应当自发现之日起五日以内，书面通知决定或者批准机关，并将有关死亡证明材料送达罪犯原服刑或者接收其档案的监狱、看守所，同时抄送罪犯居住地同级人民检察院。

**第二十九条** 人民检察院发现暂予监外执行的决定或者批准机关、监狱、看守所、社区矫正机构有违法情形的，应当依法提出纠正意见。

**第三十条** 人民检察院认为暂予监外执行不当的，应当自接到决定书之日起一个月以内将书面意见送交决定或者批准暂予监外执行的机关，决定或者批准暂予监外执行的机关接到人民检察院的书面意见后，应当立即对该决定进行重新核查。

**第三十一条** 人民检察院可以向有关机关、单位调阅有关材料、档案，可以调查、核实有关情况，有关机关、单位和人员应当予以配合。

人民检察院认为必要时，可以自行组织或者要求人民法院、监狱、看守所对罪犯重新组织进行诊断、检查或者鉴别。

**第三十二条** 在暂予监外执行执法工作中，司法工作人员或者从事诊断、检查、鉴别等工作的相关人员有玩忽职守、徇私舞弊、滥用职权等违法违纪行为的，依法给予相应的处分；构成犯罪的，依法追究刑事责任。

5. **最高人民法院、最高人民检察院、公安部、司法部《中华人民共和国社区矫正法实施办法》**（自2020年7月1日起施行，司发通〔2020〕59号）（节录）

**第五条** 人民法院依法履行以下职责：

（一）拟判处管制、宣告缓刑、决定暂予监外执行的，可以委托社区矫正机构或者有关社会组织对被告人或者罪犯的社会危险性和对所居住社区的影响，进行调查评估，提出意见，供决定社区矫正时参考；

（二）对执行机关报请假释的，审查执行机关移送的罪犯假释后对所居住社区影响的调查评估意见；

（三）核实并确定社区矫正执行地；

（四）对被告人或者罪犯依法判处管制、宣告缓刑、裁定假释、决定暂予监外执行；

（五）对社区矫正对象进行教育，及时通知并送达法律文书；

（六）对符合撤销缓刑、撤销假释或者暂予监外执行收监执行条件的社区矫正对象，作出判决、裁定和决定；

（七）对社区矫正机构提请逮捕的，及时作出是否逮捕的决定；

（八）根据社区矫正机构提出的减刑建议作出裁定；

（九）其他依法应当履行的职责。

**第六条** 人民检察院依法履行以下职责：

（一）对社区矫正决定机关、社区矫正机构或者有关社会组织的调查评估活动实行法律监督；

（二）对社区矫正决定机关判处管制、宣告缓刑、裁定假释、决定或者批准暂予监外执行活动实行法律监督；

（三）对社区矫正法律文书及社区矫正对象交付执行活动实行法律监督；

（四）对监督管理、教育帮扶社区矫正对象的活动实行法律监督；

（五）对变更刑事执行、解除矫正和终止矫正的活动实行法律监督；

（六）受理申诉、控告和举报，维护社区矫正对象的合法权益；

（七）按照刑事诉讼法的规定，在对社区矫正实行法律监督中发现司法工作人员相关职务犯罪，可以立案侦查直接受理的案件；

（八）其他依法应当履行的职责。

**第七条** 公安机关依法履行以下职责：

（一）对看守所留所服刑罪犯拟暂予监外执行的，可以委托开展调查评估；

（二）对看守所留所服刑罪犯拟暂予监外执行的，核实并确定社区矫正执行地；对符合暂予监外执行条件的，批准暂予监外执行；对符合收监执行条件的，作出收监执行的决定；

（三）对看守所留所服刑罪犯批准暂予监外执行的，进行教育，及时通知并送达法律文书；依法将社区矫正对象交付执行；

（四）对社区矫正对象予以治安管理处罚；到场处置经社区矫正机构制止无效，正在实施违反监督管理规定或者违反人民法院禁止令等违法行为的社区矫正对象；协助社区矫正机构处置突发事件；

（五）协助社区矫正机构查找失去联系的社区矫正对象；执行人民法院作出的逮捕决定；被裁定撤销缓刑、撤销假释和被决定收监执行的社区矫正对象逃跑的，予以追捕；

（六）对裁定撤销缓刑、撤销假释，或者对人民法院、公安机关决定暂予监外执行收监的社区矫正对象，送交看守所或者监狱执行；

（七）执行限制社区矫正对象出境的措施；

（八）其他依法应当履行的职责。

**第八条** 监狱管理机关以及监狱依法履行以下职责：

（一）对监狱关押罪犯拟提请假释的，应当委托进行调查评估；对监狱关押罪犯拟暂予监外执行的，可以委托进行调查评估；

（二）对监狱关押罪犯拟暂予监外执行的，依法核实并确定社区矫正执行地；对符合暂予监外执行条件的，监狱管理机关作出暂予监外执行决定；

（三）对监狱关押罪犯批准暂予监外执行的，进行教育，及时通知并送达法律文书；依法将社区矫正对象交付执行；

（四）监狱管理机关对暂予监外执行罪犯决定收监执行的，原服刑或者接收其档案的监狱应当立即将罪犯收监执行；

（五）其他依法应当履行的职责。

**第九条** 社区矫正机构是县级以上地方人民政府根据需要设置的，负责社区矫正工作具体实施的执行机关。社区矫正机构依法履行以下职责：

（一）接受委托进行调查评估，提出评估意见；

（二）接收社区矫正对象，核对法律文书、核实身份、办理接收登记，建立档案；

（三）组织入矫和解矫宣告，办理入矫和解矫手续；

（四）建立矫正小组、组织矫正小组开展工作，制定和落实矫正方案；

（五）对社区矫正对象进行监督管理，实施考核奖惩；审批会客、外出、变更执行地等事项；了解掌握社区矫正对象的活动情况和行为表现；组织查找失去联系的社区矫正对象，查找后依情形作出处理；

（六）提出治安管理处罚建议，提出减刑、撤销缓刑、撤销假释、收监执行等变更刑事执行建议，依法提请逮捕；

（七）对社区矫正对象进行教育帮扶，开展法治道德等教育，协调有关方面开展职业技能培训、就业指导，组织公益活动等事项；

（八）向有关机关通报社区矫正对象情况，送达法律文书；

（九）对社区矫正工作人员开展管理、监督、培训，落实职业保障；

（十）其他依法应当履行的职责。

设置和撤销社区矫正机构，由县级以上地方人民政府司法行政部门提出意见，按照规定的权限和程序审批。社区矫正日常工作由县级社区矫正机构具体承担；未设置县级社区矫正机构的，由上一级社区矫正机构具体承担。省、市两级社区矫正机构主要负责监督指导、跨区域执法的组织协调以及与同级社区矫正决定机关对接的案件办理工作。

**第十条** 司法所根据社区矫正机构的委托，承担社区矫正相关工作。

**第十一条** 社区矫正机构依法加强信息化建设，运用现代信息技术开展监督管理和教育帮扶。

社区矫正工作相关部门之间依法进行信息共享，人民法院、人民检察院、公安机关、司法行政机关依法建立完善社区矫正信息交换平台，实现业务协同、互联互通，运用现代信息技术及时准确传输交换有关法律文书，根据需要实时查询社区矫正对象交付接收、监督管理、教育帮扶、脱离监管、被治安管理处罚、被采取强制措施、变更刑事执行、办理再犯罪案件等情况，共享社区矫正工作动态信息，提高社区矫正信息化水平。

**第十二条** 对拟适用社区矫正的，社区矫正决定机关应当核实社区矫正对象的居住地。社区矫正对象在多个地方居住的，可以确定经常居住地为执行地。没有居住地，居住地、经常居住地无法确定或者不适宜执行社区矫正的，应当根据有利于社区矫正对象接受矫正、更好地融入社会的原则，确定社区矫正执行地。被确定为执行地的社区矫正机构应当及时接收。

社区矫正对象的居住地是指其实际居住的县（市、区）。社区矫正对象的经常居住地是指其经常居住的，有固定住所、固定生活来源的县（市、区）。

社区矫正对象应如实提供其居住、户籍等情况，并提供必要的证明材料。

**第十三条** 社区矫正决定机关对拟适用社区矫正的被告人、罪犯，需要调查其社会危险性和对所居住社区影响的，可以委托拟确定为执行地的社区矫正机构或者有关社会组织进行调查评估。社区矫正机构或者有关社会组织收到委托文书后应当及时通知执行地县级人民检察院。

**第十四条** 社区矫正机构、有关社会组织接受委托后，应当对被告人或者罪犯的居所情况、家庭和社会关系、犯罪行为的后果和影响、居住地村（居）民委员会和被害人意见、拟禁止的事项、社会危险性、对所居住社区的影响等情况进行调查了解，形成调查评估意见，与相关材料一起提交委托机关。调查评估时，相关单位、部门、村（居）民委员会等组织、个人应当依法为调查评估提供必要的协助。

社区矫正机构、有关社会组织应当自收到调查评估委托函及所附材料之日起十个工作日内完成调查评估，提交评估意见。对于适用刑事案件速裁程序的，应当在五个工作日内完成调查评估，提交评估意见。评估意见同时抄送执行地县级人民检察院。需要延长调查评估时限的，社区矫正机构、有关社会组织应当与委托机关协商，并在协商确定的期限内完成调查评估。因被告人或者罪犯的姓名、居住地不真实、身份不明等原因，社区矫正机构、有关社会组织无法进行调查评估的，应当及时向委托机关说明情况。社区矫正决定机关对调查评估意见的采信情况，应当在相关法律文书中说明。

对调查评估意见以及调查中涉及的国家秘密、商业秘密、个人隐私等信息，应当保密，不得泄露。

**第十五条**　社区矫正决定机关应当对社区矫正对象进行教育，书面告知其到执行地县级社区矫正机构报到的时间期限以及逾期报到或者未报到的后果，责令其按时报到。

**第十六条**　社区矫正决定机关应当自判决、裁定或者决定生效之日起五日内通知执行地县级社区矫正机构，并在十日内将判决书、裁定书、决定书、执行通知书等法律文书送达执行地县级社区矫正机构，同时抄送人民检察院。收到法律文书后，社区矫正机构应当在五日内送达回执。

社区矫正对象前来报到时，执行地县级社区矫正机构未收到法律文书或者法律文书不齐全，应当先记录在案，为其办理登记接收手续，并通知社区矫正决定机关在五日内送达或者补齐法律文书。

**第十七条**　被判处管制、宣告缓刑、裁定假释的社区矫正对象到执行地县级社区矫正机构报到时，社区矫正机构应当核对法律文书、核实身份，办理登记接收手续。对社区矫正对象存在因行动不便、自行报到确有困难等特殊情况的，社区矫正机构可以派员到其居住地等场所办理登记接收手续。

暂予监外执行的社区矫正对象，由公安机关、监狱或者看守所依法移送至执行地县级社区矫正机构，办理交付接收手续。罪犯原服刑地与居住地不在同一省、自治区、直辖市，需要回居住地暂予监外执行的，原服刑地的省级以上监狱管理机关或者设区的市一级以上公安机关应当书面通知罪犯居住地的监狱管理机关、公安机关，由其指定一所监狱、看守所接收社区矫正对象档案，负责办理其收监、刑满释放等手续。对看守所留所服刑罪犯暂予监外执行，原服刑地与居住地在同一省、自治区、直辖市的，可以不移交档案。

**第二十四条**　社区矫正对象应当按照有关规定和社区矫正机构的要求，定期报告遵纪守法、接受监督管理、参加教育学习、公益活动和社会活动等情况。发生居所变化、工作变动、家庭重大变故以及接触对其矫正可能产生不利影响人员等情况时，应当及时报告。被宣告禁止令的社区矫正对象应当定期报告遵守禁止令的情况。

暂予监外执行的社区矫正对象应当每个月报告本人身体情况。保外就医的，应当到省级人民政府指定的医院检查，每三个月向执行地县级社区矫正机构、受委托的司法所提交病情复查情况。执行地县级社区矫正机构根据社区矫正对象的病情及保证人等情况，可以调整报告身体情况和提交复查情况的期限。延长一个月至三个月以下的，报上一级社区矫正机构批准；延长三个月以上的，逐级上报省级社区矫正机构批准。批准延长的，执行地县级社区矫正机构应当及时通报同级人民检察院。

社区矫正机构根据工作需要，可以协调对暂予监外执行的社区矫正对象进行病情诊断、妊娠检查或者生活不能自理的鉴别。

**第二十五条** 未经执行地县级社区矫正机构批准，社区矫正对象不得接触其犯罪案件中的被害人、控告人、举报人，不得接触同案犯等可能诱发其再犯罪的人。

**第二十六条** 社区矫正对象未经批准不得离开所居住市、县。确有正当理由需要离开的，应当经执行地县级社区矫正机构或者受委托的司法所批准。

社区矫正对象外出的正当理由是指就医、就学、参与诉讼、处理家庭或者工作重要事务等。

前款规定的市是指直辖市的城市市区、设区的市的城市市区和县级市的辖区。在设区的同一市内跨区活动的，不属于离开所居住的市、县。

**第二十七条** 社区矫正对象确需离开所居住的市、县的，一般应当提前三日提交书面申请，并如实提供诊断证明、单位证明、入学证明、法律文书等材料。

申请外出时间在七日内的，经执行地县级社区矫正机构委托，可以由司法所批准，并报执行地县级社区矫正机构备案；超过七日的，由执行地县级社区矫正机构批准。执行地县级社区矫正机构每次批准外出的时间不超过三十日。

因特殊情况确需外出超过三十日的，或者两个月内外出时间累计超过三十日的，应报上一级社区矫正机构审批。上一级社区矫正机构批准社区矫正对象外出的，执行地县级社区矫正机构应当及时通报同级人民检察院。

**第二十八条** 在社区矫正对象外出期间，执行地县级社区矫正机构、受委托的司法所应当通过电话通讯、实时视频等方式实施监督管理。

执行地县级社区矫正机构根据需要，可以协商外出目的地社区矫正机构协助监督管理，并要求社区矫正对象在到达和离开时向当地社区矫正机构报告，接受监督管理。外出目的地社区矫正机构在社区矫正对象报告后，可以通过电话通讯、实地查访等方式协助监督管理。

社区矫正对象应在外出期限届满前返回居住地，并向执行地县级社区矫正机构或者司法所报告，办理手续。因特殊原因无法按期返回的，应及时向社区矫正机构或者司法所报告情况。发现社区矫正对象违反外出管理规定的，社区矫正机构应当责令其立即返回，并视情节依法予以处理。

**第二十九条**　社区矫正对象确因正常工作和生活需要经常性跨市、县活动的，应当由本人提出书面申请，写明理由、经常性去往市县名称、时间、频次等，同时提供相应证明，由执行地县级社区矫正机构批准，批准一次的有效期为六个月。在批准的期限内，社区矫正对象到批准市、县活动的，可以通过电话、微信等方式报告活动情况。到期后，社区矫正对象仍需要经常性跨市、县活动的，应当重新提出申请。

**第三十条**　社区矫正对象因工作、居所变化等原因需要变更执行地的，一般应当提前一个月提出书面申请，并提供相应证明材料，由受委托的司法所签署意见后报执行地县级社区矫正机构审批。

执行地县级社区矫正机构收到申请后，应当在五日内书面征求新执行地县级社区矫正机构的意见。新执行地县级社区矫正机构接到征求意见函后，应当在五日内核实有关情况，作出是否同意接收的意见并书面回复。执行地县级社区矫正机构根据回复意见，作出决定。执行地县级社区矫正机构对新执行地县级社区矫正机构的回复意见有异议的，可以报上一级社区矫正机构协调解决。

经审核，执行地县级社区矫正机构不同意变更执行地的，应在决定作出之日起五日内告知社区矫正对象。同意变更执行地的，应对社区矫正对象进行教育，书面告知其到新执行地县级社区矫正机构报到的时间期限以及逾期报到或者未报到的后果，责令其按时报到。

**第三十一条**　同意变更执行地的，原执行地县级社区矫正机构应当在作出决定之日起五日内，将有关法律文书和档案材料移交新执行地县级社区矫正机构，并将有关法律文书抄送社区矫正决定机关和原执行地县级人民检察院、公安机关。新执行地县级社区矫正机构收到法律文书和档案材料后，在五日内送达回执，并将有关法律文书抄送所在地县级人民检察院、公安机关。

同意变更执行地的，社区矫正对象应当自收到变更执行地决定之日起七日内，到新执行地县级社区矫正机构报到。新执行地县级社区矫正机构应当核实身份、办理登记接收手续。发现社区矫正对象未按规定时间报到的，新执行地县级社区矫正机构应当立即通知原执行地县级社区矫正机构，由原执行地县级社区矫正机构组织查找。未及时办理交付接收，造成社区矫正对象脱管漏管的，原执行地社区矫正机构会同新执行地社区矫正机构妥善处置。

对公安机关、监狱管理机关批准暂予监外执行的社区矫正对象变更执行地的，公安机关、监狱管理机关在收到社区矫正机构送达的法律文书后，应与新执行地同级公安机关、监狱管理机关办理交接。新执行地的公安机关、监狱管理机关应指定一所看守所、监狱接收社区矫正对象档案，负责办理其收监、刑满释放等手续。看守所、监狱在接收档案之日起五日内，应当将有关情况通报新执行地县级社区矫正机构。对公安机关批准暂予监外执行的社区矫正对象在同一省、自治区、直辖市变更执行地的，可以不移交档案。

**第三十二条** 社区矫正机构应当根据有关法律法规、部门规章和其他规范性文件，建立内容全面、程序合理、易于操作的社区矫正对象考核奖惩制度。

社区矫正机构、受委托的司法所应当根据社区矫正对象认罪悔罪、遵守有关规定、服从监督管理、接受教育等情况，定期对其考核。对于符合表扬条件、具备训诫、警告情形的社区矫正对象，经执行地县级社区矫正机构决定，可以给予其相应奖励或者处罚，作出书面决定。对于涉嫌违反治安管理行为的社区矫正对象，执行地县级社区矫正机构可以向同级公安机关提出建议。社区矫正机构奖励或者处罚的书面决定应当抄送人民检察院。

社区矫正对象的考核结果与奖惩应当书面通知其本人，定期公示，记入档案，做到准确及时、公开公平。社区矫正对象对考核奖惩提出异议的，执行地县级社区矫正机构应当及时处理，并将处理结果告知社区矫正对象。社区矫正对象对处理结果仍有异议的，可以向人民检察院提出。

**第三十三条** 社区矫正对象认罪悔罪、遵守法律法规、服从监督管理、接受教育表现突出的，应当给予表扬。

社区矫正对象接受社区矫正六个月以上并且同时符合下列条件的，执行地县级社区矫正机构可以给予表扬：

（一）服从人民法院判决，认罪悔罪；

（二）遵守法律法规；

（三）遵守关于报告、会客、外出、迁居等规定，服从社区矫正机构的管理；

（四）积极参加教育学习等活动，接受教育矫正的。

社区矫正对象接受社区矫正期间，有见义勇为、抢险救灾等突出表现，或者帮助他人、服务社会等突出事迹的，执行地县级社区矫正机构可以给予表扬。对于符合法定减刑条件的，由执行地县级社区矫正机构依照本办法第四十二条的规定，提出减刑建议。

**第三十四条** 社区矫正对象具有下列情形之一的，执行地县级社区矫正机构应当给予训诫：

（一）不按规定时间报到或者接受社区矫正期间脱离监管，未超过十日的；

（二）违反关于报告、会客、外出、迁居等规定，情节轻微的；

（三）不按规定参加教育学习等活动，经教育仍不改正的；

（四）其他违反监督管理规定，情节轻微的。

**第三十五条** 社区矫正对象具有下列情形之一的，执行地县级社区矫正机构应当给予警告：

（一）违反人民法院禁止令，情节轻微的；

（二）不按规定时间报到或者接受社区矫正期间脱离监管，超过十日的；

（三）违反关于报告、会客、外出、迁居等规定，情节较重的；

（四）保外就医的社区矫正对象无正当理由不按时提交病情复查情况，经教育仍不改正的；

（五）受到社区矫正机构两次训诫，仍不改正的；

（六）其他违反监督管理规定，情节较重的。

**第三十六条** 社区矫正对象违反监督管理规定或者人民法院禁止令，依法应予治安管理处罚的，执行地县级社区矫正机构应当及时提请同级公安机关依法给予处罚，并向执行地同级人民检察院抄送治安管理处罚建议书副本，及时通知处理结果。

**第三十七条** 电子定位装置是指运用卫星等定位技术，能对社区矫正对象进行定位等监管，并具有防拆、防爆、防水等性能的专门的电子设备，如电子定位腕带等，但不包括手机等设备。

对社区矫正对象采取电子定位装置进行监督管理的，应当告知社区矫正对象监管的期限、要求以及违反监管规定的后果。

**第三十八条** 发现社区矫正对象失去联系的，社区矫正机构应当立即组织查找，可以采取通信联络、信息化核查、实地查访等方式查找，查找时要做好记录，固定证据。查找不到的，社区矫正机构应当及时通知公安机关，公安机关应当协助查找。社区矫正机构应当及时将组织查找的情况通报人民检察院。

查找到社区矫正对象后，社区矫正机构应当根据其脱离监管的情形，给予相应处置。虽能查找到社区矫正对象下落但其拒绝接受监督管理的，社区矫正机构应当视情节依法提请公安机关予以治安管理处罚，或者依法提请撤销缓刑、撤销假释、对暂予监外执行的收监执行。

**第三十九条** 社区矫正机构根据执行禁止令的需要，可以协调有关的部门、单位、场所、个人协助配合执行禁止令。

对禁止令确定需经批准才能进入的特定区域或者场所，社区矫正对象确需进入的，应当经执行地县级社区矫正机构批准，并通知原审人民法院和执行地县级人民检察院。

**第四十条** 发现社区矫正对象有违反监督管理规定或者人民法院禁止令等违法情形的，执行地县级社区矫正机构应当调查核实情况，收集有关证据材料，提出处理意见。

社区矫正机构发现社区矫正对象有撤销缓刑、撤销假释或者暂予监外执行收监执行的法定情形的，应当组织开展调查取证工作，依法向社区矫正决定机关提出撤销缓刑、撤销假释或者暂予监外执行收监执行建议，并将建议书抄送同级人民检察院。

**第四十一条** 社区矫正对象被依法决定行政拘留、司法拘留、强制隔离戒毒等或者因涉嫌犯新罪、发现判决宣告前还有其他罪没有判决被采取强制措施的，决定机关应当自作出决定之日起三日内将有关情况通知执行地县级社区矫正机构和执行地县级人民检察院。

**第四十二条** 社区矫正对象符合法定减刑条件的，由执行地县级社区矫正机构提出减刑建议书并附相关证据材料，报经地（市）社区矫正机构审核同意后，由地（市）社区矫正机构提请执行地的中级人民法院裁定。

依法应由高级人民法院裁定的减刑案件，由执行地县级社区矫正机构提出减刑建议书并附相关证据材料，逐级上报省级社区矫正机构审核同意后，由省级社区矫正机构提请执行地的高级人民法院裁定。

人民法院应当自收到减刑建议书和相关证据材料之日起三十日内依法裁定。

社区矫正机构减刑建议书和人民法院减刑裁定书副本，应当同时抄送社区矫正执行地同级人民检察院、公安机关及罪犯原服刑或者接收其档案的监狱。

**第四十九条** 暂予监外执行的社区矫正对象有下列情形之一的，由执行地县级社区矫正机构提出收监执行建议：

（一）不符合暂予监外执行条件的；

（二）未经社区矫正机构批准擅自离开居住的市、县，经警告拒不改正，或者拒不报告行踪，脱离监管的；

（三）因违反监督管理规定受到治安管理处罚，仍不改正的；

（四）受到社区矫正机构两次警告的；

（五）保外就医期间不按规定提交病情复查情况，经警告拒不改正的；

（六）暂予监外执行的情形消失后，刑期未满的；

（七）保证人丧失保证条件或者因不履行义务被取消保证人资格，不能在规定期限内提出新的保证人的；

（八）其他违反有关法律、行政法规和监督管理规定，情节严重的情形。

社区矫正机构一般向执行地社区矫正决定机关提出收监执行建议。如果原社区矫正决定机关与执行地县级社区矫正机构在同一省、自治区、直辖市的，可以向原社区矫正决定机关提出建议。

社区矫正机构的收监执行建议书和决定机关的决定书，应当同时抄送执行地县级人民检察院。

**第五十条** 人民法院裁定撤销缓刑、撤销假释或者决定暂予监外执行收监执行的，由执行地县级公安机关本着就近、便利、安全的原则，送交社区矫正对象执行地所属的省、自治区、直辖市管辖范围内的看守所或者监狱执行刑罚。

公安机关决定暂予监外执行收监执行的，由执行地县级公安机关送交存放或者接收罪犯档案的看守所收监执行。

监狱管理机关决定暂予监外执行收监执行的，由存放或者接收罪犯档案的监狱收监执行。

**第五十一条** 撤销缓刑、撤销假释的裁定和收监执行的决定生效后，社区矫正对象下落不明的，应当认定为在逃。

被裁定撤销缓刑、撤销假释和被决定收监执行的社区矫正对象在逃的，由执行地县级公安机关负责追捕。撤销缓刑、撤销假释裁定书和对暂予监外执行罪犯收监执行决定书，可以作为公安机关追逃依据。

**第五十三条** 社区矫正对象矫正期限届满，且在社区矫正期间没有应当撤销缓刑、撤销假释或者暂予监外执行收监执行情形的，社区矫正机构依法办理解除矫正手续。

社区矫正对象一般应当在社区矫正期满三十日前，作出个人总结，执行地县级社区矫正机构应当根据其在接受社区矫正期间的表现等情况作出书面鉴定，与安置帮教工作部门做好衔接工作。

执行地县级社区矫正机构应当向社区矫正对象发放解除社区矫正证明书，并书面通知社区矫正决定机关，同时抄送执行地县级人民检察院和公安机关。

公安机关、监狱管理机关决定暂予监外执行的社区矫正对象刑期届满的，由看守所、监狱依法为其办理刑满释放手续。

社区矫正对象被赦免的，社区矫正机构应当向社区矫正对象发放解除社区矫正证明书，依法办理解除矫正手续。

**第五十四条** 社区矫正对象矫正期满，执行地县级社区矫正机构或者受委托的司法所可以组织解除矫正宣告。

解矫宣告包括以下内容：

（一）宣读对社区矫正对象的鉴定意见；

（二）宣布社区矫正期限届满，依法解除社区矫正；

（三）对判处管制的，宣布执行期满，解除管制；对宣告缓刑的，宣布缓刑考验期满，原判刑罚不再执行；对裁定假释的，宣布考验期满，原判刑罚执行完毕。

宣告由社区矫正机构或者司法所工作人员主持，矫正小组成员及其他相关人员到场，按照规定程序进行。

**第五十七条** 有关单位对人民检察院的书面纠正意见在规定的期限内没有回复纠正情况的，人民检察院应当督促回复。经督促被监督单位仍不回复或者没有正当理由不纠正的，人民检察院应当向上一级人民检察院报告。

有关单位对人民检察院的检察建议在规定的期限内经督促无正当理由不予整改或者整改不到位的，检察机关可以将相关情况报告上级人民检察院，通报被建议单位的上级机关、行政主管部门或者行业自律组织等，必要时可以报告同级党委、人大，通报同级政府、纪检监察机关。

6. **最高人民法院 最高人民检察院 公安部 国家安全部 司法部 国家卫生健康委《关于进一步规范暂予监外执行工作的意见》**（自2023年7月1日起施行，司发通〔2023〕24号）（节录）

二、进一步规范病情诊断和妊娠检查

6. 暂予监外执行病情诊断和妊娠检查应当在省级人民政府指定的医院进行，病情诊断由两名具有副高以上专业技术职称的医师负责，妊娠检查由两名具有中级以上专业技术职称的医师负责。

罪犯被送交监狱执行刑罚前，人民法院决定暂予监外执行的，组织诊断工作由人民法院负责。

7. 医院应当在收到人民法院、公安机关、监狱管理机关、监狱委托书后五个工作日内组织医师进行诊断检查，并在二十个工作日内完成并出具《罪犯病情诊断书》。对于罪犯病情严重必须立即保外就医的，受委托医院应当在三日内完成诊断并出具《罪犯病情诊断书》。

8. 医师应当认真查看医疗文件，亲自诊查病人，进行合议并出具意见，填写《罪犯病情诊断书》或《罪犯妊娠检查书》，并附三个月内的客观诊断依据。《罪犯病情诊断书》《罪犯妊娠检查书》由两名负责诊断检查的医师签名，并经主管业务院长审核签名后，加盖诊断医院公章。

《罪犯病情诊断书》或《罪犯妊娠检查书》应当包括罪犯基本情况、医学检查情况、诊断检查意见等内容，诊断依据应当包括疾病诊断结果、疾病严重程度评估等。罪犯病情诊断意见关于病情的表述应当符合《保外就医严重疾病范围》相应条款。

《罪犯病情诊断书》自出具之日起三个月内可以作为人民法院、公安机关、监狱管理机关决定或批准暂予监外执行的依据。超过三个月的，人民法院、公安机关、监狱应当委托医院重新进行病情诊断，并出具《罪犯病情诊断书》。

9. 医师对诊断检查意见有分歧的，应当在《罪犯病情诊断书》或《罪犯妊娠检查书》中写明分歧内容和理由，分别签名或者盖章。因意见分歧无法作出一致结论的，人民法院、公安机关、监狱应当委托其他同等级或者以上等级的省级人民政府指定的医院重新组织诊断检查。

10. 在暂予监外执行工作中，司法工作人员或者参与诊断检查的医师与罪犯有近亲属关系或者其他利害关系的应当回避。

三、进一步严格决定批准审查和收监执行审查

11. 人民法院、公安机关、监狱管理机关决定或批准暂予监外执行时，采取书面审查方式进行。审查过程中，遇到涉及病情诊断、妊娠检查或生活不能自理鉴别意见专业疑难问题时，可以委托法医技术人员或省级人民政府指定医院具有副高以上职称的医师审核并出具意见，审核意见作为是否暂予监外执行的参考。

12. 对于病情严重适用立即保外就医程序的，公安机关、监狱管理机关应当在罪犯保外就医后三个工作日内召开暂予监外执行评审委员会予以确认。

13. 对在公示期间收到不同意见，或者在社会上有重大影响、社会关注度高的罪犯，或者其他有听证审查必要的，监狱、看守所提请暂予监外执行，人民法院、公安机关、监狱管理机关决定或批准暂予监外执行，可以组织听证。听证意见作为是否提请或批准、决定暂予监外执行的参考。

听证时，应当通知罪犯、其他申请人、公示期间提出不同意见的人等有关人员参加。人民法院、公安机关、监狱管理机关、监狱或者看守所组织听证，还应当通知同级人民检察院派员参加。

人民检察院经审查认为需要以听证方式办理暂予监外执行案件和收监执行监督案件的，人民法院、公安机关、监狱管理机关、监狱或者看守所应当予以协同配合提供支持。

14. 人民法院、人民检察院、公安机关、监狱管理机关审查社区矫正机构收监执行的建议，一般采取书面审查方式，根据工作需要也可以组织核查。社区矫正机构应当同时提交罪犯符合收监情形、有不计入执行刑期情形等相关证明材料，在《收监执行建议书》中注明并提出明确意见。人民法院、公安机关、监狱管理机关经审查认为符合收监情形的，应当出具收监执行决定书，送社区矫正机构并抄送同级人民检察院；不符合收监情形的，应当作出不予收监

执行决定书并抄送同级人民检察院。公安机关、监狱应当在收到收监执行决定书之日起三日内将罪犯收监执行。

对于人民法院、公安机关、监狱管理机关经审查认为需要补充材料并向社区矫正机构提出的，社区矫正机构应当在十五个工作日内补充完成。

15. 对暂予监外执行期间因犯新罪或者发现判决宣告以前还有其他罪没有判决，被侦查机关采取强制措施的罪犯，社区矫正机构接到侦查机关通知后，应当通知罪犯原服刑或接收其档案的监狱、看守所。对被判处监禁刑罚的，应当由原服刑的监狱、看守所收监执行；原服刑的监狱、看守所与接收其档案的监狱、看守所不一致的，应当由接收其档案的监狱、看守所收监执行。对没有被判处监禁刑罚，社区矫正机构认为符合收监情形的，应当提出收监执行建议，并抄送执行地县级人民检察院。

16. 对不符合暂予监外执行条件的罪犯通过贿赂等非法手段被暂予监外执行的，应当由原暂予监外执行决定或批准机关作出收监执行的决定并抄送同级人民检察院，将罪犯收监执行。罪犯收监执行后，监狱或者看守所应当向所在地中级人民法院提出不计入执行刑期的建议书。人民法院应当自收到建议书之日起一个月内依法对罪犯的刑期重新计算作出裁定。

人民检察院发现不符合暂予监外执行条件的罪犯通过贿赂等非法手段被暂予监外执行的，应当向原暂予监外执行决定或批准机关提出纠正意见并附相关材料。原暂予监外执行决定或批准机关应当重新进行核查，并将相关情况反馈人民检察院。

原暂予监外执行决定或批准机关作出收监执行的决定后，对刑期已经届满的，罪犯原服刑或接收其档案的监狱或者看守所应当向所在地中级人民法院提出不计入执行刑期的建议书，人民法院审核裁定后，应当将罪犯收监执行。人民法院决定收监执行的，应当一并作出重新计算刑期的裁定，通知执行地公安机关将罪犯送交原服刑或接收其档案的监狱或者看守所收监执行。罪犯收监执行后应当继续执行的刑期自收监之日起计算。

被决定收监执行的罪犯在逃的，由罪犯社区矫正执行地县级公安机关负责追捕。原暂予监外执行决定或批准机关作出的收监执行决定可以作为公安机关追逃依据。

四、进一步强化全过程监督制约

17. 人民检察院应当对暂予监外执行进行全程法律监督。罪犯病情诊断、妊娠检查前，人民法院、监狱、看守所应当将罪犯信息、时间和地点至少提前一个工作日向人民检察院通报。对具有“短期内有生命危险”情形的应当立即通报。人民检察院可以派员现场监督诊断检查活动。

人民法院、公安机关、监狱应当在收到病情诊断意见、妊娠检查结果后三个工作日内将《罪犯病情诊断书》或者《罪犯妊娠检查书》及诊断检查依据抄送人民检察院。

人民检察院可以依法向有关单位和人员调查核实情况，调阅复制案卷材料，并可以参照本意见第6至11条重新组织对被告人、罪犯进行诊断、检查或者鉴别等。

18. 人民法院、公安机关、监狱管理机关、监狱、看守所、社区矫正机构要依法接受检察机关的法律监督，认真听取检察机关的意见、建议。

19. 人民法院、人民检察院、公安机关、监狱管理机关、监狱、看守所应当邀请人大代表、政协委员或者有关方面代表作为监督员对暂予监外执行工作进行监督。

20. 人民法院、公安机关、监狱管理机关办理暂予监外执行案件，除病情严重必须立即保外就医的，应当在立案或收到监狱、看守所提请暂予监外执行建议后五个工作日内将罪犯基本情况、原判认定的罪名和刑期、申请或者启动暂予监外执行的事由，以及病情诊断、妊娠检查、生活不能自理鉴别的结果向社会公示。依法不予公开的案件除外。

公示应当载明提出意见的方式，期限为三日。对提出异议的，人民法院、公安机关、监狱管理机关应当在调查核实后五个工作日内予以回复。

21. 人民法院、公安机关、监狱管理机关应当在决定或批准之日起十个工作日内，将暂予监外执行决定书在互联网公开。对在看守所、监狱羁押或服刑的罪犯，因病情严重适用立即保外就医程序的，应当在批准之日起三个工作日内在看守所、监狱进行为期五日的公告。

22. 各省、自治区、直辖市高级人民法院、人民检察院、公安厅（局）、司法厅（局）、卫生健康委应当共同建立暂予监外执行诊断检查医院名录，并在省级人民政府指定的医院相关文件中及时向社会公布并定期更新。

23. 罪犯暂予监外执行决定书有下列情形之一的，不予公开：

（一）涉及国家秘密的；

（二）未成年人犯罪的；

（三）人民法院、公安机关、监狱管理机关认为不宜公开的其他情形。

人民法院、公安机关、监狱管理机关、监狱应当对拟公开的暂予监外执行决定书中涉及罪犯家庭住址、身份证号码等个人隐私的信息作技术处理，但应当载明暂予监外执行的情形。

五、进一步加强社区矫正衔接配合和监督管理

24. 社区矫正机构应当加强与人民法院、人民检察院、公安机关、监狱管

理机关以及存放或者接收罪犯档案的监狱、看守所的衔接配合，建立完善常态化联系机制。需要对社区矫正对象采取限制出境措施的，应当按有关规定办理。

25. 社区矫正机构应当加强暂予监外执行罪犯定期身体情况报告监督和记录，对保外就医的，每三个月审查病情复查情况，并根据需要向人民法院、人民检察院、公安机关、监狱管理机关，存放或者接收罪犯档案的监狱、看守所反馈。对属于患严重疾病、久治不愈的，社区矫正机构可以结合具保情况、家庭状况、经济条件等，延长罪犯复查期限，并通报执行地县级人民检察院。

26. 社区矫正机构根据工作需要，组织病情诊断、妊娠检查或者生活不能自理的鉴别，应当通报执行地县级人民检察院，并可以邀请人民法院、人民检察院、公安机关、监狱管理机关、监狱、看守所参加。人民法院、人民检察院、公安机关、监狱管理机关、监狱、看守所依法配合社区矫正工作。

27. 社区矫正工作中，对暂予监外执行罪犯组织病情诊断、妊娠检查或者生活不能自理的鉴别应当参照本意见第 6 至 11 条执行。

六、进一步严格工作责任

28. 暂予监外执行组织诊断检查、决定批准和执行工作，实行“谁承办谁负责、谁主管谁负责、谁签字谁负责”的办案责任制。

29. 在暂予监外执行工作中，司法工作人员或者从事病情诊断检查等工作的相关人员有玩忽职守、徇私舞弊等行为的，一律依法依纪追究责任；构成犯罪的，依法追究刑事责任。在案件办理中，发现司法工作人员相关职务犯罪线索的，及时移送检察机关。

30. 在暂予监外执行工作中，司法工作人员或者从事病情诊断检查等工作的相关人员依法履行职责，没有故意或重大过失，不能仅以罪犯死亡、丧失暂予监外执行条件、违反监督管理规定或者重新犯罪而被追究责任。

31. 国家安全机关办理危害国家安全的刑事案件，涉及暂予监外执行工作的，适用本意见。

32. 本意见自 2023 年 7 月 1 日起施行。此前有关规定与本意见不一致的，以本意见为准。

### （二）执行机关办案程序

**《监狱暂予监外执行程序规定》**（自 2016 年 10 月 1 日起施行，司发通〔2016〕78 号）

#### 第一章　总　则

**第一条**　为规范监狱办理暂予监外执行工作程序，根据《中华人民共和国刑事诉讼法》、《中华人民共和国监狱法》、《暂予监外执行规定》等有关规定，结合刑罚执行工作实际，制定本规定。

**第二条**　监狱办理暂予监外执行，应当遵循依法、公开、公平、公正的原则，严格实行办案责任制。

**第三条**　省、自治区、直辖市监狱管理局和监狱分别成立暂予监外执行评审委员会，由局长和监狱长任主任，分管暂予监外执行工作的副局长和副监狱长任副主任，刑罚执行、狱政管理、教育改造、狱内侦查、生活卫生、劳动改造等有关部门负责人为成员，监狱管理局、监狱暂予监外执行评审委员会成员不得少于9人。

监狱成立罪犯生活不能自理鉴别小组，由监狱长任组长，分管暂予监外执行工作的副监狱长任副组长，刑罚执行、狱政管理、生活卫生等部门负责人及2名以上医疗专业人员为成员，对因生活不能自理需要办理暂予监外执行的罪犯进行鉴别，鉴别小组成员不得少于7人。

**第四条**　监狱办理暂予监外执行，应当由监区人民警察集体研究，监区长办公会议审核，监狱刑罚执行部门审查，监狱暂予监外执行评审委员会评审，监狱长办公会议决定。

省、自治区、直辖市监狱管理局刑罚执行部门审查监狱依法定程序提请的暂予监外执行建议并出具意见，报请局长召集暂予监外执行评审委员会审核，必要时可以召开局长办公会议决定。

**第五条**　违反法律规定和本规定办理暂予监外执行，涉嫌违纪的，依照有关处分规定追究相关人员责任；涉嫌犯罪的，移送司法机关追究刑事责任。

## 第二章　暂予监外执行的诊断、检查、鉴别程序

**第六条**　对在监狱服刑的罪犯需要暂予监外执行的，监狱应当组织对罪犯进行病情诊断、妊娠检查或者生活不能自理的鉴别。罪犯本人或者其亲属、监护人也可以向监狱提出书面申请。

**第七条**　监狱组织诊断、检查或者鉴别，应当由监区提出意见，经监狱刑罚执行部门审查，报分管副监狱长批准后进行诊断、检查或者鉴别。

对于患有严重疾病或者怀孕需要暂予监外执行的罪犯，委托省级人民政府指定的医院进行病情诊断或者妊娠检查。

对于生活不能自理需要暂予监外执行的罪犯，由监狱罪犯生活不能自理鉴别小组进行鉴别。

**第八条**　对罪犯的病情诊断或妊娠检查证明文件，应当由两名具有副高以上专业技术职称的医师共同作出，经主管业务院长审核签名，加盖公章，并附

化验单、影像学资料和病历等有关医疗文书复印件。

**第九条** 对于生活不能自理的鉴别，应当由监狱罪犯生活不能自理鉴别小组审查下列事项：

（一）调取并核查罪犯经六个月以上治疗、护理和观察，生活自理能力仍不能恢复的材料；

（二）查阅罪犯健康档案及相关材料；

（三）询问主管人民警察，并形成书面材料；

（四）询问护理人员及其同一监区2名以上罪犯，并形成询问笔录；

（五）对罪犯进行现场考察，观察其日常生活行为，并形成现场考察书面材料；

（六）其他能够证明罪犯生活不能自理的相关材料。

审查结束后，鉴别小组应当及时出具意见并填写《罪犯生活不能自理鉴别书》，经鉴别小组成员签名以后，报监狱长审核签名，加盖监狱公章。

**第十条** 监狱应当向人民检察院通报对罪犯进行病情诊断、妊娠检查和生活不能自理鉴别工作情况。人民检察院可以派员监督。

## 第三章 暂予监外执行的提请程序

**第十一条** 罪犯需要保外就医的，应当由罪犯本人或其亲属、监护人提出保证人。无亲属、监护人的，可以由罪犯居住地的村（居）委会、原所在单位或者县级司法行政机关社区矫正机构推荐保证人。监狱刑罚执行部门对保证人的资格进行审查，填写《保证人资格审查表》，并告知保证人在罪犯暂予监外执行期间应当履行的义务，由保证人签署《暂予监外执行保证书》。

**第十二条** 对符合办理暂予监外执行条件的罪犯，监区人民警察应当集体研究，提出提请暂予监外执行建议，经监区长办公会议审核同意后，报送监狱刑罚执行部门审查。

**第十三条** 监区提出提请暂予监外执行建议的，应当报送下列材料：

（一）《暂予监外执行审批表》；

（二）终审法院裁判文书、执行通知书、历次刑罚变更执行法律文书；

（三）《罪犯病情诊断书》、《罪犯妊娠检查书》及相关诊断、检查的医疗文书复印件，《罪犯生活不能自理鉴别书》及有关证明罪犯生活不能自理的治疗、护理和现场考察、询问笔录等材料；

（四）监区长办公会议记录；

（五）《保证人资格审查表》、《暂予监外执行保证书》及相关材料。

**第十四条** 监狱刑罚执行部门收到监区对罪犯提请暂予监外执行的材料

后，应当就下列事项进行审查：

（一）提交的材料是否齐全、完备、规范；

（二）罪犯是否符合法定暂予监外执行的条件；

（三）提请暂予监外执行的程序是否符合规定。

经审查，对材料不齐全或者不符合提请条件的，应当通知监区补充有关材料或者退回；对相关材料有疑义的，应当进行核查。对材料齐全、符合提请条件的，应当出具审查意见，由科室负责人在《暂予监外执行审批表》上签署意见，连同监区报送的材料一并提交监狱暂予监外执行评审委员会评审。

**第十五条**　监狱刑罚执行部门应当核实暂予监外执行罪犯拟居住地，对需要调查评估其对所居住社区影响或核实保证人具保条件的，填写《拟暂予监外执行罪犯调查评估委托函》，附带原刑事判决书、减刑裁定书复印件以及罪犯在服刑期间表现情况材料，委托居住地县级司法行政机关进行调查，并出具调查评估意见书。

**第十六条**　监狱暂予监外执行评审委员会应当召开会议，对刑罚执行部门审查提交的提请暂予监外执行意见进行评审，提出评审意见。

监狱可以邀请人民检察院派员列席监狱暂予监外执行评审委员会会议。

**第十七条**　监狱暂予监外执行评审委员会评审后同意对罪犯提请暂予监外执行的，应当在监狱内进行公示。公示内容应当包括罪犯的姓名、原判罪名及刑期、暂予监外执行依据等。

公示期限为三个工作日。公示期内，罪犯对公示内容提出异议的，监狱暂予监外执行评审委员会应当进行复核，并告知其复核结果。

对病情严重必须立即保外就医的，可以不公示，但应当在保外就医后三个工作日内在监狱公告。

**第十八条**　公示无异议或者经复核异议不成立的，监狱应当将提请暂予监外执行相关材料送人民检察院征求意见。

征求意见后，监狱刑罚执行部门应当将监狱暂予监外执行评审委员会暂予监外执行建议和评审意见连同人民检察院意见，一并报请监狱长办公会议审议。

监狱对人民检察院意见未予采纳的，应当予以回复，并说明理由。

**第十九条**　监狱长办公会议决定提请暂予监外执行的，由监狱长在《暂予监外执行审批表》上签署意见，加盖监狱公章，并将有关材料报送省、自治区、直辖市监狱管理局。

人民检察院对提请暂予监外执行提出的检察意见，监狱应当一并移送办理暂予监外执行的省、自治区、直辖市监狱管理局。

决定提请暂予监外执行的，监狱应当将提请暂予监外执行书面意见的副本和相关材料抄送人民检察院。

**第二十条** 监狱决定提请暂予监外执行的，应当向省、自治区、直辖市监狱管理局提交提请暂予监外执行书面意见及下列材料：

（一）《暂予监外执行审批表》；

（二）终审法院裁判文书、执行通知书、历次刑罚变更执行法律文书；

（三）《罪犯病情诊断书》、《罪犯妊娠检查书》及相关诊断、检查的医疗文书复印件，《罪犯生活不能自理鉴别书》及有关证明罪犯生活不能自理的治疗、护理和现场考察、询问笔录等材料；

（四）监区长办公会议、监狱评审委员会会议、监狱长办公会议记录；

（五）《保证人资格审查表》、《暂予监外执行保证书》及相关材料；

（六）公示情况；

（七）根据案件情况需要提交的其他材料。

已委托县级司法行政机关进行核实、调查的，应当将调查评估意见书一并报送。

## 第四章 暂予监外执行的审批程序

**第二十一条** 省、自治区、直辖市监狱管理局收到监狱报送的提请暂予监外执行的材料后，应当进行审查。

对病情诊断、妊娠检查或者生活不能自理情况的鉴别是否符合暂予监外执行条件，由生活卫生部门进行审查；对上报材料是否符合法定条件、法定程序及材料的完整性等，由刑罚执行部门进行审查。

审查中发现监狱报送的材料不齐全或者有疑义的，刑罚执行部门应当通知监狱补交有关材料或者作出说明，必要时可派员进行核实；对诊断、检查、鉴别有疑议的，生活卫生部门应当组织进行补充鉴定或者重新鉴定。

审查无误后，应当由刑罚执行部门出具审查意见，报请局长召集评审委员会进行审核。

**第二十二条** 监狱管理局局长认为案件重大或者有其他特殊情况的，可以召开局长办公会议审议决定。

监狱管理局对罪犯办理暂予监外执行作出决定的，由局长在《暂予监外执行审批表》上签署意见，加盖监狱管理局公章。

**第二十三条** 对于病情严重需要立即保外就医的，省、自治区、直辖市监狱管理局收到监狱报送的提请暂予监外执行材料后，应当由刑罚执行部门、生活卫生部门审查，报经分管副局长审核后报局长决定，并在罪犯保外就医后三日内召开暂予监外执行评审委员会予以确认。

**第二十四条** 监狱管理局应当自收到监狱提请暂予监外执行材料之日起十五个工作日内作出决定。

批准暂予监外执行的，应当在五个工作日内，将《暂予监外执行决定书》送达监狱，同时抄送同级人民检察院、原判人民法院和罪犯居住地县级司法行政机关社区矫正机构。

不予批准暂予监外执行的，应当在五个工作日内将《不予批准暂予监外执行决定书》送达监狱。

人民检察院认为暂予监外执行不当提出书面意见的，监狱管理局应当在接到书面意见后十五日内对决定进行重新核查，并将核查结果书面回复人民检察院。

**第二十五条** 监狱管理局批准暂予监外执行的，应当在十个工作日内，将暂予监外执行决定上网公开。

## 第五章 暂予监外执行的交付程序

**第二十六条** 省、自治区、直辖市监狱管理局批准暂予监外执行后，监狱应当核实罪犯居住地，书面通知罪犯居住地县级司法行政机关社区矫正机构并协商确定交付时间，对罪犯进行出监教育，书面告知罪犯在暂予监外执行期间应当遵守的法律和有关监督管理规定。

罪犯应当在《暂予监外执行告知书》上签名，如果因特殊原因无法签名的，可由其保证人代为签名。

监狱将《暂予监外执行告知书》连同《暂予监外执行决定书》交予罪犯本人或保证人。

**第二十七条** 监狱应当派员持《暂予监外执行决定书》及有关文书材料，将罪犯押送至居住地，与县级司法行政机关社区矫正机构办理交接手续。

罪犯因病情严重需要送入居住地的医院救治的，监狱可与居住地县级司法行政机关协商确定在居住地的医院交付并办理交接手续，暂予监外执行罪犯的保证人应当到场。

罪犯交付执行后，监狱应当在五个工作日内将罪犯交接情况通报人民检察院。

**第二十八条** 罪犯原服刑地与居住地不在同一省、自治区、直辖市，需要回居住地暂予监外执行的，监狱应当及时办理出监手续并将交接情况通报罪犯居住地的监狱管理局，原服刑地的监狱管理局应当自批准暂予监外执行三个工作日内将《罪犯档案转递函》、《暂予监外执行决定书》以及罪犯档案等材料送达罪犯居住地的监狱管理局。

罪犯居住地的监狱管理局应当在十个工作日内指定一所监狱接收罪犯档案，负责办理该罪犯的收监、刑满释放等手续，并书面通知罪犯居住地县级司法行政机关社区矫正机构。

## 第六章　暂予监外执行的收监和释放程序

**第二十九条**　对经县级司法行政机关审核同意的社区矫正机构提出的收监建议，批准暂予监外执行的监狱管理局应当进行审查。

决定收监执行的，将《暂予监外执行收监决定书》送达罪犯居住地县级司法行政机关和原服刑或接收其档案的监狱，并抄送同级人民检察院、公安机关和原判人民法院。

**第三十条**　监狱收到《暂予监外执行收监决定书》后，应当立即赴羁押地将罪犯收监执行，并将《暂予监外执行收监决定书》交予罪犯本人。

罪犯收监后，监狱应当将收监执行的情况报告批准收监执行的监狱管理局，并告知罪犯居住地县级人民检察院和原判人民法院。

被决定收监执行的罪犯在逃的，由罪犯居住地县级司法行政机关通知罪犯居住地县级公安机关负责追捕。

**第三十一条**　被收监执行的罪犯有法律规定的不计入执行刑期情形的，县级司法行政机关社区矫正机构应当在收监执行建议书中说明情况，并附有关证明材料。

监狱管理局应当对前款材料进行审核，对材料不齐全的，应当通知县级司法行政机关社区矫正机构在五个工作日内补送；对不符合法律规定的不计入执行刑期情形的或者逾期未补送材料的，应当将结果告知县级司法行政机关社区矫正机构；对材料齐全、符合法律规定的不计入执行刑期情形的，应当通知监狱向所在地中级人民法院提出不计入刑期的建议书。

**第三十二条**　暂予监外执行罪犯刑期即将届满的，监狱收到县级司法行政机关社区矫正机构书面通知后，应当按期办理刑满释放手续。

**第三十三条**　罪犯在暂予监外执行期间死亡的，县级司法行政机关社区矫正机构应当自发现其死亡之日起五日以内，书面通知批准暂予监外执行的监狱管理局，并将有关死亡证明材料送达该罪犯原服刑或者接收其档案的监狱，同时抄送罪犯居住地同级人民检察院。

## 第七章　附　则

**第三十四条**　监区人民警察集体研究会议、监区长办公会议、监狱暂予监外执行评审委员会会议、监狱长办公会议、监狱管理局暂予监外执行评审委员会会议、监狱管理局局长办公会议的记录和本规定第二十条规定的材料，应当存入档案并永久保存。会议记录应当载明不同意见，并由与会人员签名。

**第三十五条**　监狱办理职务犯罪罪犯暂予监外执行案件，应当按照有关规定报请备案审查。

**第三十六条**　司法部直属监狱办理暂予监外执行工作程序，参照本规定办理。

**第三十七条**　本规定自2016年10月1日起施行。

### （三）检察机关办案程序

1.**《人民检察院刑事执行检察部门办理暂予监外执行监督案件工作指引（试行）》**（自2021年5月25日起施行，高检五厅〔2021〕7号）

#### 第一章　总　则

**第一条**　为加强对暂予监外执行提请、批准和决定活动的法律监督，规范暂予监外执行监督案件的办理程序，促进实现刑罚执行公平公正，根据《中华人民共和国刑事诉讼法》《中华人民共和国监狱法》《中华人民共和国社区矫正法》《人民检察院刑事诉讼规则》《暂予监外执行规定》等法律和有关规定，结合检察工作实际，制定本指引。

**第二条**　暂予监外执行监督案件，包括对监狱、看守所提请暂予监外执行的监督案件，对省级以上监狱管理机关或者设区的市一级以上公安机关批准暂予监外执行的监督案件，以及对人民法院决定暂予监外执行的监督案件。

**第三条**　暂予监外执行监督案件，由人民检察院刑事执行检察部门统一办理。没有设立刑事执行检察部门的，由负责刑事执行检察工作的检察官或者检察官办案组办理。

**第四条**　暂予监外执行监督案件依照规定实行统一案件管理，案件的受理、审查、调查核实、案件处理、结案及备案审查等，应当依照有关规定在人民检察院检察业务应用系统中办理。

**第五条**　办理暂予监外执行监督案件，应当以事实为根据，以法律为准绳，秉持客观公正立场，坚持同步监督，规范办案程序，维护司法公正，维护罪犯合法权益，确保案件办理政治效果、法律效果和社会效果的有机统一。

#### 第二章　管　辖

**第六条**　监狱、看守所提请暂予监外执行的监督案件，由承担对该监狱、看守所监督职责的人民检察院办理。

**第七条** 对省级以上监狱管理机关或者设区的市一级以上公安机关批准暂予监外执行的监督案件，由该批准机关对应的同级人民检察院办理。

**第八条** 对人民法院决定暂予监外执行的监督案件，由该人民法院对应的同级人民检察院办理。

**第九条** 对管辖有争议、需要改变管辖的案件以及其他需要指定管辖的案件，由共同的上级人民检察院指定管辖。

## 第三章 受理和审查

**第十条** 监狱、看守所启动暂予监外执行程序，向人民检察院抄送相关材料，人民检察院应当受理案件。受理后应当审查以下材料：

（一）监狱、看守所提请暂予监外执行的书面意见；

（二）罪犯的判决情况以及历次刑罚变更执行情况，包括审查确定是否为职务犯罪、破坏金融管理秩序和金融诈骗犯罪、组织（领导、参加、包庇、纵容）黑社会性质组织犯罪罪犯，是否为累犯，是否为故意杀人、强奸、抢劫、绑架、放火、爆炸、投放危险物质或者有组织的暴力性犯罪的罪犯，原判刑期以及历次减刑及以往暂予监外执行等情况的材料；

（三）罪犯是否有社会危险性、自伤自残或者不配合治疗情形的证明材料；

（四）罪犯病情诊断、妊娠检查或者生活不能自理的鉴别材料，有关单位出具的罪犯正在哺乳自己婴儿的证明，以及化验单、影像学资料和病历等医疗文书复印件；

（五）对罪犯的病情诊断或者妊娠检查的医院及医师的资质证明材料；

（六）需要保外就医罪犯的保证人资格证明等材料；

（七）公示或者公告材料；

（八）罪犯的居住地证明材料；

（九）监狱、看守所根据工作实际情况委托社区矫正机构或有关社会组织调查后出具的社区矫正调查评估意见；

（十）其他有关材料。

经审查发现材料不齐备的，及时通知提请机关补充提供。

**第十一条** 监狱、看守所决定提请暂予监外执行后，受理提请暂予监外执行监督案件的人民检察院应当及时向批准机关的同级人民检察院报送第十条所列有关材料及提请暂予监外执行检察意见书。批准机关的同级人民检察院应当受理，并及时审查有关材料。

批准机关的同级人民检察院经审查发现材料不齐备的，应当及时通知报送材料的人民检察院补充提供材料。

**第十二条** 人民法院在作出暂予监外执行决定前征求人民检察院意见的，人民检察院应当受理。受理后应当审查以下材料：

（一）人民法院征求意见函；

（二）被告人、罪犯被采取强制措施的法律文书、起诉书、判决书、裁定书等材料；

（三）被告人、罪犯是否有社会危险性、自伤自残或者不配合治疗情形的证明材料；

（四）被告人、罪犯病情诊断、妊娠检查或者生活不能自理的鉴别材料，有关单位出具的罪犯正在哺乳自己婴儿的证明，以及化验单、影像学资料和病历等医疗文书复印件；

（五）对被告人、罪犯的病情诊断或者妊娠检查的医院及医师的资质证明；

（六）人民法院核实并确定罪犯的社区矫正执行地情况；

（七）人民法院根据工作实际情况委托社区矫正机构或有关社会组织调查后出具的社区矫正调查评估意见；

（八）需要保外就医罪犯的保证人资格证明等材料；

（九）其他有关材料。

人民检察院经审查发现材料不齐备的，应当及时通知人民法院补充提供有关材料。

**第十三条** 人民检察院在工作中发现人民法院、监狱、看守所对符合暂予监外执行条件的罪犯、被告人没有依法征求拟暂予监外执行意见或提请暂予监外执行的，需要依法向人民法院或者监狱、看守所提出检察建议或者纠正意见的，应当受理案件。

**第十四条** 受理暂予监外执行案件应当在人民检察院检察业务应用系统中创建案件。

## 第四章 调查核实

**第十五条** 办理暂予监外执行监督案件，重点调查核实以下内容：

（一）罪犯是否符合暂予监外执行条件；

（二）暂予监外执行办理程序是否符合法律和有关规定。

**第十六条** 办理暂予监外执行监督案件，可以通过书面审查、实地调查等方式开展调查核实，收集证据材料。

人民检察院可以向有关单位和人员调查核实情况，调阅复制案卷材料，重新组织对被告人、罪犯进行诊断、检查或者鉴别等。

**第十七条** 人民检察院重新组织对被告人、罪犯进行诊断、检查、鉴别的，应当及时与检察机关的检察技术、计划财务装备等部门沟通，相互配合，重点关注群众有反映的或者诊断、检查、鉴别材料有疑点的被告人、罪犯，提前收集研判被告人、罪犯病情及治疗等资料，随机选择有资质的医院或者鉴定机构，临时通知被告人、罪犯进行诊断、检查或者鉴别。

**第十八条** 对监狱、看守所提请暂予监外执行的检察监督，采取以下方式进行：

（一）根据需要可以派员监督监狱、看守所组织的对被告人、罪犯进行病情诊断、妊娠检查或者生活不能自理的鉴别活动；

（二）委托检察技术部门审查被告人、罪犯病情诊断、妊娠检查或者生活不能自理的鉴别材料，或者聘请相关临床专业的医学专家进行会诊或者提出专家意见；

（三）列席监狱、看守所审议拟提请罪犯暂予监外执行的会议，了解案件有关情况，根据需要发表检察意见；

（四）向有关单位或者人员了解拟被提请暂予监外执行被告人、罪犯的患病、治疗、检查、鉴别及平时表现等情况；

（五）调查核实其他证据材料。

**第十九条** 对省级以上监狱管理机关或者设区的市一级以上公安机关批准暂予监外执行的检察监督，应当调查核实以下内容：

（一）是否在法定期限内作出批准决定；

（二）是否在法定期限内将暂予监外执行决定书或不予批准暂予监外执行决定书送达监狱、看守所；

（三）是否按照法定期限将暂予监外执行决定书通知罪犯居住地社区矫正机构，抄送同级人民检察院和执行地公安机关；

（四）暂予监外执行决定书是否上网公开；

（五）调查核实其他资料。

**第二十条** 对人民法院决定暂予监外执行的检察监督，可以采取以下方式进行：

（一）根据需要派员监督人民法院组织的对被告人、罪犯进行病情诊断、妊娠检查或者生活不能自理的鉴别活动；

（二）委托检察技术部门审查被告人、罪犯病情诊断、妊娠检查或者生活不能自理的鉴别资料；

（三）核实人民法院是否在法律规定的期限内作出暂予监外执行或者不予暂予监外执行的决定，并送达、抄送有关个人或者单位；

（四）调查核实其他资料。

## 第五章　案件处理

**第二十一条**　对暂予监外执行提请材料调查核实完毕后，检察官或者检察官办案组应当制作审查报告，提出处理意见。

审查报告一般应当包括案件来源、案件涉及的基本情况、调查核实情况及经过、认定的事实和证据、处理意见、需要说明的问题等。

对重大、疑难、复杂案件，检察官、检察官办案组可以提请刑事执行检察部门负责人召开检察官联席会议讨论。必要时，可以报请检察长决定或者提请检察长提交检察委员会讨论决定。

**第二十二条**　办理暂予监外执行监督案件，人民检察院应当履行下列职责：

（一）审查监狱、看守所提请暂予监外执行书面意见副本及相关材料后，应当向批准机关提出《提请暂予监外执行检察意见书》；

（二）人民法院向人民检察院征求意见的，人民检察院应当及时回复人民法院对暂予监外执行的检察意见；

（三）出席人民法院组织的暂予监外执行听证会，并发表检察意见；

（四）审查暂予监外执行决定书或不予暂予监外执行决定书并提出检察意见；

（五）其他应当履行的职责。

**第二十三条**　办理暂予监外执行监督案件，发现有下列情形之一的，应当依法向被监督单位提出书面纠正意见：

（一）将不符合法定条件的罪犯提请、决定暂予监外执行的；

（二）提请、决定暂予监外执行的程序违反法律规定或者没有完备的合法手续，或者对于需要保外就医的罪犯没有经过省级人民政府指定医院诊断证明并出具证明文件的；

（三）监狱、看守所提出暂予监外执行书面意见，没有同时将书面意见副本抄送人民检察院的；

（四）罪犯被决定或者批准暂予监外执行后，未依法交付罪犯居住地社区矫正机构实行社区矫正的；

（五）人民法院在作出暂予监外执行决定前，没有依法征求人民检察院意见的；

（六）其他违反暂予监外执行有关程序规定的。

人民检察院发现人民法院、公安机关、监狱管理机关、看守所、监狱对符合暂予监外执行条件的罪犯没有依法提请、批准、决定暂予监外执行的，应当向被监督单位发出检察建议书。

**第二十四条** 人民检察院收到监狱、看守所抄送的暂予监外执行书面意见副本和相关材料后，应当逐案进行审查，发现罪犯不符合暂予监外执行法定条件或者提请暂予监外执行违反法定程序的，应当在十日以内报经检察长批准，向批准机关提出书面检察意见，同时抄送提请暂予监外执行的监狱或者看守所。

人民检察院认为暂予监外执行决定不当的，应当自收到决定、批准机关的法律文书之日起一个月以内，制作《纠正不当暂予监外执行通知书》，并送交决定或者批准暂予监外执行的机关。

下级人民检察院认为暂予监外执行不当的，应当立即层报决定或者批准暂予监外执行的机关的同级人民检察院，由其决定是否向决定或者批准暂予监外执行的机关提出纠正意见。

**第二十五条** 人民检察院送达监督文书后，应当与被监督单位及时加强沟通联系，督促其对暂予监外执行决定进行重新核查并及时反馈意见。

在监督文书送达一个月之后，被监督单位仍未纠正违法或者不当暂予监外执行或者不反馈意见的，应当及时向上一级人民检察院报告。

**第二十六条** 在办理暂予监外执行监督案件过程中发现司法工作人员相关职务犯罪线索的，应当移送人民检察院负责侦查的部门依法办理；发现司法工作人员其他职务犯罪线索或违法违纪线索的，应当依法、依规移送有管辖权的主管单位处理。

**第二十七条** 对暂予监外执行监督案件组织听证，应当按照最高人民检察院《人民检察院审查案件听证工作规定》开展。

## 第六章 结案及备案审查

**第二十八条** 办理暂予监外执行监督案件，符合以下条件之一的，应当填录案卡予以结案：

（一）提请暂予监外执行符合法律规定的；

（二）批准或决定暂予监外执行符合法律规定的；

（三）暂予监外执行不当并提出书面纠正意见的；

（四）其他应当结案的情形。

**第二十九条** 本指引涉及的法律文书、工作文书按照《人民检察院刑事诉讼法律文书格式样本（2020版）》《人民检察院工作文书格式样本（2020版）》要求制作。

**第三十条** 案件承办人应当从受理案件开始收集有关诉讼文书材料和其他证明材料，并在结案后及时整理归档，确保材料齐全、完整，符合归档要求。

暂予监外执行监督案件卷宗材料的内容、顺序和归档时限等依照《人民检察院诉讼档案管理办法》执行。

**第三十一条** 对原任厅局级以上职务犯罪罪犯和原任县处级职务犯罪罪犯暂予监外执行监督案件的备案审查，按照《最高人民检察院关于对职务犯罪罪犯减刑、假释、暂予监外执行案件实行备案审查的规定》执行。

## 第七章 附 则

**第三十二条** 本工作指引由最高人民检察院第五检察厅负责解释。

**第三十三条** 本工作指引自印发之日起施行。

2. **《人民检察院刑事诉讼规则》**（自2019年12月30日起施行，高检发释字〔2019〕4号）（节录）

**第六百二十九条** 人民检察院发现人民法院、监狱、看守所、公安机关暂予监外执行的活动具有下列情形之一的，应当依法提出纠正意见：

（一）将不符合法定条件的罪犯提请、决定暂予监外执行的；

（二）提请、决定暂予监外执行的程序违反法律规定或者没有完备的合法手续，或者对于需要保外就医的罪犯没有省级人民政府指定医院的诊断证明和开具的证明文件的；

（三）监狱、看守所提出暂予监外执行书面意见，没有同时将书面意见副本抄送人民检察院的；

（四）罪犯被决定或者批准暂予监外执行后，未依法交付罪犯居住地社区矫正机构实行社区矫正的；

（五）对符合暂予监外执行条件的罪犯没有依法提请暂予监外执行的；

（六）人民法院在作出暂予监外执行决定前，没有依法征求人民检察院意见的；

（七）发现罪犯不符合暂予监外执行条件，在暂予监外执行期间严重违反暂予监外执行监督管理规定，或者暂予监外执行的条件消失且刑期未满，应当收监执行而未及时收监执行的；

（八）人民法院决定将暂予监外执行的罪犯收监执行，并将有关法律文书送达公安机关、监狱、看守所后，监狱、看守所未及时收监执行的；

（九）对不符合暂予监外执行条件的罪犯通过贿赂、欺骗等非法手段被暂予监外执行以及在暂予监外执行期间脱逃的罪犯，监狱、看守所未建议人民法院将其监外执行期间、脱逃期间不计入执行刑期或者对罪犯执行刑期计算的建议违法、不当的；

（十）暂予监外执行的罪犯刑期届满，未及时办理释放手续的；

（十一）其他违法情形。

**第六百三十条** 人民检察院收到监狱、看守所抄送的暂予监外执行书面意见副本后，应当逐案进行审查，发现罪犯不符合暂予监外执行法定条件或者提请暂予监外执行违反法定程序的，应当在十日以内报经检察长批准，向决定或者批准机关提出书面检察意见，同时抄送执行机关。

**第六百三十一条** 人民检察院接到决定或者批准机关抄送的暂予监外执行决定书后，应当及时审查下列内容：

（一）是否属于被判处有期徒刑或者拘役的罪犯；

（二）是否属于有严重疾病需要保外就医的罪犯；

（三）是否属于怀孕或者正在哺乳自己婴儿的妇女；

（四）是否属于生活不能自理，适用暂予监外执行不致危害社会的罪犯；

（五）是否属于适用保外就医可能有社会危险性的罪犯，或者自伤自残的罪犯；

（六）决定或者批准机关是否符合刑事诉讼法第二百六十五条第五款的规定；

（七）办理暂予监外执行是否符合法定程序。

**第六百三十二条** 人民检察院经审查认为暂予监外执行不当的，应当自接到通知之日起一个月以内，向决定或者批准暂予监外执行的机关提出纠正意见。下级人民检察院认为暂予监外执行不当的，应当立即层报决定或者批准暂予监外执行的机关的同级人民检察院，由其决定是否向决定或者批准暂予监外执行的机关提出纠正意见。

**第六百三十三条** 人民检察院向决定或者批准暂予监外执行的机关提出不同意暂予监外执行的书面意见后，应当监督其对决定或者批准暂予监外执行的结果进行重新核查，并监督重新核查的结果是否符合法律规定。对核查不符合法律规定的，应当依法提出纠正意见，并向上一级人民检察院报告。

**第六百三十四条** 对于暂予监外执行的罪犯，人民检察院发现罪犯不符合暂予监外执行条件、严重违反有关暂予监外执行的监督管理规定或者暂予监外执行的情形消失而罪犯刑期未满的，应当通知执行机关收监执行，或者建议决定或者批准暂予监外执行的机关作出收监执行决定。

**第六百四十四条** 人民检察院发现对社区矫正对象的刑罚变更执行活动具

有下列情形之一的，应当依法提出纠正意见：

（一）社区矫正机构未依法向人民法院、公安机关、监狱管理机关提出撤销缓刑、撤销假释建议或者对暂予监外执行的收监执行建议，或者未依法向人民法院提出减刑建议的；

（二）人民法院、公安机关、监狱管理机关未依法作出裁定、决定，或者未依法送达的；

（三）公安机关未依法将罪犯送交看守所、监狱，或者看守所、监狱未依法收监执行的；

（四）公安机关未依法对在逃的罪犯实施追捕的；

（五）其他违法情形。

**第六百六十一条**　人民检察院发现看守所出所活动和监狱出监活动具有下列情形之一的，应当依法提出纠正意见：

（一）没有出所、出监文书、凭证，文书、凭证不齐全，或者出所、出监人员与文书、凭证不符的；

（二）应当释放而没有释放，不应当释放而释放，或者未依照规定送达释放通知书的；

（三）对提押、押解、转押出所的在押人员，特许离监、临时离监、调监或者暂予监外执行的罪犯，未依照规定派员押送并办理交接手续的；

（四）其他违法情形。

## 暂予监外执行案件办理流程图示①

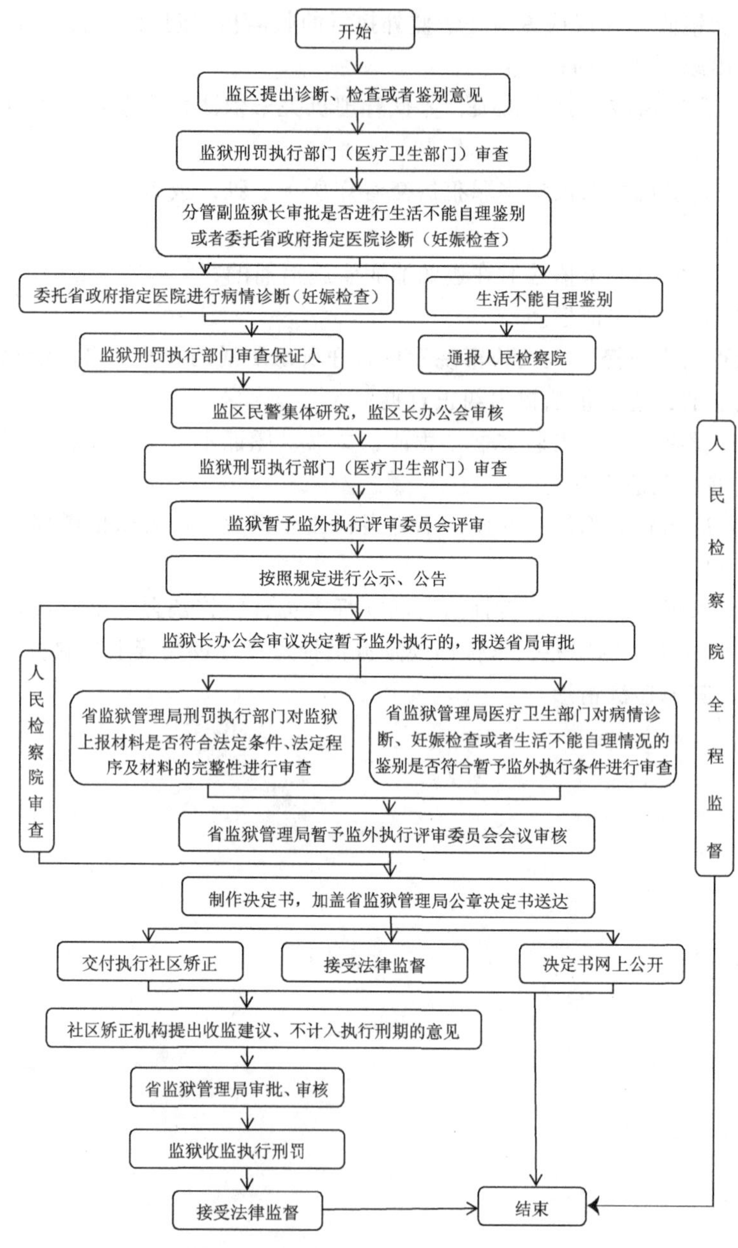


① 此为作者依据工作实践经验总结。

# 三、法律文书

## （一）执行机关相关法律文书

罪犯病情诊断书①

<table>
<tr><td>姓名</td><td></td><td>性别</td><td></td><td>民族</td><td></td><td>出生<br>年月日</td><td></td></tr>
<tr><td>罪名</td><td></td><td>主刑</td><td></td><td>原判刑期</td><td></td><td>附加刑</td><td></td></tr>
<tr><td colspan="2">刑期变动</td><td colspan="6"></td></tr>
<tr><td colspan="2">现刑期起止</td><td colspan="6"></td></tr>
<tr><td colspan="2">家庭住址</td><td colspan="6"></td></tr>
<tr><td>既往病史</td><td colspan="7"></td></tr>
<tr><td>病情情况</td><td colspan="7"></td></tr>
<tr><td>病情诊断</td><td colspan="7"></td></tr>
<tr><td rowspan="3">诊断医师</td><td>姓 名</td><td>职 称</td><td>职 务</td><td rowspan="3" colspan="4">审核签名<br><br>（医院公章）　　年　月　日</td></tr>
<tr><td></td><td></td><td></td></tr>
<tr><td></td><td></td><td></td></tr>
</table>

注：病情诊断必须由两名具有副高以上专业技术职称的医师签名，由主管业务院长审核签名，并加盖公章。

抄送：　　　　人民检察院

① 此表为辽宁省监狱管理局制发文书模板。

**罪犯暂予监外执行诊断检查委托书①**

<table>
<tr><td>受委托医院</td><td colspan="3"></td><td rowspan="3">罪犯照片</td></tr>
<tr><td>委托单位</td><td colspan="3"></td></tr>
<tr><td>联系人</td><td></td><td>联系电话</td><td></td></tr>
<tr><td>地址</td><td colspan="2"></td><td>邮编</td><td></td></tr>
<tr><td rowspan="2">罪犯<br>基本<br>信息</td><td>姓名</td><td>性别</td><td colspan="2">出生年月日</td></tr>
<tr><td></td><td></td><td colspan="2"></td></tr>
<tr><td>委托内容</td><td colspan="4"></td></tr>
<tr><td>委托部门<br>意见</td><td colspan="4">年　月　日</td></tr>
<tr><td>委托单位<br>意见</td><td colspan="4">（公章）<br>年　月　日</td></tr>
</table>

## 须　知

一、《罪犯病情诊断书》和《罪犯妊娠检查书》是省人民政府指定医院出具的具有法律效力的证明罪犯身体疾病伤残情况和妊娠情况的医学诊断检查材料，是批准罪犯暂予监外执行的重要医学依据。

二、受委托的省政府指定医院和诊断检查医生应当按照法律、法规和相关规定的方式、方法和步骤，依法独立、客观、公正进行诊断检查并出具结论意见，任何组织和个人不得非法干预。

三、为罪犯暂予监外执行出具虚假病情诊断或妊娠检查等证明材料，违法违规提供便利条件的，或搞权钱交易的，要依法依纪追究有关人员责任；构成犯罪的，依法追究其刑事责任。

① 此表为辽宁省监狱管理局制发文书模板。

## 罪犯妊娠检查书[①]

<table>
<tr><td>姓名</td><td></td><td>性别</td><td></td><td>民族</td><td></td><td>出生<br>年月日</td><td colspan="2"></td></tr>
<tr><td>罪名</td><td></td><td>主刑</td><td></td><td>原判<br>刑期</td><td colspan="2"></td><td>附加刑</td><td></td></tr>
<tr><td colspan="2">刑期变动</td><td colspan="7"></td></tr>
<tr><td colspan="2">现刑期起止</td><td colspan="7"></td></tr>
<tr><td colspan="2">家庭住址</td><td colspan="7"></td></tr>
<tr><td>既往病史</td><td colspan="8"></td></tr>
<tr><td>妊娠检查情况</td><td colspan="8"></td></tr>
<tr><td>妊娠检查意见</td><td colspan="8"></td></tr>
<tr><td rowspan="3">检查医师</td><td>姓 名</td><td colspan="2">职 称</td><td colspan="2">职 务</td><td colspan="3" rowspan="3">审核签名<br><br>（医院公章）　　年　月　日</td></tr>
<tr><td></td><td colspan="2"></td><td colspan="2"></td></tr>
<tr><td></td><td colspan="2"></td><td colspan="2"></td></tr>
</table>

注：妊娠检查必须由两名具有副高以上专业技术职称的医师签名，由主管业务院长审核签名，并加盖公章。

抄送：　　　　人民检察院

① 此表为辽宁省监狱管理局制发文书模板。

**罪犯生活不能自理鉴别书**①

<table>
<tr><td>姓名</td><td></td><td>性别</td><td></td><td>民族</td><td></td><td>出生<br>年月日</td><td></td></tr>
<tr><td>罪名</td><td></td><td>主刑</td><td></td><td>原判刑期</td><td></td><td>附加刑</td><td></td></tr>
<tr><td colspan="2">刑期变动</td><td colspan="6"></td></tr>
<tr><td colspan="2">现刑期起止</td><td colspan="6"></td></tr>
<tr><td colspan="2">家庭住址</td><td colspan="6"></td></tr>
<tr><td>既往<br>病史</td><td colspan="7"></td></tr>
<tr><td>生活<br>不能<br>自理的<br>主要<br>表现</td><td colspan="7"></td></tr>
<tr><td>现场<br>考察<br>情况</td><td colspan="7"></td></tr>
<tr><td>鉴别<br>意见</td><td colspan="7"></td></tr>
<tr><td rowspan="4">鉴<br>别<br>人<br>员</td><td>姓 名</td><td colspan="2">职 称</td><td colspan="2">职 务</td><td colspan="2" rowspan="4">审核签名<br><br>（监狱公章）　　年　月　日</td></tr>
<tr><td></td><td colspan="2"></td><td colspan="2"></td></tr>
<tr><td></td><td colspan="2"></td><td colspan="2"></td></tr>
<tr><td></td><td colspan="2"></td><td colspan="2"></td></tr>
</table>

注：生活不能自理鉴别应由监狱组织有医疗专业人员参加的鉴别小组进行，参与鉴别的人员应当签名，由监狱长审核签名，并加盖公章。

抄送：　　　　人民检察院

① 此表为辽宁省监狱管理局制发文书模板。

## 保证人资格审查表①

<table>
<tr><td rowspan="9">保证人基本情况</td><td>姓名</td><td></td><td>性别</td><td></td><td>年龄</td><td></td><td>身份证号</td><td></td></tr>
<tr><td colspan="2">职业</td><td></td><td>工作单位</td><td colspan="4"></td></tr>
<tr><td colspan="2">家庭住址</td><td colspan="3"></td><td>联系电话</td><td colspan="2"></td></tr>
<tr><td colspan="2">所在街道、社区、乡镇司法所或派出所</td><td colspan="3"></td><td>联系电话</td><td colspan="2"></td></tr>
<tr><td colspan="2">与被保证人关系</td><td colspan="2"></td><td colspan="2">收入情况</td><td colspan="2"></td></tr>
<tr><td colspan="2">是否具有完全民事行为能力</td><td colspan="6"></td></tr>
<tr><td colspan="2">是否愿意承担保证人义务</td><td colspan="6"></td></tr>
<tr><td colspan="2">人身自由是否受到限制</td><td colspan="6"></td></tr>
<tr><td colspan="2">是否能够与被保证人共同居住或居住在同一市、县</td><td colspan="6"></td></tr>
<tr><td>审查意见</td><td colspan="8">（监狱公章）<br>年 月 日</td></tr>
</table>

注：身份证复印件及所在街道、社区、乡镇村（居）民委员会或派出所出具的与被保证人关系证明以及保证书附后。

① 此表为辽宁省监狱管理局制发文书模板。

**暂予监外执行保证书**①

**（正本）**

________监狱：

我是__________，年龄__________，户籍地______________________________，居住地________________________________，工作单位______________________________ ______，我与罪犯________________是________________关系，罪犯____________ ______因________________，拟请监狱机关批准暂予监外执行。我愿作为罪犯______ ____________的保证人，承诺在其暂予监外执行期间履行以下义务：

一、协助社区矫正机构监督被保证人遵守法律和有关规定；

二、发现被保证人擅自离开居住的市、县或者变更居住地，或者有违法犯罪行为，或者需要保外就医情形消失，或者被保证人死亡的，立即向社区矫正机构报告；

三、为被保证人的治疗、护理、复查以及正常生活提供帮助；

四、督促和协助被保证人按照规定履行定期复查病情和向社区矫正机构报告的义务；

五、其他法律法规规定应该履行的义务。

如不能履行上述法律义务，愿承担相应法律责任。

保证人签名（捺印）：

电话号码 ：

身份证号码：

年　　月　　日

**第一联　留监狱**

① 此表为辽宁省监狱管理局制发文书模板。

**暂予监外执行保证书**

**（副本）**

我是________，年龄________，户籍地________________________，居住地________________，工作单位____________________，我与罪犯________________是______________关系，罪犯______________因__________________，拟请监狱机关批准暂予监外执行。我愿作为罪犯______________的保证人，承诺在其暂予监外执行期间履行以下义务：

一、协助社区矫正机构监督被保证人遵守法律和有关规定；

二、发现被保证人擅自离开居住的市、县或者变更居住地，或者有违法犯罪行为，或者需要保外就医情形消失，或者被保证人死亡的，立即向社区矫正机构报告；

三、为被保证人的治疗、护理、复查以及正常生活提供帮助；

四、督促和协助被保证人按照规定履行定期复查病情和向社区矫正机构报告的义务；

五、其他法律法规规定应该履行的义务。

如不能履行上述法律义务，愿承担相应法律责任。

保证人签名（捺印）：

电话号码：

身份证号码：

年　　月　　日

**第二联　送社区矫正机构**

**暂予监外执行保证书**

**（副本）**

我是＿＿＿＿＿，年龄＿＿＿＿＿，户籍地＿＿＿＿＿＿＿＿＿＿＿＿＿＿＿＿，居住地＿＿＿＿＿＿＿＿＿＿＿＿＿＿，工作单位＿＿＿＿＿＿＿＿＿＿＿＿＿＿＿＿，我与罪犯＿＿＿＿＿＿＿＿＿是＿＿＿＿＿＿＿＿＿＿关系，罪犯＿＿＿＿＿＿＿＿＿＿因＿＿＿＿＿＿＿＿＿，拟请监狱机关批准暂予监外执行。我愿作为罪犯＿＿＿＿＿＿＿＿＿＿＿＿＿的保证人，承诺在其暂予监外执行期间履行以下义务：

一、协助社区矫正机构监督被保证人遵守法律和有关规定；

二、发现被保证人擅自离开居住的市、县或者变更居住地，或者有违法犯罪行为，或者需要保外就医情形消失，或者被保证人死亡的，立即向社区矫正机构报告；

三、为被保证人的治疗、护理、复查以及正常生活提供帮助；

四、督促和协助被保证人按照规定履行定期复查病情和向社区矫正机构报告的义务；

五、其他法律法规规定应该履行的义务。

如不能履行上述法律义务，愿承担相应法律责任。

保证人签名（捺印）：

电话号码：

身份证号码：

年　　月　　日

**第三联　送＿＿＿＿＿＿检察院**

## 暂予监外执行保证书
（副本）

我是__________，年龄__________，户籍地______________________________，居住地____________________，工作单位_________________________，我与罪犯_______________________是_______________________关系，罪犯__________________因__________________，拟请监狱机关批准暂予监外执行。我愿作为罪犯___________________的保证人，承诺在其暂予监外执行期间履行以下义务：

一、协助社区矫正机构监督被保证人遵守法律和有关规定；

二、发现被保证人擅自离开居住的市、县或者变更居住地，或者有违法犯罪行为，或者需要保外就医情形消失，或者被保证人死亡的，立即向社区矫正机构报告；

三、为被保证人的治疗、护理、复查以及正常生活提供帮助；

四、督促和协助被保证人按照规定履行定期复查病情和向社区矫正机构报告的义务；

五、其他法律法规规定应该履行的义务。

如不能履行上述法律义务，愿承担相应法律责任。

保证人签名（捺印）：

电话号码：

身份证号码：

年　　月　　日

**第四联　交保证人**

**暂予监外执行保证书**

**（副本）**

我是__________，年龄__________，户籍地______________________________，居住地__________________________，工作单位__________________________，我与罪犯__________________是__________________关系，罪犯__________________因____________________，拟请监狱机关批准暂予监外执行。我愿作为罪犯__________________的保证人，承诺在其暂予监外执行期间履行以下义务：

一、协助社区矫正机构监督被保证人遵守法律和有关规定；

二、发现被保证人擅自离开居住的市、县或者变更居住地，或者有违法犯罪行为，或者需要保外就医情形消失，或者被保证人死亡的，立即向社区矫正机构报告；

三、为被保证人的治疗、护理、复查以及正常生活提供帮助；

四、督促和协助被保证人按照规定履行定期复查病情和向社区矫正机构报告的义务；

五、其他法律法规规定应该履行的义务。

如不能履行上述法律义务，愿承担相应法律责任。

保证人签名（捺印）：

电话号码：

身份证号码：

年　　月　　日

**第五联　交罪犯本人**

## 拟暂予监外执行罪犯调查评估委托函[①]

（　　）　　字第　　号

＿＿＿＿＿＿区（县、市）司法局：

现在＿＿＿＿＿＿＿＿＿监狱服刑的罪犯＿＿＿＿，原系你辖区居民或居住地在你辖区。该犯现因＿＿＿＿＿＿，符合罪犯暂予监外执行的相关规定，拟对其办理暂予监外执行。根据《暂予监外执行规定》第八条的有关规定，现委托你局核实该罪犯出监后居住地，并调查该罪犯对所居住社区的影响。请在收到此函后10日内将调查评估情况函复监狱。

拟暂予监外执行人员＿＿＿＿，户籍地：＿＿＿＿＿，居住地：＿＿＿＿＿＿＿＿＿＿＿。

保证人＿＿＿＿＿，关系＿＿＿＿＿，居住地＿＿＿＿＿＿＿＿＿＿＿＿，电话：＿＿＿＿＿＿。

函复地址：＿＿＿＿＿＿＿＿＿＿＿＿＿＿＿＿＿＿＿＿＿＿＿＿＿＿＿

邮　　编：＿＿＿＿＿＿＿＿＿＿＿＿＿＿＿＿＿＿＿＿＿＿＿＿＿＿＿

联 系 人：＿＿＿＿＿＿＿＿＿＿＿＿＿＿＿＿＿＿＿＿＿＿＿＿＿＿＿

联系电话：＿＿＿＿＿＿＿＿＿＿＿＿＿＿＿＿＿＿＿＿＿＿＿＿＿＿＿

（监狱公章）

年　月　日

---

① 此表为辽宁省监狱管理局制发文书模板。

**暂予监外执行审批表**①

| 姓名 | | 性别 | | 民族 | |
|---|---|---|---|---|---|
| 出生年月日 | | 户籍地 | | | |
| 捕前居住地 | | | | | |
| 罪名 | | 原判法院 | | | |
| 原判刑期 | | 附加刑 | | | |
| 刑期变动情况 | | | | | |
| 现刑期起止 | | | | | |
| 出监后居住地 | | | | | |
| 主要犯罪事实 | | | | | |
| 改造表现 | | | | | |

① 此表为辽宁省监狱管理局制发文书模板。

续表

<table>
<tr><td rowspan="2">病情诊断</td><td colspan="6"></td></tr>
<tr><td colspan="6">病情诊断或检查证明文件（妊娠检查/生活不能自理鉴别书）</td></tr>
<tr><td rowspan="2">保证人<br>情　况</td><td>姓名</td><td></td><td>居住地</td><td colspan="3"></td></tr>
<tr><td>工作<br>单位</td><td></td><td>与罪犯<br>关系</td><td></td><td>联系<br>电话</td><td></td></tr>
<tr><td>综合评估意见</td><td colspan="6"></td></tr>
<tr><td>监区<br>（直属分监区）<br>意见</td><td colspan="6">签名<br>年　　月　　日</td></tr>
<tr><td>监狱刑罚执行科<br>意见</td><td colspan="6">签名<br>年　　月　　日</td></tr>
<tr><td>监 狱<br>意 见</td><td colspan="6">签名　　　　（监狱公章）<br>年　　月　　日</td></tr>
<tr><td>监狱管理局意见</td><td colspan="6">签名　　　　（监狱管理局公章）<br>年　月　　日</td></tr>
<tr><td>备　　注</td><td colspan="6"></td></tr>
<tr><td></td><td colspan="6"></td></tr>
</table>

抄送：__________人民检察院

## 暂予监外执行决定书[1]

（　　）　　字第　　号

罪犯______，性别____，____年__月__日出生，__族，居住地__________________________，因______________罪经______人民法院于____年__月__日判处__________，附加__________。减刑后，刑期自____年__月__日起至____年__月__日止，现在__________监狱服刑，因________________________________，____________监狱提请对其暂予监外执行。经审核，根据《刑事诉讼法》第二百六十五条、《监狱法》第二十五条和《暂予监外执行规定》第五条之规定，本局认为罪犯____符合暂予监外执行条件，批准其于____年____月____日起暂予监外执行。

（监狱管理局公章）
年　月　日

发：__________监狱
抄送：同级人民检察院、原判人民法院、罪犯居住地社区矫正机构

---

① 此表为辽宁省监狱管理局制发文书模板。

## 不予批准暂予监外执行决定书①

（　　）　　字第　　号

罪犯______，性别____，____年__月__日出生，__族，居住地______________________________，因_______________罪经______人民法院于____年__月__日判处__________，附加__________。减刑后，刑期自____年__月__日起至____年__月__日止，现在__________监狱服刑，因______________________________________，____________监狱提请对其暂予监外执行。经审核，根据《刑事诉讼法》第二百六十五条、《监狱法》第二十五条和《暂予监外执行规定》第五条之规定，本局认为罪犯____不符合暂予监外执行条件，不予批准其暂予监外执行。

（监狱管理局公章）

年　月　日

发：__________监狱

① 此表为辽宁省监狱管理局制发文书模板。

## 罪犯档案转递函[①]

（　　）　　字第　　号

________省（区、市）监狱管理局：

罪犯______，性别____，____年__月__日出生。因犯________罪，被判处__________，现刑期自____年__月__日起至____年__月__日止，原在________监狱服刑。因______________________，自____年__月__日起由我局批准其在________________暂予监外执行。

根据《暂予监外执行规定》第二十条的规定，现将罪犯______的档案材料移交贵局，请指定一所监狱接收档案，负责办理该犯的收监、刑满释放等手续，并通知罪犯居住地社区矫正机构。

（监狱管理局公章）

年　月　日

① 此表为辽宁省监狱管理局制发文书模板。

## 暂予监外执行告知书①

罪犯____：

经____省（自治区、直辖市）监狱管理局批准，于____年__月__日起对你予以暂予监外执行。你在暂予监外执行期间应当遵守暂予监外执行和社区矫正管理的相关规定，服从管理，接受监督。如果你违反社区矫正管理的相关规定，将由社区矫正机构对你采取相应的惩戒措施；情节严重的，将依法对你收监执行。

监狱公章

年　月　日

以上事项已向我告知。

罪犯签名：（捺印）

① 此表为辽宁省监狱管理局制发文书模板。

## 暂予监外执行罪犯移交证明书[①]

罪犯______，性别____，____年__月__日出生，__族，居住地__________
____________。因__________罪经人民法院于____年__月__日判处________
__，附加________，刑期自____年__月__日起至____年__月__日止。由______
监狱管理局批准自____年____月__日起暂予监外执行。________（移交单位）
____已于 ____年__月__日将罪犯______和________移交________（接收单位）
______。

移交单位经办人签字：　　　　　　接收单位经办人签字：

移交单位：（公章）　　　　　　接收单位：（公章）

年　月　日　　　　　　　　　　年　月　日

注：本证明书一式三份，移交单位一份（随罪犯档案），接收单位一份，抄送人民检察院。

① 此表为辽宁省监狱管理局制发文书模板。

## 暂予监外执行收监决定书①

（　　）　　字第　　号

________监狱：

罪犯______，性别____，____年__月__日出生，__族，居住地__________________________。因__________罪被人民法院判处__________，附加________，刑期自____年__月__日起至____年__月__日止。由________监狱管理局批准自____年____月__日起暂予监外执行。该犯在暂予监外执行期间，因________________________________，应当收监执行，根据《刑事诉讼法》第二百六十八条、《监狱法》第二十八条、《暂予监外执行规定》第二十三、二十四条之规定，决定由你监狱将罪犯______予以收监执行。

此致

（监狱管理局公章）

年　月　日

送：罪犯居住地县级司法行政机关

抄送：同级人民检察院、公安机关、原判人民法院

① 此表为辽宁省监狱管理局制发文书模板。

## 暂予监外执行期间不计入执行刑期
## 建议书①

（　　）　　字第　　号

________中级人民法院：

罪犯______，性别____，____年__月__日出生，__族，居住地__________________________。因__________罪被人民法院判处__________，附加________，刑期自____年__月__日起至____年__月__日止。由________监狱管理局批准自____年__月__日起暂予监外执行。该犯暂予监外执行前在________监狱服刑。

罪犯____在暂予监外执行期间________________（表述被收监执行的罪犯有法律规定的不计入执行刑期具体情形），根据《刑事诉讼法》第二百六十八条、《暂予监外执行规定》第二十六条的规定，建议罪犯____自____年__月__日至____年__月__日不计入刑期，共____年__月__日。

请重新计算刑期起止日期，并作出裁定。

（监狱公章）

年　月　日

---

① 此表为辽宁省监狱管理局制发文书模板。

## (二)检察机关相关法律文书

**××人民检察院**

**提请暂予监外执行检察意见书**

××检暂意〔20××〕××号

(决定单位名称):

本院(提请暂予监外执行日期)收到(提请(办理)机关)抄送的对罪犯(姓名)提请暂予监外执行的书面意见副本后,根据《中华人民共和国刑事诉讼法》第二百六十六条的规定,对该提请意见进行了审查。

经审查,本院认为罪犯(姓名)符合暂予监外执行条件(不符合暂予监外执行条件/提请暂予监外执行的程序违法,理由是:……上述事实有以下证据予以佐证:……)。依据《中华人民共和国刑事诉讼法》第二百七十六条的规定,建议你局(厅、处)(不予)批准对罪犯(姓名)暂予监外执行。

20××年××月××日

(院印)

**××××人民检察院**

**纠正不当暂予监外执行决定意见书**

××检纠暂〔20××〕××号

一、发往单位。

二、罪犯基本情况。包括罪犯姓名、性别、出生日期、罪犯所在监管场所。

三、原判决、裁定情况和执行刑期情况。包括原判决、裁定认定的罪名、刑期，已执行刑期，剩余刑期。

四、决定或者批准暂予监外执行情况。包括决定或者批准暂予监外执行的理由和暂予监外执行的期限等。

五、认定暂予监外执行决定不当的理由和法律依据。可表述为：经审查，本院认为……

六、纠正意见。可表述为：依据《中华人民共和国刑事诉讼法》第二百六十七条的规定，特向你院（局、处）提出纠正意见，请依法对该决定进行重新核查，予以纠正，并将重新核查以及是否纠正情况反馈本院。

20××年××月××日

（院印）

# 四、典型案例

## 案例 1　林志斌徇私舞弊暂予监外执行案[①]

**【要旨】**

司法工作人员收受贿赂，对不符合减刑、假释、暂予监外执行条件的罪犯，予以减刑、假释或者暂予监外执行的，应根据案件的具体情况，依法追究刑事责任。

**【基本案情】**

被告人林志斌，男，1964 年 8 月 21 日出生，汉族，原系吉林省吉林监狱第三监区监区长，大学文化。2008 年 11 月 1 日，因涉嫌徇私舞弊暂予监外执行罪被刑事拘留，2008 年 11 月 14 日被逮捕。

2003 年 12 月，高俊宏因犯合同诈骗罪，被北京市东城区人民法院判处有期徒刑十二年，2004 年 1 月入吉林省吉林监狱服刑。服刑期间，高俊宏认识了服刑犯人赵金喜，并请赵金喜为其办理保外就医。赵金喜找到时任吉林监狱第五监区副监区长的被告人林志斌，称高俊宏愿意出钱办理保外就医，让林志斌帮忙把手续办下来。林志斌答应帮助沟通此事。之后赵金喜找到服刑犯人杜迎涛，由杜迎涛配制了能表现出患病症状的药物。在赵金喜的安排下，高俊宏于同年 3 月 24 日服药后“发病”住院。林志斌明知高俊宏伪造病情，仍找到吉林监狱刑罚执行科的王连发（另案处理），让其为高俊宏办理保外就医，并主持召开了对高俊宏提请保外就医的监区干部讨论会。会上，林志斌隐瞒了高俊宏伪造病情的情况，致使讨论会通过了高俊宏的保外就医申请，然后其将高俊宏的保外就医相关材料报到刑罚执行科。期间高俊宏授意其弟高俊卫与赵金喜向林志斌行贿人民币 5 万元（林志斌将其中 3 万元交王连发）。2004 年 4 月 28 日，经吉林监狱呈报，吉林省监狱管理局以高俊宏双肺肺炎、感染性休克、呼吸衰竭，批准高俊宏暂予监外执行一年。同年 4 月 30 日，高俊宏被保外就医。2006 年 5 月 18 日，高俊宏被收监。

**【诉讼过程】**

2008 年 10 月 28 日，吉林省长春市宽城区人民检察院对林志斌涉嫌徇私

① 此案例选自 2010 年 12 月 31 日最高人民检察院第一批指导性案例，检例第 3 号。

舞弊暂予监外执行一案立案侦查。2009 年 8 月 4 日，长春市宽城区人民检察院以林志斌涉嫌徇私舞弊暂予监外执行罪向长春市宽城区人民法院提起公诉。2009 年 10 月 20 日，长春市宽城区人民法院作出（2009）宽刑初字第 223 号刑事判决，以被告人林志斌犯徇私舞弊暂予监外执行罪，判处有期徒刑三年。

## 案例 2　罪犯车成义依法收监案①

### ——职务犯罪罪犯暂予监外执行情形已经消失，不再符合暂予监外执行条件，及时依法收监执行刑罚

**【基本案情】**

罪犯车成义，男，原中国农业银行齐齐哈尔分行风险管理部经理，因犯贪污罪于 2012 年 3 月被判处有期徒刑五年。2013 年 5 月 9 日，经黑龙江省齐齐哈尔市第一医院司法鉴定中心鉴定，车成义患“高血压Ⅲ期”疾病，齐齐哈尔市龙沙区人民法院决定对其暂予监外执行一年，执行期限自 2013 年 5 月 10 日起至 2014 年 5 月 9 日止。

2014 年 3 月 14 日，齐齐哈尔市第一医院司法鉴定所鉴定，车成义患“多发脑梗死、脑萎缩、高血压Ⅲ期”疾病，符合《罪犯保外就医疾病伤残范围》第三条即“高血压Ⅲ期”之规定。后龙沙区法院依据有关从严把握“三类罪犯”暂予监外执行标准的规定，对车成义的病情进行了重新鉴定。2014 年 6 月 3 日，经黑龙江省医院司法鉴定中心鉴定，车成义所患疾病为“高血压Ⅱ期”，不符合《罪犯保外就医的疾病伤残范围》的规定。

**【裁判结果】**

龙沙区法院依法作出收监执行的决定，并及时将罪犯车成义收监继续执行剩余刑期。

---

① 此案例选自 2015 年 2 月 13 日最高人民法院发布的减刑、假释、暂予监外执行典型案例。

## 案例3　罪犯黄谨依法收监案①
### ——对暂予监外执行情形消失的罪犯，依法收监执行

**【基本案情】**

罪犯黄谨，男，原上海海博名威国际物流有限公司总经理，原审认定其利用职务便利，非法占有公共财物共计人民币113万余元。2013年3月29日上海市徐汇区人民法院以贪污罪判处黄谨有期徒刑八年，并处没收个人财产人民币60000元。判决生效交付执行时，上海市监狱总医院鉴定黄谨患有严重疾病，不宜收监执行刑罚。上海市徐汇区看守所建议对其暂予监外执行。徐汇区人民法院审查后对黄谨作出暂予监外执行决定，执行期间自2013年4月9日起至2014年4月8日止。2014年4月，执行机关上海市闵行区司法局提出收监执行建议，检察机关闵行区人民检察院对黄谨进行鉴定并出具了意见。

徐汇区人民法院经审理查明，罪犯黄谨患肥厚型心肌病，经治疗，现病情较为稳定，心功能未达Ⅲ级且未见器质性心脏病导致的心律失常等临床体征变化，不符合《罪犯保外就医疾病伤残范围》的相关要求。

**【裁判结果】**

徐汇区人民法院认为，罪犯黄谨暂予监外执行情形已消失，但刑期未满。遂依法作出收监执行决定，及时将黄谨收监执行剩余刑期。

## 案例4　罪犯王某某暂予监外执行监督案②

**【关键词】**

暂予监外执行监督　徇私舞弊　不计入执行刑期　贿赂　技术性证据的审查

**【要旨】**

人民检察院对违法暂予监外执行进行法律监督时，应当注意发现和查办背后的相关司法工作人员职务犯罪。对司法鉴定意见、病情诊断意见的审查，应

---

① 此案例选自2015年7月29日最高人民法院发布的严格规范减刑、假释、暂予监外执行典型案例。

② 此案例选自2020年2月28日最高人民检察院第十九批指导性案例，检例第72号。

当注重对其及所依据的原始资料进行重点审查。发现不符合暂予监外执行条件的罪犯通过非法手段暂予监外执行的，应当依法监督纠正。办理暂予监外执行案件时，应当加强对鉴定意见等技术性证据的联合审查。

**【基本案情】**

罪犯王某某，男，1966 年 4 月 3 日出生，个体工商户。2010 年 9 月 16 日，因犯保险诈骗罪被辽宁省营口市站前区人民法院判处有期徒刑五年，并处罚金人民币十万元。

罪犯王某某审前未被羁押但被判处实刑，交付执行过程中，罪犯王某某及其家属以其身体有病为由申请暂予监外执行，法院随后启动保外就医鉴定工作。2011 年 5 月 17 日，营口市站前区人民法院依据营口市中医院司法鉴定所出具的罪犯疾病伤残司法鉴定书，因罪犯王某某患“2 型糖尿病”“脑梗塞”，符合《罪犯保外就医疾病伤残范围》（司发〔1990〕247 号）第十条规定，决定对其暂予监外执行一年。一年期满后，经社区矫正机构提示和检察机关督促，法院再次启动暂予监外执行鉴定工作，委托营口市中医院司法鉴定所进行鉴定。期间，营口市中医院司法鉴定所被上级主管部门依法停业整顿，未能及时出具鉴定意见书。2014 年 7 月 29 日，营口市站前区人民法院依据营口市中医院司法鉴定所出具的罪犯疾病伤残司法鉴定书，以罪犯王某某患有“高血压病 3 期，极高危”“糖尿病合并多发性脑梗塞”，符合《罪犯保外就医疾病伤残范围》（司发〔1990〕247 号）第三条、第十条规定，决定对其暂予监外执行一年。

2015 年 1 月 16 日，营口市站前区人民法院因罪犯王某某犯保险诈骗犯罪属于“三类罪犯”、所患疾病为“高血压”，依据 2014 年 12 月 1 日起施行的《暂予监外执行规定》，要求该罪犯提供经诊断短期内有生命危险的证明。罪犯王某某因无法提供上述证明被营口市站前区人民法院决定收监执行剩余刑期有期徒刑三年，已经暂予监外执行的两年计入执行刑期。2015 年 9 月 8 日，罪犯王某某被交付执行刑罚。

**【检察机关监督情况】**

线索发现　2016 年 3 月，辽宁省营口市人民检察院在对全市两级法院决定暂予监外执行案件进行检察中发现，营口市站前区人民法院对罪犯王某某决定暂予监外执行所依据的病历资料、司法鉴定书等证据材料有诸多疑点，于是调取了该罪犯的法院暂予监外执行卷宗、社区矫正档案、司法鉴定档案等。经审查发现：罪犯王某某在进行司法鉴定时，负责对其进行查体的医生与本案鉴定人不是同一人，卷宗材料无法证实鉴定人是否见过王某某本人；罪犯王某某 2011 年 5 月 17 日、2014 年 7 月 29 日两次得到暂予监外执行均因其患有“脑梗塞”，但两次司法鉴定中均未做过头部 CT 检查。

立案侦查　营口市人民检察院经审查认为，罪犯王某某暂予监外执行过程中有可能存在违纪或违法问题，依法决定对该案进行调查核实。检察人员调取了罪犯王某某在营口市中心医院的住院病历等书证与鉴定档案等进行比对，协调监狱对罪犯王某某重新进行头部 CT 检查，对时任营口市中医院司法鉴定所负责人赵某、营口市中级人民法院技术科科长张某及其他相关人员进行询问。经过调查核实，检察机关基本查明了罪犯王某某违法暂予监外执行的事实，认为相关工作人员涉嫌职务犯罪。2016 年 4 月 10 日，营口市人民检察院以营口市中级人民法院技术科科长张某、营口市中医院司法鉴定所负责人赵某涉嫌徇私舞弊暂予监外执行犯罪，依法对其立案侦查。经侦查查明：2010 年 12 月至 2013 年 5 月，张某在任营口市中级人民法院技术科科长期间，受罪犯王某某亲友等人请托，在明知罪犯王某某不符合保外就医条件的情况下，利用其负责鉴定业务对外进行委托的职务便利，两次指使营口市中医院司法鉴定所负责人赵某为罪犯王某某作出虚假的符合保外就医条件的罪犯疾病伤残司法鉴定意见。赵某在明知罪犯王某某不符合保外就医条件的情况下，违规签发了罪犯王某某因患“糖尿病合并脑梗塞”、符合保外就医条件的司法鉴定书，导致罪犯王某某先后两次被法院决定暂予监外执行。期间，张某收受罪犯王某某亲友给付好处费人民币五万元，赵某收受张某给付的好处费人民币七千元。同时，检察机关注意到罪犯王某某的亲友为帮助王某某违法暂予监外执行，向营口市中级人民法院技术科科长张某等人行贿，但综合考虑相关情节和因素后，检察机关当时决定不立案追究其刑事责任。

监督结果　案件侦查终结后，检察机关以张某构成受贿罪、徇私舞弊暂予监外执行罪，赵某构成徇私舞弊暂予监外执行罪，依法向人民法院提起公诉。2017 年 5 月 27 日，人民法院以张某犯受贿罪、徇私舞弊暂予监外执行罪，赵某犯徇私舞弊暂予监外执行罪，对二人定罪处罚。

判决生效后，检察机关依法向营口市站前区人民法院发出《纠正不当暂予监外执行决定意见书》，提出罪犯王某某在不符合保外就医条件的情况下，通过他人贿赂张某、赵某等人谋取了虚假的疾病伤残司法鉴定意见；营口市站前区人民法院依据虚假鉴定意见作出的暂予监外执行决定显属不当，建议法院依法纠正 2011 年 5 月 17 日和 2014 年 7 月 29 日对罪犯王某某作出的两次不当暂予监外执行决定。

营口市站前区人民法院采纳了检察机关的监督意见，作出《收监执行决定书》，认定“罪犯王某某贿赂司法鉴定人员，被二次鉴定为符合暂予监外执行条件，人民法院以此为依据决定对其暂予监外执行合计二年，上述二年暂予监外执行期限不计入已执行刑期”。后罪犯王某某被收监再执行有期徒刑二年。

**【指导意义】**

1. 人民检察院对暂予监外执行进行法律监督时，应注重发现和查办违法暂予监外执行背后的相关司法工作人员职务犯罪案件。实践中，违法暂予监外执行案件背后往往隐藏着司法腐败。因此，检察机关在监督纠正违法暂予监外执行的同时，应当注意发现和查办违法监外执行背后存在的相关司法工作人员职务犯罪案件，把刑罚变更执行法律监督与职务犯罪侦查工作相结合，以监督促侦查，以侦查促监督，不断提升法律监督质效。在违法暂予监外执行案件中，一些罪犯亲友往往通过贿赂相关司法工作人员等手段，帮助罪犯违法暂予监外执行，这是违法暂予监外执行中较为常见的一种现象，对于情节严重的，应当依法追究其刑事责任。

2. 对司法鉴定意见、病情诊断意见的审查，应当注重对其及所依据的原始资料进行重点审查。检察人员办理暂予监外执行监督案件时，应当在审查鉴定意见、病情诊断的基础上，对鉴定意见、病情诊断所依据的原始资料进行重点审查，包括罪犯以往就医病历资料、病情诊断所依据的体检记录、住院病案、影像学报告、检查报告单等，判明原始资料以及鉴定意见和病情诊断的真伪、资料的证明力、鉴定人员的资质、产生资料的程序等问题，以及是否能够据此得出鉴定意见、病情诊断所阐述的结论性意见，相关鉴定部门及鉴定人的鉴定行为是否合法有效等。经审查发现疑点的应进行调查核实，可以邀请有专门知识的人参加。同时，也可以视情况要求有关部门重新组织或者自行组织诊断、检查或者鉴别。

3. 办理暂予监外执行案件时，应当加强对鉴定意见等技术性证据的联合审查。司法实践中，负责直接办理暂予监外执行监督案件的刑事执行检察察人员一般缺乏专业性的医学知识，为确保检察意见的准确性，刑事执行检察人员在办理暂予监外执行监督案件时，应当委托检察技术人员对鉴定意见等技术性证据进行审查，检察技术人员应当协助刑事执行检察人员审查或者组织审查案件中涉及的鉴定意见等技术性证据。刑事执行检察人员可以将技术性证据审查意见作为审查判断证据的参考，也可以作为决定重新鉴定、补充鉴定或提出检察建议的依据。

**【相关规定】**

《中华人民共和国刑法》第四百零一条　司法工作人员徇私舞弊，对不符合减刑、假释、暂予监外执行条件的罪犯，予以减刑、假释或者暂予监外执行的，处三年以下有期徒刑或者拘役；情节严重的，处三年以上七年以下有期徒刑。

《中华人民共和国刑事诉讼法》第二百六十七条　决定或者批准暂予监外执行的机关应当将暂予监外执行决定抄送人民检察院。人民检察院认为暂予监外执行不当的，应当自接到通知之日起一个月以内将书面意见送交决定或者批准暂予监外执行的机关，决定或者批准暂予监外执行的机关接到人民检察院的书面意见后，应当立即对该决定进行重新核查。

第二百六十八条　对暂予监外执行的罪犯，有下列情形之一的，应当及时收监：（一）发现不符合暂予监外执行条件的；（二）严重违反有关暂予监外执行监督管理规定的；（三）暂予监外执行的情形消失后，罪犯刑期未满的。对于人民法院决定暂予监外执行的罪犯应当予以收监的，由人民法院作出决定，将有关的法律文书送达公安机关、监狱或者其他执行机关。不符合暂予监外执行条件的罪犯通过贿赂等非法手段被暂予监外执行的，在监外执行的期间不计入执行刑期。罪犯在暂予监外执行期间脱逃的，脱逃的期间不计入执行刑期。罪犯在暂予监外执行期间死亡的，执行机关应当及时通知监狱或者看守所。

最高人民法院、最高人民检察院、公安部、司法部、国家卫生计生委《暂予监外执行规定》第二十九条　人民检察院发现暂予监外执行的决定或者批准机关、监狱、看守所、社区矫正机构有违法情形的，应当依法提出纠正意见。

第三十条　人民检察院认为暂予监外执行不当的，应当自接到决定书之日起一个月以内将书面意见送交决定或者批准暂予监外执行的机关，决定或者批准暂予监外执行的机关接到人民检察院的书面意见后，应当立即对该决定进行重新核查。

第三十一条　人民检察院可以向有关机关、单位调阅有关材料、档案，可以调查、核实有关情况，有关机关、单位和人员应当予以配合。人民检察院认为必要时，可以自行组织或者要求人民法院、监狱、看守所对罪犯重新组织进行诊断、检查或者鉴别。

第三十二条　在暂予监外执行执法工作中，司法工作人员或者从事诊断、检查、鉴别等工作的相关人员有玩忽职守、徇私舞弊、滥用职权等违法违纪行为的，依法给予相应的处分；构成犯罪的，依法追究刑事责任。

## 案例5　社区矫正对象崔某某暂予监外执行收监执行监督案①

【关键词】

社区矫正监督　重点审查对象　变更执行地　保外就医情形消失　暂予监外执行收监执行

【要旨】

人民检察院开展社区矫正法律监督工作，应当加强对因患严重疾病被暂予监外执行以及变更执行地等社区矫正对象的监督管理活动的监督。人民检察院在监督工作中应当准确把握暂予监外执行适用条件，必要时聘请有专门知识的人辅助审查。发现社区矫正对象暂予监外执行情形消失且刑期未满的，应当依法提出收监执行的检察建议，维护刑罚执行公平公正。

【基本案情】

社区矫正对象崔某某，男，1958年8月出生，原山东某国有企业总经理。2015年6月2日因犯受贿罪被山东省淄博市博山区人民法院判处有期徒刑十年，刑期至2025年1月20日止。2015年7月4日，崔某某被交付山东省淄博监狱服刑。2016年5月6日，崔某某因在监狱中诊断患有胃癌被暂予监外执行，在山东省淄博市博山区某镇司法所接受社区矫正。因其儿子在上海工作并定居，崔某某被暂予监外执行后在上海接受手术及化疗。后为便于病情复查及照料看护，崔某某提出申请变更社区矫正执行地至上海市金山区。2017年3月6日，崔某某变更至上海市金山区某镇司法所接受社区矫正。崔某某在上海市金山区接受社区矫正期间能遵守社区矫正相关规定，按时向社区矫正机构报告病情复查情况，矫正表现良好。

2020年，金山区人民检察院结合病情诊断、专家意见和法医审查报告认为，崔某某化疗结束后三年期间未发现癌症复发或转移现象，暂予监外执行情形消失且刑期未满，依法监督社区矫正机构提请监狱管理机关将崔某某收监执行。

【检察机关履职过程】

线索发现2020年7月，金山区人民检察院邀请区人大代表、政协委员、医师等，以辖区内被暂予监外执行的职务犯罪社区矫正对象监督管理工作为重点，开展专项监督。检察人员发现，崔某某自2017年6月化疗结束至2020年

① 此案例选自2022年1月30日最高人民检察院第三十三批指导性案例，检例第132号。

7月，由上海市静安区中心医院出具的历次复诊小结中，均未见明显的胃癌症状描述，其是否仍符合暂予监外执行情形需要进一步调查。

调查核实　为全面掌握崔某某身体健康状况和接受社区矫正情况，金山区人民检察院查阅了崔某某刑罚变更执行和接受日常监管矫正文书档案，以及原始病历资料和每三个月的病情复查材料等，询问了社区矫正工作人员及崔某某。同时为更精准判断崔某某暂予监外执行监督工作中所涉及的医学问题，金山区人民检察院邀请主任医师杨某某作为有专门知识的人全程参与，提出咨询意见。经调查核实，崔某某在社区矫正期间能够遵守各项规定，一直接受治疗，病情较为稳定。杨某某根据调查核实情况，出具“初步认为其胃癌术后恢复情况良好，无癌症复发指征”的专家意见。

监督意见　2020年9月23日，金山区人民检察院向金山区司法局提出检察建议，建议其组织对崔某某进行病情复查和鉴定。如鉴定结果为不再符合暂予监外执行情形，应当及时提请收监执行。金山区司法局采纳了检察建议，组织病情复查。复旦大学附属金山医院作出“目前癌症未发现明显复发或转移”的诊断结论。2020年10月15日，金山区司法局就崔某某收监执行征求金山区人民检察院意见。金山区人民检察院结合病情诊断、专家意见和法医审查报告认为，崔某某化疗结束后三年期间未发现癌症复发或转移现象，可以认定其暂予监外执行情形消失且刑期未满，符合收监执行情形，遂向金山区司法局制发《检察意见书》，同意对崔某某收监执行。

监督结果 2020年10月20日，金山区司法局向山东省监狱管理局发出《收监执行建议书》。2020年10月30日，山东省监狱管理局制发《暂予监外执行收监决定书》，决定将崔某某依法收监执行。2020年11月2日，崔某某被收监执行。

**【指导意义】**

（一）人民检察院开展社区矫正监督工作，对于保外就医的社区矫正对象是否符合暂予监外执行条件应当加强审查。对于交付社区矫正、变更执行地的保外就医社区矫正对象，检察机关应及时审查是否符合暂予监外执行条件。对于保外就医的职务犯罪、破坏金融管理秩序和金融诈骗犯罪、黑社会性质组织犯罪等社区矫正对象，特别是在监内服刑时间较短、剩余刑期较长的人员，应当予以重点审查。社区矫正期间，人民检察院应监督社区矫正机构及时掌握暂予监外执行社区矫正对象身体状况及疾病治疗等情况，每三个月审查保外就医社区矫正对象病情复查情况。必要时，人民检察院可以自行组织或者要求社区矫正机构对社区矫正对象重新组织诊断、检查或者鉴别。为保证相关结果客观公正，诊断、检查的医疗机构应当与暂予监外执行社区矫正对象日常就诊的医疗机构不同且不存在利益相关。对于暂予监外执行情形消失的，人民检察院应当及时提出收监执行的检察建议，防止“一保到底”，切实维护刑罚执行公平公正。

（二）人民检察院开展社区矫正监督工作，可充分结合专家意见，综合判断社区矫正对象是否符合继续保外就医条件。人民检察院在对保外就医社区矫正对象的监督管理活动开展法律监督时，要重点关注社区矫正对象的身体健康状况，依法判断是否仍属于《保外就医严重疾病范围》规定的严重疾病情形。人民检察院在甄别病情是否发生重大变化、保外就医情形是否消失时，可以邀请有专门知识的人参与，辅助对病情复查诊断书及相关化验单、影像学资料、病历、鉴定意见等材料进行审查，并充分考虑专家意见后进行综合判断。

（三）人民检察院应加强对变更社区矫正执行地的监督，切实防止通过变更执行地逃避刑罚执行问题的发生。为促进社区矫正对象顺利融入社会，因工作变动、居所变化、生活需要等正当理由，社区矫正对象可以申请变更社区矫正执行地。人民检察院应当加强对变更社区矫正执行地等情形的法律监督，重点审查变更理由是否合理、相关证明材料是否充分、变更审批手续、交付接收程序等是否合法规范，同时应当监督变更执行地后的社区矫正机构加强对社区矫正对象的监督管理。

**【相关规定】**

《中华人民共和国刑事诉讼法》第二百六十八条

《中华人民共和国社区矫正法》第二十七条、第四十九条

《中华人民共和国社区矫正法实施办法》第二十四条、第三十条、第三十一条、第四十九条（2020 年 7 月 1 日起施行）

《社区矫正实施办法》第十四条、第二十六条（2012 年 3 月 1 日起施行，2020 年 7 月 1 日废止）

《暂予监外执行规定》第二十一条、第二十三条、第三十一条

《人民检察院刑事诉讼规则》第六百四十四条

## 案例 6　辽宁省鞍山市铁西区对暂予监外执行社区矫正对象秦某依法提请收监执行案例[①]

**【社区矫正对象基本情况】**

社区矫正对象秦某，女，1986 年 9 月出生，户籍地、居住地均为辽宁省鞍山市铁西区。2017 年 11 月，因犯组织卖淫罪被山东省郯城县人民法院判处有期徒刑五年，并处罚金人民币 30 万元。因系怀孕、哺乳期妇女，分别于 2018 年 9 月 12 日、2019 年 9 月 10 日、2020 年 4 月 30 日被郯城县人民法院决定暂予监外执行。从 2018 年 9 月 19 日起在执行地受委托的司法所接受社区矫正。

**【对社区矫正对象依法解除和终止社区矫正的情况】**

（一）发现、认定行为

在社区矫正期间，秦某分别于 2018 年、2019 年两次怀孕，生下两个孩子，2020 年第三次怀孕。2020 年 12 月 1 日秦某到受委托的司法所报到，工作人员与其沟通确认预产期是 2020 年 12 月。12 月 18 日工作人员与秦某联系询问其身体情况，秦某口述 12 月 5 日已经在家把孩子生下。工作人员要求其提供与孩子合影的照片时，秦某说孩子刚出生就送人了，并且已经找不到该人。受委托的司法所工作人员认为秦某口述情况的真实性值得怀疑，立即报告铁西区社区矫正机构，决定开展调查取证工作。

（二）调查取证情况

对秦某做正式询问笔录时，其改口说 12 月 5 日孩子刚出生时就已经死亡，放在黑色塑料袋里扔进垃圾箱，但是上述情况无人能够证明。工作人员带秦某到铁西区人民医院进行妇科彩超、妇科内检、HCG 验血等一系列检查，医生根据检查结果得出结论，秦某体内未检测出自然分娩的相关指标。

经查，从 2020 年 5 月开始，秦某每月向执行地受委托的司法所提交妊娠检查的医学材料，出具材料的医院为居住地医院和居住地某镇卫生院。12 月 22 日至 12 月 23 日，铁西区司法局和司法所工作人员到居住地医院、居住地某镇卫生院进行走访调查，没有发现秦某在 2020 年期间的彩超检查记录。12 月 25 日，居住地医院和居住地某镇卫生院分别出具证明材料，证实秦某向受委托的司法所提供的 7 张超声医学影像报告单系伪造材料。此外，工作人员对

---

① 此案例选自 2022 年 5 月 31 日司法部发布的社区矫正工作指导案例。

秦某的丈夫、母亲、姐姐、表哥等利害关系人进行了询问，了解到秦某2019年已经流产的事实。

在这些有力的证据面前，秦某承认其在2019年7月就已经流产，交给司法所的体检报告都是伪造的，目的是逃避刑罚的执行。

（三）决定收监执行情况

据以上事实证据，秦某为了逃避刑罚伪造材料，性质恶劣，目前既不属于怀孕期妇女，也不属于正在哺乳自己婴儿的妇女，其暂予监外执行的情形消失，且刑期未满。铁西区社区矫正机构决定立即启动收监执行程序，制作提请收监执行审核表、收监执行建议书，与询问笔录、微信记录、医院检查材料、医院证明材料、详细情况说明等证据材料一并组卷，邮寄给郯城县人民法院，并将收监执行建议书抄送铁西区人民检察院。为防止秦某在此期间脱逃脱管，工作人员要求其每天到司法所报到，不定时拨打其定位手机，随时掌握秦某的动态行踪。

2021年1月5日，郯城县人民法院做出了对秦某进行收监执行的决定，并将有关法律文书送达铁西区社区矫正机构，以及铁西区公安分局、铁西区人民检察院。1月14日，铁西区社区矫正机构配合公安机关对秦某执行收监，将秦某押送至看守所隔离羁押。

**【案例注解】**

个别暂予监外执行社区矫正对象为了逃避刑罚，会绞尽脑汁想出各种手段和方法。该案例是2020年7月1日《中华人民共和国社区矫正法》施行后，鞍山市铁西区第一件收监执行案例，公检法相关单位也都是首次适用新的法律依据开展收监执行工作，为今后社区矫正监督管理工作的开展提供了范本和宝贵经验。

# 第三节　其他相关规定

1.**《司法部关于贯彻中政委〔2014〕5号文件精神严格规范减刑、假释、暂予监外执行工作的通知》**（自2014年4月4日起施行，司发通〔2014〕38号）

各省、自治区、直辖市司法厅（局），新疆生产建设兵团司法局、监狱管理局：

为全面贯彻落实中央政法委员会《关于严格规范减刑、假释、暂予监外执行切实防止司法腐败的意见》（中政委〔2014〕5号）（以下简称《意见》），严格规范减刑、假释、暂予监外执行工作，进一步提高执法公信力，现就有关事项通知如下：

一、充分认识贯彻落实《意见》精神的重要意义

2014年1月21日，中央政法委员会印发《关于严格规范减刑、假释、暂予监外执行 切实防止司法腐败的意见》，从严格把握减刑假释暂予监外执行的实体条件、完善程序规定、强化各环节责任、从严惩治腐败行为等各个方面都作了详细规定，体现了对职务犯罪、破坏金融秩序和金融诈骗犯罪、组织（领导、参加、包庇、纵容）黑社会性质组织犯罪等罪犯（以下简称“三类罪犯”）依法从严减刑、假释、暂予监外执行的精神，是深入贯彻落实中央领导同志关于解决减刑、假释中存在的司法腐败问题重要批示精神的重大举措，是深入贯彻党的十八届三中全会关于深化司法体制改革、建设法治中国的重要部署，对于解决人民群众反映强烈的突出问题，依法惩治犯罪，提高司法公信力，维护社会公平正义具有重要意义。各级司法行政机关尤其是监狱管理机关要认真组织学习《意见》，深刻领会其精神实质，准确把握其具体要求，进一步提高对严格规范刑罚变更执行工作重要性的认识，从促进社会公平正义、深入推进反腐败斗争的政治和全局高度来看待和把握三类罪犯减刑、假释及暂予监外执行工作，坚持政治效果、法律效果和社会效果的有机统一。要从严把握三类罪犯刑罚变更执行的实体条件，严密审批程序，深化执法公开，加强各个环节的衔接工作，强化执法监督，切实严格规范罪犯刑罚变更执行工作。

二、准确理解把握《意见》精神，切实把《意见》各项要求落到实处

（一）准确理解三类罪犯的概念及内涵。职务犯罪罪犯是指国家工作人员

和依法从事公务的人员因实施刑法分则第八章所规定的贪污贿赂犯罪、第九章所规定的渎职犯罪而被判处刑罚的罪犯。破坏金融秩序和金融诈骗犯罪罪犯是指因实施刑法分则第三章第四节规定的破坏金融管理秩序犯罪、第三章第五节规定的金融诈骗犯罪而被判处刑罚的罪犯。涉黑罪犯是指因实施刑法分则第六章第一节第二百九十四条规定的组织（领导、参加、包庇、纵容）黑社会性质组织犯罪而被判处刑罚的罪犯。除此之外，对于虽不属于三类罪犯的范畴，但在社会上有一定影响、备受社会关注的罪犯，监狱管理机关也要进一步规范管理，严格执法。

（二）切实加强对三类罪犯的管理及考核。要进一步加强对三类罪犯管理。对所有在押和新收押的职务犯罪罪犯，各省（区、市）监狱管理局要以本地区为单位，选择监管设施比较完善、执法管理水平比较高的一所或者几所监狱，实行相对集中关押。依法强化对三类罪犯的管理，统一规范罪犯劳动岗位设置，坚持制度面前人人平等，不搞特殊，坚决防止在罪犯调动、劳动岗位安排、考核奖励等方面对三类罪犯给予特殊照顾。要严格对三类罪犯的计分考核，目前，司法部正在修改罪犯计分考核办法，在新的计分考核办法出台前，各地要在现有罪犯计分考核办法的基础上，按照《意见》要求，加强对罪犯改造过程的计分考核，进一步规范和限制三类罪犯的加分项目，严格控制加分总量，严格审核审批，切实防止三类罪犯在考核中比其他罪犯容易得分的现象发生。

（三）从严把握三类罪犯减刑、假释、暂予监外执行的实体条件。在认定三类罪犯“确有悔改表现”、“立功表现”、“重大立功表现”时，除须同时具备最高人民法院司法解释规定的条件外，还要严格按照《意见》的要求执行，并认真履行相关认定审批程序。其中，认定三类罪犯“确有悔改表现”的，不仅应当考察其是否认罪悔罪，认真遵守法律法规及监规、接受教育改造，积极参加思想、文化、职业技术教育，积极参加劳动、努力完成劳动任务，而且应当考察其是否通过主动退赃、积极协助追缴境外赃款赃物、主动赔偿损失等方式，积极消除犯罪行为所产生的社会影响，对服刑期间利用个人影响力和社会关系等不正当手段企图获得减刑、假释机会的，不认定其“确有悔改表现”；对三类罪犯拟按法律规定的“在生产、科研中进行技术革新，成绩突出”或者“对国家和社会有其他贡献”认定为“立功表现”的，该技术革新或者其他贡献必须是该罪犯在服刑期间独立完成，并经省级主管部门认定；对三类罪犯拟按法律规定的“由发明创造或者重大技术革新”认定为“重大立功表现”的，该发明创造或者重大技术革新必须是该罪犯在服刑期间独立完成并经国家主管部门确认的发明专利，且不包括实用新型专利和外观设计专利；拟按法律规定的“对国家和社会有其他重大贡献”认定为“重大立功表现”的，该重大贡献必须是该罪犯在服刑期间独立完成并经国家主管部门确认的劳动成果。

对依法可以减刑的三类罪犯，要严格按照《意见》规定的起始时间、间隔时间和幅度以及相关司法解释的要求，依法提请；对三类罪犯适用保外就医或续保，必须从严把握严重疾病范围和条件，虽然患有高血压、糖尿病、心脏病等疾病，但经诊断在短时间内不致危及生命的，或者不积极配合刑罚执行机关安排的治疗的，或者适用保外就医可能有社会危险性的，或者自伤自残的，一律不得保外就医。

（四）切实完善减刑、假释、暂予监外执行的程序规定。要严格按照《意见》要求，对三类罪犯的考核、行政奖惩、立功及提请减刑、假释、暂予监外执行及时公开、公示。对病情严重必须立即保外就医的，保外就医后应当在三个工作日内在监狱内公告。对暂予监外执行决定书上网公开，应当在作出暂予监外执行决定后十个工作日内，由省级监狱管理机关在其门户网站狱务公开专栏内向社会公开。公开暂予监外执行决定书时，应当保留罪犯的姓名等真实信息，删除罪犯的家庭住址、通讯方式、具体病情等个人信息和其他依法不宜公开的内容。要积极配合人民法院对三类罪犯案件进行开庭审理。切实做好出庭提请减刑、假释的各项准备工作，包括对减刑、假释建议书、各类证据材料的整理、收集工作等。要依法接受检察机关的法律监督。在决定提请减刑、假释、暂予监外执行前，要依法征求检察机关意见；对检察机关提出的不同意见未予采纳的，应当及时予以回复或者在决定书中说明理由。对检察机关调查核实情况、调阅复制案卷、重新组织对病残罪犯的诊断鉴别等工作，监狱管理机关应当积极配合。要积极推进监狱、法院、检察机关减刑、假释网上协同办案平台建设，改定期批量办理为逐人逐案常态化办理，实现重点执法信息网上录入、网上办理、网上监督、网上考核、信息共享，做到“全程留痕”，最大限度地减少和防止人为的不规范因素。

（五）强化减刑、假释、暂予监外执行各个环节的责任。要按照《意见》的要求，细化减刑、假释、暂予监外执行各个环节的承办人、批准人等执法人员的职责，实行“谁承办谁负责、谁主管谁负责、谁签字谁负责”的执法办案质量终身负责制。对执法人员在减刑、假释、暂予监外执行中捏造事实、伪造材料、收受财物或者接受吃请的，一律清除出执法队伍；徇私舞弊、权钱交易、失职渎职构成犯罪的，一律移送司法机关处理。对于任何单位和个人干预减刑、假释、暂予监外执行，或者施加压力要求执法人员违法违规办理减刑、假释、暂予监外执行的，执法机关及其工作人员应当坚决抵制，并向上级机关报告。对涉嫌违法违纪的，移交有关部门依法依纪处理。

三、建立职务犯罪罪犯减刑、假释、暂予监外执行提级审核及备案审查制度

（一）对原厅局级以上职务犯罪罪犯减刑、假释、暂予监外执行，实行逐案备案审查。从2014年1月起，对原厅局级以上职务犯罪罪犯提请减刑、假释和批准暂予监外执行的案件，省（区、市）监狱管理局应当在裁定减刑、假释或批准暂予监外执行后十日内，填写《原厅局级以上职务犯罪罪犯减刑、假释及暂予监外执行情况登记表》（附后），连同备案材料报司法部监狱管理局［其中2014年1月至今已办理的原厅级以上职务犯罪罪犯减刑、假释、暂予监外执行的案件，省（区、市）监狱管理局应当在4月30日前将相关材料报司法部监狱管理局］。其中减刑、假释案件的备案材料应当包括：提请减刑假释建议书，减刑假释裁定书以及相关法律文书。其中，以重大立功减刑、假释的案件，还应当包括重大立功证据材料。暂予监外执行案件的备案材料应当包括：提请暂予监外执行意见书（或审批表），病情诊断或者鉴定意见，暂予监外执行决定书。

（二）对原县处级以上职务犯罪罪犯减刑、假释、暂予监外执行实行提级审核及年度备案审查。对原县处级以上职务犯罪罪犯提请减刑、假释的案件，须经省（区、市）监狱管理局审核后才能提请；对原县处级以上职务犯罪罪犯提请减刑、假释和批准暂予监外执行的案件，省（区、市）监狱管理局于每年1月20日前向司法部监狱管理局上报上年度办理名单及情况（包括电子版）。

（三）对职务犯罪罪犯刑罚变更执行与其他罪犯比例情况实行年度报备。省（区、市）监狱管理局要从2014年开始，采取有效措施确保本地区在押职务犯罪罪犯减刑、假释、暂予监外执行比例不明显高于其他罪犯的相应比例。对职务犯罪罪犯每年减刑、假释及暂予监外执行的情况及与其他罪犯的刑罚执行数据对比，由省（区、市）监狱管理局按照《职务犯罪罪犯减刑、假释及暂予监外执行情况及对比情况统计表》的要求，于每年1月20日前向司法部监狱管理局上报上年度相关统计情况（包括电子版）。司法部将适时对各地贯彻落实职务犯罪罪犯减刑、假释及暂予监外执行备案制度的情况进行通报。

各省（区、市）监狱管理局也应建立相应备案制度。对监狱报送的备案材料，要认真审核，发现问题及时要求监狱予以纠正。

四、加强组织领导

（一）切实加强领导，精心组织实施。各级司法行政机关要高度重视《意见》的贯彻落实工作，积极向当地党委、政府汇报，争取党委、政府对监狱

刑罚执行工作的关心和重视；积极与人民法院、检察机关等有关部门沟通协调，取得有关部门的支持和配合。要及时开展全面、深入、细致的政策宣传和教育培训活动，对监狱人民警察进行培训，尤其要让从事刑罚执行工作的警察通过原原本本学习《意见》，准确理解、深刻把握《意见》的基本精神、具体内容、执法要求，达到应知应会、熟练运用，真正学懂、吃透，在监狱执法实践中用准、用好。

（二）切实加强刑罚执行机构建设。各省（区、市）监狱管理局要根据《意见》的要求，针对刑罚变更执行案件多、办案力量不足、工作要求提高等情况，健全完善刑罚执行机构，配齐配强办案人员，切实提高办案能力。未设置刑罚执行处的省（区、市）监狱管理局，都应当设置刑罚执行处；各监狱都应当设立刑罚执行科。押犯2000人以下（含本数）的监狱，刑罚执行科专职办理减刑、假释、暂予监外执行的警察人数不少于3名；押犯2000人以上（不含本数）的监狱，每增加1000名押犯，刑罚执行科办案警察人数增加1名；监区至少配备1名专职刑罚执行警察，为实现减刑、假释、暂予监外执行逐人逐案依法常态化办理提供坚实保障。

（三）切实加强审查把关。要强化对减刑、假释、暂予监外执行案件的审查力度，尤其是针对三类罪犯刑罚变更执行的特殊性，在坚持由职能部门依法作出决定的前提下，强化省级机关的审查把关和宏观指导责任，严格落实领导责任制和责任追究制，加强督促检查，对重大案件加强督办，确保各项工作落到实处。

（四）加强规范性文件梳理和调查研究工作。各地要根据《意见》精神，对本地区现有的涉及监狱刑罚执行工作相关规定进行一次全面系统的梳理，对于与《意见》不一致的内容，要及时做出相应修改；对于《意见》提出新的工作要求，要及时研究制定相应措施加以贯彻落实。要在工作中及时发现和解决罪犯刑罚变更执行工作中存在的新情况新问题，对于工作实践中遇到的重大问题，请及时报部。

2.**《最高人民检察院关于对职务犯罪罪犯减刑、假释、暂予监外执行案件实行备案审查的规定》**（自2014年6月23日起施行，高检发监字〔2014〕5号）

**第一条** 为了强化对职务犯罪罪犯减刑、假释、暂予监外执行的法律监督，加强上级人民检察院对下级人民检察院办理刑罚变更执行案件工作的领导，根据《中华人民共和国刑法》、《中华人民共和国刑事诉讼法》和《中华人民共和国监狱法》等有关规定，结合检察工作实际，制定本规定。

**第二条** 人民检察院对职务犯罪罪犯减刑、假释、暂予监外执行案件实行备案审查，按照下列情形分别处理：

（一）对原厅局级以上职务犯罪罪犯减刑、假释、暂予监外执行的案件，人民检察院应当在收到减刑、假释裁定书或者暂予监外执行决定书后十日以内，逐案层报最高人民检察院备案审查；

（二）对原县处级职务犯罪罪犯减刑、假释、暂予监外执行的案件，人民检察院应当在收到减刑、假释裁定书或者暂予监外执行决定书后十日以内，逐案层报省级人民检察院备案审查。

**第三条** 人民检察院报请备案审查减刑、假释案件，应当填写备案审查登记表，并附下列材料的复印件：

（一）刑罚执行机关提请减刑、假释建议书；

（二）人民法院减刑、假释裁定书；

（三）人民检察院向刑罚执行机关、人民法院提出的书面意见；

罪犯有重大立功表现裁定减刑、假释的案件，还应当附重大立功表现相关证明材料的复印件。

**第四条** 人民检察院报请备案审查暂予监外执行案件，应当填写备案审查登记表，并附下列材料的复印件：

（一）刑罚执行机关提请暂予监外执行意见书或者审批表；

（二）决定或者批准机关暂予监外执行决定书；

（三）人民检察院向刑罚执行机关、暂予监外执行决定或者批准机关提出的书面意见；

（四）罪犯的病情诊断、鉴定意见以及相关证明材料。

**第五条** 上级人民检察院认为有必要的，可以要求下级人民检察院补报相关材料。下级人民检察院应当在收到通知后三日以内，按照要求报送。

**第六条** 最高人民检察院和省级人民检察院收到备案审查材料后，应当指定专人进行登记和审查，并在收到材料后十日以内，分别作出以下处理：

（一）对于职务犯罪罪犯减刑、假释、暂予监外执行不当的，应当通知下级人民检察院依法向有关单位提出纠正意见。其中，省级人民检察院认为高级人民法院作出的减刑、假释裁定或者省级监狱管理局、省级公安厅（局）作出的暂予监外执行决定不当的，应当依法提出纠正意见；

（二）对于职务犯罪罪犯减刑、假释、暂予监外执行存在疑点或者可能存在违法违规问题的，应当通知下级人民检察院依法进行调查核实。

**第七条** 下级人民检察院收到上级人民检察院对备案审查材料处理意见的通知后，应当立即执行，并在收到通知后三十日以内，报告执行情况。

**第八条** 省级人民检察院应当将本年度原县处级以上职务犯罪罪犯减刑、

假释、暂予监外执行的名单，以及本年度职务犯罪罪犯减刑、假释、暂予监外执行的数量和比例对比情况，与人民法院、公安机关、监狱管理机关等有关单位核对后，于次年一月底前，报送最高人民检察院。

**第九条**　对于职务犯罪罪犯减刑、假释、暂予监外执行的比例明显高于其他罪犯的相应比例的，人民检察院应当对职务犯罪罪犯减刑、假释、暂予监外执行案件进行逐案复查，查找和分析存在的问题，依法向有关单位提出意见或者建议。

**第十条**　最高人民检察院和省级人民检察院应当每年对职务犯罪罪犯减刑、假释、暂予监外执行情况进行分析和总结，指导和督促下级人民检察院落实有关要求。

**第十一条**　本规定中的职务犯罪，是指贪污贿赂犯罪，国家工作人员的渎职犯罪，国家机关工作人员利用职权实施的非法拘禁、非法搜查、刑讯逼供、暴力取证、虐待被监管人、报复陷害、破坏选举的侵犯公民人身权利、公民民主权利的犯罪。

**第十二条**　本规定自发布之日起施行。

3. **《劳动能力鉴定 职工工伤与职业病致残等级》**（自2015年1月1日起施行，GB/T 16180－2014，该标准代替GB/T 16180－2006）**注：罪犯在被交付执行前生活不能自理的鉴别标准适用《罪犯生活不能自理鉴别标准》**（自2016年7月26日起施行，法〔2016〕305号）

1　范围

本标准规定了职工工伤与职业病致残劳动能力鉴定原则和分级标准。

本标准适用于职工在职业活动中因工负伤和因职业病致残程度的鉴定。

2　规范性引用文件

下列文件对于本文件的应用是必不可少的。凡是注日期的引用文件，仅注日期的版本适用于本文件。凡是不注日期的引用文件，其最新版本（包括所有的修改单）适用于本文件。

GB/T 4854（所有部分）声学　校准测听设备的基准零级

GB/T 7341（所有部分）听力计

GB/T 7582－2004 声学　听阈与年龄关系的统计分布

GB/T 7583 声学　纯音气导听阈测定　保护听力用

GB 11533 标准对数视力表

GBZ 4 职业性慢性二硫化碳中毒诊断标准

GBZ 5 职业性氟及无机化合物中毒的诊断

GBZ 7 职业性手臂振动病诊断标准

GBZ 9 职业性急性电光性眼炎（紫外线角膜结膜炎）诊断标准
GBZ 12 职业性铬鼻病诊断标准
GBZ 24 职业性减压病诊断标准
GBZ 35 职业性白内障诊断标准
GBZ 45 职业性三硝基甲苯白内障诊断标准
GBZ 49 职业性噪声聋诊断标准
GBZ 54 职业性化学性眼灼伤诊断标准
GBZ 57 职业性哮喘诊断标准
GBZ 60 职业性过敏性肺炎诊断标准
GBZ 61 职业性牙酸蚀病诊断标准
GBZ 70 尘肺病诊断标准
GBZ 81 职业性磷中毒诊断标准
GBZ 82 职业性煤矿井下工人滑囊炎诊断标准
GBZ 83 职业性砷中毒的诊断
GBZ 94 职业性肿瘤诊断标准
GBZ 95 放射性白内障诊断标准
GBZ 96 内照射放射病诊断标准
GBZ 97 放射性肿瘤诊断标准
GBZ 101 放射性甲状腺疾病诊断标准
GBZ 104 外照射急性放射病诊断标准
GBZ 105 外照射慢性放射病诊断标准
GBZ 106 放射性皮肤疾病诊断标准
GBZ 107 放射性性腺疾病的诊断
GBZ 109 放射性膀胱疾病诊断标准
GBZ 110 急性放射性肺炎诊断标准
GBZ/T 238 职业性爆震聋的诊断

3 术语和定义

下列术语和定义适用于本文件。

3.1 劳动能力鉴定 identify work ability

法定机构对劳动者在职业活动中因工负伤或患职业病后，根据国家工伤保险法规规定，在评定伤残等级时通过医学检查对劳动功能障碍程度（伤残程度）和生活自理障碍程度做出的技术性鉴定结论。

3.2 医疗依赖 medical dependence

工伤致残于评定伤残等级技术鉴定后仍不能脱离治疗。

3.3 生活自理障碍 ability of living independence

工伤致残者因生活不能自理，需依赖他人护理。

4 总则

4.1 判断依据

4.1.1 综合判定

依据工伤致残者于评定伤残等级技术鉴定时的器官损伤、功能障碍及其对医疗与日常生活护理的依赖程度，适当考虑由于伤残引起的社会心理因素影响，对伤残程度进行综合判定分级。

附录A为各门类工伤、职业病致残分级判定基准。

附录B为正确使用本标准的说明。

4.1.2 器官损伤

器官损伤是工伤的直接后果，但职业病不一定有器官缺损。

4.1.3 功能障碍

工伤后功能障碍的程度与器官缺损的部位及严重程度有关，职业病所致的器官功能障碍与疾病的严重程度相关。对功能障碍的判定，应以评定伤残等级技术鉴定时的医疗检查结果为依据，根据评残对象逐个确定。

4.1.4 医疗依赖

医疗依赖判定分级：

a）特殊医疗依赖：工伤致残后必须终身接受特殊药物、特殊医疗设备或装置进行治疗；

b）一般医疗依赖：工伤致残后仍需接受长期或终身药物治疗。

4.1.5 生活自理障碍

生活自理范围主要包括下列五项：

a）进食：完全不能自主进食，需依赖他人帮助；

b）翻身：不能自主翻身；

c）大、小便：不能自主行动，排大、小便需依靠他人帮助；

d）穿衣、洗漱：不能自己穿衣、洗漱，完全依赖他人帮助；

e）自主行动：不能自主走动。

生活自理障碍程度分三级：

a）完全生活自理障碍：生活完全不能自理，上述五项均需护理；

b）大部分生活自理障碍：生活大部分不能自理，上述五项中三项或四项需要护理；

c）部分生活自理障碍：生活部分不能自理，上述五项中一项或两项需要护理。

4.2　晋级原则

对于同一器官或者系统多处损伤，或一个以上器官不同部位同时受到损伤者，应先对单项伤残程度进行鉴定。如果几项伤残等级不同，以重者定级；如果两项及以上等级相同，最多晋升一级。

4.3　对原有伤残及合并症的处理

在劳动能力鉴定过程中，工伤或职业病后出现合并症，其致残等级的评定以鉴定时实际的致残结局为依据。

如受工伤损害的器官原有伤残或疾病史，即：单个或双器官（如双眼、四肢、肾脏）或系统损伤，本次鉴定时应检查本次伤情是否加重原有伤残，若加重原有伤残，鉴定时按实际的致残结局为依据；若本次伤情轻于原有伤残，鉴定时则按本次工伤伤情致残结局为依据。

对原有伤残的处理适用于初次或再次鉴定，复查鉴定不适用本规则。

4.4　门类划分

按照临床医学分科和各学科间相互关联的原则，对残情的判定划分为5个门类：

a）神经内科、神经外科、精神科门。

b）骨科、整形外科、烧伤科门。

c）眼科、耳鼻喉科、口腔科门。

d）普外科、胸外科、泌尿生殖科门。

e）职业病内科门。

4.5　条目划分

按照4.4中的5个门类，以附录C中表C.1～C.5及一至十级分级系列，根据伤残的类别和残情的程度划分伤残条目，共列出残情530条。

4.6　等级划分

根据条目划分原则以及工伤致残程度，综合考虑各门类间的平衡，将残情级别分为一至十级。最重为第一级，最轻为第十级。对未列出的个别伤残情况，参照本标准中相应定级原则进行等级评定。

5　职工工伤与职业病致残等级分级

5.1　一级

5.1.1 定级原则

器官缺失或功能完全丧失，其他器官不能代偿，存在特殊医疗依赖，或完全或大部分或部分生活自理障碍。

5.1.2 一级条款系列

凡符合5.1.1或下列条款之一者均为工伤一级。

1）极重度智能损伤；

2）四肢瘫肌力≤3 级或三肢瘫肌力≤2 级；

3）重度非肢体瘫运动障碍；

4）面部重度毁容，同时伴有表 C. 2 中二级伤残之一者；

5）全身重度瘢痕形成，占体表面积≥90%，伴有脊柱及四肢大关节活动功能基本丧失；

6）双肘关节以上缺失或功能完全丧失；

7）双下肢膝上缺失及一上肢肘上缺失；

8）双下肢及一上肢瘢痕畸形，功能完全丧失；

9）双眼无光感或仅有光感但光定位不准者；

10）肺功能重度损伤和呼吸困难Ⅳ级，需终生依赖机械通气；

11）双肺或心肺联合移植术；

12）小肠切除≥90%；

13）肝切除后原位肝移植；

14）胆道损伤原位肝移植；

15）全胰切除；

16）双侧肾切除或孤肾切除术后，用透析维持或同种肾移植术后肾功能不全尿毒症期；

17）尘肺三期伴肺功能重度损伤及（或）重度低氧血症〔$PO_2$ < 5. 3kPa（<40 mmHg）〕；

18）其他职业性肺部疾患，伴肺功能重度损伤及（或）重度低氧血症〔$PO_2$ <5. 3 kPa（<40 mmHg）〕；

19）放射性肺炎后，两叶以上肺纤维化伴重度低氧血症〔$PO_2$ < 5. 3kPa（<40 mmHg）〕；

20）职业性肺癌伴肺功能重度损伤；

21）职业性肝血管肉瘤，重度肝功能损害；

22）肝硬化伴食道静脉破裂出血，肝功能重度损害；

23）肾功能不全尿毒症期，内生肌酐清除率持续 <10mL/min，或血浆肌酐水平持续 >707μmol/L（8 mg/dL）。

5. 2　二级

5. 2. 1 定级原则

器官严重缺损或畸形，有严重功能障碍或并发症，存在特殊医疗依赖，或大部分或部分生活自理障碍。

5.2.2 二级条款系列

凡符合 5.2.1 或下列条款之一者均为工伤二级。

1）重度智能损伤；

2）三肢瘫肌力 3 级；

3）偏瘫肌力≤2 级；

4）截瘫肌力≤2 级；

5）双手全肌瘫肌力≤2 级；

6）完全感觉性或混合性失语；

7）全身重度瘢痕形成，占体表面积≥80%，伴有四肢大关节中 3 个以上活动功能受限；

8）全面部瘢痕或植皮伴有重度毁容；

9）双侧前臂缺失或双手功能完全丧失；

10）双下肢瘢痕畸形，功能完全丧失；

11）双膝以上缺失；

12）双膝、双踝关节功能完全丧失；

13）同侧上、下肢缺失或功能完全丧失；

14）四肢大关节（肩、髋、膝、肘）中 4 个及以上关节功能完全丧失；

15）一眼有或无光感，另眼矫正视力≤0.02，或视野≤8%（或视野半径≤5°）；

16）无吞咽功能，完全依赖胃管进食；

17）双侧上颌骨或双侧下颌骨完全缺损；

18）一侧上颌骨及对侧下颌骨完全缺损，并伴有颜面软组织损伤 > 30 $cm^2$；

19）一侧全肺切除并胸廓成形术，呼吸困难Ⅲ级；

20）心功能不全三级；

21）食管闭锁或损伤后无法行食管重建术，依赖胃造瘘或空肠造瘘进食；

22）小肠切除 3/4，合并短肠综合症；

23）肝切除 3/4，合并肝功能重度损害；

24）肝外伤后发生门脉高压三联症或发生 Budd - chiari 综合征；

25）胆道损伤致肝功能重度损害；

26）胰次全切除，胰腺移植术后；

27）孤肾部分切除后，肾功能不全失代偿期；

28）肺功能重度损伤及（或）重度低氧血症；

29）尘肺叁期伴肺功能中度损伤及（或）中度低氧血症；

30）尘肺二期伴肺功能重度损伤及（或）重度低氧血症［$PO_2$ < 5.3kPa（40 mmHg）］；

31）尘肺三期伴活动性肺结核；

32）职业性肺癌或胸膜间皮瘤；

33）职业性急性白血病；

34）急性重型再生障碍性贫血；

35）慢性重度中毒性肝病；

36）肝血管肉瘤；

37）肾功能不全尿毒症期，内生肌酐清除率持续 < 25mL/min，或血浆肌酐水平持续 > 450μmol/ L（5 mg/dL）；

38）职业性膀胱癌；

39）放射性肿瘤。

5.3 三级

5.3.1 定级原则

器官严重缺损或畸形，有严重功能障碍或并发症，存在特殊医疗依赖，或部分生活自理障碍。

5.3.2 三级条款系列

凡符合 5.3.1 或下列条款之一者均为工伤三级。

1）精神病性症状，经系统治疗 1 年后仍表现为危险或冲动行为者；

2）精神病性症状，经系统治疗 1 年后仍缺乏生活自理能力者；

3）偏瘫肌力 3 级；

4）截瘫肌力 3 级；

5）双足全肌瘫肌力≤2 级；

6）中度非肢体瘫运动障碍；

7）完全性失用、失写、失读、失认等具有两项及两项以上者；

8）全身重度瘢痕形成，占体表面积≥70%，伴有四肢大关节中 2 个以上活动功能受限；

9）面部瘢痕或植皮≥2/3 并有中度毁容；

10）一手缺失，另一手拇指缺失；

11）双手拇、食指缺失或功能完全丧失；

12）一手功能完全丧失，另一手拇指功能完全丧失；

13）双髋、双膝关节中，有一个关节缺失或功能完全丧失及另一关节重度功能障碍；

14）双膝以下缺失或功能完全丧失；

15）一侧髋、膝关节畸形，功能完全丧失；

16）非同侧腕上、踝上缺失；

17）非同侧上、下肢瘢痕畸形，功能完全丧失；

18）一眼有或无光感，另眼矫正视力≤0.05 或视野≤16%（视野半径≤10°）；

19）双眼矫正视力<0.05 或视野≤16%（视野半径≤10°）；

20）一侧眼球摘除或眼内容物剜出，另眼矫正视力<0.1 或视野≤24%（或视野半径≤15°）；

21）呼吸完全依赖气管套管或造口；

22）喉或气管损伤导致静止状态下或仅轻微活动即有呼吸困难；

23）同侧上、下颌骨完全缺损；

24）一侧上颌骨或下颌骨完全缺损，伴颜面部软组织损伤>30 $cm^2$；

25）舌缺损>全舌的2/3；

26）一侧全肺切除并胸廓成形术；

27）一侧胸廓成形术，肋骨切除6根以上；

28）一侧全肺切除并隆凸切除成形术；

29）一侧全肺切除并大血管重建术；

30）Ⅲ度房室传导阻滞；

31）肝切除2/3，并肝功能中度损害；

32）胰次全切除，胰岛素依赖；

33）一侧肾切除，对侧肾功能不全失代偿期；

34）双侧输尿管狭窄，肾功能不全失代偿期；

35）永久性输尿管腹壁造瘘；

36）膀胱全切除；

37）尘肺三期；

38）尘肺二期伴肺功能中度损伤及（或）中度低氧血症；

39）尘肺二期合并活动性肺结核；

40）放射性肺炎后两叶肺纤维化，伴肺功能中度损伤及（或）中度低氧血症；

41）粒细胞缺乏症；

42）再生障碍性贫血；

43）职业性慢性白血病；

44）中毒性血液病，骨髓增生异常综合征；

45）中毒性血液病，严重出血或血小板含量≤$2\times10^{10}$/L；

46）砷性皮肤癌；

47）放射性皮肤癌。

5.4　四级

5.4.1 定级原则

器官严重缺损或畸形，有严重功能障碍或并发症，存在特殊医疗依赖，或部分生活自理障碍或无生活自理障碍。

5.4.2 四级条款系列

凡符合 5.4.1 或下列条款之一者均为工伤四级。

1）中度智能损伤；

2）重度癫痫；

3）精神病性症状，经系统治疗 1 年后仍缺乏社交能力；

4）单肢瘫肌力≤2 级；

5）双手部分肌瘫肌力≤2 级；

6）脑脊液漏伴有颅底骨缺损不能修复或反复手术失败；

7）面部中度毁容；

8）全身瘢痕面积≥60%，四肢大关节中 1 个关节活动功能受限；

9）面部瘢痕或植皮≥1/2 并有轻度毁容；

10）双拇指完全缺失或功能完全丧失；

11）一侧手功能完全丧失，另一手部分功能丧失；

12）一侧肘上缺失；

13）一侧膝以下缺失，另一侧前足缺失；

14）一侧膝以上缺失；

15）一侧踝以下缺失，另一足畸形行走困难；

16）一眼有或无光感，另眼矫正视力 <0.2 或视野≤32%（或视野半径≤20°）；

17）一眼矫正视力 <0.05，另眼矫正视力≤0.1；

18）双眼矫正视力 <0.1 或视野≤32%（或视野半径≤20°）；

19）双耳听力损失≥91dB；

20）牙关紧闭或因食管狭窄只能进流食；

21）一侧上颌骨缺损 1/2，伴颜面部软组织损伤 >20 $cm^2$；

22）下颌骨缺损长 6cm 以上的区段，伴口腔、颜面软组织损伤 >20 $cm^2$；

23）双侧颞下颌关节骨性强直，完全不能张口；

24）面颊部洞穿性缺损 >20$cm^2$；

25）双侧完全性面瘫；

26）一侧全肺切除术；
27）双侧肺叶切除术；
28）肺叶切除后并胸廓成形术后；
29）肺叶切除并隆凸切除成形术后；
30）一侧肺移植术；
31）心瓣膜置换术后；
32）心功能不全二级；
33）食管重建术后吻合口狭窄，仅能进流食；
34）全胃切除；
35）胰头、十二指肠切除；
36）小肠切除 3/4；
37）小肠切除 2/3，包括回盲部切除；
38）全结肠、直肠、肛门切除，回肠造瘘；
39）外伤后肛门排便重度障碍或失禁；
40）肝切除 2/3；
41）肝切除 1/2，肝功能轻度损害；
42）胆道损伤致肝功能中度损害；
43）甲状旁腺功能重度损害；
44）肾修补术后，肾功能不全失代偿期；
45）输尿管修补术后，肾功能不全失代偿期；
46）永久性膀胱造瘘；
47）重度排尿障碍；
48）神经原性膀胱，残余尿≥50mL；
49）双侧肾上腺缺损；
50）尘肺二期；
51）尘肺一期伴肺功能中度损伤及（或）中度低氧血症；
52）尘肺一期伴活动性肺结核；
53）病态窦房结综合征（需安装起搏器者）；
54）放射性损伤致肾上腺皮质功能明显减退；
55）放射性损伤致免疫功能明显减退。

5.5　五级

5.5.1 定级原则

器官大部缺损或明显畸形，有较重功能障碍或并发症，存在一般医疗依赖，无生活自理障碍。

5.5.2 五级条款系列

凡符合5.5.1或下列条款之一者均为工伤五级。

1）四肢瘫肌力4级；

2）单肢瘫肌力3级；

3）双手部分肌瘫肌力3级；

4）一手全肌瘫肌力≤2级；

5）双足全肌瘫肌力3级；

6）完全运动性失语；

7）完全性失用、失写、失读、失认等具有一项；

8）不完全性失用、失写、失读、失认等具有多项；

9）全身瘢痕占体表面积≥50%，并有关节活动功能受限；

10）面部瘢痕或植皮≥1/3并有毁容标准中的一项；

11）脊柱骨折后遗30°以上侧弯或后凸畸形，伴严重根性神经痛；

12）一侧前臂缺失；

13）一手功能完全丧失；

14）肩、肘关节之一功能完全丧失；

15）一手拇指缺失，另一手除拇指外三指缺失；

16）一手拇指功能完全丧失，另一手除拇指外三指功能完全丧失；

17）双前足缺失或双前足瘢痕畸形，功能完全丧失；

18）双跟骨足底软组织缺损瘢痕形成，反复破溃；

19）一髋（或一膝）功能完全丧失；

20）四肢大关节之一人工关节术后遗留重度功能障碍；

21）一侧膝以下缺失；

22）第Ⅲ对脑神经麻痹；

23）双眼外伤性青光眼术后，需用药物控制眼压；

24）一眼有或无光感，另眼矫正视力≤0.3或视野≤40%（或视野半径≤25°）；

25）一眼矫正视力<0.05，另眼矫正视力≤0.2；

26）一眼矫正视力<0.1，另眼矫正视力等于0.1；

27）双眼视野≤40%（或视野半径≤25°）；

28）双耳听力损失≥81dB；

29）喉或气管损伤导致一般活动及轻工作时有呼吸困难；

30）吞咽困难，仅能进半流食；

31）双侧喉返神经损伤，喉保护功能丧失致饮食呛咳、误吸；

32）一侧上颌骨缺损 >1/4，但 <1/2，伴软组织损伤 >10 $cm^2$，但 <20 $cm^2$；

33）下颌骨缺损长 4 cm 以上的区段，伴口腔、颜面软组织损伤 >10 $cm^2$；

34）一侧完全面瘫，另一侧不完全面瘫；

35）双肺叶切除术；

36）肺叶切除术并大血管重建术；

37）隆凸切除成形术；

38）食管重建术后吻合口狭窄，仅能进半流食；

39）食管气管或支气管瘘；

40）食管胸膜瘘；

41）胃切除 3/4；

42）小肠切除 2/3，包括回肠大部分；

43）肛门、直肠、结肠部分切除，结肠造瘘；

44）肝切除 1/2；

45）胰切除 2/3；

46）甲状腺功能重度损害；

47）一侧肾切除，对侧肾功能不全代偿期；

48）一侧输尿管狭窄，肾功能不全代偿期；

49）尿道瘘不能修复者；

50）两侧睾丸、附睾缺损；

51）放射性损伤致生殖功能重度损伤；

52）阴茎全缺损；

53）双侧卵巢切除；

54）阴道闭锁；

55）会阴部瘢痕挛缩伴有阴道或尿道或肛门狭窄；

56）肺功能中度损伤或中度低氧血症；

57）莫氏Ⅱ型Ⅱ度房室传导阻滞；

58）病态窦房结综合征（不需安起博器者）；

59）中毒性血液病，血小板减少（$\leq 4 \times 10^{10}/L$）并有出血倾向；

60）中毒性血液病，白细胞含量持续 $<3 \times 10^9/L$（$<3000/mm^3$）或粒细胞含量 $<1.5 \times 10^9/L$（$1500/mm^3$）；

61）慢性中度中毒性肝病；

62）肾功能不全失代偿期，内生肌酐清除率持续 <50 mL/min，或血浆肌酐水平持续 >177μmol/ L（2mg/dL）；

63）放射性损伤致睾丸萎缩；

64）慢性重度磷中毒；

65）重度手臂振动病。

5.6 六级

5.6.1 定级原则

器官大部缺损或明显畸形，有中等功能障碍或并发症，存在一般医疗依赖，无生活自理障碍。

5.6.2 六级条款系列

凡符合 5.6.1 或下列条款之一者均为工伤六级。

1）癫痫中度；

2）轻度智能损伤；

3）精神病性症状，经系统治疗 1 年后仍影响职业劳动能力；

4）三肢瘫肌力 4 级；

5）截瘫双下肢肌力 4 级伴轻度排尿障碍；

6）双手全肌瘫肌力 4 级；

7）一手全肌瘫肌力 3 级；

8）双足部分肌瘫肌力≤2 级；

9）单足全肌瘫肌力≤2 级；

10）轻度非肢体瘫运动障碍；

11）不完全性感觉性失语；

12）面部重度异物色素沉着或脱失；

13）面部瘢痕或植皮≥1/3；

14）全身瘢痕面积≥40%；

15）撕脱伤后头皮缺失 1/5 以上；

16）一手一拇指完全缺失，连同另一手非拇指二指缺失；

17）一拇指功能完全丧失，另一手除拇指外有二指功能完全丧失；

18）一手三指（含拇指）缺失；

19）除拇指外其余四指缺失或功能完全丧失；

20）一侧踝以下缺失；或踝关节畸形，功能完全丧失；

21）下肢骨折成角畸形 >15°，并有肢体短缩 4cm 以上；

22）一前足缺失，另一足仅残留拇趾；

23）一前足缺失，另一足除拇趾外，2～5 趾畸形，功能完全丧失；

24）一足功能完全丧失，另一足部分功能丧失；

25）一髋或一膝关节功能重度障碍；

26）单侧跟骨足底软组织缺损瘢痕形成，反复破溃；

27）一侧眼球摘除；或一侧眼球明显萎缩，无光感；

28）一眼有或无光感，另一眼矫正视力≥0.4；

29）一眼矫正视力≤0.05，另一眼矫正视力≥0.3；

30）一眼矫正视力≤0.1，另一眼矫正视力≥0.2；

31）双眼矫正视力≤0.2或视野≤48%（或视野半径≤30°）；

32）第Ⅳ或第Ⅵ对脑神经麻痹，或眼外肌损伤致复视的；

33）双耳听力损失≥71dB；

34）双侧前庭功能丧失，睁眼行走困难，不能并足站立；

35）单侧或双侧颞下颌关节强直，张口困难Ⅲ度；

36）一侧上颌骨缺损1/4，伴口腔颜面软组织损伤>10 $cm^2$；

37）面部软组织缺损>20 $cm^2$，伴发涎瘘；

38）舌缺损>舌的1/3，但<舌的2/3；

39）双侧颧骨并颧弓骨折，伴有开口困难Ⅱ度以上及颜面部畸形经手术复位；

40）双侧下颌骨髁状突颈部骨折，伴有开口困难Ⅱ度以上及咬合关系改变，经手术治疗；

41）一侧完全性面瘫；

42）肺叶切除并肺段或楔形切除术；

43）肺叶切除并支气管成形术后；

44）支气管（或气管）胸膜瘘；

45）冠状动脉旁路移植术；

46）大血管重建术；

47）胃切除2/3；

48）小肠切除1/2，包括回盲部；

49）肛门外伤后排便轻度障碍或失禁；

50）肝切除1/3；

51）胆道损伤致肝功能轻度损伤；

52）腹壁缺损面积≥腹壁的1/4；

53）胰切除1/2；

54）甲状腺功能中度损害；

55）甲状旁腺功能中度损害；

56）肾损伤性高血压；

57）尿道狭窄经系统治疗1年后仍需定期行扩张术；

58）膀胱部分切除合并轻度排尿障碍；

59）两侧睾丸创伤后萎缩，血睾酮低于正常值；

60）放射性损伤致生殖功能轻度损伤；

61）双侧输精管缺损，不能修复；

62）阴茎部分缺损；

63）女性双侧乳房切除或严重瘢痕畸形；

64）子宫切除；

65）双侧输卵管切除；

66）尘肺壹期伴肺功能轻度损伤及（或）轻度低氧血症；

67）放射性肺炎后肺纤维化（<两叶），伴肺功能轻度损伤及（或）轻度低氧血症；

68）其他职业性肺部疾患，伴肺功能轻度损伤；

69）白血病完全缓解；

70）中毒性肾病，持续性低分子蛋白尿伴白蛋白尿；

71）中毒性肾病，肾小管浓缩功能减退；

72）放射性损伤致肾上腺皮质功能轻度减退；

73）放射性损伤致甲状腺功能低下；

74）减压性骨坏死Ⅲ期；

75）中度手臂振动病；

76）氟及其无机化合物中毒慢性重度中毒。

5.7　七级

5.7.1 定级原则

器官大部缺损或畸形，有轻度功能障碍或并发症，存在一般医疗依赖，无生活自理障碍。

5.7.2 七级条款系列

凡符合5.7.1或下列条款之一者均为工伤七级。

1）偏瘫肌力4级；

2）截瘫肌力4级；

3）单手部分肌瘫肌力3级；

4）双足部分肌瘫肌力3级；

5）单足全肌瘫肌力3级；

6）中毒性周围神经病致深感觉障碍；

7）人格改变或边缘智能，经系统治疗1年后仍存在明显社会功能受损；

8）不完全性运动性失语；

9）不完全性失用、失写、失读和失认等具有一项；

10）符合重度毁容标准中的两项；

11）烧伤后颅骨全层缺损≥30cm²，或在硬脑膜上植皮面积≥10 cm²；

12）颈部瘢痕挛缩，影响颈部活动；

13）全身瘢痕面积≥30%；

14）面部瘢痕、异物或植皮伴色素改变占面部的10%以上；

15）骨盆骨折内固定术后，骨盆环不稳定，骶髂关节分离；

16）一手除拇指外，其他2~3指（含食指）近侧指间关节离断；

17）一手除拇指外，其他2~3指（含食指）近侧指间关节功能完全丧失；

18）肩、肘关节之一损伤后遗留关节重度功能障碍；

19）一腕关节功能完全丧失；

20）一足1~5趾缺失；

21）一前足缺失；

22）四肢大关节之一人工关节术后，基本能生活自理；

23）四肢大关节之一关节内骨折导致创伤性关节炎，遗留中重度功能障碍；

24）下肢伤后短缩>2cm，但≤4 cm；

25）膝关节韧带损伤术后关节不稳定，伸屈功能正常；

26）一眼有或无光感，另眼矫正视力≥0.8；

27）一眼有或无光感，另一眼各种客观检查正常；

28）一眼矫正视力≤0.05，另眼矫正视力≥0.6；

29）一眼矫正视力≤0.1，另眼矫正视力≥0.4；

30）双眼矫正视力≤0.3或视野≤64%（或半径≤40°）；

31）单眼外伤性青光眼术后，需用药物控制眼压；

32）双耳听力损失≥56dB；

33）咽成形术后，咽下运动不正常；

34）牙槽骨损伤长度≥8cm，牙齿脱落10个及以上；

35）单侧颧骨并颧弓骨折，伴有开口困难Ⅱ度以上及颜面部畸形经手术复位；

36）双侧不完全性面瘫；

37）肺叶切除术；

38）限局性脓胸行部分胸廓成形术；

39）气管部分切除术；

40）食管重建术后伴反流性食管炎；
41）食管外伤或成形术后咽下运动不正常；
42）胃切除 1/2；
43）小肠切除 1/2；
44）结肠大部分切除；
45）肝切除 1/4；
46）胆道损伤，胆肠吻合术后；
47）脾切除；
48）胰切除 1/3；
49）女性两侧乳房部分缺损；
50）一侧肾切除；
51）膀胱部分切除；
52）轻度排尿障碍；
53）阴道狭窄；
54）尘肺壹期，肺功能正常；
55）放射性肺炎后肺纤维化（<两叶），肺功能正常；
56）轻度低氧血症；
57）心功能不全一级；
58）再生障碍性贫血完全缓解；
59）白细胞减少症，含量持续 $<4\times10^9/L$（$4000/mm^3$）；
60）中性粒细胞减少症，含量持续 $<2\times10^9/L$（$2000/mm^3$）；
61）慢性轻度中毒性肝病；
62）肾功能不全代偿期，内生肌酐清除率 <70 mL/min；
63）三度牙酸蚀病。

5.8　八级

5.8.1 定级原则

器官部分缺损，形态异常，轻度功能障碍，存在一般医疗依赖，无生活自理障碍。

5.8.2 八级条款系列

凡符合 5.8.1 或下列条款之一者均为工伤八级。

1）单肢体瘫肌力 4 级；
2）单手全肌瘫肌力 4 级；
3）双手部分肌瘫肌力 4 级；
4）双足部分肌瘫肌力 4 级；

5）单足部分肌瘫肌力≤3 级；

6）脑叶部分切除术后；

7）符合重度毁容标准中的一项；

8）面部烧伤植皮≥1/5；

9）面部轻度异物沉着或色素脱失；

10）双侧耳廓部分或一侧耳廓大部分缺损；

11）全身瘢痕面积≥20%；

12）一侧或双侧眼睑明显缺损；

13）脊椎压缩性骨折，椎体前缘高度减少 1/2 以上或脊椎不稳定性骨折；

14）3 个及以上节段脊柱内固定术；

15）一手除拇、食指外，有两指近侧指间关节离断；

16）一手除拇、食指外，有两指近侧指间关节功能完全丧失；

17）一拇指指间关节离断；

18）一拇指指间关节畸形，功能完全丧失；

19）一足拇趾缺失，另一足非拇趾一趾缺失；

20）一足拇趾畸形，功能完全丧失，另一足非拇趾一趾畸形；

21）一足除拇趾外，其他三趾缺失；

22）一足除拇趾外，其他四趾瘢痕畸形，功能完全丧失；

23）因开放骨折感染形成慢性骨髓炎，反复发作；

24）四肢大关节之一关节内骨折导致创伤性关节炎，遗留轻度功能障碍；

25）急性放射皮肤损伤Ⅳ度及慢性放射性皮肤损伤手术治疗后影响肢体功能；

26）放射性皮肤溃疡经久不愈；

27）一眼矫正视力≤0.2，另眼矫正视力≥0.5；

28）双眼矫正视力等于 0.4；

29）双眼视野≤80%（或视野半径≤50°）；

30）一侧或双侧睑外翻或睑闭合不全；

31）上睑下垂盖及瞳孔 1/3；

32）睑球粘连影响眼球转动；

33）外伤性青光眼行抗青光眼手术后眼压控制正常；

34）双耳听力损失≥41 dB 或一耳≥91 dB；

35）喉或气管损伤导致体力劳动时有呼吸困难；

36）喉源性损伤导致发声及言语困难；

37）牙槽骨损伤长度≥6cm，牙齿脱落 8 个及以上；

38）舌缺损 < 舌的 1/3；

39）双侧鼻腔或鼻咽部闭锁；

40）双侧颞下颌关节强直，张口困难Ⅱ度；

41）上、下颌骨骨折，经牵引、固定治疗后有功能障碍；

42）双侧颧骨并颧弓骨折，无开口困难，颜面部凹陷畸形不明显，不需手术复位；

43）肺段切除术；

44）支气管成形术；

45）双侧≥3 根肋骨骨折致胸廓畸形；

46）膈肌破裂修补术后，伴膈神经麻痹；

47）心脏、大血管修补术；

48）心脏异物滞留或异物摘除术；

49）肺功能轻度损伤；

50）食管重建术后，进食正常；

51）胃部分切除；

52）小肠部分切除；

53）结肠部分切除；

54）肝部分切除；

55）腹壁缺损面积 < 腹壁的 1/4；

56）脾部分切除；

57）胰部分切除；

58）甲状腺功能轻度损害；

59）甲状旁腺功能轻度损害；

60）尿道修补术；

61）一侧睾丸、附睾切除；

62）一侧输精管缺损，不能修复；

63）脊髓神经周围神经损伤，或盆腔、会阴手术后遗留性功能障碍；

64）一侧肾上腺缺损；

65）单侧输卵管切除；

66）单侧卵巢切除；

67）女性单侧乳房切除或严重瘢痕畸形；

68）其他职业性肺疾患，肺功能正常；

69）中毒性肾病，持续低分子蛋白尿；

70）慢性中度磷中毒；

71）氟及其无机化合物中毒慢性中度中毒；

72）减压性骨坏死Ⅱ期；

73）轻度手臂振动病；

74）二度牙酸蚀。

5.9　九级

5.9.1 定级原则

器官部分缺损，形态异常，轻度功能障碍，无医疗依赖或者存在一般医疗依赖，无生活自理障碍。

5.9.2 九级条款系列

凡符合5.9.1或下列条款之一者均为工伤九级。

1）癫痫轻度；

2）中毒性周围神经病致浅感觉障碍；

3）脑挫裂伤无功能障碍；

4）开颅手术后无功能障碍；

5）颅内异物无功能障碍；

6）颈部外伤致颈总、颈内动脉狭窄，支架置入或血管搭桥手术后无功能障碍；

7）符合中度毁容标准中的两项或轻度毁容；

8）发际边缘瘢痕性秃发或其他部位秃发，需戴假发；

9）全身瘢痕占体表面积≥5%；

10）面部有≥8cm$^2$或3处以上≥1 cm$^2$的瘢痕；

11）两个以上横突骨折；

12）脊椎压缩骨折，椎体前缘高度减少小于1/2；

13）椎间盘髓核切除术后；

14）1～2节脊柱内固定术；

15）一拇指末节部分1/2缺失；

16）一手食指2～3节缺失；

17）一拇指指间关节僵直于功能位；

18）除拇指外，余3～4指末节缺失；

19）一足拇趾末节缺失；

20）除拇趾外其他二趾缺失或瘢痕畸形，功能不全；

21）跖骨或跗骨骨折影响足弓；

22）外伤后膝关节半月板切除、髌骨切除、膝关节交叉韧带修补术后；

23）四肢长管状骨骨折内固定或外固定支架术后；

24）髌骨、跟骨、距骨、下颌骨或骨盆骨折内固定术后；

25）第Ⅴ对脑神经眼支麻痹；

26）眶壁骨折致眼球内陷、两眼球突出度相差 >2mm 或错位变形影响外观；

27）一眼矫正视力≤0.3，另眼矫正视力 >0.6；

28）双眼矫正视力等于 0.5；

29）泪器损伤，手术无法改进溢泪；

30）双耳听力损失≥31dB 或一耳损失≥71 dB；

31）喉源性损伤导致发声及言语不畅；

32）铬鼻病有医疗依赖；

33）牙槽骨损伤长度 >4cm，牙脱落 4 个及以上；

34）上、下颌骨骨折，经牵引、固定治疗后无功能障碍；

35）一侧下颌骨髁状突颈部骨折；

36）一侧颧骨并颧弓骨折；

37）肺内异物滞留或异物摘除术；

38）限局性脓胸行胸膜剥脱术；

39）胆囊切除；

40）一侧卵巢部分切除；

41）乳腺成形术；

42）胸、腹腔脏器探查术或修补术后。

5.10　十级

5.10.1 定级原则

器官部分缺损，形态异常，无功能障碍或轻度功能障碍，无医疗依赖或者存在一般医疗依赖，无生活自理障碍。

5.10.2 十级条款系列

凡符合 5.10.1 或下列条款之一者均为工伤十级。

1）符合中度毁容标准中的一项；

2）面部有瘢痕，植皮，异物色素沉着或脱失 >2 $cm^2$；

3）全身瘢痕面积 <5%，但≥1%；

4）急性外伤导致椎间盘髓核突出，并伴神经刺激征；

5）一手指除拇指外，任何一指远侧指间关节离断或功能丧失；

6）指端植皮术后（增生性瘢痕 1 $cm^2$ 以上）；

7）手背植皮面积 >50 $cm^2$，并有明显瘢痕；

8）手掌、足掌植皮面积 >30%；

9）除拇趾外，任何一趾末节缺失；

10）足背植皮面积 $>100cm^2$；

11）膝关节半月板损伤、膝关节交叉韧带损伤未做手术；

12）身体各部位骨折愈合后无功能障碍或轻度功能障碍；

13）四肢大关节肌腱及韧带撕裂伤术后遗留轻度功能障碍；

14）一手或两手慢性放射性皮肤损伤Ⅱ度及Ⅱ度以上；

15）一眼矫正视力≤0.5，另一眼矫正视力≥0.8；

16）双眼矫正视力≤0.8；

17）一侧或双侧睑外翻或睑闭合不全行成形手术后矫正；

18）上睑下垂盖及瞳孔 1/3 行成形手术后矫正；

19）睑球粘连影响眼球转动行成形手术后矫正；

20）职业性及外伤性白内障术后人工晶状体眼，矫正视力正常；

21）职业性及外伤性白内障Ⅰ度～Ⅱ度（或轻度、中度），矫正视力正常；

22）晶状体部分脱位；

23）眶内异物未取出；

24）眼球内异物未取出；

25）外伤性瞳孔放大；

26）角巩膜穿通伤治愈；

27）双耳听力损失≥26 dB，或一耳≥56 dB；

28）双侧前庭功能丧失，闭眼不能并足站立；

29）铬鼻病（无症状）；

30）嗅觉丧失；

31）牙齿除智齿以外，切牙脱落 1 个以上或其他牙脱落 2 个以上；

32）一侧颞下颌关节强直，张口困难Ⅰ度；

33）鼻窦或面颊部有异物未取出；

34）单侧鼻腔或鼻孔闭锁；

35）鼻中隔穿孔；

36）一侧不完全性面瘫；

37）血、气胸行单纯闭式引流术后，胸膜粘连增厚；

38）腹腔脏器挫裂伤保守治疗后；

39）乳腺修补术后；

40）放射性损伤致免疫功能轻度减退；

41）慢性轻度磷中毒；

42）氟及其无机化合物中毒慢性轻度中毒；

43）井下工人滑囊炎；

44）减压性骨坏死Ⅰ期；

45）一度牙酸蚀病；

46）职业性皮肤病久治不愈。

# 第二章

# 罪犯又犯罪案件办理

# 第一节　狱内常见刑事犯罪

## 一、故意杀人罪

### （一）刑法规定

**《中华人民共和国刑法》**（2020 年 12 月 26 日修正）（节录）

**第二百三十二条**　故意杀人的，处死刑、无期徒刑或者十年以上有期徒刑；情节较轻的，处三年以上十年以下有期徒刑。

### （二）条文释义

故意杀人罪，是指故意非法剥夺他人生命的行为。

1. 故意杀人罪的构成要件

本罪侵犯的客体是他人的生命权。生命权是公民最基本的人身权利，是公民作为权利主体而存在的基础，生命权一旦被剥夺，其他权利就无从谈起。根据我国的司法实践，胎儿脱离母体后，能够独立呼吸，就有了生命，具有生命的权利，任何人不能非法剥夺。生命的终结，仍以心脏停止跳动为生命终结的标志。

本罪的客观表现方面为非法剥夺他人生命的行为。行为对象是“他人”，自杀行为不符合本罪的构成要件，不能认定为本罪。行为的方式既可以是作为也可以是不作为，以不作为方式杀人的，要求有防止被害人死亡的特定义务。剥夺他人生命的手段是多种多样的，无论采取何种手段，不影响本罪的成立。本罪不以造成被害人死亡的结果为必要条件，发生死亡的结果只是成立本罪既遂的必备条件。

本罪的主体为一般主体。即凡已满《刑法》第 17 条规定的刑事责任年龄并具有刑事责任能力的人，均可成为本罪的主体。对已满十四周岁不满十六周岁的人，犯故意杀人的应当负刑事责任；对已满十二周岁不满十四周岁的人，犯故意杀人罪，致人死亡或者以特别残忍手段致人重伤造成严重残疾，情节恶劣，经最高人民检察院核准追诉的，应当负刑事责任。

本罪的主观方面是故意。包括直接故意和间接故意。即明知自己的行为会发生非法剥夺他人生命的结果，并且希望或者放任这种结果的发生。故意杀人的动机是多种多样的，如出于泄愤、报复、激情、义愤等，但动机不影响故意杀人罪的成立，只是在量刑时可以予以适当考虑。

2. 故意杀人罪的认定

（1）故意杀人罪与故意伤害罪的界限。两者主要在故意杀人既遂与故意伤害致死、故意杀人未遂与故意伤害之间存在难以区分的情况。正确区分两者的界限主要从客观行为和犯罪故意的内容方面来进行。从客观行为上看，故意杀人和故意伤害在犯罪手段、犯罪工具的选择、打击的部位和强度，犯罪前后的表现都有明显区别。从犯罪故意的内容上来看，故意杀人是要非法剥夺他人的生命，希望或者放任他人死亡结果的发生，故意伤害的故意内容是要损害他人的身体健康，并不是剥夺他人的生命。即使伤害行为出现未曾料到的原因或者是因被害人伤势过重造成死亡的结果，行为人对这种死亡后果的发生既不是希望也不是放任，往往是因为过失造成。因此在处理该类案件时，应当结合案件事实，综合考虑犯罪的起因、经过和结果，查明行为人的行为手段和方式、行为人与被害人之间的关系，以及行为人犯罪行为后的表现等，在全面分析的基础上作出判断。

（2）引起他人自杀行为的定性。自杀行为本身不构成犯罪，但引起他人自杀的行为需要针对不同情况具体分析，主要有以下几种情况：第一，行为人正当行为引起他人自杀的，这种情况下不能追究行为人的刑事责任。比如说监狱监管人员履行监管职责时对被监管人员进行批评、处分，即属于正当职务行为，因履行正常监管职责导致被监管人员不满进而自杀的，不能追究监管人员的刑事责任。即使存在一般错误行为（如态度生硬、处理不公）或者轻微不法行为（如一般辱骂），也不能认定监管人员成立犯罪。第二，行为人的严重违法行为引起他人自杀的，需将该严重违法行为与引起他人自杀身亡的后果进行综合评价，达到了严重社会危害程度时，应当追究刑事责任。如殴打被监管人员，导致被监管人员自杀身亡的，便可综合起来认定行为的情节严重，将行为以虐待被监管人罪论处。

3. 故意杀人罪的刑事责任

根据《刑法》第 232 条的规定，犯本罪的，处死刑、无期徒刑或者十年以上有期徒刑；情节较轻的，处三年以上十年以下有期徒刑。

## （三）证据指引

1. 关于本罪主体的证据

本罪的主体为一般主体犯罪。需要调取能够证明本罪主体身份证据主要有：

（1）个人身份证据：包括居民身份证、临时居住证、工作证、护照、港澳居民来往内地通行证、台湾居民来往大陆通行证、中华人民共和国旅行证以及边民证；户口簿、微机户口卡或公安部门出具的户籍证明等；个人履历表、入监登记表；犯罪嫌疑人、被告人的供述；有关人员（如管教干警、同监舍服刑人员等）关于犯罪嫌疑人、被告人情况的证言。

通过以上证据证明：自然人的姓名（曾用名）、性别、出生年月日、居民身份证号码、民族、籍贯、出生地、职业、住所地等情况。

对可能判处死刑的犯罪嫌疑人、被告人，犯罪时年龄为18周岁左右或者已满75周岁的，应当尽可能查明准确年龄。

（2）前科证据、改造表现证据：包括刑事判决书、裁定书；狱内行政处罚审批表；其他证明材料。

（3）国籍的认定。

办理犯罪案件时，应当查明犯罪嫌疑人、被告人的国籍。外国人的国籍，以其入境时的有效证件证明。对于没有护照的，可根据边民证认定其国籍。此外，根据有关国家有权管理机关出具的证明材料（同时附有我国司法机关的《委托函》或者能过证明该证据取证合法的证明材料），也可以认定其国籍。国籍不明的，可商情我国出入境管理部门或者我国驻外使领馆予以查明。无法查明国籍的，以国籍人论。无国籍人，按外国人对待。

（4）刑事责任能力的确定。

犯罪嫌疑人、被告人的言行举止反映其可能患有精神性疾病的，应当尽量收集能够证明其精神状况的证据。证人证言可作为证明犯罪嫌疑人、被告人刑事责任能力的证据。经查，不能排除犯罪嫌疑人、被告人具有精神性疾病可能性的，应当作司法精神病鉴定。

2. 关于本罪主观方面的证据

（1）犯罪嫌疑人、被告人的供述和辩解，需要证实的内容包括以下几个方面：

①案件发生的原因，因何种矛盾引发，包括犯罪的动机、目的及起意、策划的过程，以及是否存在因掩饰违法犯罪行为而杀人；

②实施杀人行为时的主观心态如何，对后果的认知程度、主动程度；

③共同犯罪的犯意提起、组织、预谋、策划过程及分工情况，并应查明以下情况：

一是事先有无预谋策划，有无事先或事中达成默契，或者作案前有无通过他们之间特定语言、表情、手势等形成内容明确的共同犯罪（杀人）故意；

二是有无持不同意见或反对意见者，包括对是否杀人或杀人的具体方式、时机等内容持不同意见或反对意见；

三是对未表示反对或同意意见者，要查明其在案发前、案发时、案发后的语言、行为等，以此考察其主观态度。

④是否属于共同犯罪中的从犯、胁从犯。

（2）被害人陈述，需要证实的内容有：

①其与犯罪嫌疑人、被告人是否认识、平时关系，是否与各行人有矛盾等可能引发行为人实施杀人行为的动因；

②犯罪嫌疑人、被告人在实施杀人行为前后和过程中的言行及其产生的后果，反映犯罪嫌疑人、被告人是否具有杀人的故意。

（3）证人证言

①现场目击证人证言，证实其所看到（听到）的行为人和被害人的言行、杀人过程和现场情况；

②知情人证言，证实行为人与被害人是否有矛盾等，行为人是否曾有杀人的意思表示和举动。

（4）能够证实行为人实施杀害行为的起因、目的等情况的相关书证（如收据、借条、欠条等）。

通过上述证据并结合客观方面的证据，证实行为人主观上必须具有故意，即明知自己的行为会发生非法剥夺他人生命的结果，而希望或放任该结果的发生。对于间接故意杀人的，应重点讯问犯罪嫌疑人、被告人实施杀害行为时对被害人死亡这一后果的主观心态，结合其客观方面，如侵害工具、打击部位、作案环境、作案后表现等方面的证据，综合予以认定。共同犯罪的，要证明每一行为人在主观上都必须明知自己的行为是在共同犯意支配下的共同犯罪行为的组成部分。

3. 关于本罪客体的证据

本罪侵犯的客体是他人的生命权利，需要调取的证据主要有：

（1）被害人的户籍证明、身份证、入监登记材料等；

（2）被害人亲友及犯罪嫌疑人、被告人辨尸笔录；

（3）物证，如提取的被害人随身携带的物品及其提取笔录；

（4）被害人亲友对被害人随身携带物品的辨认笔录；

(5) 无法辨认的尸体所作的DNA鉴定及被采样作同一DNA鉴定的亲属与死者关系的证明；

(6) 尸体高度白骨化、人体组织碎片化，或者无法找到死者及其亲属DNA样本的难以进行DNA鉴定的情况下，可以通过颅骨头像复原等技术手段确定尸体身份，需要说明的是，该证据的证明力低于DNA鉴定意见的证明力。

4. 关于本罪客观方面的证据

(1) 犯罪嫌疑人、被告人的供述和辩解。需要证实的内容包括以下方面：

①实施杀害行为的时间、地点、环境、参与人；

②采取何种方式、手段；

③作案工具的来源、数量、特征、下落；

④侵害部位及打击次数、被害人当场的受伤情况。如果是多人共同犯罪，应查明每一行为人使用的工具、打击部位，以及关键性伤害或致命伤的行为人；

⑤具体、详细的犯罪经过；

⑥行为人和被害人的身体特征，包括面部特征、身高、体态，以及当时的衣着情况等详细特征；

⑦犯罪现场是否有其他见证人；

⑧被害人尸体、物品的处理情况；

⑨共同犯罪的起意、策划、分工、实施等情况，查明每一个犯罪嫌疑人、被告人在共同犯罪中的地位和作用；

⑩犯罪后的表现情况，如是否有积极抢救被害人的行为，是否赔偿了被害人的经济损失。

(2) 被害人陈述。

证实内容同上。

(3) 证人证言。

①目击证人证言。需要证实的内容包括：目击证人与行为人和被害人的关系；案发时间、地点、原因、经过、结果；发生冲突双方的情况，包括行为人和被害人的面部特征、身高、体态、衣着等；在案发现场所看见、听到的一切与案件事实相关的其他情况。

②抓获人、扭送人证言。需要证实的内容包括：如何获知犯罪和犯罪嫌疑人、被告人情况，以及犯罪嫌疑人、破告人被抓获时的身体特征、衣着情况的描述；抓获犯罪嫌疑人、被告人的时间、地点、过程，以证实犯罪嫌疑人、被告人是否有投案、坦白、立功等情节。

③现场发现人证言。证实其何时、何地、如何发现犯罪现场以及犯罪现场

的有关情况。

④其他知情人的证言。

（4）物证、书证。

①作案工具，如棍棒、刀、绳索等实物、照片，犯罪嫌疑人、被告人用来处理被害人尸体的工具；

②现场遗留痕迹，如指纹、脚印、压狠、齿痕等，作案工具上遗留的痕迹，如指纹、血迹、毛发等；

③现场遗留的血衣、血迹、毛发等；

④书信、日记等，证实行为人实施杀害行为的时间、地点及经过等情况；

⑤亲情电话通话记录、会见录音录像记录；

⑥病历、抢救记录、死亡证明；

⑦民事赔偿调解协议（笔录）、欠条等，佐证犯罪嫌疑人、被告人承认其犯罪行为及后果等；

⑧被害人尸体上提取痕迹，如尸体双手指甲提取物；

⑨犯罪嫌疑人、被告人身体提取的痕迹，如指纹、血迹、双手指甲提取物等；

⑩电子证据，注意调取犯罪嫌疑人、被告人和被害人、证人的电话录音、录像等相关证据，对于已经损坏和删除的电子证据，可以通过技术手段恢复并固定，同时证明上述资料调取过程的证据和材料。

（5）鉴定意见。

①法医鉴定意见，证实凶器种类、打击部位、被害人伤情、死亡原因、死亡时间等；

②痕迹鉴定意见，包括指纹、脚印、压痕、弹痕、齿痕等鉴定，证实是否是犯罪嫌疑人、被告人或被害人遗留，证实是否为犯罪嫌疑人、被害人以外的第三人所留；

③文检鉴定意见，证实有关书证上的字迹、印鉴等是否是犯罪嫌疑人、被告人或被害人的；

④血型、DNA 鉴定意见，证实犯罪嫌疑人、被告人、被害人身体、衣物或者现场遗留的血衣、血迹、毛发等是否是犯罪嫌疑人、被告人或被害人的，查明并排除其他人所留；

⑤毒物、麻醉物及胃存物、排泄物等鉴定意见，证实被害人是否被毒死或麻醉后杀害等情况；

⑥精神病鉴定意见，证实行为人是否是精神病人等；

⑦其他鉴定意见。

(6) 勘验检查笔录。

①现场勘查笔录、照片，证实犯罪预备现场、杀人现场、弃尸毁尸现场情况等；

②人身检查笔录及照片，证实被害人或行为人身体特征、伤情等；

③尸体检验笔录及照片，证实被害人死亡时间、受伤部位、死亡原因等。

(7) 视听资料。

①录音、录像等资料，对可能判处无期徒刑以上刑罚的犯罪嫌疑人，要对讯问过程全程录音录像，证明无诱供、刑讯逼供等违法取证侦查行为；

②现场监控录像，要积极调取案发中心现场和案发现场附近的视频录像，并注意采用截图、放大、清晰化等技术手段固定、运用证据。

(8) 其他证明材料。

①被害人、目击证人辨认犯罪嫌疑人或物证的笔录；

②犯罪嫌疑人、被告人和被害人、证人指认现场笔录；

③搜查笔录、扣押物品清单及照片，证实查获的作案工具及调取的相关物证；

④侦查实验笔录、录像；

⑤报案登记、立案决定书及破案经过等，证实案件来源和侦破经过以及犯罪嫌疑人是否有自首情节等。

上述证据之间必须相互印证，以确认犯罪嫌疑人、被告人使用暴力或者非暴力手段，实施了非法剥夺他人生命的行为，并造成被害人伤亡的后果，同时必须排除意外死亡、正当防卫、意外事件等阻却违法性事由，不构成犯罪的情形。杀害行为可以是作为方式，也可以是不作为方式。

5. 其他需要注意的问题

(1) 对未死亡的被害人身体造成损害的，应注意收集的证据包括：

①病历、诊断书；

②伤残鉴定意见；

③精神病鉴定意见；

④被害人亲友、管教干警对被害人被害前后的身体健康状况，如劳动能力、智力状况、后遗症等的证言。

(2) 在不作为故意杀人中，应注意收集的证据。

在不作为故意杀人中，还应证实行为人负有实施某种积极行为以防止或者阻止他人死亡的特定义务，且在当时情况下能履行该义务而故意不履行义务，即“当为能为而不为之”，致使被害人死亡，两者缺一不可。应重点收集以下相关证据：

①证实行为人负有法律上或职务、业务上以及先行行为产生的防止或者阻止他人死亡的义务的证据，包括：证人证言，证实行为人实施先行行为的情况等，行为人对被害人具有扶助、照顾、救助义务；有关单位、组织（如监区）提供的证明材料，证实行为人与被害人存在上述特殊关系。

②行为人在当时情况下能履行该义务而故意不履行义务的证据。包括：犯罪嫌疑人、被告人的供述和辩解；被害人陈述；证人证言；尸体检验报告、痕迹鉴定意见；现场勘查笔录、照片；侦查实验笔录、录像等。

（3）在侦查中应注意出现瑕疵或者非法证据，重点注意：

杀人案件的现场勘查应严格执行公安部制定的《刑事案件现场勘验检查细则》，并注意以下问题：

①除现场勘查指挥人员、具备现场勘查资格的人员外，其他人员（包括其他侦查人员）不得进入现场；

②现场勘查人员应对现场勘查情况保密，只将现场勘查概况通报给讯问人员，应保留细节；

③侦查机关的现场勘查人员应与讯问人员分离；

④侦查人员在讯问犯罪嫌疑人时，应对现场勘查所获细节予以保留，严禁引供、诱供。

### （四）参考案例

#### 郑某某故意杀人案

被告人郑某某，系某监狱服刑人员，2022 年 3 月 11 日，因涉嫌故意杀人罪被某监狱隔离审查。

2016 年 6 月，被告人郑某某因犯诈骗罪、故意伤害罪、贩卖运输毒品罪，被人民法院判处有期徒刑十九年，并处没收个人财产人民币二十万元。2016 年 9 月被投入监狱服刑。服刑期间，郑某某因对管教干警苏某的考核方式不满，遂对苏某怀恨在心。于案发前自书一封，记载要将苏某杀害。2022 年 3 月 11 日，郑某某擅自脱离互监组，趁苏某独自在办公室之际，手持监区队列牌冲入苏某办公室，用队列牌尖角砸向苏某头部时，被苏某躲开，被告人郑某某欲再次行凶时，被及时赶来的其他服刑人员拦住，并被制服。

人民法院经审理认为，被告人郑某某在服刑改造期间因对狱内干警的监管方式不满而怀恨在心，为杀害干警事先经过预谋，在实施犯罪行为过程中，被其他服刑罪犯制止而未得逞，其行为已经构成故意杀人罪（未遂），应当依法惩处。依照《中华人民共和国刑法》的规定，判决郑某某犯故意杀人罪，判处其有期徒刑三年，与前罪未执行有期徒刑十年一个月，并处没收个人财产人民币二十万元，数罪并罚，决定执行有期徒刑十二年九个月，并处没收个人财产人民币二十万元。

## 二、过失致人死亡罪

### （一）刑法规定

**《中华人民共和国刑法》**（2020年12月26日修正）（节录）

**第二百三十三条**　过失致人死亡的，处三年以上七年以下有期徒刑；情节较轻的，处三年以下有期徒刑。本法另有规定的，依照规定。

### （二）条文释义

过失致人死亡罪，是指因过失致使他人死亡的行为。

1. 过失致人死亡罪的构成要件

本罪侵犯的客体是他人的生命权。

本罪的客观方面表现为实施了过失致人死亡的行为。这里的过失行为既包括作为行为也包括不作为的行为，并且已经造成了死亡的结果，行为与死亡结果之间必须具有刑法意义上的因果关系。

本罪的主体是一般主体，即已满16周岁、具有刑事责任能力的自然人。

本罪的主观方面为过失，包括疏忽大意的过失和过于自信的过失。即行为人应当预见自己的行为可能导致他人死亡的结果，由于疏忽大意没有预见，或者已经预见而轻信能够避免，以致发生他人死亡的危害结果。

2. 过失致人死亡罪的认定

（1）过失致人死亡罪与刑法其他条文规定“致人死亡”的过失犯罪之间的关系。《刑法》第233条规定“本法另有规定的，依照规定”，指的是刑法分则某些条文规定的过失犯罪，同时也造成了他人死亡的结果情形。如犯失火罪、交通肇事罪、重大责任事故罪等过失犯罪致人死亡结果的，应分别按照有关条文定罪量刑，不以过失致人死亡罪论处。

（2）过失致人死亡罪与意外事件致人死亡的界限。二者的区别在于行为人能否预见自己的行为可能导致他人的死亡。应当根据行为本身的威胁程度、行为人的智力水平、经验能力以及客观环境条件进行判断。行为人能够预见或者能够防止他人死亡结果发生的，应当以过失致人死亡罪论处，反之则应按意外事件处理。

3. 过失致人死亡罪的刑事责任

根据《刑法》第233条的规定，犯本罪的，处三年以上七年以下有期徒刑；情节较轻的，处三年以下有期徒刑。

## （三）证据指引

1. 关于本罪主体的证据

本罪主体为一般主体，即年满十六周岁、具有刑事责任能力的自然人，具体证据参见“故意杀人罪”主体证据的有关内容。

2. 关于本罪主观方面的证据

（1）犯罪嫌疑人、被告人的供述和辩解，需要证实的内容包括以下几个方面：

①实施危害行为的目的，是否具有故意杀害、伤害或其他侵害的目的；

②是否意识到危害行为的危险性以及可能会造成他人伤亡的后果；

③在实施危害行为前后和过程中的言行及其所产生的后果。

（2）证人证言。

①现场目击证人证言，证实其所看到（听到）的行为人和被害人的言行、实施危害行为的过程和现场情况；

②知情人证言，证实行为人与被害人是否有矛盾，行为人是否曾有故意杀害、伤害或其他侵害的意思表示和举动。

（3）书信、日记等书证。证实行为人与被害人是否有矛盾，以及行为人是否具有故意杀害、伤害或其他侵害的意思表示。

通过上述证据并结合客观方面的证据，证实犯罪嫌疑人、被告人对其所实施的危害行为及其危险性是明知的，对致人死亡的危害结果的发生是疏忽大意或者过于自信。同时，证实行为人在实施危险行为是具有预见义务和预见能力。预见义务是指行为人对自己的行为可能发生的危害社会的结果应该有预先认知的责任，预见能力是指行为人在行为时特定的主客观条件下，能够预先认识自己的行为可能发生的危害社会的结果的能力。

实践中，应该注意本罪的过失，是指行为人对造成他人死亡的结果的心理态度，既不是希望，也不是放任。但其对所实施的危害行为本身可能明知或者听之任之。

3. 关于本罪客观方面的证据

（1）犯罪嫌疑人、被告人的供述和辩解。需要证实的内容包括以下几个方面：

①实施危害行为的时间、地点；

②实施危害行为的方式、手段；

③作案工具的来源、数量、特征、下落；

④侵害部位及打击次数、被害人当场死亡的情况；

⑤实施危害行为的具体过程；

⑥行为人和被害人的身体特征，包括面部特征、身高、体态，以及当时的衣着情况等详细特征；

⑦犯罪现场是否有目击证人；

⑧被害人尸体、物品的处理情况；

⑨犯罪后的表现情况，如是否有积极抢救被害人的行为，是否赔偿了被害人的经济损失。

（2）证人证言。需要证实其所了解的被害人被侵害过程和现场情况等。包括：

①目击证人证言，需要证实的内容包括：目击证人与犯罪嫌疑人、被告人和被害人的关系；案发时间、地点、原因；双方的情况，包括行为人和被害人的面部特征、身高、体态、衣着等；在案发现场所看见、听到的一切与案件事实相关的情况。

②抓获人、扭送人证言，需要证实的内容包括：如何获知犯罪和犯罪嫌疑人、被告人情况；抓获犯罪嫌疑人、被告人的时间、地点、过程；犯罪嫌疑人、被告人是否有投案、坦白、立功情节；犯罪嫌疑人、被告人被抓获时的身体特征、衣着情况的描述；若有多名抓获者，证言中的不一致之处应有合理解释。

③现场发现人证言，需要证实其何时、何地、如何发现犯罪现场以及犯罪现场的有关情况。

④其他知情人的证言。

（3）物证、书证，包括：

①作案工具，如棍棒、刀、绳索等；

②现场遗留痕迹，如指纹、脚印、压痕等；

③现场遗留的血衣、血迹、毛发等；

④书信、日记等，证实行为人实施危害行为的时间、地点及经过等情况；

⑤病历、抢救记录，死亡证明；

⑥民事赔偿调解协议（笔录）、欠条等，佐证犯罪嫌疑人、被告人承认其犯罪行为及后果。

（4）鉴定意见：

①法医鉴定意见，证实凶器种类、打击部位、被害人死亡原因等；

②痕迹鉴定意见，对上述指纹、脚印等进行鉴定，证实是否是犯罪嫌疑人、被告人或被害人遗留的；

③文检鉴定意见，证实有关书证上的笔迹、印鉴是否是犯罪嫌疑人、被告人或被害人的；

④血型、DNA 鉴定意见，证实犯罪嫌疑人、被告人、被害人身体、衣物或者现场遗留的血衣、血迹、毛发等是否是犯罪嫌疑人、被告人或被害人的。

（5）勘验、检查笔录：

①现场勘查笔录、照片，证实案发现场、弃尸毁尸现场情况等；

②尸体检验笔录及照片，证实被害人死亡时间、受伤部位、死亡原因等。

（6）视听资料。包括亲情电话录音、会见录像录音等资料。

（7）调取的其他证明材料：

①目击证人辨认犯罪嫌疑人或物证的笔录；

②犯罪嫌疑人、被告人和证人指认现场笔录；

③搜查笔录、扣押物品清单及照片，证实查获的作案工具及调取的相关物证；

④侦查实验笔录、录像；

⑤报案登记、立案决定书及破案经过等书证，证实案件来源、侦破经过以及犯罪嫌疑人是否有自首情节等。

通过上述证据，证明行为人实施了危害行为，过失地造成他人死亡的危害后果，且危害行为与危害后果之间具有刑法意义的因果关系。

应当注意，“不作为引起他人死亡的”情况，可能出于行为人的故意，也可能出于行为人的过失。实践中，行为人不作为致人死亡的，应注意收集有助于证明行为人主观罪过的证据。

在司法实践中，还应注意行为人的危害行为与死亡结果之间的因果关系往往比较复杂，有时存在偶然介入因素，包括行为人之外的其他人故意或过失行为，或者自然因素等。针对上述情况，应注意收集有助于正确分析、界定偶然介入因素对危害后果的发生影响程度的证据。

4. 关于本罪客体的证据

本罪侵犯的客体是他人的生命权利。证实他人的生命权利受到侵害的主要证据有：

（1）被害人的户籍证明、身份证等。

（2）被害人亲友及犯罪嫌疑人、被告人辨尸笔录。

（3）物证，如提取的被害人随身携带的物品及其提取笔录，以及被害人管教干警、同监罪犯对被害人随身携带物品的辨认笔录。

（4）无法辨认的尸体所作的DNA鉴定及被采样作同一DNA鉴定的亲属与死者关系的证明。

### （四）典型案例

#### 瞿某某过失致人死亡案

被告人瞿某某，系某监狱服刑人员，2019年4月10日因涉嫌过失致人死亡罪被监狱隔离审查。

2018年5月，被告人瞿某某因犯贩卖毒品罪被人民法院判处有期徒刑三年，并处罚金人民币五千元。2018年7月入监狱服刑。2019年4月10日9时35分许，被告人瞿某某与同犯卞某在监狱医院病房打牌。被害人杜某（卒年51岁）不满被告人瞿某某坐在病床中间过道处，二人发生争吵，进而互相推搡，瞿某某拳击对方头面部一两下。杜某用塑料凳砸瞿某某一下致其左前臂划伤，后二人被同犯拉开。当日9时44分许，被告人瞿某某找到杜某某发生二次厮打。瞿某某抓住杜某衣领并拳击杜某头面部两下，随后杜某拿起茶叶盒砸向瞿某某未中，二人被同犯拉开。9时45分许，被害人杜某突然昏迷，后经抢救无效死亡。经鉴定，被害人杜某系因冠状动脉粥样硬化性心脏病急性发作而死亡。本例死亡之前与他人的争吵和厮打行为等可作为本例冠状动脉粥样硬化性心脏病急性发作的诱发因素。

人民法院经审理认为，被告人瞿某某在服刑改造期间，因琐事与被害人杜某发生争吵和厮打，诱发被害人冠状动脉粥样硬化性心脏病急性发作而死亡，其行为已构成过失致人死亡罪。依据《中华人民共和国刑法》的规定，判决被告人瞿某某犯过失致人死亡罪，判处其有期徒刑三年六个月，与前罪未执行的刑罚有期徒刑一年八个月，并处罚金人民币五千元；数罪并罚，决定执行有期徒刑四年六个月，并处罚金人民币五千元。

## 三、故意伤害罪

### （一）刑法规定

**《中华人民共和国刑法》**（2020年12月26日修正）（节录）

**第二百三十四条** 故意伤害他人身体的，处三年以下有期徒刑、拘役或者管制。

犯前款罪，致人重伤的，处三年以上十年以下有期徒刑；致人死亡或者以特别残忍手段致人重伤造成残疾的，处十年以上有期徒刑、无期徒刑或者死刑。本法另有规定的，依照规定。

### （二）条文释义

故意伤害罪，是指行为人故意非法损害他人身体健康的行为。

1. 故意伤害罪的构成要件

本罪侵犯的客体是他人的身体健康权。所谓身体健康权，通说一般认为“是指己身以外的自然人对于保持其肢体、器官、组织的完整性和正常机能的权利”①。本罪的行为对象是他人。自伤自残行为致使自身的身体健康造成损害的，对行为人本人不成立故意伤害罪。但是，现役军人如果为了逃避军事义务，在战时自伤身体的，可以构成战时自伤罪，应按《刑法》第434条的规定追究刑事责任。

本罪的客观方面表现为非法损害他人身体健康的行为。具体来说，该行为具有以下特征：第一，伤害行为的非法性。因执行职务、正当防卫、紧急避险等合法行为对他人的身体健康损害的，一般不构成犯罪。第二，具有损害他人身体健康的实行行为。对实行行为以及采用的伤害方式，法律上并没有限制，作为与不作为均可，伤害的手段也是多种多样的，伤害行为所造成的损害结果既包括肉体伤害也包括精神伤害。根据刑法的规定，损害结果可以分为轻伤、重伤与伤害致死。2013年最高法、最高检、公安部、国家安全部、司法部发布的《人体损伤程度鉴定标准的规定》，对重伤、轻伤、轻微伤作出定义。重伤，是指使人肢体残废、毁人容貌、丧失听觉、丧失视觉、丧失其他器官功能或者其他对于人身健康有重大伤害的损伤，包括重伤一级和重伤二级；轻伤，是指使人肢体或者容貌损害，听觉、视觉或者其他器官功能部分障碍或者其他对于人身健康有中度伤害的损伤，包括轻伤一级和轻伤二级；轻微伤，是指各种致伤因素所致的原发性损伤，造成组织器官结构轻微损害或者轻微功能障碍。伤害致死只要发生了死亡的结果即可认定。

本罪的主体是一般主体。即凡已满《刑法》第17条规定的刑事责任年龄并具有刑事责任能力的人，均可成为本罪的主体。对已满十四周岁不满十六周岁的人，故意伤害致人重伤或者死亡的应当负刑事责任；对已满十二周岁不满十四周岁的人，犯故意伤害罪，致人死亡或者以特别残忍手段致人重伤造成严

① 参见高铭暄、马克昌主编：《刑法学》，北京大学出版社2022年版，第464页。

重残疾，情节恶劣，经最高人民检察院核准追诉的，应当负刑事责任。

本罪的主观方面是具有伤害的故意。即明知自己的行为会发生损害他人身体健康的危害结果，并且希望或者放任这种结果的发生。

2. 故意伤害罪的认定

根据最高检、公安部《关于依法妥善办理轻伤害案件的指导意见》的规定，对于轻伤害案件，一要准确区分罪与非罪，对被害人出现伤害后果的，判断行为人是否构成故意伤害罪时，应当在全面审查案件事实、证据的基础上，根据双方的主观方面和客观行为准确认定，避免“唯结果论”“谁受伤谁有理”。如果行为人只是与被害人发生轻微推搡、拉扯的，或者为摆脱被害人拉扯或者控制而实施甩手、后退等应急、防御行为的，不宜认定为刑法意义上的故意伤害行为。二要准确区分正当防卫与互殴型故意伤害。要坚持主客观相统一的原则，综合考察案发起因、对冲突升级是否有过错、是否使用或者准备使用凶器、是否采用明显不相当的暴力、是否纠集他人参与打斗等客观情节，准确判断行为人的主观意图和行为性质。因琐事发生争执，双方均不能保持克制而引发打斗，对于过错的一方先动手且手段明显过激，或者一方先动手，在对方努力避免冲突的情况下仍继续侵害，还击一方造成对方伤害的，一般应当认定为正当防卫。故意挑拨对方实施不法侵害，借机伤害对方的，一般不认定为正当防卫。

3. 故意伤害罪的刑事责任

根据《刑法》第 234 条的规定，犯本罪的，处三年以下有期徒刑、拘役或者管制；致人重伤的，处三年以上十年以下有期徒刑；致人死亡或者以特别残忍手段致人重伤造成残疾的，处十年以上有期徒刑、无期徒刑或者死刑。

### （三）证据指引

1. 证明自然人犯罪主体的证据：

本罪主体为一般主体，即年满十六周岁、具有刑事责任能力的自然人，具体证据参见“故意杀人罪”主体证据的有关内容。

2. 关于本罪主观方面的证据

（1）犯罪嫌疑人、被告人的供述和辩解，需要证实的内容包括以下几个方面：

①案件发生的原因，犯罪的动机、目的及起意、策划的过程；

②实施伤害行为时的主观心态如何，对后果的认知程度、主动程度，致人死亡的，行为人对于死亡结果的发生是否已经有所预见；

③共同犯罪的犯意提起、组织、预谋、策划过程及分工情况。此外，为准

确认定共同犯罪案件中每一犯罪嫌疑人、被告人是否且有共同伤害的故意，并应查明以下情况：

一是事先有无预谋策划，有无事先或事中达成默契或者多次结伙作案的犯罪分子之间，每次作案前有无通过他们之间特定语言、表情、手势等形成内容明确的共同伤害的故意；

二是有无持不同意见或反对意见者，包括对是否伤害或伤害的具体方式、时机等内容持不同意见或反对意见；

三是对未表示反对或同意意见者，要查明其在案发前、案发时、案发后的语言、行为等，以此考察其主观态度；

四是是否属于共同犯罪中的从犯、胁从犯。

（2）被害人陈述，需要证实的内容主要包括以下几个方面：

①其与犯罪嫌疑人、被告人是否认识、平时关系，是否与行为人有过节等可能引发行为人实施伤害行为的动因；

②行为人在实施伤害行为前后和行为时的言行及其所产生的后果，反映其是否具有伤害的故意。

（3）证人证言：

①现场目击证人证言，证实其所看到（听到）的行为人和被害人的言行、伤害过程和现场情况；

②知情人证言，证实行为人与被害人是否有矛盾等，行为人是否曾有伤害的意思表示和举动。

（4）能够证实行为人实施伤害行为的起因、目的等情况的书证（如收据、借条、欠条等）。

（5）证实犯罪手段、打击部位、打击强度等客观方面的相关证据，证实行为人主观上是否只是伤害的故意。

通过上述证据，证明犯罪嫌疑人、被告人具有非法伤害他人身体的故意，即明知自己的行为会造成被害人身体受到伤害的结果，并且希望或者放任这种结果的发生。故意伤害致人死亡的，行为人具有伤害的故意，但对死亡结果的发生是一种过失或者意料之外的主观心态。

3. 关于本罪客体的证据

本罪侵犯的客体是他人的身体健康权利，需要调取的主要证据有：

（1）被害人的看病的病志、病历、相关病情诊断；

（2）侦查机关法医的验伤笔录；

（3）相关证人对嫌疑人、被告人造成被害人伤害情况的描述；

（4）司法鉴定机构对被害人的伤残鉴定意见。

在对本罪的客体证据进行取证时，应当注意调取行为人是否具有正当防卫或者防卫的情节，行为人正当防卫的，不构成犯罪，防卫过当或者防卫不适当的，应从轻处罚，或者转化为其他犯罪，比如过失致人死亡罪、过失致人重伤罪等。

4. 关于本罪客观方面的证据

（1）犯罪嫌疑人、被告人的供述和辩解，需要证实内容主要包括以下几个方面：

①实施伤害行为的时间、地点、参与人；

②采取何种方式、手段；

③作案工具的来源、数量、特征、下落；

④侵害部位及打击次数、被害人当场的受伤情况。如果是多人共同犯罪，应查明每一行为人使用的工具、打击部位，以及造成关键性伤害或致命伤的行为人；

⑤具体、详细的犯罪经过；

⑥犯罪嫌疑人、被告人和被害人的身体特征，包括面部特征、身高、体态，以及当时的衣着情况等详细特征；

⑦犯罪现场是否有见证人；

⑧被害人尸体、物品的处理情况；

⑨共同犯罪的，对起意、策划、分工、实施等情况，以查明每一个犯罪嫌疑人、被告人在共同犯罪中的地位和作用；

⑩犯罪后的表现情况，如是否有积极抢救被害人的行为，是否赔偿了被害人的经济损失。

（2）被害人陈述。

证实内容同上。

（3）证人证言，需要证实其所了解的伤害过程和现场情况等。包括：

①目击证人证言，需要证实的内容包括：目击证人与犯罪嫌疑人、被告人和被害人的关系；案发时间、地点、原因；发生冲突双方的情况，包括罪名、刑期、平时改造表现等；在案发现场所看见、听到的一切与案件事实相关的情况；

②现场发现人证言，证实其何时、何地、如何发现犯罪现场以及犯罪现场的有关情况；

③其他知情人的证言。

（4）物证、书证。

①作案工具；

②现场遗留痕迹；

③现场遗留的血衣、血迹、毛发等；

④书信、日记等，证实行为人实施伤害行为的时间、地点及经过等情况；

⑤病历、抢救记录、死亡证明；

⑥民事赔偿调解协议（笔录）、欠条等，佐证犯罪嫌疑人、被告人承认其犯罪行为及后果；

⑦电子证据，注意调取犯罪嫌疑人、被告人和被害人、证人的亲情通话记录、会见通话记录里的相关证据，对于已经损坏和删除的电子证据，可以通过技术手段恢复并固定，同时注意能够证明上述资料调取过程的证据和材料。

（5）鉴定意见：

①法医鉴定意见，证实凶器种类、打击部位、被害人伤情、死亡原因、死亡时间等；

②痕迹鉴定意见，对现场遗留的指纹、脚印、压痕、齿痕等进行鉴定，证实是否是犯罪嫌疑人、被告人或被害人遗留的，是否为犯罪嫌疑人、被害人以外的第三人所留；

③文检鉴定意见，证实有关书证上所留笔迹、印鉴是否是犯罪嫌疑人、被告人或被害人的；

④血型、DNA 鉴定意见，证实犯罪嫌疑人、被告人、被害人身体、衣物或者现场遗留的血衣、血迹、毛发等是否是犯罪嫌疑人、被告人或被害人的；

⑤毒物、麻醉药物及胃存物、排泄物鉴定意见等，证实被害人是否被毒伤或麻醉后被伤害等情况；

⑥精神病鉴定意见，证实被害人是否是精神病人、行为人是否存在正当防卫，以及被害人是否因伤害行为导致精神病等；

⑦伤残鉴定意见。

（6）勘验检查笔录：

①现场勘查笔录及照片，证实犯罪预备现场、伤害现场等；

②人身检查笔录及照片，证实被害人或行为人身体特征、伤情等；

③尸体检验笔录及照片，证实死亡时间、受伤部位、死亡原因等。

（7）视听资料。

包括录音、录像等资料，以及现场监控录像等证据，要积极调取案发中心现场和案发现场附近的视频录像，并注意采用截图、放大、清晰化等技术手段固定、运用证据。

（8）其他证明材料：

①被害人、目击证人辨认犯罪嫌疑人或物证的笔录；

②犯罪嫌疑人、被告人和被害人、证人指认现场笔录；

③搜查笔录、扣押物品清单及照片，证实查获的作案工具及调取的相关物证；

④侦查实验笔录、录像；

⑤受案登记表、立案决定书及破案经过等书证，证实案件来源，侦破经过以及犯罪嫌疑人是否有自首情节等。

### （四）典型案例

#### 扈某某故意伤害案

被告人扈某某，系某监狱服刑人员，2022 年 9 月 13 日，因犯故意伤害罪被某监狱隔离审查。

2013 年 10 月，被告人扈某某因犯故意杀人罪，被人民法院判处有期徒刑十三年，剥夺政治权利五年。2013 年 11 月入监狱服刑。2022 年 9 月 13 日中午 11 时左右，在监狱监舍内，被告人扈某某与被害人王某因琐事互相辱骂，被告人扈某某随即用装有水的塑料水杯向被害人王某面部猛力投掷两次，致使被害人王某右侧面部擦伤、肿胀，左侧上唇部造成长约 2.0cm 创口，牙齿缺失，牙冠缺损，牙龈撕裂，牙槽骨骨折等后果。经鉴定，被害人王某所受外伤对其牙齿脱落和折断起主要作用，其牙损伤程度为轻伤一级。

人民法院经审理认为，被告人扈某某在服刑改造期间与同犯发生矛盾，故意实施伤害他人的行为，造成他人轻伤一级的后果，其行为已构成故意伤害罪，应依法惩处。依照《中华人民共和国刑法》的规定，判决被告人扈某某犯故意伤害罪，判处其有期徒刑一年二个月。与前罪未执行刑期有期徒刑二年零三日，剥夺政治权利五年；数罪并罚，决定执行有期徒刑二年九个月，剥夺政治权利五年。

## 四、盗窃罪

### （一）刑法规定

**《中华人民共和国刑法》**（2020 年 12 月 26 日修正）（节录）

**第二百六十四条** 盗窃公私财物，数额较大的，或者多次盗窃、入户盗窃、携带凶器盗窃、扒窃的，处三年以下有期徒刑、拘役或者管制，并处或者单处罚金；数额巨大或者有其他严重情节的，处三年以上十年以下有期徒刑，并处罚金；数额特别巨大或者有其他特别严重情节的，处十年以上有期徒刑或者无期徒刑，并处罚金或者没收财产。

## （二）条文释义

盗窃罪，是指以非法占有为目的，秘密窃取他人占有的数额较大的财物，或者多次盗窃、入户盗窃、携带凶器盗窃、扒窃公私财物的行为。

1. 盗窃罪的犯罪构成要件

本罪侵犯的客体是公私财物的所有权。犯罪对象一般为动产，包括与不动产可以分离的附着物。我国刑法没有明文规定盗窃的财物限于动产，因此在特殊情况下，不动产也可以成为盗窃罪的对象。公私财物既可以是有形物，也可以是无形物，如电力、煤气、天然气等。

本罪的客观表现方面为秘密窃取数额较大的公私财物或者多次盗窃、入户盗窃、携带凶器盗窃、扒窃公私财物的行为。所谓秘密窃取，通说一般认为，行为人采用的是自认为不使他人发觉的方法占有他人财物，主观上意图是秘密窃取，即使客观上已经被他人发觉或者注视，也不影响盗窃性质的认定。盗窃的公私财物必须达到数额较大，根据“两高”《关于办理盗窃刑事案件适用法律若干问题的解释》（以下简称《盗窃案件解释》），盗窃公私财物价值达到1000元至3000元以上的，应当认定为“数额较大”。所谓多次盗窃，是指三次以上盗窃。《盗窃案件解释》第3条规定，二年内盗窃三次以上的，应当认定为多次盗窃。所谓入户盗窃，是指非法进入供他人家庭生活、与外界相对隔离的住所盗窃。所谓携带凶器盗窃，根据《盗窃案件解释》规定，携带枪支、爆炸物、管制刀具等国家禁止个人携带的器械盗窃，或者为了实施违法犯罪携带足以危害他人人身安全的器械盗窃。所谓扒窃，是指在公共场所或者公共交通工具上盗窃他人随身携带的财物。需要注意的是，多次盗窃、入户盗窃、携带凶器盗窃、扒窃公私财物行为并不要求达到数额较大的标准，上述行为是本罪的构成要件，只要实施了上述行为之一，即使未达到数额较大的标准的，也可成立盗窃罪。

本罪的主体是一般主体，凡年满16周岁且具备刑事责任能力的自然人，均可成为本罪的主体。

本罪的主观方面是直接故意，且具有非法占有公私财物的目的。

2. 盗窃罪的认定

在本罪与非罪的界限、盗窃罪的相应数额标准、本罪既遂与未遂的界限等方面，最高检、最高法于2013年4月2日公布了《关于办理盗窃刑事案件适用法律若干问题的解释》(法释〔2013〕8号)，对此作出了相应解释。

关于盗窃罪“数额较大”“数额巨大”“数额特别巨大”的一般认定标准：盗窃公私财物价值一千元至三千元以上、三万元至十万元以上、三十万元至五十万元以上的，应当分别认定为刑法第二百六十四条规定的“数额较大”“数额巨大”“数额特别巨大”。

具有下列情形之一的，“数额较大”的标准可以按照上述标准的百分之五十确定：曾因盗窃受过刑事处罚的；一年内曾因盗窃受过行政处罚的；组织、控制未成年人盗窃的；自然灾害、事故灾害、社会安全事件等突发事件期间，在事件发生地盗窃的；盗窃残疾人、孤寡老人、丧失劳动能力人的财物的；在医院盗窃病人或者其亲友财物的；盗窃救灾、抢险、防汛、优抚、扶贫、移民、救济款物的；因盗窃造成严重后果的。

各省、自治区、直辖市高级人民法院、人民检察院可以根据本地区经济发展状况，并考虑社会治安状况，在前款规定的数额幅度内，确定本地区执行的具体数额标准，报最高人民法院、最高人民检察院批准。在跨地区运行的公共交通工具上盗窃，盗窃地点无法查证的，盗窃数额是否达到“数额较大”、“数额巨大”、“数额特别巨大”，应当根据受理案件所在地省、自治区、直辖市高级人民法院、人民检察院确定的有关数额标准认定。

关于盗窃形式的认定：二年内盗窃三次以上的，应当认定为“多次盗窃”。非法进入供他人家庭生活，与外界相对隔离的住所盗窃的，应当认定为“入户盗窃”。携带枪支、爆炸物、管制刀具等国家禁止个人携带的器械盗窃，或者为了实施违法犯罪携带其他足以危害他人人身安全的器械盗窃的，应当认定为“携带凶器盗窃”。在公共场所或者公共交通工具上盗窃他人随身携带的财物的，应当认定为“扒窃。

关于盗窃数额的认定：被盗财物有有效价格证明的，根据有效价格证明认定；无有效价格证明，或者根据价格证明认定盗窃数额明显不合理的，应当按照有关规定委托估价机构估价。

盗窃外币的，按照盗窃时中国外汇交易中心或者中国人民银行授权机构公布的人民币对该货币的中间价折合成人民币计算；中国外汇交易中心或者中国人民银行授权机构未公布汇率中间价的外币，按照盗窃时境内银行人民币对该货币的中间价折算成人民币，或者该货币在境内银行、国际外汇市场对美元汇率，与人民币对美元汇率中间价进行套算。

盗窃电力、燃气、自来水等财物，盗窃数量能够查实的，按照查实的数量计算盗窃数额；盗窃数量无法查实的，以盗窃前六个月月均正常用量减去盗窃后计量仪表显示的月均用量推算盗窃数额；盗窃前正常使用不足六个月的，按照正常使用期间的月均用量减去盗窃后计量仪表显示的月均用量推算盗窃数额；明知是盗接他人通信线路、复制他人电信码号的电信设备、设施而使用的，按照合法用户为其支付的费用认定盗窃数额；无法直接确认的，以合法用户的电信设备、设施被盗接、复制后的月缴费额减去被盗接、复制前六个月的月均电话费推算盗窃数额；合法用户使用电信设备、设施不足六个月的，按照实际使用的月均电话费推算盗窃数额；盗接他人通信线路、复制他人电信码号出售的，按照销赃数额认定盗窃数额。盗窃行为给失主造成的损失大于盗窃数额的，损失数额可以作为量刑情节考虑。

盗窃有价支付凭证、有价证券、有价票证的，按照下列方法认定盗窃数额：盗窃不记名、不挂失的有价支付凭证、有价证券、有价票证的，应当按票面数额和盗窃时应得的孳息、奖金或者奖品等可得收益一并计算盗窃数额；盗窃记名的有价支付凭证、有价证券、有价票证，已经兑现的，按照兑现部分的财物价值计算盗窃数额；没有兑现，但失主无法通过挂失、补领、补办手续等方式避免损失的，按照给失主造成的实际损失计算盗窃数额。

关于情节严重程度的认定：盗窃公私财物，具有《关于办理盗窃刑事案件适用法律若干问题的解释》第 2 条第 3 项至第 8 项规定情形之一，或者入户盗窃、携带凶器盗窃，数额达到上述“数额巨大”“数额特别巨大”百分之五十的，可以分别认定为《刑法》第 264 条规定的“其他严重情节”或者“其他特别严重情节。

盗窃公私财物数额较大，行为人认罪、悔罪，退赃、退赔，且具有下列四种情形之一，情节轻微的，可以不起诉或者免予刑事处罚；必要时，由有关部门予以行政处罚：具有法定从宽处罚情节的；没有参与分赃或者获赃较少且不是主犯的；被害人谅解的；其他情节轻微、危害不大的。

盗窃公私财物并造成财物损毁的，按照下列规定处理：采用破坏性手段盗窃公私财物，造成其他财物损毁的，以盗窃罪从重处罚；同时构成盗窃罪和其他犯罪的，择一重罪从重处罚；实施盗窃犯罪后，为掩盖罪行或者报复等，故意毁坏其他财物构成犯罪的，以盗窃罪和构成的其他犯罪数罪并罚；盗窃行为未构成犯罪，但损毁财物构成其他犯罪的，以其他犯罪定罪处罚。

偷拿家庭成员或者近亲属的财物，获得谅解的，一般可不认为是犯罪；追究刑事责任的，应当酌情从宽。

偷开他人机动车的，按照下列规定处理：偷开机动车，导致车辆丢失的，以盗窃罪定罪处罚；为盗窃其他财物，偷开机动车作为犯罪工具使用后非法占有车辆，或者将车辆遗弃导致丢失的，被盗车辆的价值计入盗窃数额；为实施其他犯罪，偷开机动车作为犯罪工具使用后非法占有车辆，或者将车辆遗弃导致丢失的，以盗窃罪和其他犯罪数罪并罚；将车辆送回未造成丢失的，按照其所实施的其他犯罪从重处罚。

盗窃未遂但具有下列情形之一的，应当依法追究刑事责任：以数额巨大的财物为盗窃目标的；以珍贵文物为盗窃目标的；其他情节严重的情形。盗窃既有既遂，又有未遂，分别达到不同量刑幅度的，依照处罚较重的规定处罚；达到同一量刑幅度的，以盗窃罪既遂处罚。

关于盗窃罪主体的规定：单位组织、指使盗窃，符合《刑法》第 264 条及《关于办理盗窃刑事案件适用法律若干问题的解释》有关规定的，以盗窃罪追究组织者、指使者、直接实施者的刑事责任。

关于罚金刑的规定：因犯盗窃罪，依法判处罚金刑的，应当在一千元以上盗窃数额的二倍以下判处罚金；没有盗窃数额或者盗窃数额无法计算的，应当在一千元以上十万元以下判处罚金。

3. 盗窃罪的刑事责任

根据《刑法》第 264 条的规定，犯本罪的，处三年以下有期徒刑、拘役或者管制，并处或者单处罚金；数额巨大或者有其他严重情节的，处三年以上十年以下有期徒刑，并处罚金；数额特别巨大或者有其他特别严重情节的，处十年以上有期徒刑或者无期徒刑，并处罚金或者没收财产。

## （三）证据指引

1. 关于本罪主体的证据

本罪主体为一般主体，即年满十六周岁、具有刑事责任能力的自然人，具体证据参见“故意杀人罪”主体证据的有关内容。

2. 关于本罪主观方面的证据

（1）犯罪嫌疑人、被告人的供述和辩解，需要证实的内容包括以下方面：

①参与作案的动机、目的，对后果的认知程度、主动程度。

②犯罪起意的过程，有无策划、策划的具体内容。

③对行为对象的性质、功用等特征是否存在明确认识。

④对事先通谋的行为人，应查明通谋的具体内容，即何时开始商议，在何处商议等。

⑤对共同犯罪案件要讯问策划、分工的时间、地点、内容以及在策划下各个人相对应的犯罪行为，并注意查明以下情况：

一是事先有无预谋策划，有无事先或事中达成默契，或者多次结伙作案，犯罪团伙成员之间，每次作案前都通过他们之间特定语言、表情、手势等达成默契，形成内容明确的共同盗窃故意；

二是有无持不同意见或反对意见者，以及未表示反对或同意意见者要重点讯问其在案发前、案发时、案发后的语言、行为；

三是分赃情况和赃物去向如何，以此判明各犯罪嫌疑人、被告人的主观目的。

（2）被害人陈述，证实：

①其与行为人是否认识、平时关系，是否与各行为人有过节、纠纷等；

②有无对实施盗窃行为的行为人进行抓捕等。

通过上述证据并结合客观方面的有关证据，证实行为人主观上系他人所有的财物而秘密窃取，存在直接故意，并且具有非法占有的目的，其中在个别情形下还具有牟利目的。

3. 关于本罪客体的证据

（1）证明被害人对所盗财物拥有合法权利及该物价值、购买时间的证据，如被害人陈述、证人证言、相关票据等；

（2）证明被盗财物特征的书证、物证、证人证言；

（3）追缴被盗财物的追赃笔录、提取笔录、赃物照片等；

（4）估价鉴定意见；

（5）犯罪嫌疑人、被告人对赃物处置情况的供述、证言。

通过上述证据证实，犯罪嫌疑人、被告人的盗窃行为侵犯了公私财产所有权。

4. 关于本罪客观方面的证据

（1）犯罪嫌疑人、被告人的供述与辩解，需要证实的内容包括：

①实施盗窃行为的时间、地点、参与人及现场和周边环境等情况；

②采取何种方法、手段等；

③盗窃次数，具体、详细的犯罪经过；

④作案工具的来源、数量、特征、下落；

⑤所盗财物的形式，是现金、支票、有价证券，还是实物，以及实物的特征，包括外部形态、种类（品种）、颜色、数量等；

⑥共同犯罪的分工、配合情况，同案犯各自使用何种作案工具及使用结果，以及在共同犯罪中的地位和作用；

⑦参与犯罪的行为人和被害人的身体特征，包括面部特征、身高、体态，以及当时的衣着情况等详细特征；

⑧赃款赃物的处理情况，如分赃、出售、自用、赠与等；

⑨犯罪后的表现情况，如是否赔偿了被害人的经济损失。

（2）被害人陈述。

证实内容同上。

（3）证人证言：

①如何获知犯罪和犯罪嫌疑人、被告人情况，以及犯罪嫌疑人、被告人的身体特征、衣着情况的描述；

②现场发现人证言，证实其何时、何地、如何发现犯罪现场及犯罪现场的有关情况；

③其他知情人的证言。

（4）物证、书证：

①在案发现场或从犯罪嫌疑人、被告人住所、身上、指认处提取的物证；

②赃款赃物；

③书信、日记等，证实行为人实施盗窃行为的时间、地点及经过等情况；

④有关部门出具的证明材料，证实被盗对象、物品是否具有特殊性；

⑤民事赔偿调解协议（笔录）等，佐证犯罪嫌疑人、被告人认罪、悔罪、赔偿以及是否获得被害人谅解的情况。

（5）鉴定意见：

①痕迹鉴定意见，对现场指纹、脚印等进行鉴定，证实是否是犯罪嫌疑人、被告人或被害人遗留的；

②文检鉴定意见，证实是否是犯罪嫌疑人、被告人或被害人的笔迹等。

（6）现场勘查笔录、照片。

包括盗窃现场、犯罪工具准备、丢弃的现场、提取物证现场等。

（7）视听资料、电子数据。

包括亲情电话录音、会见录音、录像等。

（8）其他证明材料：

①被害人、目击证人辨认犯罪嫌疑人或物证的笔录；

②犯罪嫌疑人、被告人和被害人、证人指认盗窃现场、犯罪工具准备、丢弃的现场笔录；

③搜查笔录、扣押物品清单及照片，证实查获的作案工具及调取的相关物证；

④受案登记、立案决定书及破案经过等书证，证实案件来源、侦破经过以及犯罪嫌疑人是否有自首情节等。

通过上述证据的收集和固定，证明犯罪嫌疑人、被告人采用秘密手段，实施了窃取数额较大的公私财物或者多次窃取公私财物的行为。

### （四）典型案例

路某某盗窃案

被告人路某某，系某监狱服刑人员，2017 年 8 月 14 日，因涉嫌盗窃罪被某监狱隔离审查。

2014 年 7 月，被告人路某某因犯盗窃罪，被人民法院判处有期徒刑十年。2014 年 9 月入监狱服刑。2017 年 8 月 11 日，路某某来到被害人王某的值班室帮助其打扫卫生，趁王某不备，将王某放在卫生间窗台上的钱包盗走。2017 年 8 月 14 日早晨，被告人路某某将被害人王某的钱包、银行卡、医保卡丢弃在垃圾站。当天下午，被告人路某某将其窃得的现金藏匿在监舍二楼擦鞋箱的红色袋子内，后被服刑人员周某发现。经查，被告人路某某盗窃的现金数额为人民币 4850 元。

人民法院经审理认为，被告人路某某以非法占有为目的，盗窃他人财物，数额较大，其行为已构成盗窃罪。依照《中华人民共和国刑法》的规定，判决被告人路某某犯盗窃罪，判处其有期徒刑七个月，并处罚金人民币一千元。与前罪未执行的有期徒刑六年六个月零九天，并处罚金人民币二十万元，数罪并罚，决定执行有期徒刑七年，并处罚金人民币二十万一千元。

## 五、诈骗罪

### （一）相关规定

**《中华人民共和国刑法》**（2020 年 12 月 26 日修正）（节录）

**第二百六十六条**　诈骗公私财物，数额较大的，处三年以下有期徒刑、拘役或者管制，并处或者单处罚金；数额巨大或者有其他严重情节的，处三年以上十年以下有期徒刑，并处罚金；数额特别巨大或者有其他特别严重情节的，处十年以上有期徒刑或者无期徒刑，并处罚金或者没收财产。本法另有规定的，依照规定。

### （二）条文释义

诈骗罪，是指以非法占有为目的，采用虚构事实或者隐瞒真相的方法，骗取数额较大公私财物的行为。

1. 诈骗罪的构成要件

本罪侵犯的客体是公私财产的所有权。犯罪对象包括动产和不动产。本罪的客观方面表现为采用了虚构事实或者隐瞒真相的欺骗方法，骗取了数额较大的公私财物。所谓虚构事实，是指行为人捏造根本不存在或者不可能发生的事实，以此欺骗被害人。所谓隐瞒真相，是指行为人故意向被害人掩盖客观存在的某种事实，以此欺骗被害人。虚构的事实或隐瞒的真相，既可以是全部事实或真相，也可以是部分事实或真相。欺骗使用的手段多种多样，没有限制，可以是言语上的欺骗，也可以是书面文字欺骗，也可以是通过自己的举动使被害人的产生错误的认识。行为人的欺骗行为必须达到能使被害人产生错误认识的程度，被害人基于这种错误认识“自愿”将其所有或占有的财物交付行为人。

本罪的主体是一般主体，凡年满 16 周岁且具备刑事责任能力的自然人，均可成为本罪的主体。

本罪的主观方面是直接故意，且具有非法占有公私财物的目的。

2. 诈骗罪的认定

在本罪与非罪的界限、诈骗罪的相应数额标准、本罪既遂与未遂的界限等方面，最高检、最高法于 2011 年 3 月 1 日公布了《关于办理诈骗刑事案件具体应用法律若干问题的解释》（法释〔2011〕7 号），对此作出了相应解释。

关于诈骗罪“数额较大”“数额巨大”“数额特别巨大”的一般认定标准：诈骗公私财物价值三千元至一万元以上、三万元至十万元以上、五十万元以上的，应当分别认定为《刑法》第 266 条规定的“数额较大”“数额巨大”“数额特别巨大”。各省、自治区、直辖市高级人民法院、人民检察院可以结合本地区经济社会发展状况，在前款规定的数额幅度内，共同研究确定本地区执行的具体数额标准，报最高人民法院、最高人民检察院备案。

诈骗公私财物达到前述的数额标准，同时具有下列情形之一的，可以依照《刑法》第 266 条的规定酌情从严惩处：通过发送短信、拨打电话或者利用互联网、广播电视、报刊杂志等发布虚假信息，对不特定多数人实施诈骗的；诈骗救灾、抢险、防汛、优抚、扶贫、移民、救济、医疗款物的；以赈灾募捐名义实施诈骗的；诈骗残疾人、老年人或者丧失劳动能力人的财物的；造成被害人自杀、精神失常或者其他严重后果的。诈骗数额接近本解释第一条规定的“数额巨大”、“数额特别巨大”的标准，并具有前款规定的情形之一或者属于诈骗集团首要分子的，应当分别认定为《刑法》第 266 条规定的“其他严重情节”“其他特别严重情节”。

诈骗公私财物虽已达到本解释第一条规定的“数额较大”的标准，但具有下列情形之一，且行为人认罪、悔罪的，可以根据《刑法》第37条、《刑事诉讼法》第177条的规定不起诉或者免予刑事处罚：具有法定从宽处罚情节的；一审宣判前全部退赃、退赔的；没有参与分赃或者获赃较少且不是主犯的；被害人谅解的；其他情节轻微、危害不大的。

诈骗近亲属财物的处理：诈骗近亲属的财物，近亲属谅解的，一般可不按犯罪处理。确有追究刑事责任必要的，具体处理也应酌情从宽。

诈骗未遂的例外：诈骗未遂，以数额巨大的财物为诈骗目标的，或者具有其他严重情节的，应当定罪处罚。利用发送短信、拨打电话、互联网等电信技术手段对不特定多数人实施诈骗，诈骗数额难以查证，但具有下列情形之一的，应当认定为《刑法》第266条规定的"其他严重情节"，以诈骗罪（未遂）定罪处罚：发送诈骗信息五千条以上的；拨打诈骗电话五百人次以上的；诈骗手段恶劣、危害严重的。实施前款规定行为，数量达到前述两项规定标准十倍以上的，或者诈骗手段特别恶劣、危害特别严重的，应当认定为《刑法》第266条规定的"其他特别严重情节"，以诈骗罪（未遂）定罪处罚。

明知他人实施诈骗犯罪，为其提供信用卡、手机卡、通讯工具、通讯传输通道、网络技术支持、费用结算等帮助的，以共同犯罪论处。

冒充国家机关工作人员进行诈骗，同时构成诈骗罪和招摇撞骗罪的，依照处罚较重的规定定罪处罚。第九条案发后查封、扣押、冻结在案的诈骗财物及其孳息，权属明确的，应当发还被害人；权属不明确的，可按被骗款物占查封、扣押、冻结在案的财物及其孳息总额的比例发还被害人，但已获退赔的应予扣除。

行为人已将诈骗财物用于清偿债务或者转让给他人，具有下列情形之一的，应当依法追缴：对方明知是诈骗财物而收取的；对方无偿取得诈骗财物的；对方以明显低于市场的价格取得诈骗财物的；对方取得诈骗财物系源于非法债务或者违法犯罪活动的。他人善意取得诈骗财物的，不予追缴。

3. 诈骗罪的刑事责任

根据《刑法》第266条规定，犯本罪的，处三年以下有期徒刑、拘役或者管制，并处或者单处罚金；数额巨大或者有其他严重情节的，处三年以上十年以下有期徒刑，并处罚金；数额特别巨大或者有其他特别严重情节的，处十年以上有期徒刑或者无期徒刑，并处罚金或者没收财产。

### （三）证据指引

1. 关于本罪主体的证据

本罪主体为一般主体，即年满十六周岁、具有刑事责任能力的自然人，具体证据参见“故意杀人罪”主体证据的有关内容。

2. 关于本罪主观方面的证据

(1) 犯罪嫌疑人、被告人的供述和辩解，需要证实的内容主要包括以下方面：

①参与作案的动机、目的，对后果的认知程度、主动程度。

②是临时起意还是经过了事前策划。如有策划，策划的具体内容如何。

③虚构或隐瞒的事实的详细内容。

④对事先通谋、事后销赃的诈骗嫌疑人，应查明通谋的具体内容，即何时开始商议，在何处商议等。

⑤对共同犯罪案件要讯问策划、分工的时间、地点、内容以及各个人相对应的犯罪行为，并应查明：

一是事先有无预谋策划，有无事先或事中达成默契，或者曾多次结伙作案的犯罪集团、犯罪团伙成员之间，每次作案前都通过他们之间特定语言、表情、手势等达成默契，形成内容明确的共同故意；

二是有无持不同意见或反对意见者，以及未表示反对或同意意见者要重点讯问其在案发前、案发时、案发后的语言、行为；

三是分赃情况和赃物去向如何，以此判明各犯罪嫌疑人、被告人的主观目的。

(2) 被害人陈述，证实：

①其与行为人是否认识、平时关系；

②是否自愿交出财物；

(3) 为进一步印证或推定行为人的主观故意，应收集以下间接证据：

①犯罪嫌疑人、被告人以自己的名义将赃物出让、出借书证，受让人、借入人等证人的证言，以及从上述证人处提取的赃物，可以从侧面证明犯罪嫌疑人、被告人具有非法占有他人财物的目的；

②其他客观方面证据（如犯罪手段、作案工具、挥霍所骗财物的有关票证等），反映犯罪嫌疑人、被告人主观上非法占有公私财物的目的；

③收集犯罪嫌疑人、被告人前科劣迹、社会生活经验、履历方面的证据，对证明其诈骗故意亦有一定的辅助作用。

通过上述证据，证明行为人主观上明知系他人所有的财物而采取虚构事实、隐瞒真相的方法予以骗取，属直接故意，并且具有非法占有目的。对“非法占有目的”，应综合行为人行为手段和对财物的处置方式等证据予以认定。共同犯罪的每一个行为人都明知自己的行为是共同犯意支配下犯罪行为的组成部分。

3. 关于本罪客体的证据

(1) 证实被害人对被骗财物拥有合法权利及该物价值、购买时间的证据，如被害人陈述、证人证言、购物单据等；

(2) 证实被骗财物特征的书证、物证、证人证言；

(3) 追缴被骗财物的追赃笔录、提取笔录、赃物照片等；

(4) 估价鉴定意见；

(5) 犯罪嫌疑人、被告人、窝赃人、购赃人对赃物处置情况的供述、证言等。

通过上述证据，证实犯罪嫌疑人、被告人的行为侵犯了公私财产所有权。

4. 关于本罪客观方面的证据

(1) 犯罪嫌疑人、被告人的供述与辩解，需要证实的内容包括以下几个方面：

①实施诈骗行为的时间、地点、参与人及现场和周边环境等；

②采取何种方法、手段；

③具体、详细的犯罪经过；

④共同犯罪的分工，配合情况，同案犯各自使用何种作案工具及使用结果，以及在共同犯罪中的地位和作用；

⑤被骗财物的形式，是现金、支票、有价证券，还是实物，以及实物的特征，包括特征、种类、数量等；

⑥参与犯罪的行为人和被害人的身体特征；

⑦被害人是否是残疾人、孤寡老人或丧失劳动能力的人等；

⑧赃款赃物的处理情况；

⑨犯罪后的表现情况，如是否赔偿了被害人的经济损失。

(2) 被害人陈述。

证实内容同上。

(3) 证人证言。

收购、销售被骗物品的证人证言，需要证实的内容包括：

①收购、销售赃物的时间、地点；

②出售赃物的人的详细特征，包括面部特征、身高、体态以及当时的衣着情况等；

③被收购、销售的赃物的特征，包括外部形态、种类（品种）、颜色、重量等；

④收购、销售赃物的价格，以及是否明显低于正常市场价格；

⑤被收购、销售的赃物的去向。

（4）物证、书证：

①在案发现场或从犯罪嫌疑人、被告人住所、身上、指认处提取的物证，如作案工具、指纹、鞋印等；

②赃款赃物；

③书信、日记等，证实行为人实施诈作骗行为的时间、地点及经过等情况；

④行为人用于欺骗被害人的书证。包括：合同、收据、借条、欠条，公文、印章、介绍信、授权委托书，身份证、工作证等；

⑤增值税专用发票等可以用于骗取出口退税、抵扣税款的其他发票；

⑥股票、债券、汇票、本票、支票、存折等有价证券，证实被骗财物特征及去向；

⑦有关部门出具的证明材料，证实被骗物品是否具有特殊性；

⑧公安部门或者工商部门出具的证明材料，证实犯罪嫌疑人、被告人虚假的身份证明，或者相关的公司、企业为虚假或假冒的；

⑨民事赔偿调解协议（笔录）等，佐证犯罪嫌疑人、被告人认罪、悔罪情况以及财物退赔情况和是否取得被害人谅解。

（5）鉴定意见：

①痕迹鉴定意见，对上述指纹、脚印等进行鉴定，证实是否是犯罪嫌疑人、被告人或被害人遗留的；

②文检鉴定意见，证实是否是犯罪嫌疑人、被告人或被害人的笔迹等；

③司法会计鉴定意见、审计鉴定意见；

④公章、印模鉴定意见，证实行为人所用公章真伪。

（6）现场勘查笔录、照片。

包括诈骗现场、犯罪工具准备、丢弃的现场、提取物证现场等。

（7）视听资料、电子数据：

①证明诈骗犯罪事实的有关录音、录像等；

②亲情电话通话记录、会见记录以及相关电子数据。

（8）其他证明材料：

①被害人、目击证人辨认犯罪嫌疑人或物证的笔录；

②犯罪嫌疑人、被告人和被害人、证人指认诈骗现场、犯罪工具准备、丢弃的现场笔录；

③搜查笔录、扣押物品清单及照片，证实查获的作案工具及调取的相关物证；

④侦查实验笔录、录像；

⑤报案登记、立案决定书及破案经过等书证，证实案件来源、侦破经过以及犯罪嫌疑人是否有自首情节等。

通过上述证据的收集和固定，证明犯罪嫌疑人、被告人采用虚构事实、隐瞒真相的方法，骗取了数额较大的公私财物。

### （四）典型案例

#### 史某某诈骗案

被告人史某某，系某监狱服刑人员，2022 年 4 月 23 日，因涉嫌诈骗罪被监狱隔离审查。

2015 年 4 月，被告人史某某因犯合同诈骗罪，被人民法院判处有期徒刑十一年，罚金三十万元。2015 年 5 月被投入监狱服刑改造。2021 年 2 月，被告人在监狱服刑期间，找到同监舍服刑人员杨某谎称自己有能力为其办理减刑，但需要人民币一万元来打点关系，杨某信以为真，让家属向史某某提供的银行账户汇款人民币一万元，史某某得到钱款后，将钱款用于个人消费。后杨某多次催促史某某办理减刑进度，史某某均以各种理由搪塞，直至案发。

人民法院经审理认为，被告人史某某以非法占有为目的，虚构事实骗取他人钱财，数额较大，其行为已构成诈骗罪，依法应予以惩处。依据《中华人民共和国刑法》的规定，判决史某某犯诈骗罪，判处其有期徒刑一年四个月，并处罚金人民币五千元，与前罪未执行刑期有期徒刑二年二个月，罚金人民币三十万元；数罪并罚，决定执行有期徒刑三年二个月，并处罚金三十万五千元。

## 六、破坏监管秩序罪

### （一）刑法规定

**《中华人民共和国刑法》**（2020 年 12 月 26 日修正）（节录）

**第三百一十五条** 依法被关押的罪犯，有下列破坏监管秩序行为之一，情节严重的，处三年以下有期徒刑：

（一）殴打监管人员的；

（二）组织其他被监管人破坏监管秩序的；

（三）聚众闹事，扰乱正常监管秩序的；

（四）殴打、体罚或者指使他人殴打、体罚其他被监管人的。

## （二）条文释义

破坏监管秩序罪，是指依法被关押的罪犯，违反监管法规，破坏监管秩序，情节严重的行为。

1. 破坏监管秩序罪的构成要件

本罪侵犯的客体是监管机关的监管秩序。即监狱、看守所、未成年管教所等关押已决犯的场所的管理秩序。

本罪的客观方面表现为行为人实施了刑法规定的破坏监管秩序行为之一，且情节严重的行为。具体包括以下四种行为类型：（一）殴打监管人员；（二）组织其他被监管人破坏监管秩序；（三）聚众闹事，扰乱正常监管秩序；（四）殴打、体罚或者指使他人殴打、体罚其他被监管人。构成本罪还要求情节严重，对此应从行为的手段、次数、对象、结果等方面进行综合判断。

本罪的主体是特殊主体，即被依法关押的罪犯。不仅包括正在监狱、未管所服刑的罪犯，也包括在看守所服刑的余刑在一年以下的罪犯。

本罪的主观方面为故意。即明知自己的行为是破坏监管秩序的行为而有意实施。

2. 破坏监管秩序罪的认定

《刑法》第315条规定，有上述破坏监管秩序的行为之一，且情节严重的，才能构成本罪。对于“情节严重”具体标准，法律、司法解释都没有相应规定。我们认为一般可以考虑下列情形：（一）持械殴打监管人员，或者殴打监管人员三次以上，或者造成监管人员轻微伤以上后果，或者殴打监管人员造成恶劣影响；（二）组织多人实施对抗管教行为，导致监管活动无法正常进行；（三）在监内聚众斗殴，或者聚众冲击管教管理场所，或者积极参加有组织的聚众闹事行为三次以上；（四）殴打、体罚或者指使他人殴打、体罚其他被监管人三次以上，或者致使其他被监管人自杀、精神失常等严重后果的；等等。

3. 破坏监管秩序罪的刑事责任

根据《刑法》第315条规定，犯本罪的，处三年以下有期徒刑。

## （三）证据指引

1. 关于本罪主体的证据

本罪的主体为特殊主体，仅限于依法被关押的罪犯。具体证据除参见“故意杀人罪”主体证据方面的内容外，还应包括行为人被依法关押的判决书、裁定书、执行通知书、入监登记表等书证，以及犯罪嫌疑人、被告人的供述与辩解和监管人员、同监室服刑人员等证人的证言等，证明行为人系服刑罪犯的特殊身份。

2. 关于本罪主观方面的证据

（1）犯罪嫌疑人、被告人的供述与辩解，需要证实的内容包括：

①实施破坏监管秩序行为的动机、目的、时间、方式、手段、参加人、次数、经过、后果；

②犯意提起、是否有预谋、是否受他人指使；

③共同犯罪的，各行为人之间如何进行犯意联络、联络内容、具体分工等情况。

（2）证人证言。

如监管人员、同监室在押人员等证人的证言。证实内容同上。

（3）物证、书证、视听资料、鉴定意见及现场勘查笔录。

证实行为人实施破坏监管秩序行为的时间、方式、手段、参加人、次数、经过、后果等。

通过上述证据，证明行为人明知自己处于服刑改造期间，而采取破坏监管秩序的四种行为之一的故意。

3. 关于本罪客体的证据

通过犯罪嫌疑人、被告人供述与辩解、证人证言、监管单位的证明材料等书证、鉴定意见、视听资料等证据，证实行为人的破坏监管秩序行为破坏了司法机关正常的监管羁押秩序，妨害了司法机关的正常活动。

4. 关于本罪客观方面的证据

（1）犯罪嫌疑人、被告人供述和辩解，需要证实的内容包括：

①其为正在服刑的罪犯；

②为实施破坏监管秩序的行为而做的准备情况，包括作案工具、作案意图、信息联络等；

③是否受人指使，是否伙同他人共同破坏监管秩序，是否与其他人员有通谋等；

④实施破坏监管秩序的次数、时间、地点、方法、人数、手段，具体经过及结果；

⑤共同犯罪的，各行为人之间如何进行犯意联络、联络内容、具体分工，以及在共同犯意下的具体行为等情况。

（2）监管人员、侦查人员、鉴定人员等知情人的证言，需要证实的内容包括：

①行为人实施破坏监管秩序行为的事实及经过，包括实施破坏监管秩序行

为的具体时间、地点、经过、后果等；

②殴打监管人员或者其他被监管人员的，应查明犯罪手段、如何使用暴力、暴力的程度、造成的后果等；

③组织其他被监管人破坏监管秩序的组织人、积极参加者，被组织的人数，破坏监管秩序的表现方式，在监内是否造成了恶劣的影响；

④聚众闹事的参加人员、聚众闹事的行为方式，造成监管秩序混乱的时间长短、程度以及恶劣影响。

（3）物证、书证：

①破坏监管秩序工具，证明行为人破坏监管秩序的手段、犯罪情节等；

②罪犯隔离审查审批表、批准逮捕决定书、判决书、裁定书、执行通知书、入监登记表、监管场所的监管记录、劳动改造或学习活动记录、罪犯花名册、书信等，证明行为人系服刑的罪犯，行为人是在监狱服刑期间实施破坏监管秩序四种行为之一的事实。

（4）现场勘验检查笔录。

包括对破坏监管秩序现场、物证及人身的勘验检查笔录及勘查图、照片，证明实施破坏监管秩序的现场经过、人员遭受不法侵害的严重程度等情况。

（5）鉴定意见。

包括伤情鉴定、尸检报告、血型或其他法医鉴定，指纹、足迹、压痕、蹭痕等痕迹鉴定等，证明客观方面的行为与后果。

（6）视听资料。

包括录音、录像、光盘、磁盘、微机数据资料等，证实实施破坏监管秩序行为的经过等。

（7）其他证明材料。

包括举报、控告材料，司法机关的发破案经过及办案说明，指认、辨认笔录等。

通过上述证据，证实行为人实施了破坏监管秩序行为。

### （四）典型案例

#### 靳某某破坏监管秩序案

被告人靳某某，系某监狱服刑人员，2022 年 11 月 22 日，因涉嫌破坏监管秩序罪被监狱隔离审查。

2014 年 4 月，被告人靳某某因犯非法拘禁罪被人民法院判处有期徒刑十三年六个月，剥夺政治权利三年。2014 年 5 月被投入监狱服刑。2020 年 12 月至2022年11月，被告人靳某某在监狱服刑期间，因生产、生活琐事，先后多次殴打何某、李某、朱某、郑某等其他服刑人员，造成朱某鼻骨骨折，经鉴定为轻微伤。

人民法院经审理认为，被告人靳某某在服刑改造期间，多次违反监狱管理规定，殴打其他服刑人员，情节严重，破坏了监管场所的监管秩序，其行为已构成破坏监管秩序罪。依照《中华人民共和国刑法》的规定，判决靳某某犯破坏监管秩序罪，判处其有期徒刑一年，与前罪未执行刑期有期徒刑二年零十个月，数罪并罚，决定执行有期徒刑三年七个月。

## 七、脱逃罪

### （一）刑法规定

**《中华人民共和国刑法》**（2020年12月26日修正）（节录）

**第三百一十六条**　依法被关押的罪犯、被告人、犯罪嫌疑人脱逃的，处五年以下有期徒刑或者拘役。

### （二）条文释义

脱逃罪，是指依法被关押的罪犯、被告人、犯罪嫌疑人脱逃的行为。

1. 脱逃罪的构成要件

本罪侵犯的客体是国家司法机关的正常监管秩序。依法被关押的罪犯、被告人、犯罪嫌疑人有遵守司法机关依法对其进行羁押、监管的法律义务。行为人违反这一义务而脱逃，实质上是扰乱了司法机关的正常监管秩序，妨碍了正常司法执法活动。

本罪的客观方面表现为行为人实施了脱逃的行为。脱逃是行为人逃脱司法机关的实力支配行为，表现为从羁押场所逃离或者摆脱司法机关依法对其人身自由的羁押控制。脱逃的方式没有限制，既可以是利用监管漏洞而逃离羁押场所，也可以是对监管人员采取暴力、威胁等手段而脱逃，有秘密逃跑的，也有公开逃跑的。

本罪的主体为特殊主体，即依法被关押的罪犯、被告人和犯罪嫌疑人。罪犯、被告人、犯罪嫌疑人构成本罪，必须处于依法被关押的状态。未被关押的罪犯、被告人、犯罪嫌疑人，不是本罪的主体。如，被司法机关采取取保候审、监视居住等强制措施的被告人、犯罪嫌疑人，或者被判处管制、拘役、或者被宣告缓刑的罪犯以及被假释的罪犯，并未处于被关押的状态，因此不能构成本罪。

本罪的主观方面为故意。即明知自己的脱逃行为会侵害国家正常的司法羁押秩序，并且希望或者放任这种结果的发生。但由于某些特殊原因，暂时离开关押场所，特殊原因消失后，立即主动回到关押场所的，一般不宜认定为脱逃罪。比如说，罪犯经批准回家后，由于某种特殊原因，逾期（短时间内）返回监所的，因为其不具备脱逃的故意和逃避羁押、服刑改造的目的，不宜认定为犯罪。

2. 脱逃罪的认定

对于事实上无罪而被关押的罪犯、被告人、犯罪嫌疑人“脱逃”的能否构成本罪？根据1983年8月31日最高法研究室《关于错判在服刑期“脱逃”后确有犯罪其错判服刑期限可否与后判刑期折抵问题的电话答复》，对错判徒刑的服刑期间“脱逃”的行为，可不以脱逃论罪判刑；但在脱逃期间犯罪的，应依法定罪判刑；对被错判已经服刑的日期与后来犯罪所判处的刑期不宜折抵，可在量刑时酌情考虑从轻或者减轻处罚。由此可见对事实上无罪人“脱逃”的，不宜认定为本罪。

3. 脱逃罪的刑事责任

根据《刑法》第316条第1款的规定，犯本罪的，处五年以下有期徒刑或者拘役。

### （三）证据指引

1. 关于本罪主体的证据

本罪的主体为特殊主体，仅限于依法被关押的罪犯、被告人、犯罪嫌疑人，若行为人是非法被关押的，则不构成本罪的主体。具体证据除参见“故意伤害罪犯罪”主体的证据审查的相关内容外，还应包括行为人被依法关押的拘留决定书、批准逮捕决定书、判决书、裁定书、执行通知书、入所（监）登记表等书证，以及犯罪嫌疑人、被告人的供述与辩解和监管人员、同监室在押人员、脱逃后提供帮助的亲友等证人的证言等，证明行为人依法被关押的特殊身份。

实践中，下列人员不属于本罪主体：正在被群众扭送司法机关的犯罪嫌疑人；被行政拘留的人；被采取强制措施或判处刑罚，但没有被关押在监狱、看守所、拘役所等劳动改造场所的，如采取拘传、取保候审、监视居住等强制措施或依法被判处管制、拘役、有期徒刑缓期执行或假释、监外执行的罪犯等。

2. 关于本罪主观方面的证据

(1) 犯罪嫌疑人、被告人的供述与辩解，需要证实的内容包括：

①实施脱逃行为的动机、目的、时间、方式、手段、参加人、次数、经过、后果；

②犯意提起、是否有预谋、是否受他人指使；

③共同犯罪的，各行为人之间如何进行犯意联络、联络内容、具体分工等情况。

(2) 证人证言。

如监管人员、同监室在押人员、脱逃后提供帮助的亲友等证人的证言。证实内容同上。

(3) 物证、书证、视听资料、鉴定意见及现场勘查笔录。

证实行为人实施脱逃行为的时间、方式、手段、参加人、次数、经过、后果等。

通过上述证据，证明行为人明知自己处于被关押状态，而采取秘密、公开、暴力等手段，脱离监管的直接故意。

3. 关于本罪客体的证据

通过犯罪嫌疑人、被告人供述与辩解、证人证言、监管单位的证明材料等书证、鉴定意见、视听资料等证据，证实行为人的脱逃行为破坏了司法机关的监管羁押秩序，妨害了公安机关、司法机关的正常活动。

4. 关于本罪客观方面的证据

(1) 犯罪嫌疑人、被告人供述和辩解，需要证实的内容包括：

①其正在被司法机关限制或剥夺人身自由；

②为摆脱羁押状态而做的准备情况，包括物资、作案工具、路线图、信息联络等；

③是否受人指使，是否伙同他人共同脱逃，是否与其他人员有通谋，是否向监管人员行贿等；

④实施脱逃的次数、时间、地点、方法、人数、手段，具体经过及结果；

⑤共同犯罪的，各行为人之间如何进行犯意联络、联络内容、具体分工，以及在共同犯意下的具体行为等情况。

(2) 监管人员、侦查人员、押解人员、鉴定人员等知情人的证言。

证实：

①行为人脱逃的行为事实及经过，包括脱逃的具体时间、地点、经过、后果等；

②犯罪手段、是否使用暴力、何种暴力、造成的后果等。

（3）物证、书证：

①脱逃工具，遭破坏的设施、物品等，证明行为人脱逃的手段、犯罪情节等；

②拘留决定书、批准逮捕决定书、判决书、裁定书、执行通知书、入所（监）登记表、监管场所的监管记录、劳动改造或学习活动记录、罪犯花名册、书信等，证明行为人系正在押的罪犯或被告人、犯罪嫌疑人，行为人是在监押期间和监押场域内实施脱逃的事实。

（4）现场勘验检查笔录。

包括对逃跑现场、物证及人身的勘验检查笔录及勘查图、照片，证明实施脱逃的现场经过、人员遭受不法侵害的严重程度等情况。

（5）鉴定意见。

包括伤情鉴定、尸检报告、血型或其他法医鉴定，指纹、足迹、压痕、蹭痕、弹痕等痕迹鉴定，文检鉴定、物品鉴定或其他技术鉴定，证明客观方面的行为与后果。

（6）视听资料。

包括录音、录像、光盘、磁盘、微机数据资料等，证实犯罪的准备、联络、实施逃跑的经过等。

（7）其他证明材料。

包括举报、控告材料，司法机关的发破案经过及办案说明，指认、辨认笔录等。

通过上述证据，证实行为人为摆脱依法被关押状态，而实施了脱逃行为。

5. 其他需要注意的问题

（1）本罪中的脱逃行为必须具备以下要素：

①行为要素。即行为人因特定事实或理由而被依法关押之后，为摆脱关押状态而实施脱逃行为；

②时间要素。即逃脱行为必须发生在行为人被依法关押期间；

③空间要素。即脱逃行为必须离开执行强制措施或刑罚的场域。

（2）用暴力手段实施本罪时，应注意查明以下内容：

实践中，实施本罪既可以采用暴力手段，也可以采用非暴力手段。实施本罪采用暴力手段时必须符合两个条件：

①暴力行为必须在一定限度内，危害程度一般不应大于脱逃本身，在刑罚处罚上一般不应超越脱逃罪的刑度。

②目的性。暴力行为在脱逃罪中只具有手段功能，它是紧紧围绕脱逃的目的服务的。比如，在脱逃过程中，使用暴力故意伤害他人从而导致轻伤以下结

果的，使用暴力强制他人从而导致其人身自由丧失的，使用暴力胁迫他人而抢开汽车的，都应作为脱逃罪的暴力内容。如在脱逃过程中，使用的暴力手段超过脱逃罪包容的暴力程度，又构成其他犯罪的，则构成牵连犯，应从一重罪论处。

对此，应注意收集有关行为方式、严重程度、与脱逃行为的内在联系、行为人故意内容等方面的证据。

### （四）典型案例

严某某脱逃案

被告人严某某，系某监狱服刑人员。2011 年 11 月 19 日，因涉嫌脱逃罪被监狱隔离审查。

2000 年 2 月，被告人严某某因犯强奸罪被人民法院判处有期徒刑九年。2000 年 3 月被投入监狱服刑。2004 年 10 月 5 日 22 时，被告人严某某从监舍去劳动现场的途中，趁看管不严之机逃脱。2011 年 11 月 7 日，被告人向公安机关投案自首，2011 年 11 月 19 日，被解回监狱收押隔离。

人民法院经审理查明，被告人严某某在监狱服刑期间脱逃，其行为构成脱逃罪，应予惩处。依照《中华人民共和国刑法》的规定，判决被告人严某某犯脱逃罪，判处其有期徒刑一年六个月，与前罪未执行刑期有期徒刑四年四个月零四天，数罪并罚，决定执行有期徒刑五年六个月。

## 八、非法经营罪

### （一）刑法规定

**《中华人民共和国刑法》**（2020 年 12 月 26 日修正）（节录）

**第二百二十五条**　违反国家规定，有下列非法经营行为之一，扰乱市场秩序，情节严重的，处五年以下有期徒刑或者拘役，并处或者单处违法所得一倍以上五倍以下罚金；情节特别严重的，处五年以上有期徒刑，并处违法所得一倍以上五倍以下罚金或者没收财产：

（一）未经许可经营法律、行政法规规定的专营、专卖物品或者其他限制买卖的物品的；

（二）买卖进出口许可证、进出口原产地证明以及其他法律、行政法规规定的经营许可证或者批准文件的；

（三）未经国家有关主管部门批准非法经营证券、期货、保险业务的，或者非法从事资金支付结算业务的；

（四）其他严重扰乱市场秩序的非法经营行为。

## （二）条文释义

非法经营罪，是指违反法律、法规的规定，非法进行经营活动，扰乱市场秩序，情节严重的行为。

1. 非法经营罪的犯罪构成

本罪侵犯的客体是国家正常的市场交易管理秩序。

本罪的客观方面表现为违反国家的法律、法规的规定，非法进行经营活动，扰乱市场秩序，且情节严重的行为。具体表现为四类行为方式：（一）未经许可经营法律、行政法规规定的专营、专卖物品或者其他限制买卖的物品；（二）买卖进出口许可证、进出口原产地证明以及其他法律、行政法规规定的经营许可证或者批准文件；（三）未经国家有关主管部门批准非法经营证券、期货、保险业务的，或者非法从事资金支付结算业务；（四）其他严重扰乱市场秩序的非法经营行为。

本罪的主体是一般主体，包括自然人和单位，即凡已满《刑法》第 17 条规定的刑事责任年龄并具有刑事责任能力的人，均可成为本罪的主体。根据《刑法》第 231 条的规定，单位犯本罪的，对单位判处罚金，并对其直接负责的主管人员和其他直接责任人员，依照本条规定处罚。

本罪的主观方面为故意，且具有非法营利的目的。

2. 非法经营罪的认定

成立本罪，违反的应当是国家规定，即违反全国人民代表大会及其常委会制定的法律和决定，国务院制定的行政法规、规定的行政措施、发布的决定和命令中有关经营活动的规定。根据 2010 年 5 月 7 日印发的最高人民检察院、公安部《关于公安机关管辖的刑事案件立案追诉标准的规定（二）》，涉嫌下列情形之一的，应当立案追诉：

（1）违反国家有关盐业管理规定，非法生产、储运、销售食盐，扰乱市场秩序，具有下列情形之一的：①非法经营食盐数量在二十吨以上的；②曾因非法经营食盐行为受过二次以上行政处罚又非法经营食盐，数量在十吨以上的。

（2）违反国家烟草专卖管理法律法规，未经烟草专卖行政主管部门许可，无烟草专卖生产企业许可证、烟草专卖批发企业许可证、特种烟草专卖经营企业许可证、烟草专卖零售许可证等许可证明，非法经营烟草专卖品，具有下列情形之一的：①非法经营数额在五万元以上，或者违法所得数额在二万元以上的；②非法经营卷烟二十万支以上的；③曾因非法经营烟草专卖品三年内受过二次以上行政处罚，又非法经营烟草专卖品且数额在三万元以上的。

（3）未经国家有关主管部门批准，非法经营证券、期货、保险业务，或者非法从事资金支付结算业务，具有下列情形之一的：①非法经营证券、期货、保险业务，数额在三十万元以上的；②非法从事资金支付结算业务，数额在二百万元以上的；③违反国家规定，使用销售点终端机具（POS 机）等方法，以虚构交易、虚开价格、现金退货等方式向信用卡持卡人直接支付现金，数额在一百万元以上的，或者造成金融机构资金二十万元以上逾期未还的，或者造成金融机构经济损失十万元以上的；④违法所得数额在五万元以上的。

（4）非法经营外汇，具有下列情形之一的：①在外汇指定银行和中国外汇交易中心及其分中心以外买卖外汇，数额在二十万美元以上的，或者违法所得数额在五万元以上的；②公司、企业或者其他单位违反有关外贸代理业务的规定，采用非法手段，或者明知是伪造、变造的凭证、商业单据，为他人向外汇指定银行骗购外汇，数额在五百万美元以上或者违法所得数额在五十万元以上的；③居间介绍骗购外汇，数额在一百万美元以上或者违法所得数额在十万元以上的。

（5）出版、印刷、复制、发行严重危害社会秩序和扰乱市场秩序的非法出版物，具有下列情形之一的：①个人非法经营数额在五万元以上的，单位非法经营数额在十五万元以上的；②个人违法所得数额在二万元以上的，单位违法所得数额在五万元以上的；③个人非法经营报纸五千份或者期刊五千本或者图书二千册或者音像制品、电子出版物五百张（盒）以上的，单位非法经营报纸一万五千份或者期刊一万五千本或者图书五千册或者音像制品、电子出版物一千五百张（盒）以上的；④虽未达到上述数额标准，但具有下列情形之一的：1）两年内因出版、印刷、复制、发行非法出版物受过行政处罚二次以上的，又出版、印刷、复制、发行非法出版物的；2）因出版、印刷、复制、发行非法出版物造成恶劣社会影响或者其他严重后果的。

（6）非法从事出版物的出版、印刷、复制、发行业务，严重扰乱市场秩序，具有下列情形之一的：①个人非法经营数额在十五万元以上的，单位非法经营数额在五十万元以上的；②个人违法所得数额在五万元以上的，单位违法所得数额在十五万元以上的；③个人非法经营报纸一万五千份或者期刊一万五千本或者图书五千册或者音像制品、电子出版物一千五百张（盒）以上的，单位非法经营报纸五万份或者期刊五万本或者图书一万五千册或者音像制品、电子出版物五千张（盒）以上的；④虽未达到上述数额标准，两年内因非法从事出版物的出版、印刷、复制、发行业务受过行政处罚二次以上的，又非法从事出版物的出版、印刷、复制、发行业务的。

(7) 采取租用国际专线、私设转接设备或者其他方法，擅自经营国际电信业务或者涉港澳台电信业务进行营利活动，扰乱电信市场管理秩序，具有下列情形之一的：①经营去话业务数额在一百万元以上的；②经营来话业务造成电信资费损失数额在一百万元以上的；③虽未达到上述数额标准，但具有下列情形之一的：①两年内因非法经营国际电信业务或者涉港澳台电信业务行为受过行政处罚二次以上，又非法经营国际电信业务或者涉港澳台电信业务的；②因非法经营国际电信业务或者涉港澳台电信业务行为造成其他严重后果的。

(8) 从事其他非法经营活动，具有下列情形之一的：①个人非法经营数额在五万元以上，或者违法所得数额在一万元以上的；②单位非法经营数额在五十万元以上，或者违法所得数额在十万元以上的；③虽未达到上述数额标准，但两年内因同种非法经营行为受过二次以上行政处罚，又进行同种非法经营行为的；④其他情节严重的情形。

3. 非法经营罪的刑事责任

根据《刑法》第225条、第231条的规定，犯本罪的，处五年以下有期徒刑或者拘役，并处或者单处违法所得一倍以上五倍以下罚金；情节特别严重的，处五年以上有期徒刑，并处违法所得一倍以上五倍以下罚金或者没收财产。单位犯本罪的，对单位判处罚金，并对其直接负责的主管人员和其他直接责任人员，依照上述规定处罚。

### （三）证据指引

1. 关于本罪主体的证据

本罪的主体为一般主体，年满十六周岁、具有刑事责任能力的自然人或者单位都可以成为本罪的犯罪主体，自然人具体证据参见“故意杀人罪”的有关内容。证明单位犯罪主体，应当主要提供证明单位性质的证据：①证明国家机关、事业单位、社会团体性质的相应法律文件，机关、团体法人代码；②企业法人营业执照、法人工商注册登记证明、法人设立证明、税务登记证、享受税收减免优惠政策的有关证明、办公地和主要营业地证明、法人代表等，从事特殊行业的，应当有相应的批文或“许可证”；③单位内部组织的有关合同、章程及协议书等，证明单位的组织形式、直接负责的主管人员和其他直接责任人员的证据；④银行账号证明、注册资料、年检情况、审计或者清理证明等，证明单位管理情况及资产收益、流向、处分等情况的证据；⑤单位已经被撤销的，应有主管单位出具的证明；⑥其他证明单位的资料。

2. 关于本罪主观方面的证据

（1）犯罪嫌疑人、被告人的供述和辩解，需要证实的内容包括以下方面：

①作案的动机、目的，对后果的认识程度、主动程度；

②犯罪起意的过程，有无策划、策划的具体内容；

③对经营活动的性质，是否需要经国家有关部门批准、许可等是否存在明确认识；

④共同犯罪的策划、分工的时间、地点、内容，以及每个人的相对应的犯罪行为。此外，为准确认定是否是共同犯罪以及在共同犯罪中每一犯罪嫌疑人、被告人是否具有共同非法经营的故意，应查明：一是事先有无预谋策划，有无事先或事中达成默契，单位犯罪以及曾多次结伙作案的犯罪集团、犯罪团伙成员之间，是否存在每次作案前都通过他们之间特定语言、表情手势等达成默契，形成内容明确的共同非法经营故意；二是有无持不同意见或反对意见者，对于未表示反对或同意意见者要重点讯问其在案发前、案发时、案发后的语言和行为表现；三是分赃和赃物去向情况，以此判明各犯罪嫌疑人、被告人的主观目的。

（2）证人证言，需要注意收集以下内容：

①从事非法经营的行为人或单位的财务人员、主管人员等员工的证言，证实其了解的犯罪经过、犯罪手段等，从而反映行为人主观故意；

②知情人证言，证实行为人主观上明知所经营的业务需要经国家有关部门批准许可而未经批准、许可，擅自经营。

（3）为进一步印证或推定行为人的主观故意，应收集以下间接证据：

①从事非法经营的行为人或单位的营业执照、工商登记资料等书证，证明其行为是否违反了许可经营制度；

②收集犯罪嫌疑人、被告人前科劣迹、社会生活经验、取得资格证书及履历方面的证据，对证明其非法经营故意亦有一定的辅助作用。

（4）单位犯罪的，需要通过收集和提取单位的法定代表人、直接主管人员和其他直接责任人员的供述、单位集体讨论记录、有关负责人签署的文件、单位的财务账目等书证及相关证人证言等证据材料，以证明非法经营的行为系由单位集体研究决定，或者由单位的负责人或被授权的其他人员决定、同意的。

（5）证明直接负责的主管人员和其他直接责任人员犯罪主观方面的证据：

①行为人有关非法经营的动机、目的以及共同犯罪的预谋时间、地点、参与人、分工、经过的供述和辩解；

②有关行为人故意违反国家有关经营活动需要经有关部门许可、批准方面的法律、法规、规章的证据，包括犯罪嫌疑人、被告人的供述和辩解，参加集体研究的人的证言及物证、书证等。

通过上述证据，证明行为人主观上明知所经营的业务需要经国家有关部门批准、许可而未经批准、许可经营，符合非法经营罪的主观要件。共同犯罪的每一行为人在主观上都必须明知自己的行为是在共同犯意支配下的共同犯罪行为的组成部分。单位犯罪的主观故意具体表现为单位领导人或者单位决策机构集体讨论作出的决定，代表单位意志而不是个人意志。

3. 关于本罪客观方面的证据

（1）犯罪嫌疑人、被告人的供述和辩解，需要证实的内容包括：

①实施非法经营行为的起止时间、经营地点；

②实施非法经营行为的参与人、合伙人；

③实施非法经营行为的方法、手段；

④非法经营的业务种类，是食盐、香烟等专营、专卖物品，还是证券、保险、电信等业务；

⑤实施非法经营行为的物品数量、销售渠道、销售数额、盈利数额，以及是否达到立案、情节严重、情节特别严重的数额标准；

⑥共同犯罪的起意、策划、分工、实施等情况，查明每一个犯罪嫌疑人、被告人在共同犯罪中的地位和作用；

⑦具体、详细的犯罪经过；

⑧非法经营活动是否曾受到有关国家机关的行政处罚，包括处罚时间、地点、处罚种类和金额等。

（2）证人证言：

①具体销售人员证言。证实的内容包括：其与行为人的关系；是否明知行为人没得到国家有关部门批准、许可而经营有关物品或业务；非法经营的时间、地点、数量、价格、销售渠道、销售数额、盈利数额等。

②非法经营单位或相关交易单位的财务人员、主管人员、经手人员等的证言。证实非法经营的情况，具体内容同上。

③其他知情证人证言。证实所知悉的非法经营的有关情况。

（3）物证、书证：

①被查获的非法经营物品，如香烟、食盐等；

②实施非法经营的作案工具，如机器设备等；

③赃款；

④书信、日记等，证实行为人实施非法经营行为的时间，地点及经过等

情况；

⑤合同、收据、借条、欠条、发票等，证实与非法经营有关的情况；

⑥股票、保险单、期货合同及其交易纪录等，证实非法经营的种类、过程及名额等情况；

⑦相关的账册、记账凭证、支票、本票、汇票存根等，证实非法经营的销售数量、价格、金额、时间等；

⑧被行为人买卖的进出口许可证、进口原产地证明以及其他法律、行政法规规定的经营许可证或者批准文件，如矿产开采许可证、野生动物狩猎许可证等；

⑨非法经营人（单位）的营业执照，或者工商等部门出具的证明材料，证明行为人实施非法经营的单位系虚构，或者是假冒其他单位或他人的名义，以及被假冒的单位出具的证明材料，证明本单位并没有经营过相关业务；

⑩有关国家机关出具的证明材料，证实行为人实施的经营活动未经其许可、批准；

⑪有关国家机关对非法经营活动的处罚决定书、缴纳罚款通知单等。

（4）鉴定意见：

①司法会计鉴定意见、审计鉴定意见，证实非法经营的数量、价格、销售数额、盈利数额等；

②文检鉴定，证明有关书证上的笔迹、印鉴的真伪及许可证和批准文件等是否伪造等。

（5）现场勘查笔录、照片。证实销售现场、营业现场、仓储现场等的情况。

（6）视听资料、电子数据。包括录音、录像等资料以及电子数据资料等。

（7）其他证明材料：

①目击证人辨认犯罪嫌疑人或物证的笔录；

②犯罪嫌疑人、被告人和证人指认现场笔录；

③搜查笔录、扣押物品清单及照片，证实查获的作案工具及调取的相关物证；

④起赃笔录、退赃笔录、收缴笔录，证实有关起、退、收缴赃款赃物情况；

⑤报案登记、立案决定书及破案经过等书证，证实案件来源、侦破经过以及犯罪嫌疑人是否有自首情节等。

通过上述证据，证实行为人未经有关国家部门批准、许可，擅自经营需要经国家有关部门批准、许可的业务以及其他严重扰乱市场秩序的非法经营的行为。

4. 关于本罪客体的证据

通过犯罪嫌疑人、被告人供述和辩解、证人证言、物证、书证、视听资料、电子数据等证据，证实行为人的行为违反国家经营许可制度，侵犯了国家对市场的管理秩序即国家通过对市场进行依法管理所形成的稳定、协调、有序的市场运行状态。

### （四）典型案例

## 江某某非法经营案

被告人江某某，系某监狱服刑人员，2019 年 12 月 5 日，因涉嫌非法经营罪被监狱隔离审查。

2003 年 12 月，被告人江某某因犯抢劫罪，被人民法院判处死刑，缓期二年执行，剥夺政治权利终身，并处没收个人全部财产。2004 年 2 月被投入监狱服刑。2017 年，被告人江某某在监狱服刑期间，利用私藏的手机结识了社会人员黎某某，2018 年初至 2018 年 11 月，被告人江某某和黎某某（另案处理）通过共同的微信账号向多名卷烟商户贩卖未经许可的专供出口的国产卷烟、外国卷烟及假冒卷烟。其中，以总计人民币 109 万余元的货款价格向陆某、蒋某、杨某贩卖中华硬出口、南京炫赫门、白细牡丹、金莲花等走私卷烟及假冒卷烟。

人民法院经审理认为，被告人江某某违反国家规定，未经许可经营法律、行政法规规定的专卖物品，扰乱市场秩序，情节特别严重，其行为已构成非法经营罪。依照《中华人民共和国刑法》的规定，判决江某某犯非法经营罪，判处有期徒刑六年八个月，并处罚金人民币三十万元，与前罪未执行刑期有期徒刑七年零二十日，剥夺政治权利六年，并处没收个人全部财产；数罪并罚，决定执行有期徒刑十二年，剥夺政治权利六年，并处没收个人全部财产。

# 第二节 狱内侦查工作主要法律文书

## 一、受理案件

对于服刑人员报案、控告、举报、自动投案或者有关单位移送的刑事案件，狱侦部门应当制作《受案登记表》，连同其他受案材料，报监狱分管领导审批。《受案登记表》一式二份，一份由狱侦部门留存，一份随案附卷。

对服刑人员或者有关单位提供的有关证据材料、物品等应当当场登记，并制作《接受证据材料清单》，《接受证据材料清单》一式三份，写明证据材料的编号、名称、数量、特征等，由证据提交人、办案人（接受人）签名，注明接受时间，加盖狱侦部门公章，一份由狱侦部门留存附卷，一份交证据提交人，一份连同接受的证据交监狱的保管人员妥善保管。

## 二、立案或不予立案、撤案

### （一）立案或不予立案

狱侦部门接受案件后，经审查，认为有犯罪事实需要追究刑事责任，且属于自己管辖，予以立案的，应当制作《狱内案件立案表》《立案决定书》。认为没有犯罪事实，或者犯罪事实显著轻微不需要追究刑事责任，或者具有其他依法不追究刑事责任情形，不予立案的，应当制作《不予立案决定书》。

对人民检察院要求监狱说明立案理由的，监狱应当在收到《要求说明立案理由通知书》后七日内作出书面说明，客观反映立案的情况、依据和理由，连同有关证据材料复印件，回复人民检察院。监狱主动撤销案件的，应当将《撤销案件决定书》复印件及时送达人民检察院。

人民检察院要求说明不立案理由的案件，监狱应当在七日内制作《不立案理由说明书》，客观反映不立案的情况、依据和理由，连同有关证据材料复印件，送达人民检察院。监狱主动立案的，应当将《立案决定书》复印件及时送达人民检察院。

人民检察院通知监狱立案的，监狱应当在收到通知书后十五日以内立案，并将《立案决定书》复印件送达人民检察院。

有控告人的案件，监狱决定不予立案的，应当制作《不予立案通知书》，并将《不予立案通知书》在三日内送达控告人。

### （二）撤案

狱侦部门经过侦查，认为应当撤销案件或者对犯罪嫌疑人终止侦查的，应当制作《撤销案件决定书》或者《终止侦查决定书》。

监狱收到人民检察院《要求说明立案理由通知书》后主动撤销案件的，应当将《撤销案件决定书》复印件及时送达人民检察院。

监狱收到人民检察院《通知撤销案件书》后没有异议的，应当立即撤销案件，并将《撤销案件决定书》复印件及时送达人民检察院。

## 三、隔离审查、强制措施

### （一）隔离审查

根据办案需要，对涉嫌狱内又犯罪的罪犯进行隔离审查的，办案人员须填写《罪犯隔离审查审批表》，经狱侦部门签署意见后，报请监狱分管领导批准。

### （二）逮捕

罪犯在监狱内涉嫌又犯罪，办理案件期间该罪犯原判刑期即将届满需要逮捕的，监狱应当制作《提请批准逮捕书》，连同案卷材料、证据，一并移送同级人民检察院审查批准。经人民检察院批准逮捕后，制作《逮捕证》，并将被逮捕人送监狱所在地看守所羁押。侦查终结时，《逮捕证》存入诉讼卷。

监狱送押被逮捕的犯罪嫌疑人，应当制作《提讯提解证》，由看守所在《提讯提解证》上加盖提讯专用章，并注明法定羁押起止日期。侦查终结时，《提讯提解证》存入诉讼卷。

对被逮捕的人，必须在逮捕后的二十四小时以内进行讯问。

对犯罪嫌疑人执行逮捕后，除无法通知的情形以外，应当在逮捕后二十四小时以内，制作《逮捕通知书》，通知被逮捕人的家属。《逮捕知书》应当写明逮捕原因和羁押处所。侦查终结时，《逮捕通知书》副本存入诉讼卷。

对于没有在二十四小时以内通知家属的，应当在《逮捕通知书》中注明原因。

## 四、讯问犯罪嫌疑人

讯问犯罪嫌疑人，应当制作《讯问笔录》。第一次讯问时，应当向犯罪嫌疑人宣读《犯罪嫌疑人诉讼权利义务告知书》或者交其阅读，告知其享有的权利和承担的义务、如实供述自己罪行可以从轻或者减轻处罚的法律规定，问明其是否申请回避、委托辩护律师、申请法律援助，并在《讯问笔录》中注明。

记录时，对提问和回答应当用“问:”“答:”表示，不得使用其他符号表示，每句问话和答话均应当另起一行，独立记录为一段。

侦查人员应当将问话和犯罪嫌疑人的供述、辩解，对讯问人出示、使用证据的过程，犯罪嫌疑人的态度、表情如实地记录清楚。

《讯问笔录》应当使用第一人称记录，保持原意，抓住重点，详略得当，字迹清楚，易于辨认，准确、完整、客观地反映讯问的活动情况。对代称、隐语、黑话、简称等应当提问澄清，记明准确含义。

《讯问笔录》应当当场制作，不得事前、事后制作。

《讯问笔录》应当交犯罪嫌疑人核对或者向其宣读。如记录有遗漏或者差错，应当允许犯罪嫌疑人补充或者更正，并捺指印。笔录经犯罪嫌疑人核对无误后，应当由其在笔录上逐页签名、捺指印，并在末页紧接讯问内容的地方写明“以上笔录我看过（或向我宣读过），和我说的相符”。并在末页签名后，注明签名时间，拒绝签名、捺指印的，侦查人员应当在笔录末尾注明。

讯问未成年犯罪嫌疑人，应当制作、送达《未成年人法定代理人到场通知书》，通知未成年犯罪嫌疑人的法定代理人到场。《未成年人法定代理人到场通知书》副本应当由未成年人法定代理人签名，侦查终结时，存入诉讼卷。

讯问未成年犯罪嫌疑人的，《讯问笔录》应当交未成年犯罪嫌疑人、到场的法定代理人或者其他人员阅读或者向其宣读；对笔录内容有异议的，应当核实清楚，确有错误或者遗漏的，应当准予更正或者补充。

《讯问笔录》上所列项目，应当按规定填写齐全。对讯问过程进行录音、录像的，应当在《讯问笔录》中注明。讯问人员、记录人员应当在《讯问笔录》首页签名，翻译人员、讯问时在场的其他人员应当在《讯问笔录》末尾签名，不得由他人替代。翻译人员还应当注明工作单位和职业。

所有《讯问笔录》按照讯问的时间顺序编号，侦查终结时存入诉讼卷。

## 五、询问证人、被害人

询问证人、被害人，应当制作《询问笔录》。第一次询问时，应当向证人、被害人宣读《证人诉讼权利义务告知书》《被害人诉讼权利义务告知书》，告知其享有的权利和承担的义务，问明被害人是否申请回避，并在《询问笔录》中注明。

到证人、被害人所在单位、住处或者证人、被害人提出的地点询问证人、被害人的，应制作《询问通知书》，送达被询问人，并由其在副本上签收。侦查终结时，《询问通知书》副本存入诉讼卷。

证人、被害人主动或者经口头、电话通知主动到监狱提供证言的，侦查人员应当在笔录中注明，不制作、送达《询问通知书》。

询问未成年证人、被害人，应当制作、送达《未成年人法定代理人到场通知书》，通知未成年证人、被害人的法定代理人到场。《未成年人法定代理人到场通知书》副本应当由到场的法定代理人签名，侦查终结时存入诉讼卷。

询问证人、被害人应当个别进行。询问笔录的制作要求参照讯问笔录的制作要求。

## 六、勘验、检查

### （一）现场勘查、检查

执行勘验的侦查人员勘查现场，应当拍摄现场照片、绘制现场图，制作《现场勘验笔录》。对重大案件的现场勘查，应当录音录像。

《现场勘验笔录》应有现场指挥人、勘查人、见证人和记录人签名。

《现场勘验笔录》正文需要载明现场勘验过程及结果，包括与犯罪有关的痕迹和物品的名称、位置、数量、性状、分布等情况，尸体的位置、衣着、姿势、血迹分布、性状和数量以及提取痕迹、物证情况等。

现场勘验、检查人员应当制作现场方位图、现场平面示意图，并根据现场情况选择制作现场平面比例图、现场平面展开图、现场立体图和现场剖面图等。绘制现场图应当符合以下基本要求：

（1）标明案件名称，案件发现时间、案发地点；

（2）完整反映现场的位置、范围；

（3）准确反映与犯罪活动有关的主要物体，标明尸体、主要痕迹、主要物证、作案工具等具体位置；

（4）文字说明简明、准确；

（5）布局合理，重点突出，画面整洁，标识规范；

（6）注明方向、图例、绘图单位、绘图日期和绘图人。

现场照相应当清晰、准确记录现场方位、周围环境及原始状态，记录痕迹、物证所在部位、形状、大小及其相互之间的关系。

细目照相应当放置比例尺，现场照片需有文字说明。

### （二）人身检查

人身检查的情况应当制作《检查笔录》，写明检查过程和结果，由参加检查的侦查人员、检查人员、被检查人和见证人签名。

被检查人拒绝签名的，侦查人员应当在笔录中注明。

如果指派或者聘请医师检查，医师应当写出诊断意见书，说明检查的情况和结果。

检查妇女的身体，应当由女工作人员或者医师进行。

《检查笔录》和诊断意见书存入诉讼卷。

### （三）尸体检查

为了确定死因，决定解剖尸体的，应当通知死者家属到场，并让死者家属在《解剖尸体通知书》上签名。死者家属无正当理由拒不到场或者拒绝签名的，可以解剖尸体，但是应当在《解剖尸体通知书》上注明。对身份不明的尸体，无法通知死者家属的，应当在笔录中注明。

尸体检查人员根据尸体检查情况，制作《尸体检验报告书》，反映尸体检查、提取检材情况和结果，存入诉讼卷。

## 七、搜　查

根据办案情况需要进行搜查的，狱侦部门应制作《搜查证》，并准备好《搜查笔录》《扣押清单》等法律文书。

搜查的情况应当制作笔录，由侦查人员和被搜查人或者他的家属、邻居或者其他见证人签名。

如果被搜查人拒绝签名，或者被搜查人在逃，他的家属拒绝签名或者不在场的，侦查人员应当在笔录中注明。

《搜查笔录》适用通用笔录格式，包括首部、正文、尾部三部分：

（1）首部：包括文书名称、搜查的起止时间、执行搜查的侦查人员的姓名、当事人、对象、见证人、其他在场人员、搜查的事由和目的以及搜查地点等。

（2）正文：记录搜查的过程和结果。根据搜查的顺序写明搜查范围，扣押财物、文件的名称、规格、数量以及位置等，搜查中有无损坏物品现象，被搜查人及其家属是否配合等。如在搜查中对查获的有关证据进行了拍照或者录像，应当在笔录中注明。最后写明《扣押清单》的交收情况。

（3）尾部：由侦查人员、记录人和被搜查人或者其家属、邻居或者其他见证人签名。被搜查人拒绝签名或者在逃，或者其家属拒绝签名、不在现场的，应当在笔录上注明。

侦查终结时，《搜查证》《搜查笔录》《扣押清单》以及搜查中拍摄的照片、视听资料存入诉讼卷。

## 八、扣 押

### （一）扣押物品

在侦查过程中需要扣押财物、文件的，狱侦部门应当制作《扣押决定书》。

对扣押的财物和文件，应当会同在场见证人和被扣押财物、文件的持有人查点清楚，当场开列《扣押清单》一式三份，写明财物或者文件的名称、编号、数量、特征及其来源等，由侦查人员、见证人和持有人签名后，一份交给持有人，一份交给监狱保管人员，一份连同照片、录像资料或者扣押的产权证照存入诉讼卷。

对无法确定持有人的财物、文件，或者持有人不在场、拒绝签名的，侦查人员应当在清单中注明。

扣押的情况应当制作《扣押笔录》，由侦查人员、持有人和见证人签名。对无法确定持有人或者持有人不在场、拒绝签名的，侦查人员应当在笔录中注明。在勘验、检查、搜查过程中扣押，已制作有关笔录记明扣押情况的，不再制作《扣押笔录》。

《扣押笔录》适用通用笔录格式，包括首部、正文、尾部三部分：

（1）首部：包括文书名称、起止时间，侦查人员和记录人的姓名、单位，当事人、对象、见证人、其他在场人员基本情况，扣押的事由和目的、地点等。

（2）正文：包括扣押的过程和结果。记录扣押财物、文件的简要情况，扣押财物、文件的名称、编号、数量、特征以及发现财物、文件的地点等。

（3）尾部：由侦查人员、记录人、当事人、见证人和其他在场人员签名。

### （二）移送、发还、销毁物品

对扣押的财物及其孳息、文件需要随案移送、发还、销毁的，侦查人员应当制作《随案移送清单》《发还清单》《销毁清单》，记明财物、文件的名称、数量、特征、来源和处理情况，由侦查人员签字、监狱盖章后附卷。

对刑事案件中作为证据使用的涉案财物，应当随案移送；对危险品、大宗大型物品以及容易腐烂变质等不宜随案移送的物品，应当移送相关清单、照片或者其他证明文件。同时制作《随案移送清单》一式二份，一份由移送监狱留存附卷，一份交案件接收单位。

解除扣押，应当将扣押的财物、文件发还案件相关当事人的，应当由领取人在《发还清单》上签名，注明领取日期，侦查人员注明办案单位，并签字注明文书制作日期。《发还清单》一式二份，一份交领取人，一份存入诉讼卷。

对违禁品，应当依照国家有关规定处理；对需要作为证据使用的，应当在诉讼终结后处理。

## 九、鉴　定

需要指派或者聘请具有鉴定资格或者专门知识的人对相关事项进行鉴定的，狱侦部门制作《委托鉴定申请书》，由法定鉴定机关或者专业权威部门出具鉴定意见。

《委托鉴定申请书》内容包括：简要案情，需要鉴定的种类，鉴定意见对案件办理所起的作用。

鉴定人应当按照鉴定规则，运用科学方法独立进行鉴定。鉴定后，应当出具鉴定意见，并在鉴定意见书上签名，同时附上鉴定机构和鉴定人的资质证明或者其他证明文件。

对作为证据使用的鉴定意见，狱侦部门应当及时制作《鉴定意见通知书》，将交犯罪嫌疑人联、交被害人或者其法定代理人联分别送达犯罪嫌疑人、被害人或者其法定代理人。附卷联由犯罪嫌疑人、被害人或者其法定代理人在附注部分分别签名并注明送达时间，侦查终结后存入诉讼卷。

## 十、辨　认

为了查明案情，组织被害人、证人或者犯罪嫌疑人对与犯罪有关的物品、文件、尸体、场所或者犯罪嫌疑人进行辨认的，应当制作《辨认笔录》。

《辨认笔录》应当写明辨认的起止时间、地点，主持辨认的侦查人员、记录人、辨认人、见证人，辨认对象的基本情况和辨认目的。正文部分应当如实反映辨认活动的过程及结论，写明辨认人进行辨认的具体情况和现实条件，辨认对象的情况，辨认的方法和辨认过程中辨认人的态度，辨认结果及辨认人对辨认对象能够辨认、确认或者不能够辨认、确认的理由。辨认人对辨认提出疑义和要求的，也应当予以记录。

附纸的辨认照片应当作为《辨认笔录》的组成部分。

将《辨认笔录》交辨认人、见证人核对无误后，由辨认人、见证人、主持辨认的侦查人员、记录人分别签名确认。辨认人还应当捺指印。

主持辨认的侦查人员制作与照片有关的所有人员、物品、尸体、场所情况的说明，并签名，附在《辨认笔录》之后。

《辨认笔录》和有关情况说明应当存入诉讼卷。

## 十一、侦查终结

狱内案件侦查终结后，办案部门应填写《狱内案件结（销）案表》。一般案件和重大案件的结案或销案由监狱分管领导批准；特大案件结案或销案由监狱管理局分管领导批准；特大案件和部分有规定的重大案件，应报省监狱管理局、司法部监狱管理局备案。

监狱侦查终结的案件，应当做到犯罪事实清楚，证据确实、充分，并写出《起诉意见书》。

《起诉意见书》包括首部、正文、尾部三部分：

（1）首部：包括制作文书的监狱名称和文书名称、文书字号、犯罪嫌疑人的身份情况及违法犯罪经历情况等；犯罪嫌疑人有辩护律师的，应当写明律师的姓名，所在律师事务所或者法律援助机构名称，律师执业证编号等。

（2）正文：包括案件办理情况、案件事实、证据、案件有关情节、犯罪性质认定及移送审查起诉的法律依据。

（3）尾部：包括送达部门、移送审查起诉时间并加盖制作文书的监狱印章、附注事项。

共同犯罪案件的《起诉意见书》，应当写明每个犯罪嫌疑人在共同犯罪中的地位、作用、具体罪责和认罪态度，并分别提出处理意见。

被害人提出附带民事诉讼的，应当在《起诉意见书》末页注明。

## 十二、补充侦查

对人民检察院退回补充侦查的案件，根据不同情况，分别作如下处理：

（1）原认定犯罪事实清楚，证据不够充分的，应当在补充证据后，制作《补充侦查报告书》，移送人民检察院审查；对无法补充的证据，应当作出说明。

（2）在补充侦查过程中，发现新的同案犯或者新的罪行，需要追究刑事责任的，应当重新制作《起诉意见书》，移送人民检察院审查。

（3）发现原认定的犯罪事实有重大变化，不应当追究刑事责任的，应当重新提出处理意见，并将处理结果通知退查的人民检察院。

（4）原认定犯罪事实清楚，证据确实、充分，人民检察院退回补充侦查不当的，应当说明理由，移送人民检察院审查。

对人民检察院在审查起诉过程中以及在人民法院作出生效判决前，要求监狱提供法庭审判所必需的证据材料的，监狱应当及时收集和提供。

# 第三节　狱内常用刑事法律文书式样

## 一、起诉意见书式样

＊＊＊监狱

**起诉意见书**①

字〔　〕号

犯罪嫌疑人×××……［犯罪嫌疑人姓名（别名、曾用名、绰号等），性别，出生日期，出生地，身份证件种类及号码，民族，文化程度，职业或工作单位及职务，居住地（包括户籍所在地、经常居住地、暂住地），政治面貌（如是人大代表、政协委员，一并写明具体级、届代表、委员），违法犯罪经历以及因本案被采取强制措施的情况（时间、种类及执行场所）。案件有多名犯罪嫌疑人的，应逐一写明。］

辩护律师×××……（如有辩护律师，写明其姓名，所在律师事务所或者法律援助机构名称，律师执业证编号。）

犯罪嫌疑人涉嫌×××（罪名）一案，由×××举报（控告、移送）至我狱（写明案由和案件来源，具体为单位或者公民举报、控告、上级交办、有关部门移送或工作中发现等）。简要写明案件侦查过程中的各个法律程序开始的时间，如接受案件、立案的时间。具体写明犯罪嫌疑人归案情况。最后写明犯罪嫌疑人×××涉嫌×××案，现已侦查终结。

经依法侦查查明：……（详细叙述经侦查认定的犯罪事实，包括犯罪时间、地点、经过、手段、目的、动机、危害后果等与定罪有关的事实要素。应当根据具体案件情况，围绕刑法规定的该罪构成要件，进行叙述。）

（对于只有一个犯罪嫌疑人的案件，犯罪嫌疑人实施多次犯罪的犯罪事实

① 该文书出自公安部《公安机关刑事法律文书式样（2012年版）》，笔者根据监狱实际工作对其中个别用词略有变动。

应逐一列举；同时触犯数个罪名的犯罪嫌疑人的犯罪事实应该按照主次顺序分别列举：对于共同犯罪的案件，写明犯罪嫌疑人的共同犯罪事实及各自在共同犯罪中的地位和作用后，按照犯罪嫌疑人的主次顺序，分别叙述各个犯罪嫌疑人的单独犯罪事实。)

认定上述事实的证据如下：

……（分列相关证据，并说明证据与案件事实的关系。）

上述犯罪事实清楚，证据确实、充分，足以认定。

犯罪嫌疑人×××……（具体写明是否有累犯、立功、自首、和解等影响量刑的从重、从轻、减轻等犯罪情节。）

犯罪嫌疑人自愿认罪认罚的，简要写明相关情况。

综上所述，犯罪嫌疑人×××……（根据犯罪构成简要说明罪状），其行为已触犯《中华人民共和国刑法》第××条之规定，涉嫌×××罪。依照《中华人民共和国刑事诉讼法》第一百六十二条之规定，现将此案移送审查起诉。（当事人和解的公诉案件，应当写明双方当事人已自愿达成和解协议以及履行情况，同时可以提出从宽处理的建议。犯罪嫌疑人自愿认罪认罚的，如果认为案件符合速裁程序适用条件，可以在起诉意见书中建议人民检察院适用速裁程序办理，并简要说明理由。）

此致

×××人民检察院

监狱（印）

年　月　日

附：1. 本案卷宗　卷。

2. 随案移交物品　件。

## 二、提请批准逮捕书式样

**＊＊＊监狱**

**提请批准逮捕书**[1]

字〔　〕号

犯罪嫌疑人×××……［犯罪嫌疑人姓名（别名、曾用名、绰号等），性别，出生日期，出生地，身份证件种类及号码，民族，文化程度，职业或工作单位及职务，居住地（包括户籍所在地、经常居住地、暂住地），政治面貌（如是人大代表、政协委员，一并写明具体级、届代表、委员），违法犯罪经历以及因本案被采取强制措施的情况（时间、种类及执行场所）。案件有多名犯罪嫌疑人的，应逐一写明。］

辩护律师×××……（如有辩护律师，写明其姓名，所在律师事务所或者法律援助机构名称，律师执业证编号。）

犯罪嫌疑人涉嫌×××（罪名）一案，由×××举报（控告、移送）至我局（写明案由和案件来源，具体为单位或者公民举报、控告、上级交办、有关部门移送、本局其他部门移交以及工作中发现等）。简要写明案件侦查过程中的各个法律程序开始的时间，如接受案件、立案的时间。具体写明犯罪嫌疑人归案情况。

经依法侦查查明：……（应当根据具体案件情况，详细叙述经侦查认定的犯罪事实，并说明应当逮捕理由。）

（对于只有一个犯罪嫌疑人的案件，犯罪嫌疑人实施多次犯罪的犯罪事实应逐一列举；同时触犯数个罪名的犯罪嫌疑人的犯罪事实应该按照主次顺序分别列举；对于共同犯罪的案件，写明犯罪嫌疑人的共同犯罪事实及各自在共同犯罪中的地位和作用后，按照犯罪嫌疑人的主次顺序，分别叙述各个犯罪嫌疑人的单独犯罪事实。）

认定上述事实的证据如下：

……（分列相关证据，并说明证据与犯罪事实的关系。）

犯罪嫌疑人自愿认罪认罚的，简要写明相关情况。

---

① 该文书出自公安部办公厅《关于修改和补充部分刑事法律文书式样的通知》（公法制〔2020〕1009号），笔者根据监狱实际工作对其中个别用词略有变动。

综上所述，犯罪嫌疑人×××……（根据犯罪构成简要说明罪状），其行为已触犯《中华人民共和国刑法》第××条之规定，涉嫌×××罪，可能判处徒刑以上刑罚。现有（证明其犯罪事实的证据、其他证据）等证据证明，其（依据刑事诉讼法第八十一条第一款具体说明其可能具有的社会危险性）或者（……涉嫌×××罪，可能判处十年有期徒刑以上刑罚/可能判处徒刑以上刑罚，曾经故意犯罪或者身份不明）……依照《中华人民共和国刑事诉讼法》第八十一条、第八十七条之规定，犯罪嫌疑人×××符合逮捕条件，特提请批准逮捕。

此致

×××人民检察院

监狱（印）

年　月　日

附：本案卷宗　卷　页。

## 三、犯罪嫌疑人诉讼权利义务告知书式样

### 犯罪嫌疑人诉讼权利义务告知书

根据《中华人民共和国刑事诉讼法》的规定，在侦查机关对案件进行侦查期间，犯罪嫌疑人有如下诉讼权利和义务：

1. 不通晓当地通用的语言文字时有权要求配备翻译人员，有权用本民族语言文字进行诉讼。

2. 对于侦查机关及其侦查人员侵犯其诉讼权利和人身侮辱的行为，有权提出申诉或者控告。

3. 对于侦查人员、鉴定人、记录人、翻译人员有下列情形之一的，有权申请他们回避：（一）是本案的当事人或者是当事人的近亲属的；（二）本人或者他的近亲属和本案有利害关系的；（三）担任过本案的证人、鉴定人、辩护人、诉讼代理人的；（四）与本案当事人有其他关系，可能影响公正处理案件的。对于驳回申请回避的决定，可以申请复议一次。

4. 自接受第一次讯问或者被采取强制措施之日起，有权委托律师作为辩护人。如在押或者被监视居住，侦查机关应当及时转达其委托辩护人的要求：也可以由其监护人、近亲属代为委托辩护人；依法同辩护律师会见和通信。因经济困难或者其他原因没有委托辩护人的，本人及其近亲属可以向法律援助机构提出申请。对于未成年人，盲、聋、哑人，尚未完全丧失辨认或者控制自己行为能力的精神病人，以及可能判处无期徒刑、死刑的犯罪嫌疑人，没有委托辩护人的，有权要求侦查机关通知法律援助机构指派律师提供辩护。

犯罪嫌疑人没有委托辩护人，法律援助机构也没有指派律师提供辩护的，有权约见值班律师，获得法律咨询、程序选择建议、申请变更强制措施、对案件处理提出意见等法律帮助。

5. 在接受传唤、拘传、讯问时，有权要求饮食和必要的休息时间。

6. 本人及其法定代理人、近亲属或者辩护人有权申请变更强制措施；对于采取强制措施届满的，有权要求解除强制措施。

7. 对于侦查人员的提问，应当如实回答。但是对与本案无关的问题，有拒绝回答的权利。在接受讯问时有权为自己辩解。如实供述自己罪行的，可以从轻处罚；因如实供述自己罪行，避免特别严重后果发生的，可以减轻处罚。

8. 犯罪嫌疑人自愿如实供述自己的罪行，承认指控的犯罪事实，愿意接

受处罚的，可以依法从宽处理。

9. 有核对讯问笔录的权利；如果没有阅读能力，侦查人员应当向其宣读笔录。笔录记载有遗漏或者差错，可以提出补充或者改正。可以请求自行书写供述。

10. 未成年犯罪嫌疑人在接受讯问时，有要求通知其法定代理人到场的权利。女性未成年犯罪嫌疑人有权要求讯问时有女性工作人员在场。

11. 聋、哑的犯罪嫌疑人在讯问时有要求通晓聋、哑手势的人参加的权利。

12. 有权知道用作证据的鉴定意见的内容，可以申请补充鉴定或重新鉴定。

13. 依法接受拘传、取保候审、监视居住、拘留、逮捕等强制措施和人身检查、搜查、扣押、鉴定等侦查措施。

14. 侦查机关送达的各种法律文书经确认无误后，应当签名、捺指印。

15. 知悉案件移送审查起诉情况。

以上内容，我已看过/已向我宣读。（犯罪嫌疑人本人书写）

犯罪嫌疑人不能书写，以上内容已向其告知。（侦查人员注明）

犯罪嫌疑人：

侦查人员：

本告知书在第一次讯问犯罪嫌疑人或者对其采取强制措施之日交犯罪嫌疑人，并在第一次讯问笔录中记明，同时将本告知书复印一份附卷。

# 四、被害人诉讼权利义务告知书式样

## 被害人诉讼权利义务告知书

根据《中华人民共和国刑事诉讼法》的规定，在侦查机关对案件进行侦查期间，被害人有如下权利和义务：

1、不通晓当地通用的语言文字时有权要求配备翻译人员，有权用本民族语言文字进行诉讼。

2、对于侦查机关及其侦查人员侵犯其诉讼权利或者进行人身侮辱的行为，有权提出申诉或者控告。

3、因在诉讼中做证，人身安全面临危险的，可以向侦查机关请求对本人或其近亲属予以保护。

4、对于侦查人员、鉴定人，记录人、翻译人员有下列情形之一的，被害人及其法定代理人有权申请回避：（一）是本案的当事人或者是当事人的近亲属的；（二）本人或者他的近亲属和本案有利害关系的；（三）担任过本案的证人、鉴定人、辩护人、诉讼代理人的；（四）与本案当事人有其他关系，可能影响公正处理案件的。对驳回申请回避的决定，可以申请复议一次。

5、有权核对询问笔录。如果记载有遗漏或者差错，有权提出补充或者改正，经核对无误后，应当在询问笔录上逐页签名、捺指印。有权自行书写亲笔证词。

6、未满 18 周岁的被害人在接受询问时有权要求通知其法定代理人到场。

7、由于被告人的犯罪行为而遭受物质损失的，有权提起附带民事诉讼。

8、侦查机关对被害人的报案作出不予立案决定的，被害人如果不服，可以申请复议、复核。被害人认为侦查机关对应当立案侦查的案件而不立案侦查的，有权向人民检察院提出。

9、有权知道用作证据的鉴定意见的内容，可以申请补充鉴定或重新鉴定。

10、知道案件情况的有做证的义务。

11、应当如实地提供证据、证言，有意作伪证或者隐匿罪证应负相应的法律责任。

以上内容，我已看过/已向我宣读。（被害人本人书写）

被害人不能书写，以上内容已向其告知。（侦查人员注明）

被害人：

侦查人员：

本告知书在第一次询问时交被害人，并在第一次询问笔录中记明情况，同时将本告知书复印一份附卷。

# 五、证人诉讼权利义务告知书式样

## 证人诉讼权利义务告知书

根据《中华人民共和国刑事诉讼法》的规定，在侦查机关对案件进行侦查期间，证人有如下权利和义务：

1、不通晓当地通用的语言文字时有权要求配备翻译人员，有权用本民族语言文字进行诉讼。

2、对于侦查机关及其侦查人员侵犯其诉讼权利或者进行人身侮辱的行为，有权提出申诉或者控告。

3、因在诉讼中做证，人身安全面临危险的，可以向侦查机关请求对本人或其近亲属予以保护。

4、有权核对询问笔录。如果记载有遗漏或者差错，有权提出补充或者改正，经核对无误后，应当在询问笔录上逐页签名、捺指印。有权自行书写亲笔证词。

5、未满 18 周岁的证人在接受询问时有权要求通知其法定代理人到场。

6、知道案件情况的有做证的义务。

7、应当如实地提供证据、证言，有意作伪证或者隐匿罪证应负相应的法律责任。

以上内容，我已看过/已向我宣读。（证人本人书写）

证人不能书写，以上内容已向其告知。（侦查人员注明）

证人：

侦查人员：

本告知书在第一次询问时交证人，并在第一次询问笔录中记明情况，同时将本告知书复印一份附卷。

## 六、补充侦查报告书式样

**＊＊＊监狱**

**补充侦查报告书①**

字〔　〕号

人民检察院：

你院于＿＿＿＿＿年＿＿月＿＿日以＿＿＿＿〔　　　〕＿＿＿号补充侦查决定书退回的＿＿＿＿＿＿＿案，已经补充侦查完毕。结果如下：

＿＿＿＿＿＿＿＿＿＿＿＿＿＿＿＿＿＿＿＿＿＿＿＿＿＿＿＿＿＿＿＿＿＿＿＿＿＿＿＿＿＿＿＿＿＿＿＿＿＿＿＿＿＿＿＿＿＿＿＿＿＿＿＿＿＿＿＿＿＿＿＿＿＿＿＿＿＿＿＿＿＿＿＿＿＿＿＿＿＿＿＿＿＿＿＿＿＿＿＿＿＿＿＿＿＿＿＿＿＿＿＿＿＿＿＿＿＿＿＿＿＿＿＿＿＿＿＿＿＿＿＿＿＿＿＿＿＿＿＿＿＿＿＿＿＿＿＿＿＿＿＿＿＿＿＿＿＿＿＿＿＿＿＿＿＿＿＿＿＿＿＿＿＿＿＿＿＿＿＿＿＿＿＿＿＿＿＿＿＿＿＿＿＿＿＿＿＿＿＿＿＿＿＿＿

现将该案卷宗＿＿＿卷＿＿＿＿页及补充查证材料＿＿＿＿卷＿＿页附后，请审查。

监狱（印）

年　月　日

本报告书一式两份，一份附卷，一份交检察院。

① 该文书出自公安部《公安机关刑事法律文书式样（2012年版）》，笔者根据监狱实际工作对其中个别用词略有变动。

# 七、狱内案件立案表式样

**狱内案件立案表**[①]

单位：　　　　　　　　　　　　　　　　案件编号：

<table>
<tr><td>案件<br>类别</td><td></td><td>发案<br>时间</td><td>年 月 日 时 分</td></tr>
<tr><td>案件性质</td><td></td><td>发案<br>地点</td><td></td></tr>
<tr><td>发案经过和<br>危害情况</td><td colspan="3"></td></tr>
<tr><td>立案根据</td><td colspan="3"></td></tr>
<tr><td>现场勘查<br>情况记述</td><td colspan="3"></td></tr>
<tr><td>侦查计划<br>及措施</td><td colspan="3"></td></tr>
<tr><td>主管科室<br>意见</td><td colspan="3">（签章）<br>年　月　日</td></tr>
<tr><td>监狱意见</td><td colspan="3">（签章）<br>年　月　日</td></tr>
</table>

填表人：　　　　　　　　　　　　　　　　填表日期：　年　月　日

① 此表为辽宁省监狱管理局制发文书模板。

## 八、立案决定书式样

**＊＊＊监狱**

**立案决定书①**

×监立字〔20××〕×号

根据《中华人民共和国刑事诉讼法》第一百零九条/第一百一十二条之规定，决定对________________________________________案立案侦查。

＊＊＊监狱（印）

二〇××年××月××日

① 此表为辽宁省监狱管理局制发文书模板。

# 九、罪犯隔离审查审批表式样

## 罪犯隔离审查审批表①

单位：　　　　　　　　　　　　　　　　编号：

<table>
<tr><td>姓名</td><td></td><td>性别</td><td colspan="2"></td><td>出生日期</td><td colspan="2"></td></tr>
<tr><td>罪名</td><td></td><td>刑种</td><td></td><td>刑期</td><td></td><td>健康<br>状况</td><td></td></tr>
<tr><td>申请<br>依据</td><td colspan="7"></td></tr>
<tr><td>申请<br>期限</td><td colspan="7">（签字）<br>年　月　日</td></tr>
<tr><td>办案人员<br>意见</td><td colspan="7">（签字）<br>年　月　日</td></tr>
<tr><td>主管科室<br>意见</td><td colspan="7">（签字）<br>年　月　日</td></tr>
<tr><td>监狱<br>意见</td><td colspan="7">（签字）<br>年　月　日</td></tr>
<tr><td>罪犯隔离<br>审查期间<br>表现</td><td colspan="7"></td></tr>
<tr><td>解除隔离<br>审查情况</td><td colspan="7">对罪犯　已于　年　月　日解除隔离审查。<br>批准人：　　（签字）　　执行人：　　（签字）<br>年　月　日　　　　年　月　日</td></tr>
</table>

填表人：　　　　　　　　　　　　　填表日期：　年　月　日

① 此表为辽宁省监狱管理局制发文书模板。

# 十、狱内案件结（销）案表式样

**狱内案件结（销）案表①**

单位：

<table>
<tr><td>立案时间</td><td colspan="3"></td><td>案件类别</td><td></td><td rowspan="2">破案时间</td><td rowspan="2">年 月 日</td></tr>
<tr><td>案件编号</td><td colspan="3"></td><td>案件性质</td><td></td></tr>
<tr><td>犯罪嫌疑人姓名</td><td>性别</td><td>年龄</td><td>民族</td><td colspan="2">原判罪名</td><td colspan="2">原判刑期</td></tr>
<tr><td></td><td></td><td></td><td></td><td colspan="2"></td><td colspan="2"></td></tr>
<tr><td></td><td></td><td></td><td></td><td colspan="2"></td><td colspan="2"></td></tr>
<tr><td></td><td></td><td></td><td></td><td colspan="2"></td><td colspan="2"></td></tr>
<tr><td></td><td></td><td></td><td></td><td colspan="2"></td><td colspan="2"></td></tr>
<tr><td>侦查简况</td><td colspan="7"></td></tr>
<tr><td>结（销）案根据和主要证据</td><td colspan="7"></td></tr>
<tr><td>处理意见</td><td colspan="7"></td></tr>
<tr><td>主管科室意见</td><td colspan="7"></td></tr>
<tr><td>监狱意见</td><td colspan="7"></td></tr>
</table>

填表人：　　　　　　　　　　　　　　　　填表日期：　年　月　日

① 此表为辽宁省监狱管理局制发文书模板。

# 十一、现场勘验笔录式样

## 现场勘验笔录

现场勘验单位：＿＿＿＿＿＿＿＿＿＿＿＿＿＿＿＿＿＿＿＿＿＿＿＿

指派/报告单位：＿＿＿＿＿＿＿＿＿＿＿时间：＿＿＿年＿＿月＿＿日＿＿时＿＿分

勘验事由：＿＿＿＿＿＿＿＿＿＿＿＿＿＿＿＿＿＿＿＿＿＿＿＿＿＿

现场勘验开始时间＿＿＿年＿＿月＿＿日＿＿时＿＿分

现场勘验结束时间＿＿＿年＿＿月＿＿日＿＿时＿＿分

现场地点：＿＿＿＿＿＿＿＿＿＿＿＿＿＿＿＿＿＿＿＿＿＿＿＿＿＿

现场保护情况：（空白处记载保护人、保护措施、是原始现场还是变动现场情况）

天气：阴□/晴□/雨□/雪□/雾□，温度：＿＿＿＿湿度：＿＿＿＿风向：＿＿＿＿＿

勘验前现场的条件：变动现场□/　原始现场□

现场勘验利用的光线：自然光□/　灯光□

现场勘验指挥人：＿＿＿＿＿＿＿＿单位：＿＿＿＿＿＿＿＿＿＿职务：＿＿＿＿＿＿

现场勘验情况：（记载现场勘验详细情况，包括现场方位和现场概貌、中心现场位置，现场是否有变动，变动的原因，勘验过程、提取痕迹物证情况、现场周边情况、现场访问情况以及其他需要说明的情况）

＿＿＿＿＿＿＿＿＿＿＿＿＿＿＿＿＿＿＿＿＿＿＿＿＿＿＿＿＿＿＿＿

＿＿＿＿＿＿＿＿＿＿＿＿＿＿＿＿＿＿＿＿＿＿＿＿＿＿＿＿＿＿＿＿

＿＿＿＿＿＿＿＿＿＿＿＿＿＿＿＿＿＿＿＿＿＿＿＿＿＿＿＿＿＿＿＿

＿＿＿＿＿＿＿＿＿＿＿＿＿＿＿＿＿＿＿＿＿＿＿＿＿＿＿＿＿＿＿＿

＿＿＿＿＿＿＿＿＿＿＿＿＿＿＿＿＿＿＿＿＿＿＿＿＿＿＿＿＿＿＿＿

＿＿＿＿＿＿＿＿＿＿＿＿＿＿＿＿＿＿＿＿＿＿＿

现场勘验制图＿＿＿张；照相＿＿＿张；录像＿＿＿分钟；录音＿＿＿分钟。

现场勘验记录人员：
笔录人：________________________________
制图人：________________________________
照相人：________________________________
录像人：________________________________
录音人：________________________________
现场勘验人员：
本人签名：________单位：________________职务：________
________________________________________
本人签名：________单位：________________职务：________
________________________________________
本人签名：________单位：________________职务：________
________________________________________
本人签名：________单位：________________职务：________
________________________________________
本人签名：________单位：________________职务：________
________________________________________
本人签名：________单位：________________职务：________
________________________________________
现场勘验见证人：
本人签名：________性别：____出生日期：________住址：________
________________________________________
本人签名：________性别：____出生日期：________住址：________
________________________________________

年　　月　　日

## 十二、现场勘验平面示意图式样

现场勘验平面示意图

制图人：________________

制图时间：________________

## 十三、现场照片式样

现场照片

照相人：______________

照相时间：______________

# 十四、随案移送清单式样

**随案移送清单**

| 编号 | 名称 | 数量 | 特征 | 财产所在地 | 侦查措施 | 处理建议 | 备注 |
|---|---|---|---|---|---|---|---|
| | | | | | | | |
| | | | | | | | |
| | | | | | | | |
| | | | | | | | |
| | | | | | | | |
| | | | | | | | |
| | | | | | | | |
| | | | | | | | |
| | | | | | | | |
| | | | | | | | |
| | | | | | | | |
| 接收单位：<br>接收人员：<br>年　月　日 | | | | 办案单位（盖章）<br>办 案 人：<br>年　月　日 | | | |

本清单一式两份，一份附卷，一份交接收单位，实物未移送的应当在备注中注明并附照片或其他证明文件。

# 第三章

# 罪犯死亡案件和其他监管事故案件办理

# 第一节　罪犯死亡案件办理

## 一、基本规定

1. **《中华人民共和国监狱法》**（2012年10月26日修正）（节录）

**第五十五条**　罪犯在服刑期间死亡的，监狱应当立即通知罪犯家属和人民检察院、人民法院。罪犯因病死亡的，由监狱作出医疗鉴定。人民检察院对监狱的医疗鉴定有疑义的，可以重新对死亡原因作出鉴定。罪犯家属有疑义的，可以向人民检察院提出。罪犯非正常死亡的，人民检察院应当立即检验，对死亡原因作出鉴定。

**第七十三条**　罪犯在劳动中致伤、致残或者死亡的，由监狱参照国家劳动保险的有关规定处理。

2. **最高人民检察院、民政部、司法部《监狱罪犯死亡处理规定》**（自2015年3月18日起施行，司发〔2015〕5号）

### 第一章　总　则

**第一条**　为规范监狱罪犯死亡处理工作，保障罪犯合法权益，维护监狱安全和社会和谐稳定，根据《中华人民共和国刑事诉讼法》《中华人民共和国国家赔偿法》《中华人民共和国监狱法》等有关法律、法规，结合监狱工作实际，制定本规定。

**第二条**　罪犯死亡分为正常死亡和非正常死亡。

正常死亡是指因人体衰老或者疾病等原因导致的自然死亡。

非正常死亡是指自杀死亡，或者由于自然灾害、意外事故、他杀、体罚虐待、击毙以及其他外部原因作用于人体造成的死亡。

**第三条**　罪犯死亡处理，监狱、人民检察院、民政部门应当分工负责，加强协作，坚持依法、公正、及时、人道的原则。

**第四条**　人民检察院依法对罪犯死亡处理情况实施法律监督。

## 第二章　死亡报告、通知

**第五条**　罪犯死亡后，监狱应当立即通知死亡罪犯的近亲属，报告所属监狱管理机关，通报承担检察职责的人民检察院和原审人民法院。

死亡的罪犯无近亲属或者无法通知其近亲属的，监狱应当通知死亡罪犯户籍所在地或者居住地的村（居）民委员会或者公安派出所。

**第六条**　罪犯死亡后，监狱、人民检察院应当按照有关规定分别层报司法部、最高人民检察院。

## 第三章　死亡调查、检察

**第七条**　罪犯死亡后，对初步认定为正常死亡的，监狱应当立即开展以下调查工作：

（一）封存、查看罪犯死亡前十五日内原始监控录像，对死亡现场进行保护、勘验并拍照、录像；

（二）必要时，分散或者异地分散关押同监室罪犯并进行询问；

（三）对收押、监控、管教等岗位可能了解死亡罪犯相关情况的民警以及医生等进行询问调查；

（四）封存、查阅收押登记、入监健康和体表检查登记、管教民警谈话教育记录、禁闭或者戒具使用审批表、就医记录等可能与死亡有关的台账、记录等；

（五）登记、封存死亡罪犯的遗物；

（六）查验尸表，对尸体进行拍照并录像；

（七）组织进行死亡原因鉴定。

**第八条**　监狱调查工作结束后，应当作出调查结论，并通报承担检察职责的人民检察院，通知死亡罪犯的近亲属。人民检察院应当对监狱的调查结论进行审查，并将审查结果通知监狱。

**第九条**　人民检察院接到监狱罪犯死亡报告后，应当立即派员赶赴现场，开展相关工作。具有下列情形之一的，由人民检察院进行调查：

（一）罪犯非正常死亡的；

（二）死亡罪犯的近亲属对监狱的调查结论有疑义，向人民检察院提出，人民检察院审查后认为需要调查的；

（三）人民检察院对监狱的调查结论有异议的；

（四）其他需要由人民检察院调查的。

**第十条**　人民检察院在调查期间，监狱应当积极配合，并提供便利条件。

**第十一条** 人民检察院调查结束后，应当将调查结论书面通知监狱和死亡罪犯的近亲属。

**第十二条** 监狱或者人民检察院组织进行尸检的，应当通知死亡罪犯的近亲属到场，并让其在《解剖尸体通知书》上签名或者盖章。对死亡罪犯无近亲属或者无法通知其近亲属，以及死亡罪犯的近亲属无正当理由拒不到场或者拒绝签名或者盖章的，不影响尸检，但是监狱或者人民检察院应当在《解剖尸体通知书》上注明，并对尸体解剖过程进行全程录像，并邀请与案件无关的人员或者死者近亲属聘请的律师到场见证。

**第十三条** 监狱、人民检察院委托其他具有司法鉴定资质的机构进行尸检的，应当征求死亡罪犯的近亲属的意见；死亡罪犯的近亲属提出另行委托具有司法鉴定资质的机构进行尸检的，监狱、人民检察院应当允许。

**第十四条** 监狱或者死亡罪犯的近亲属对人民检察院作出的调查结论有异议、疑义的，可以在接到通知后三日内书面要求作出调查结论的人民检察院进行复议。监狱或者死亡罪犯的近亲属对人民检察院的复议结论有异议、疑义的，可以向上一级人民检察院提请复核。人民检察院应当及时将复议、复核结论通知监狱和死亡罪犯的近亲属。

**第十五条** 鉴定费用由组织鉴定的监狱或者人民检察院承担。死亡罪犯的近亲属要求重新鉴定且重新鉴定意见与原鉴定意见一致的，重新鉴定费用由死亡罪犯的近亲属承担。

**第十六条** 罪犯死亡原因确定后，由监狱出具《死亡证明》。

## 第四章 尸体、遗物处理

**第十七条** 人民检察院、死亡罪犯的近亲属对监狱的调查结论无异议、疑义的，监狱应当及时火化尸体。

监狱、死亡罪犯的近亲属对人民检察院调查结论或者复议、复核结论无异议、疑义的，监狱应当及时火化尸体。对经上一级人民检察院复核后，死亡罪犯的近亲属仍不同意火化尸体的，监狱可以按照国家有关规定火化尸体。

**第十八条** 除法律、法规另有特别规定外，罪犯尸体交由就近的殡仪馆火化处理。

监狱负责办理罪犯尸体火化的相关手续。殡仪馆应当凭监狱出具的《死亡证明》和《火化通知书》火化尸体，并将《死亡证明》和《火化通知书》存档。

**第十九条** 尸体火化自死亡原因确定之日起十五日内进行。

死亡罪犯的近亲属要求延期火化的，应当向监狱提出申请。监狱根据实际情况决定是否延期。尸体延长保存期限不得超过十日。

**第二十条** 尸体火化前，监狱应当将火化时间、地点通知死亡罪犯的近亲属，并允许死亡罪犯的近亲属探视。死亡罪犯的近亲属拒绝到场的，不影响尸体火化。

尸体火化时，监狱应当到场监督，并固定相关证据。

**第二十一条** 尸体火化后，骨灰由死亡罪犯的近亲属在骨灰领取文书上签字后领回。对尸体火化时死亡罪犯的近亲属不在场的，监狱应当通知其领回骨灰；逾期六个月不领回的，由监狱按照国家有关规定处理。

**第二十二条** 死亡罪犯的近亲属无法参与罪犯死亡处理活动的，可以书面委托律师或者其他公民代为参与。

**第二十三条** 死亡罪犯尸体接运、存放、火化和骨灰寄存等殡葬费用由监狱支付，与殡仪馆直接结算。

**第二十四条** 死亡罪犯系少数民族的，尸体处理应当尊重其民族习惯，按照有关规定妥善处置。

死亡罪犯系港澳台居民、外国籍及无国籍人的，尸体处理按照国家有关法律、法规的规定执行。

**第二十五条** 死亡罪犯的遗物由其近亲属领回或者由监狱寄回。死亡罪犯的近亲属接通知后十二个月内不领取或者无法投寄的，按照国家有关规定处理。

**第二十六条** 监狱应当将死亡罪犯尸体和遗物处理情况记录在案，并通报承担检察职责的人民检察院。

## 第五章　法律责任

**第二十七条** 在调查处理罪犯死亡工作中，人民警察、检察人员以及从事医疗、鉴定等相关工作人员应当严格依照法律和规定履行职责。对有玩忽职守、滥用职权、徇私舞弊等违法违纪行为的，依法依纪给予处分；构成犯罪的，依法追究刑事责任。

**第二十八条** 监狱及其工作人员在行使职权时，违法使用武器、警械，殴打、虐待罪犯，或者唆使、放纵他人以殴打、虐待等行为造成罪犯死亡的，依法依纪给予处分；构成犯罪的，依法追究刑事责任，并由监狱按照《中华人民共和国国家赔偿法》予以赔偿。

对不属于赔偿范围但死亡罪犯家庭确实困难、符合相关救助条件的，死亡罪犯的近亲属可以按照国家有关规定向民政部门申请救助。

**第二十九条** 死亡罪犯的近亲属及相关人员因罪犯死亡无理纠缠、聚众闹事，影响监狱正常工作秩序和社会稳定的，监狱应当报告当地公安机关依法予以处置；构成犯罪的，依法追究刑事责任。

### 第六章　附　则

**第三十条**　本规定由司法部、最高人民检察院、民政部负责解释。

**第三十一条**　本规定自印发之日起施行。

## 二、检察机关规定

1. **《人民检察院刑事诉讼规则》**（自 2019 年 12 月 30 日起施行，高检发释字〔2019〕4 号）（节录）

**第六百六十二条**　人民检察院发现看守所、监狱、强制医疗机构等场所具有下列情形之一的，应当开展事故检察：

（一）被监管人、被强制医疗人非正常死亡、伤残、脱逃的；

（二）被监管人破坏监管秩序，情节严重的；

（三）突发公共卫生事件的；

（四）其他重大事故。

发生被监管人、被强制医疗人非正常死亡的，应当组织巡回检察。

**第六百六十三条**　人民检察院应当对看守所、监狱、强制医疗机构等场所或者主管机关的事故调查结论进行审查。具有下列情形之一的，人民检察院应当调查核实：

（一）被监管人、被强制医疗人及其法定代理人、近亲属对调查结论有异议的，人民检察院认为有必要调查的；

（二）人民检察院对调查结论有异议的；

（三）其他需要调查的。

人民检察院应当将调查核实的结论书面通知监管场所或者主管机关和被监管人、被强制医疗人的近亲属。认为监管场所或者主管机关处理意见不当，或者监管执法存在问题的，应当提出纠正意见或者检察建议；认为可能存在违法犯罪情形的，应当移送有关部门处理。

**2. 最高人民检察院《关于监管场所被监管人死亡检察程序的规定（试行）》**（自2010年12月28日起施行，高检发监字〔2010〕3号）

## 第一章　总　则

**第一条**　为了加强和规范监管场所被监管人死亡检察工作，维护被监管人合法权益，维护监管场所正常秩序，保障刑事诉讼活动顺利进行，根据《中华人民共和国刑事诉讼法》、《中华人民共和国监狱法》、《中华人民共和国看守所条例》、《劳动教养试行办法》等规定，结合检察工作实际，制定本规定。

**第二条**　监管场所发生被监管人死亡事件的，人民检察院应当分别不同情形，根据职责分工，依法开展检察工作。

**第三条**　人民检察院在监管场所被监管人死亡检察工作中，应当坚持依法独立行使检察权，主动及时，客观公正，注重与有关部门协调配合。

**第四条**　人民检察院在监管场所被监管人死亡检察工作中，应当查明事实和原因，分清责任，依法妥善处理。

## 第二章　受理和报告

**第五条**　人民检察院接到监管场所发生被监管人死亡报告后，应当立即受理，并开展审查、调查和相关处理工作。

**第六条**　县级人民检察院担负派驻或者巡回检察任务的监管场所发生被监管人死亡事件的，由地市级人民检察院负责审查、调查和相关处理工作，或者组织、指导县级人民检察院开展审查、调查和相关处理工作。

地市级以上人民检察院担负派驻或者巡回检察任务的监管场所发生被监管人死亡事件的，由本院负责审查、调查和相关处理工作。

专门担负监管场所检察任务的派出检察院负责本辖区监管场所被监管人死亡事件的审查、调查和相关处理工作。

**第七条**　重大、敏感、社会关注的被监管人死亡事件，由省级人民检察院负责审查、调查处理或者组织办理。

**第八条**　监管场所发生被监管人死亡事件的，担负派出、派驻或者巡回检察任务的人民检察院应当立即口头报告上一级人民检察院，并在报告后的24小时内填报被监管人死亡情况登记表。

上一级人民检察院收到被监管人死亡情况登记表后，应当在12小时内进行审查并填写审查意见后呈报省级人民检察院。

**第九条**　辖区内被监管人非正常死亡的，省级人民检察院应当在接到下级人民检察院报告后的24小时内，在被监管人死亡情况登记表上填写审查意见后呈报最高人民检察院。遇有法定节假日，应当在24小时内口头报告，再书面补充报告。

**第十条**　被监管人死亡原因一时难以确定的，应当按照非正常死亡报告程序报告，死因查明后再补充报告。

**第十一条**　省级人民检察院应当在每月十日前将上月本辖区监管场所被监管人正常死亡人员名单列表呈报最高人民检察院。

## 第三章　审查和调查

**第十二条**　担负派出、派驻或者巡回检察任务的人民检察院接到监管场所发生被监管人死亡报告后，应当立即派员赶赴现场，进行下列工作：

（一）了解被监管人死亡的有关情况；

（二）监督监管场所对现场进行妥善保护并拍照、录像，或者根据需要自行对现场进行拍照、录像；

（三）协同有关部门调取或者固定被监管人死亡前十五日内原始监控录像，封存死亡的被监管人遗物；

（四）收集值班民警值班记录或者值班巡视记录；

（五）调取死亡的被监管人档案；

（六）参与有关部门组织的调查工作，了解调查情况；

（七）根据需要对有关材料进行复印、复制；

（八）收集其他有关材料。

**第十三条**　地市级人民检察院接到县级人民检察院关于被监管人死亡的报告后，应当派员在24小时内到达现场，开展工作；交通十分不便的，应当派员在48小时内到达现场。

**第十四条**　担负审查和调查任务的人民检察院应当根据了解的情况，对监管机关提供的调查材料和调查结论进行审查。审查内容包括：

（一）现场勘验资料；

（二）原始监控录像、死亡的被监管人档案、值班民警值班记录或者值班巡视记录；

（三）监管机关提供的讯问笔录、谈话记录等有关材料；

（四）死亡证明书、尸表检验报告、法医鉴定书；

（五）其他与死亡的被监管人有关的情况和材料。

**第十五条**　人民检察院经过审查，对监管机关作出的调查结论和死亡原因有异议的，应当进行调查，并将调查结果通知监管机关；无异议的，不再进行调查。

**第十六条** 死亡人员家属对监管机关提供的死亡原因有疑义，向人民检察院提出的，人民检察院应当受理。经审查认为需要调查的，应当进行调查，并将调查结果通知监管机关，同时告知死亡人员家属。

**第十七条** 被监管人非正常死亡的，担负调查任务的人民检察院应当进行调查，并将调查结果通知监管机关，同时告知死亡人员家属。

**第十八条** 在调查过程中，担负调查任务的检察人员应当进行下列工作：

（一）要求监管机关对现场进行复验、复查，或者对现场自行进行勘验，并制作勘验笔录；

（二）查验尸表，对尸体拍照或者录像，制作尸表查验笔录；

（三）检查已封存的死亡的被监管人遗物，对有关物品和文件进行拍照、录像或者复印；

（四）向监管民警和狱医调查了解死亡的被监管人生前被监管及治疗情况，制作调查笔录；

（五）向其他被监管人及知情人调查了解死亡的被监管人死亡时间、抢救经过及生前情况，制作调查笔录；

（六）向医院调取抢救记录，向参加抢救的医生调查了解死亡情况，制作调查笔录；

（七）调查和收集其他与死亡的被监管人有关的情况和材料。

**第十九条** 在审查和调查过程中，人民检察院根据工作需要，可以指派、聘请有专门知识的人进行技术性审查和鉴定。

**第二十条** 担负审查和调查任务的人民检察院应当为鉴定人进行鉴定提供必要条件，向鉴定人介绍情况、明确提出要求鉴定解决的问题并提供下列材料：

（一）死亡的被监管人基本情况、入监（所）体检情况及病历档案等原始材料；

（二）死亡发生过程等与鉴定有关的材料；

（三）死亡的被监管人发病、救治情况材料；

（四）医院出具的死亡证明书、监管机关提供的被监管人死亡医疗鉴定或者法医鉴定等材料；

（五）其他需要提供的材料。

**第二十一条** 对于技术性审查意见和鉴定意见，检察人员应当进行审查，必要时，可以提出补充鉴定或者重新鉴定的意见，报检察长批准后进行补充鉴定或者重新鉴定。检察长也可以直接决定进行补充鉴定或者重新鉴定。

**第二十二条** 审查和调查工作结束后，检察人员应当写出被监管人死亡检察报告。内容应当包括：事件来源、审查和调查经过、认定事实、死亡原因和处理意见。

**第二十三条** 对于被监管人非正常死亡或者死亡原因一时难以确定的，省级人民检察院应当每月向最高人民检察院报告一次工作进展情况和下步工作意见。

对于重大、敏感、社会关注的被监管人死亡事件，省级人民检察院应当随时向最高人民检察院报告工作进展情况。

## 第四章 处 理

**第二十四条** 审查和调查工作结束后，人民检察院应当根据审查结论和调查结果，分别下列情况，作出处理：

（一）认为监管机关处理意见不当的，提出意见或者建议，必要时提出检察建议；

（二）对监管机关监管执法中存在的问题，提出纠正意见或者检察建议，督促整改；

（三）对相关涉嫌犯罪的被监管人，依法移送有关主管机关处理；

（四）对负有渎职侵权责任的相关人员，建议有关部门给予纪律处分或者组织处理，涉嫌犯罪的，依法立案侦查。

**第二十五条** 监管机关或者死亡人员家属对人民检察院的调查结论和处理决定有异议要求复议的，人民检察院应当复议；监管机关或者死亡人员家属对复议结论有异议提请复核的，上一级人民检察院应当复核。

**第二十六条** 人民检察院在对被监管人死亡的审查和调查处理过程中，发现检察监督工作存在问题的，应当及时整改；对负有责任的检察人员，应当依法依纪作出处理。

**第二十七条** 在对被监管人死亡的善后处理工作中，人民检察院应当立足检察职能，同监管机关相互配合。

**第二十八条** 担负调查任务的人民检察院可以根据需要，经省级人民检察院同意，适时将工作进展情况、调查结论及处理结果以适当方式向社会发布，接受社会监督。

**第二十九条** 对于被监管人非正常死亡的，担负调查任务的人民检察院应当在调查处理工作结束后的十五日内，将调查过程、死亡结论、监管工作和检察监督工作中存在的问题及处理情况，书面报告上一级人民检察院，并附死亡证明书、法医鉴定书、相关证人证言等主要证据材料和有关资料复印件。

**第三十条** 省级人民检察院在接到下级人民检察院非正常死亡调查处理情

况的报告后，应当进行审查。经审查认为需要补充有关材料的，可以要求下级人民检察院补充调查，也可以自行补充调查。经审查或者补充调查认为可以终结的，应当将死亡人员基本情况、调查过程、相关事实、有关责任人员处理情况及本院的审查处理意见等形成调查处理情况综合报告呈报最高人民检察院，并附死亡证明书、法医鉴定书、相关证人证言、下级人民检察院报告等主要证据材料和有关资料复印件。

**第三十一条** 审查和调查处理工作结束后，担负派出、派驻或者巡回检察任务的人民检察院及担负审查和调查任务的人民检察院应当建立死亡人员档案。死亡人员档案的主要内容包括：

（一）被监管人死亡情况登记表；

（二）调查笔录、勘验笔录、监控录像材料；

（三）死亡证明书、文证审查意见、尸表检验报告或者法医鉴定书等相关资料的复印件；

（四）被监管人死亡情况审查报告和调查报告；

（五）相关责任人员处理情况及被追究刑事责任人员立案决定书、起诉书、判决书等相关文书的复印件；

（六）纠正违法通知书、检察建议书及监管场所相关回复材料；

（七）复议、复核情况材料；

（八）调查处理情况综合报告；

（九）其他需要归档的材料。

## 第五章 附 则

**第三十二条** 本规定中的监管场所是指监狱、看守所、劳教所。

**第三十三条** 人民检察院在监管场所被监管人死亡检察工作中，死亡的被监管人为少数民族的，应当尊重其民族风俗习惯，妥善处置相关事宜；死亡的被监管人为港澳台人、外国人和无国籍人的，应当按照国家有关规定办理。

**第三十四条** 本规定自发布之日起试行。本规定发布前制定的有关规定与本规定不一致的，以本规定为准。

**第三十五条** 本规定由最高人民检察院负责解释。

3.**《人民检察院巡回检察工作规定》**（自 2021 年 12 月 8 日起施行，高检发办字〔2021〕121 号）（节录）

**第十三条** 针对监狱、看守所发生被监管人非正常死亡、脱逃、突发公共卫生事件等重大事故，以及为推进相关重点任务、专项工作，可以进行专门巡回检察。

对相关事故开展专门巡回检察按照有关规定进行，应当查明事故发生经过、主要事实，确定事故原因及性质，监督监狱、看守所对事故依法处置。

专门巡回检察时间根据工作内容确定，每次一般不少于三个工作日。

## 三、执行机关规定

**司法部《罪犯工伤补偿办法（试行）》**（自 2001 年 11 月 2 日起施行，司发〔2001〕013 号）

**第一条**　为保障罪犯在生产劳动中遭受事故和职业病伤害后获得医疗救治和经济补偿的权利，促进工伤预防和安全生产，依据《监狱法》，参照国家关于职工工伤保险的有关规定，结合监狱工作实际，制定本办法。

**第二条**　本办法适用于在监狱服刑期间，参加监狱生产劳动的罪犯。

**第三条**　监狱组织罪犯进行生产劳动，必须贯彻“安全第一，预防为主”的方针，遵守劳动安全卫生法规和制度，严格执行国家劳动安全卫生规程和标准，防止劳动过程中的事故，减少工伤危害。

**第四条**　罪犯发生工伤或患职业病后，监狱应当采取措施，使其得到及时救治。

**第五条**　省（区、市）监狱管理局负责本地区罪犯工伤补偿工作，负责办理罪犯工伤补偿业务。

**第六条**　各省（区、市）监狱管理局应当建立罪犯工伤补偿基金，作为对因工伤亡的罪犯提供经济补偿的资金来源。罪犯工伤补偿基金的征集管理办法，待商有关部门后另行制定。该办法未出台前，罪犯工伤补偿费用由各监狱在生产成本中列支。

**第七条**　罪犯在下列情况下致伤、致残或死亡的，应当认定为工伤：

（一）从事日常劳动、生产或从事监狱临时指派或同意的劳动的；

（二）经监狱安排或同意，从事与生产有关的发明创造或技术革新的；

（三）在紧急情况下，虽未经监狱指定，但从事有益于监狱工作或从事抢险救灾救人等维护国家和人民群众利益的；

（四）在劳动环境中接触职业性有害因素造成职业病的（职业病种类、名称按国家有关规定执行）；

（五）在生产劳动的时间和区域内，由于不安全因素造成意外伤害的，或者由于工作紧张突发疾病死亡或经第一次抢救治疗后全部丧失劳动能力的；

（六）经监狱确认其他可以比照因工作、残或死亡享受工伤补偿待遇的。

**第八条** 虽然符合第七条规定范围，但由下列行为造成负伤、残疾或者死亡的，不应认定为工伤：

（一）自杀或自残；

（二）打架斗殴；

（三）酗酒；

（四）违犯监规纪律；

（五）犯罪；

（六）蓄意违章或故意损坏生产工具；

（七）经监狱确认不应认定为工伤的其他行为；

**第九条** 罪犯的工伤认定结论由监狱作出。罪犯在劳动过程中发生伤、残或死亡事故，罪犯所在监区应当及时向监狱提出工伤申请报告。监狱应当在收到报告的30日内完成调查取证工作，作出是否定为工伤的决定，并通知罪犯本人或家属。

**第十条** 罪犯因工负伤，由监狱组织生产安全、劳动管理和医疗部门的人员按照国家有关标准和程序，对因工伤残罪犯的劳动能力和伤残等级进行鉴定。罪犯对鉴定结论不服的，可以向监狱的上级机关申请重新鉴定，监狱上级机关应当委托当地省级劳动鉴定委员会或聘请有关专家进行重新鉴定，重新鉴定后的结论为罪犯劳动鉴定的最终结论。

向监狱上级机关申请进行重新鉴定的费用由申请人承担。

**第十一条** 罪犯工伤评残标准，按照劳动部、卫生部制定的《职工工伤与职业病致残程序鉴定标准》（劳险字〔1992〕6号）执行。

**第十二条** 罪犯因工负伤，监狱应当及时抢救治疗。治疗期间，实行劳动报酬制度的，照发本人劳动酬金。

**第十三条** 罪犯因工负伤医疗终结后，按照确定的伤残等级享受下列待遇。

（一）因工伤残的罪犯，被评残为1—4级的，服刑期间，劳动酬金照发。办理保外就医、假释和刑满释放手续的，发给一次性伤残补助金。标准为：一级伤残相当于36个月、二级32个月、三级28个月、四级24个月的本人劳动酬金加基本生活费。

（二）因工伤残的罪犯，被评残为5—10级的，服刑期间，安排适当的劳动，按规定享受相应的劳动酬金待遇。刑满释放时，发给一次性伤残补助金。标准为：五级伤残相当于16个月、六级14个月、七级12个月、八级10个月、九级8个月、十级6个月的本人劳动酬金加基本生活费。

**第十四条** 罪犯因工负伤，治疗未终结就已刑满释放的，应继续在指定医院治疗。治疗终结后，按规定评定伤残等级，发给一次性伤残补助金。

**第十五条** 罪犯因工死亡的，由监狱负责处理丧葬事宜，丧葬费用由监狱负担。

罪犯因工死亡，发给直系亲属一次性死亡补助金。标准为：相当于48个月本人劳动酬金加基本生活费。有供养直系亲属的，根据供养人数，酌情增发，增发数额最多不超过12个月本人劳动酬金加基本生活费。

罪犯因工死亡，监狱最多负责3名亲属参加丧葬的食宿、交通费。

**第十六条** 罪犯劳动酬金，指监狱根据罪犯技术等级、劳动熟练程度、劳动效率等，以不同形式发给罪犯本人的劳动报酬，包括劳动酬金、奖金、津贴等。罪犯基本生活费按照上年监狱所有罪犯生活费实际支出的平均数计发。

**第十七条** 本办法由司法部解释。

**第十八条** 本办法自公布之日起施行。此前有关罪犯工伤保险的规定同时废止。

## ＊罪犯死亡案件办理流程图示

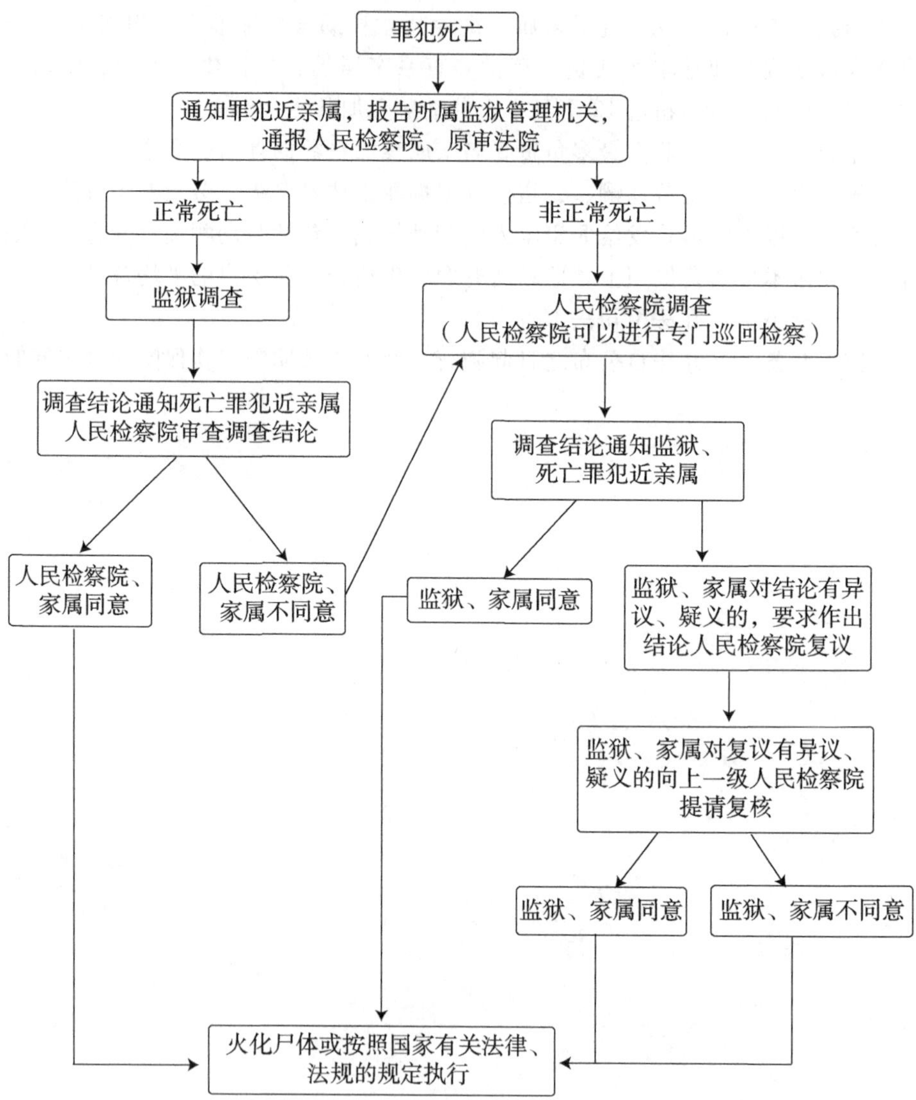

# 第二节　其他监管事故案件办理

## 一、检察机关规定

1.《人民检察院刑事诉讼规则》（自2019年12月30日起施行，高检发释字〔2019〕4号）（节录）

**第六百二十四条**　人民检察院对刑罚执行和监管执法活动实行监督，可以根据下列情形分别处理：

（一）发现执法瑕疵、安全隐患，或者违法情节轻微的，口头提出纠正意见，并记录在案；

（二）发现严重违法，发生重大事故，或者口头提出纠正意见后七日以内未予纠正的，书面提出纠正意见；

（三）发现存在可能导致执法不公问题，或者存在重大监管漏洞、重大安全隐患、重大事故风险等问题的，提出检察建议。

对于在巡回检察中发现的前款规定的问题、线索的整改落实情况，通过巡回检察进行督导。

**第六百六十二条**　人民检察院发现看守所、监狱、强制医疗机构等场所具有下列情形之一的，应当开展事故检察：

（一）被监管人、被强制医疗人非正常死亡、伤残、脱逃的；

（二）被监管人破坏监管秩序，情节严重的；

（三）突发公共卫生事件的；

（四）其他重大事故。

发生被监管人、被强制医疗人非正常死亡的，应当组织巡回检察。

**第六百六十三条**　人民检察院应当对看守所、监狱、强制医疗机构等场所或者主管机关的事故调查结论进行审查。具有下列情形之一的，人民检察院应当调查核实：

（一）被监管人、被强制医疗人及其法定代理人、近亲属对调查结论有异议的，人民检察院认为有必要调查的；

（二）人民检察院对调查结论有异议的；

（三）其他需要调查的。

人民检察院应当将调查核实的结论书面通知监管场所或者主管机关和被监管人、被强制医疗人的近亲属。认为监管场所或者主管机关处理意见不当，或者监管执法存在问题的，应当提出纠正意见或者检察建议；认为可能存在违法犯罪情形的，应当移送有关部门处理。

2.**《人民检察院巡回检察工作规定》**（自2021年12月8日起施行，高检发办字〔2021〕121号）（节录）

**第十三条**　针对监狱、看守所发生被监管人非正常死亡、脱逃、突发公共卫生事件等重大事故，以及为推进相关重点任务、专项工作，可以进行专门巡回检察。

对相关事故开展专门巡回检察按照有关规定进行，应当查明事故发生经过、主要事实，确定事故原因及性质，监督监狱、看守所对事故依法处置。

专门巡回检察时间根据工作内容确定，每次一般不少于三个工作日。

3.**《人民检察院监狱检察工作目录》**（自2019年1月3日起施行，高检发办字〔2018〕47号）（节录）

七、事故检察

（一）检察内容

1．罪犯脱逃。

2．突发公共卫生事件。

3．罪犯伤残。

4．罪犯非正常死亡。

5．其他事故。

（二）检察重点

1．确定事故原因。

2．确定事故性质。

3．检察监狱监管执法情况。

4．监督监狱处置情况。

（三）检察方法

1．接到监狱发生监管事故报告后，人民检察院应当立即派员赴现场了解情况，并及时报告本院检察长和上一级人民检察院。

2．监督监狱妥善保护现场，或者根据需要自行对现场进行勘验、检查。

3．调取或者固定原始监控录像，封存相关物证；收集监狱民警值班记录及其他有关材料；对当事罪犯或当班监狱民警进行调查。

4. 审查和调查工作结束后，应当对事故原因、过程以及危害结果作出综合分析，依法认定监管执法责任，形成调查报告。并与监狱共同剖析事故原因，研究对策，完善监管措施。

5. 检察监狱对罪犯死亡是否通知、层报。对于初步判断正常死亡的罪犯，监狱是否按规定立即开展调查工作。

6. 接到监狱罪犯死亡报告后，人民检察院应当立即派员赶赴现场，开展相关工作。

7. 罪犯非正常死亡，或者死亡罪犯家属对监狱的调查结论有疑义向人民检察院提出并经人民检察院审查认为需要调查的，或者人民检察院对监狱调查结论有异议的，应当按照规定依法开展调查，并将调查结论书面通知监狱和死亡罪犯的近亲属。

8. 监狱或者死亡罪犯近亲属对人民检察院作出的调查结论有异议，3 日内提出复议申请，人民检察院应当进行复议；对复议结论仍有异议、疑义提出复核的，上一级人民检察院应当进行复核。复议、复核的结论应通知监狱和死亡罪犯的近亲属。

9. 对于监狱发生重大事故、罪犯非正常死亡事故，经人民检察院调查发现监狱民警存在执法过错、需要追究刑事责任的，应当由检察机关立案侦查；发现监狱民警涉嫌其他职务违法或者犯罪线索的，依法移送监察委员会处理。

## 二、执行机关规定

**《中华人民共和国监狱法》**（2012 年 10 月 26 日修正）（节录）

**第十四条** 监狱的人民警察不得有下列行为：

（一）索要、收受、侵占罪犯及其亲属的财物；

（二）私放罪犯或者玩忽职守造成罪犯脱逃；

（三）刑讯逼供或者体罚、虐待罪犯；

（四）侮辱罪犯的人格；

（五）殴打或者纵容他人殴打罪犯；

（六）为谋取私利，利用罪犯提供劳务；

（七）违反规定，私自为罪犯传递信件或者物品；

（八）非法将监管罪犯的职权交予他人行使；

（九）其他违法行为。

监狱的人民警察有前款所列行为，构成犯罪的，依法追究刑事责任；尚未构成犯罪的，应当予以行政处分。

**第四十二条** 监狱发现在押罪犯脱逃，应当即时将其抓获，不能即时抓获的，应当立即通知公安机关，由公安机关负责追捕，监狱密切配合。

**第四十五条** 监狱遇有下列情形之一的，可以使用戒具：

（一）罪犯有脱逃行为的；

（二）罪犯有使用暴力行为的；

（三）罪犯正在押解途中的；

（四）罪犯有其他危险行为需要采取防范措施的。

前款所列情形消失后，应当停止使用戒具。

**第四十六条** 人民警察和人民武装警察部队的执勤人员遇有下列情形之一，非使用武器不能制止的，按照国家有关规定，可以使用武器：

（一）罪犯聚众骚乱、暴乱的；

（二）罪犯脱逃或者拒捕的；

（三）罪犯持有凶器或者其他危险物，正在行凶或者破坏，危及他人生命、财产安全的；

（四）劫夺罪犯的；

（五）罪犯抢夺武器的。

使用武器的人员，应当按照国家有关规定报告情况。

# 第四章

# 刑事审判监督案件的办理

# 第一节　审判监督程序的启动

## 一、当事人及相关人提起申诉

1.《**中华人民共和国刑事诉讼法**》（2018 年 10 月 26 日修正）（节录）

**第二百五十二条**　当事人及其法定代理人、近亲属，对已经发生法律效力的判决、裁定，可以向人民法院或者人民检察院提出申诉，但是不能停止判决、裁定的执行。

**第二百五十三条**　当事人及其法定代理人、近亲属的申诉符合下列情形之一的，人民法院应当重新审判：

（一）有新的证据证明原判决、裁定认定的事实确有错误，可能影响定罪量刑的；

（二）据以定罪量刑的证据不确实、不充分、依法应当予以排除，或者证明案件事实的主要证据之间存在矛盾的；

（三）原判决、裁定适用法律确有错误的；

（四）违反法律规定的诉讼程序，可能影响公正审判的；

（五）审判人员在审理该案件的时候，有贪污受贿，徇私舞弊，枉法裁判行为的。

2.《**中华人民共和国监狱法**》（2012 年 10 月 26 日修正）（节录）

**第二十一条**　罪犯对生效的判决不服的，可以提出申诉。

对于罪犯的申诉，人民检察院或者人民法院应当及时处理。

**第二十三条**　罪犯的申诉、控告、检举材料，监狱应当及时转递，不得扣压。

**第二十四条**　监狱在执行刑罚过程中，根据罪犯的申诉，认为判决可能有错误的，应当提请人民检察院或者人民法院处理，人民检察院或者人民法院应当自收到监狱提请处理意见书之日起六个月内将处理结果通知监狱。

3. **《关于适用〈中华人民共和国刑事诉讼法〉的解释》**（自 2021 年 3 月 1 日起施行，法释〔2021〕1 号）（节录）

**第四百五十一条** 当事人及其法定代理人、近亲属对已经发生法律效力的判决、裁定提出申诉的，人民法院应当审查处理。

案外人认为已经发生法律效力的判决、裁定侵害其合法权益，提出申诉的，人民法院应当审查处理。

申诉可以委托律师代为进行。

4. **最高人民法院、最高人民检察院、司法部《关于逐步实行律师代理申诉制度的意见》**（自 2017 年 4 月 1 日起施行，法发〔2017〕8 号）（节录）

一、坚持平等、自愿原则。当事人对人民法院、人民检察院作出的生效裁判、决定不服，提出申诉的，可以自行委托律师；人民法院、人民检察院可以引导申诉人、被申诉人委托律师代为进行。

申诉人因经济困难没有委托律师的，可以向法律援助机构提出申请。

五、规范律师代理申诉法律援助程序。申诉人申请法律援助，应当向作出生效裁判、决定的人民法院所在地同级司法行政机关所属法律援助机构提出，或者向作出人民检察院诉讼终结的刑事处理决定的人民检察院所在地同级司法行政机关所属法律援助机构提出。申诉已经人民法院或者人民检察院受理的，应当向该人民法院或者人民检察院所在地同级司法行政机关所属法律援助机构提出。

法律援助机构经审查认为符合法律援助条件的，为申诉人指派律师，并将律师名单函告人民法院或者人民检察院。

5. **最高人民法院《关于规范人民法院再审立案的若干意见（试行）》**（自 2002 年 11 月 1 日起施行，法发〔2002〕13 号）（节录）

**第十条** 人民法院对刑事案件的申诉人在刑罚执行完毕后两年内提出的申诉，应当受理；超过两年提出申诉，具有下列情形之一的，应当受理：

（一）可能对原审被告人宣告无罪的；

（二）原审被告人在本条规定的期限内向人民法院提出申诉，人民法院未受理的；

（三）属于疑难、复杂、重大案件的。

不符合前款规定的，人民法院不予受理。

**第十一条** 人民法院对刑事附带民事案件中仅就民事部分提出申诉的，一般不予再审立案。但有证据证明民事部分明显失当且原审被告人有赔偿能力的除外。

**第十三条**　人民法院对不符合法定主体资格的再审申请或申诉，不予受理。

**第十五条**　上级人民法院对经终审法院的上一级人民法院依照审判监督程序审理后维持原判或者经两级人民法院依照审判监督程序复查均驳回的申请再审或申诉案件，一般不予受理。

但再审申请人或申诉人提出新的理由，且符合《中华人民共和国刑事诉讼法》第二百零四条、《中华人民共和国民事诉讼法》第一百七十九条、《中华人民共和国行政诉讼法》第六十二条及本规定第七、八、九条规定条件的，以及刑事案件的原审被告人可能被宣告无罪的除外。

**第十六条**　最高人民法院再审裁判或者复查驳回的案件，再审申请人或申诉人仍不服提出再审申请或申诉的，不予受理。

6. **《人民检察院办理刑事申诉案件规定》**（自2020年9月22日起施行，高检发办字〔2020〕55号）（节录）

**第十五条**　自诉案件当事人及其法定代理人、近亲属对人民法院已经发生法律效力的刑事判决、裁定不服提出的申诉，刑事附带民事诉讼当事人及其法定代理人、近亲属对人民法院已经发生法律效力的刑事附带民事判决、裁定不服提出的申诉，人民检察院应当受理，但是申诉人对人民法院因原案当事人及其法定代理人自愿放弃诉讼权利或者没有履行相应诉讼义务而作出的判决、裁定不服的申诉除外。

## 二、人民法院依职权启动再审

1. **《中华人民共和国刑事诉讼法》**（2018年10月26日修正）（节录）

**第二百五十四条**　各级人民法院院长对本院已经发生法律效力的判决和裁定，如果发现在认定事实上或者在适用法律上确有错误，必须提交审判委员会处理。

最高人民法院对各级人民法院已经发生法律效力的判决和裁定，上级人民法院对下级人民法院已经发生法律效力的判决和裁定，如果发现确有错误，有权提审或者指令下级人民法院再审。

最高人民检察院对各级人民法院已经发生法律效力的判决和裁定，上级人民检察院对下级人民法院已经发生法律效力的判决和裁定，如果发现确有错误，有权按照审判监督程序向同级人民法院提出抗诉。

人民检察院抗诉的案件，接受抗诉的人民法院应当组成合议庭重新审理，对于原判决事实不清楚或者证据不足的，可以指令下级人民法院再审。

2. **《关于适用〈中华人民共和国刑事诉讼法〉的解释》**（自2021年3月1日起施行，法释〔2021〕1号）（节录）

**第四百六十条** 各级人民法院院长发现本院已经发生法律效力的判决、裁定确有错误的，应当提交审判委员会讨论决定是否再审。

**第四百六十一条** 上级人民法院发现下级人民法院已经发生法律效力的判决、裁定确有错误的，可以指令下级人民法院再审；原判决、裁定认定事实正确但适用法律错误，或者案件疑难、复杂、重大，或者有不宜由原审人民法院审理情形的，也可以提审。

上级人民法院指令下级人民法院再审的，一般应当指令原审人民法院以外的下级人民法院审理；由原审人民法院审理更有利于查明案件事实、纠正裁判错误的，可以指令原审人民法院审理。

3. **最高人民法院《关于规范人民法院再审立案的若干意见（试行）》**（自2002年11月1日起施行，法发〔2002〕13号）（节录）

**第一条** 各级人民法院、专门人民法院对本院或者上级人民法院对下级人民法院作出的终审裁判，经复查认为符合再审立案条件的，应当决定或裁定再审。

人民检察院依照法律规定对人民法院作出的终审裁判提出抗诉的，应当再审立案。

**第四条** 上级人民法院对下级人民法院作出的终审裁判，认为确有必要的，可以直接立案复查，经复查认为符合再审立案条件的，可以决定或裁定再审。

**第七条** 对终审刑事裁判的申诉，具备下列情形之一的，人民法院应当决定再审：

（一）有审判时未收集到的或者未被采信的证据，可能推翻原定罪量刑的；

（二）主要证据不充分或者不具有证明力的；

（三）原裁判的主要事实依据被依法变更或撤销的；

（四）据以定罪量刑的主要证据自相矛盾的；

（五）引用法律条文错误或者违反刑法第十二条的规定适用失效法律的；

（六）违反法律关于溯及力规定的；

（七）量刑明显不当的；

（八）审判程序不合法，影响案件公正裁判的；

（九）审判人员在审理案件时索贿受贿、徇私舞弊并导致枉法裁判的。

## 三、人民检察院依照审判监督程序提出抗诉

1.《**中华人民共和国刑事诉讼法**》（2018年10月26日修正）（节录）

**第二百五十四条**　各级人民法院院长对本院已经发生法律效力的判决和裁定，如果发现在认定事实上或者在适用法律上确有错误，必须提交审判委员会处理。

最高人民法院对各级人民法院已经发生法律效力的判决和裁定，上级人民法院对下级人民法院已经发生法律效力的判决和裁定，如果发现确有错误，有权提审或者指令下级人民法院再审。

最高人民检察院对各级人民法院已经发生法律效力的判决和裁定，上级人民检察院对下级人民法院已经发生法律效力的判决和裁定，如果发现确有错误，有权按照审判监督程序向同级人民法院提出抗诉。

人民检察院抗诉的案件，接受抗诉的人民法院应当组成合议庭重新审理，对于原判决事实不清楚或者证据不足的，可以指令下级人民法院再审。

2. **最高人民法院《关于规范人民法院再审立案的若干意见（试行）》**（自2002年11月1日起施行，法发〔2002〕13号）（节录）

**第一条**　各级人民法院、专门人民法院对本院或者上级人民法院对下级人民法院作出的终审裁判，经复查认为符合再审立案条件的，应当决定或裁定再审。

人民检察院依照法律规定对人民法院作出的终审裁判提出抗诉的，应当再审立案。

3.《**人民检察院刑事诉讼规则**》（自2019年12月30日起施行，高检发释字〔2019〕4号）（节录）

**第五百九十一条**　人民检察院认为人民法院已经发生法律效力的判决、裁定确有错误，具有下列情形之一的，应当按照审判监督程序向人民法院提出抗诉：

（一）有新的证据证明原判决、裁定认定的事实确有错误，可能影响定罪量刑的；

（二）据以定罪量刑的证据不确实、不充分的；

（三）据以定罪量刑的证据依法应当予以排除的；

（四）据以定罪量刑的主要证据之间存在矛盾的；

（五）原判决、裁定的主要事实依据被依法变更或者撤销的；

（六）认定罪名错误且明显影响量刑的；

（七）违反法律关于追诉时效期限的规定的；

（八）量刑明显不当的；

（九）违反法律规定的诉讼程序，可能影响公正审判的；

（十）审判人员在审理案件的时候有贪污受贿，徇私舞弊，枉法裁判行为的。

对于同级人民法院已经发生法律效力的判决、裁定，人民检察院认为可能有错误的，应当另行指派检察官或者检察官办案组进行审查。经审查，认为有前款规定情形之一的，应当提请上一级人民检察院提出抗诉。

对已经发生法律效力的判决、裁定的审查，参照本规则第五百八十五条的规定办理。

**第五百九十二条** 对于高级人民法院判处死刑缓期二年执行的案件，省级人民检察院认为确有错误提请抗诉的，一般应当在收到生效判决、裁定后三个月以内提出，至迟不得超过六个月。

**第五百九十七条** 最高人民检察院发现各级人民法院已经发生法律效力的判决或者裁定，上级人民检察院发现下级人民法院已经发生法律效力的判决或者裁定确有错误时，可以直接向同级人民法院提出抗诉，或者指令作出生效判决、裁定人民法院的上一级人民检察院向同级人民法院提出抗诉。

**第五百九十九条** 对按照审判监督程序提出抗诉的案件，人民检察院认为人民法院再审作出的判决、裁定仍然确有错误的，如果案件是依照第一审程序审判的，同级人民检察院应当按照第二审程序向上一级人民法院提出抗诉；如果案件是依照第二审程序审判的，上一级人民检察院应当按照审判监督程序向同级人民法院提出抗诉。

**第六百零一条** 人民检察院对自诉案件的判决、裁定的监督，适用本节的规定。

# 第二节　申诉人应当提交的材料

## 一、向人民法院提出申诉需要提交的材料

1.《**关于适用〈中华人民共和国刑事诉讼法〉的解释**》（自2021年3月1日起施行，法释〔2021〕1号）（节录）

**第四百五十二条**　向人民法院申诉，应当提交以下材料：

（一）申诉状。应当写明当事人的基本情况、联系方式以及申诉的事实与理由。

（二）原一、二审判决书、裁定书等法律文书。经过人民法院复查或者再审的，应当附有驳回申诉通知书、再审决定书、再审判决书、裁定书。

（三）其他相关材料。以有新的证据证明原判决、裁定认定的事实确有错误为由申诉的，应当同时附有相关证据材料；申请人民法院调查取证的，应当附有相关线索或者材料。

申诉符合前款规定的，人民法院应当出具收到申诉材料的回执。申诉不符合前款规定的，人民法院应当告知申诉人补充材料；申诉人拒绝补充必要材料且无正当理由的，不予审查。

2. **最高人民法院《关于规范人民法院再审立案的若干意见（试行）》**（自2002年11月1日起施行，法发〔2002〕13号）（节录）

**第五条**　再审申请人或申诉人向人民法院申请再审或申诉，应当提交以下材料：

（一）再审申请书或申诉状，应当载明当事人的基本情况、申请再审或申诉的事实与理由；

（二）原一、二审判决书、裁定书等法律文书，经过人民法院复查或再审的，应当附有驳回通知书、再审判决书或裁定书；

（三）以有新的证据证明原裁判认定的事实确有错误为由申请再审或申诉的，应当同时附有证据目录、证人名单和主要证据复印件或者照片；需要人民法院调查取证的，应当附有证据线索。

申请再审或申诉不符合前款规定的，人民法院不予审查。

**3. 最高人民法院《关于刑事再审案件开庭审理程序的具体规定（试行）》**（自2002年1月1日起施行，法释〔2001〕31号）（节录）

**第三条** 以有新的证据证明原判决、裁定认定的事实确有错误为由提出申诉的，应当同时附有新的证据目录、证人名单和主要证据复印件或者照片。需要申请人民法院调取证据的，应当附有证据线索。未附有的，应当在七日内补充；经补充后仍不完备或逾期不补的，应当决定不予受理。

## 二、向人民检察院提出申诉需要提交的材料

**《人民检察院办理刑事申诉案件规定》**（自2020年9月22日起施行，高检发办字〔2020〕55号）（节录）

**第二条** 本规定所称刑事申诉，是指对人民检察院诉讼终结的刑事处理决定或者人民法院已经发生法律效力的刑事判决、裁定不服，向人民检察院提出的申诉。

**第八条** 人民检察院管辖的下列刑事申诉，按照本规定办理：

（一）不服人民检察院因犯罪嫌疑人没有犯罪事实，或者符合《中华人民共和国刑事诉讼法》第十六条规定情形而作出的不批准逮捕决定的申诉；

（二）不服人民检察院不起诉决定的申诉；

（三）不服人民检察院撤销案件决定的申诉；

（四）不服人民检察院其他诉讼终结的刑事处理决定的申诉；

（五）不服人民法院已经发生法律效力的刑事判决、裁定的申诉。

上述情形之外的其他与人民检察院办理案件有关的申诉，不适用本规定，按照《人民检察院刑事诉讼规则》等规定办理。

**第十三条** 申诉人向人民检察院提出申诉时，应当递交申诉书、身份证明、相关法律文书及证据材料或者证据线索。

身份证明是指自然人的居民身份证、军官证、士兵证、护照等能够证明本人身份的有效证件；法人或者其他组织的营业执照副本和法定代表人或者主要负责人的身份证明等有效证件。申诉人系正在服刑的罪犯，有效证件由刑罚执行机关保存的，可以提供能够证明本人身份的有效证件的复印件。对身份证明，人民检察院经核对无误留存复印件。

相关法律文书是指人民检察院作出的决定书、刑事申诉审查、复查结论文书，或者人民法院作出的刑事判决书、裁定书等法律文书。

**第十四条**　申诉人递交的申诉书应当写明下列事项：

（一）申诉人的姓名、性别、出生日期、工作单位、住址、有效联系方式，法人或者其他组织的名称、所在地址和法定代表人或者主要负责人的姓名、职务、有效联系方式；

（二）申诉请求和所依据的事实与理由；

（三）申诉人签名、盖章或者捺指印及申诉时间。

申诉人不具备书写能力口头提出申诉的，应当制作笔录，并由申诉人签名或者捺指印。

# 第三节　刑事申诉及再审的管辖

## 一、人民法院的管辖规定

1.《**中华人民共和国刑事诉讼法**》（2018年10月26日修正）（节录）

**第二百五十五条**　上级人民法院指令下级人民法院再审的，应当指令原审人民法院以外的下级人民法院审理；由原审人民法院审理更为适宜的，也可以指令原审人民法院审理。

2.《**关于适用〈中华人民共和国刑事诉讼法〉的解释**》（自2021年3月1日起施行，法释〔2021〕1号）（节录）

**第四百五十三条**　申诉由终审人民法院审查处理。但是，第二审人民法院裁定准许撤回上诉的案件，申诉人对第一审判决提出申诉的，可以由第一审人民法院审查处理。

上一级人民法院对未经终审人民法院审查处理的申诉，可以告知申诉人向终审人民法院提出申诉，或者直接交终审人民法院审查处理，并告知申诉人；案件疑难、复杂、重大的，也可以直接审查处理。

对未经终审人民法院及其上一级人民法院审查处理，直接向上级人民法院申诉的，上级人民法院应当告知申诉人向下级人民法院提出。

**第四百五十四条**　最高人民法院或者上级人民法院可以指定终审人民法院以外的人民法院对申诉进行审查。被指定的人民法院审查后，应当制作审查报告，提出处理意见，层报最高人民法院或者上级人民法院审查处理。

**第四百五十五条**　对死刑案件的申诉，可以由原核准的人民法院直接审查处理，也可以交由原审人民法院审查。原审人民法院应当制作审查报告，提出处理意见，层报原核准的人民法院审查处理。

3. **最高人民法院《关于规范人民法院再审立案的若干意见（试行）》**（自2002年11月1日起施行，法发〔2002〕13号）（节录）

**第二条**　地方各级人民法院、专门人民法院负责下列案件的再审立案：

（一）本院作出的终审裁判，符合再审立案条件的；

（二）下一级人民法院复查驳回或者再审改判，符合再审立案条件的；

（三）上级人民法院指令再审的；

（四）人民检察院依法提出抗诉的。

**第三条**　最高人民法院负责下列案件的再审立案：

（一）本院作出的终审裁判，符合再审立案条件的；

（二）高级人民法院复查驳回或者再审改判，符合再审立案条件的；

（三）最高人民检察院依法提出抗诉的，

（四）最高人民法院认为应由自己再审的。

**第六条**　申请再审或申诉一般由终审人民法院审查处理。

上一级人民法院对未经终审人民法院审查处理的申请再审或申诉，一般交终审人民法院审查；对经终审人民法院审查处理后仍坚持申请再审或申诉的，应当受理。

对未经终审人民法院及其上一级人民法院审查处理，直接向上级人民法院申请再审或申诉的，上级人民法院应当交下一级人民法院处理。

## 二、人民检察院的管辖规定

1.《**人民检察院刑事诉讼规则**》（自2019年12月30日起施行，高检发释字〔2019〕4号）（节录）

**第五百九十三条**　当事人及其法定代理人、近亲属认为人民法院已经发生法律效力的判决、裁定确有错误，向人民检察院申诉的，由作出生效判决、裁定的人民法院的同级人民检察院依法办理。

当事人及其法定代理人、近亲属直接向上级人民检察院申诉的，上级人民检察院可以交由作出生效判决、裁定的人民法院的同级人民检察院受理；案情重大、疑难、复杂的，上级人民检察院可以直接受理。

当事人及其法定代理人、近亲属对人民法院已经发生法律效力的判决、裁定提出申诉，经人民检察院复查决定不予抗诉后继续提出申诉的，上一级人民检察院应当受理。

2.《**人民检察院办理刑事申诉案件规定**》（自2020年9月22日起施行，高检发办字〔2020〕55号）（节录）

**第八条**　人民检察院管辖的下列刑事申诉，按照本规定办理：

（一）不服人民检察院因犯罪嫌疑人没有犯罪事实，或者符合《中华人民共和国刑事诉讼法》第十六条规定情形而作出的不批准逮捕决定的申诉；

（二）不服人民检察院不起诉决定的申诉；

（三）不服人民检察院撤销案件决定的申诉；

（四）不服人民检察院其他诉讼终结的刑事处理决定的申诉；

（五）不服人民法院已经发生法律效力的刑事判决、裁定的申诉。

上述情形之外的其他与人民检察院办理案件有关的申诉，不适用本规定，按照《人民检察院刑事诉讼规则》等规定办理。

**第九条** 不服人民检察院诉讼终结的刑事处理决定的申诉，由作出决定的人民检察院管辖，本规定另有规定的除外。

不服人民法院已经发生法律效力的刑事判决、裁定的申诉，由作出生效判决、裁定的人民法院的同级人民检察院管辖。

不服人民检察院刑事申诉案件审查或者复查结论的申诉，由上一级人民检察院管辖。

**第十条** 被害人及其法定代理人、近亲属不服人民检察院不起诉决定，在收到不起诉决定书后七日以内提出申诉的，由作出不起诉决定的人民检察院的上一级人民检察院管辖。

**第十一条** 上级人民检察院在必要时，可以将本院管辖的刑事申诉案件交下级人民检察院办理，也可以直接办理由下级人民检察院管辖的刑事申诉案件。

**第十六条** 刑事申诉由控告申诉检察部门统一接收。控告申诉检察部门对接收的刑事申诉应当在七个工作日以内分别情况予以处理并告知申诉人：

（一）属于本院管辖并符合受理条件的，予以受理；

（二）属于本院管辖的不服生效刑事判决、裁定的申诉，申诉人已向人民法院提出申诉，人民法院已经受理且正在办理程序中的，告知待人民法院处理完毕后如不服再提出申诉；

（三）属于人民检察院管辖但是不属于本院管辖的，移送有管辖权的人民检察院处理；

（四）不属于人民检察院管辖的，移送其他机关处理。

# 第四节　再审案件的办理

## 一、人民法院对人民检察院依照审判监督程序提出抗诉的处理

1.《**关于适用〈中华人民共和国刑事诉讼法〉的解释**》（自2021年3月1日起施行，法释〔2021〕1号）（节录）

**第四百六十二条**　对人民检察院依照审判监督程序提出抗诉的案件，人民法院应当在收到抗诉书后一个月以内立案。但是，有下列情形之一的，应当区别情况予以处理：

（一）不属于本院管辖的，应当将案件退回人民检察院；

（二）按照抗诉书提供的住址无法向被抗诉的原审被告人送达抗诉书的，应当通知人民检察院在三日以内重新提供原审被告人的住址；逾期未提供的，将案件退回人民检察院；

（三）以有新的证据为由提出抗诉，但未附相关证据材料或者有关证据不是指向原起诉事实的，应当通知人民检察院在三日以内补送相关材料；逾期未补送的，将案件退回人民检察院。

决定退回的抗诉案件，人民检察院经补充相关材料后再次抗诉，经审查符合受理条件的，人民法院应当受理。

**第四百六十三条**　对人民检察院依照审判监督程序提出抗诉的案件，接受抗诉的人民法院应当组成合议庭审理。对原判事实不清、证据不足，包括有新的证据证明原判可能有错误，需要指令下级人民法院再审的，应当在立案之日起一个月以内作出决定，并将指令再审决定书送达抗诉的人民检察院。

2. **最高人民法院《关于审理人民检察院按照审判监督程序提出的刑事抗诉案件若干问题的规定》**（自2012年1月1日起施行，法释〔2011〕23号）（节录）

**第一条**　人民法院收到人民检察院的抗诉书后，应在一个月内立案。经审查，具有下列情形之一的，应当决定退回人民检察院：

（一）不属于本院管辖的；

（二）按照抗诉书提供的住址无法向被提出抗诉的原审被告人送达抗诉书的；

（三）以有新证据为由提出抗诉，抗诉书未附有新的证据目录、证人名单和主要证据复印件或者照片的；

（四）以有新证据为由提出抗诉，但该证据并不是指向原起诉事实的。

人民法院决定退回的刑事抗诉案件，人民检察院经补充相关材料后再次提出抗诉，经审查符合受理条件的，人民法院应当予以受理。

**第二条** 人民检察院按照审判监督程序提出的刑事抗诉案件，接受抗诉的人民法院应当组成合议庭进行审理。涉及新证据需要指令下级人民法院再审的，接受抗诉的人民法院应当在接受抗诉之日起一个月以内作出决定，并将指令再审决定书送达提出抗诉的人民检察院。

**第三条** 本规定所指的新证据，是指具有下列情形之一，指向原起诉事实并可能改变原判决、裁定据以定罪量刑的事实的证据：

（一）原判决、裁定生效后新发现的证据；

（二）原判决、裁定生效前已经发现，但由于客观原因未予收集的证据；

（三）原判决、裁定生效前已经收集，但庭审中未予质证、认证的证据；

（四）原生效判决、裁定所依据的鉴定结论，勘验、检查笔录或其他证据被改变或者否定的。

**第五条** 对于指令再审的案件，如果原来是第一审案件，接受抗诉的人民法院应当指令第一审人民法院依照第一审程序进行审判，所作的判决、裁定，可以上诉、抗诉；如果原来是第二审案件，接受抗诉的人民法院应当指令第二审人民法院依照第二审程序进行审判，所作的判决、裁定，是终审的判决、裁定。

**第六条** 在开庭审理前，人民检察院撤回抗诉的，人民法院应当裁定准许。

**第七条** 在送达抗诉书后被提出抗诉的原审被告人未到案的，人民法院应当裁定中止审理；原审被告人到案后，恢复审理。

## 二、人民法院再审的相关规定

1. **《中华人民共和国刑事诉讼法》**（2018 年 10 月 26 日修正）（节录）

**第二百五十六条** 人民法院按照审判监督程序重新审判的案件，由原审人民法院审理的，应当另行组成合议庭进行。如果原来是第一审案件，应当依照第一审程序进行审判，所作的判决、裁定，可以上诉、抗诉；如果原来是第二审案件，或者是上级人民法院提审的案件，应当依照第二审程序进行审判，所作的判决、裁定，是终审的判决、裁定。

人民法院开庭审理的再审案件，同级人民检察院应当派员出席法庭。

**第二百五十七条** 人民法院决定再审的案件，需要对被告人采取强制措施的，由人民法院依法决定；人民检察院提出抗诉的再审案件，需要对被告人采取强制措施的，由人民检察院依法决定。

人民法院按照审判监督程序审判的案件，可以决定中止原判决、裁定的执行。

2. **《关于适用〈中华人民共和国刑事诉讼法〉的解释》**（自2021年3月1日起施行，法释〔2021〕1号）（节录）

**第四百五十六条** 对立案审查的申诉案件，人民法院可以听取当事人和原办案单位的意见，也可以对原判据以定罪量刑的证据和新的证据进行核实。必要时，可以进行听证。

**第四百五十八条** 具有下列情形之一，可能改变原判决、裁定据以定罪量刑的事实的证据，应当认定为刑事诉讼法第二百五十三条第一项规定的“新的证据”：

（一）原判决、裁定生效后新发现的证据；

（二）原判决、裁定生效前已经发现，但未予收集的证据；

（三）原判决、裁定生效前已经收集，但未经质证的证据；

（四）原判决、裁定所依据的鉴定意见，勘验、检查等笔录被改变或者否定的；

（五）原判决、裁定所依据的被告人供述、证人证言等证据发生变化，影响定罪量刑，且有合理理由的。

**第四百六十四条** 对决定依照审判监督程序重新审判的案件，人民法院应当制作再审决定书。再审期间不停止原判决、裁定的执行，但被告人可能经再审改判无罪，或者可能经再审减轻原判刑罚而致刑期届满的，可以决定中止原判决、裁定的执行，必要时，可以对被告人采取取保候审、监视居住措施。

**第四百六十五条** 依照审判监督程序重新审判的案件，人民法院应当重点针对申诉、抗诉和决定再审的理由进行审理。必要时，应当对原判决、裁定认定的事实、证据和适用法律进行全面审查。

**第四百六十六条** 原审人民法院审理依照审判监督程序重新审判的案件，应当另行组成合议庭。

原来是第一审案件，应当依照第一审程序进行审判，所作的判决、裁定可以上诉、抗诉；原来是第二审案件，或者是上级人民法院提审的案件，应当依照第二审程序进行审判，所作的判决、裁定是终审的判决、裁定。

符合刑事诉讼法第二百九十六条、第二百九十七条规定的，可以缺席审判。

**第四百六十七条** 对依照审判监督程序重新审判的案件，人民法院在依照第一审程序进行审判的过程中，发现原审被告人还有其他犯罪的，一般应当并案审理，但分案审理更为适宜的，可以分案审理。

**第四百六十八条** 开庭审理再审案件，再审决定书或者抗诉书只针对部分原审被告人，其他同案原审被告人不出庭不影响审理的，可以不出庭参加诉讼。

**第四百六十九条** 除人民检察院抗诉的以外，再审一般不得加重原审被告人的刑罚。再审决定书或者抗诉书只针对部分原审被告人的，不得加重其他同案原审被告人的刑罚。

**第四百七十条** 人民法院审理人民检察院抗诉的再审案件，人民检察院在开庭审理前撤回抗诉的，应当裁定准许；人民检察院接到出庭通知后不派员出庭，且未说明原因的，可以裁定按撤回抗诉处理，并通知诉讼参与人。

人民法院审理申诉人申诉的再审案件，申诉人在再审期间撤回申诉的，可以裁定准许；但认为原判确有错误的，应当不予准许，继续按照再审案件审理。申诉人经依法通知无正当理由拒不到庭，或者未经法庭许可中途退庭的，可以裁定按撤回申诉处理，但申诉人不是原审当事人的除外。

**第四百七十一条** 开庭审理的再审案件，系人民法院决定再审的，由合议庭组成人员宣读再审决定书；系人民检察院抗诉的，由检察员宣读抗诉书；系申诉人申诉的，由申诉人或者其辩护人、诉讼代理人陈述申诉理由。

**3. 最高人民法院《关于刑事再审案件开庭审理程序的具体规定（试行）》**（自2002年1月1日起施行，法释〔2001〕31号）（节录）

**第四条** 参与过本案第一审、第二审、复核程序审判的合议庭组成人员，不得参与本案的再审程序的审判。

**第五条** 人民法院审理下列再审案件，应当依法开庭审理：

（一）依照第一审程序审理的；

（二）依照第二审程序需要对事实或者证据进行审理的；

（三）人民检察院按照审判监督程序提出抗诉的；

（四）可能对原审被告人（原审上诉人）加重刑罚的；

（五）有其他应当开庭审理情形的。

**第六条** 下列再审案件可以不开庭审理：

（一）原判决、裁定认定事实清楚，证据确实、充分，但适用法律错误，量刑畸重的；

（二）1979年《中华人民共和国刑事诉讼法》施行以前裁判的；

（三）原审被告人（原审上诉人）、原审自诉人已经死亡、或者丧失刑事责任能力的；

（四）原审被告人（原审上诉人）在交通十分不便的边远地区监狱服刑，提押到庭确有困难的；但人民检察院提出抗诉的，人民法院应征得人民检察院的同意；

（五）人民法院按照审判监督程序决定再审，按本规定第九条第（五）项规定，经两次通知，人民检察院不派员出庭的。

**第七条** 人民法院审理共同犯罪再审案件，如果人民法院再审决定书或者人民检察院抗诉书只对部分同案原审被告人（同案原审上诉人）提起再审，其他未涉及的同案原审被告人（同案原审上诉人）不出庭不影响案件审理的，可以不出庭参与诉讼；

部分同案原审被告人（同案原审上诉人）具有本规定第六条第（三）、（四）项规定情形不能出庭的，不影响案件的开庭审理。

**第八条** 除人民检察院抗诉的以外，再审一般不得加重原审被告人（原审上诉人）的刑罚。

根据本规定第六条第（二）、（三）、（四）、（五）、（六）项、第七条的规定，不具备开庭条件可以不开庭审理的，或者可以不出庭参加诉讼的，不得加重未出庭原审被告人（原审上诉人）、同案原审被告人（同案原审上诉人）的刑罚。

**第九条** 人民法院在开庭审理前，应当进行下列工作：

（一）确定合议庭的组成人员；

（二）将再审决定书，申诉书副本至迟在开庭三十日前，重大、疑难案件至迟在开庭六十日前送达同级人民检察院，并通知其查阅案卷和准备出庭；

（三）将再审决定书或抗诉书副本至迟在开庭三十日以前送达原审被告人（原审上诉人），告知其可以委托辩护人，或者依法为其指定承担法律援助义务的律师担任辩护人；

（四）至迟在开庭十五日前，重大、疑难案件至迟在开庭六十日前，通知辩护人查阅案卷和准备出庭；

（五）将开庭的时间、地点在开庭七日以前通知人民检察院；

（六）传唤当事人，通知辩护人、诉讼代理人、证人、鉴定人和翻译人员，传票和通知书至迟在开庭七日以前送达；

（七）公开审判的案件，在开庭七日以前先期公布案由、原审被告人（原审上诉人）姓名、开庭时间和地点。

**第十条** 人民法院审理人民检察院提出抗诉的再审案件，对人民检察院接到出庭通知后未出庭的，应当裁定按人民检察院撤回抗诉处理，并通知诉讼参与人。

**第十一条** 人民法院决定再审或者受理抗诉书后，原审被告人（原审上诉人）正在服刑的，人民法院依据再审决定书或者抗诉书及提押票等文书办理提押；

原审被告人（原审上诉人）在押，再审可能改判宣告无罪的，人民法院裁定中止执行原裁决后，可以取保候审；

原审被告人（原审上诉人）不在押，确有必要采取强制措施并符合法律规定采取强制措施条件的，人民法院裁定中止执行原裁决后，依法采取强制措施。

**第十二条** 原审被告人（原审上诉人）收到再审决定书或者抗诉书后下落不明或者收到抗诉书后未到庭的，人民法院应当中止审理；原审被告人（原审上诉人）到案后，恢复审理；如果超过二年仍查无下落的，应当裁定终止审理。

**第十三条** 人民法院应当在开庭三十日前通知人民检察院、当事人或者辩护人查阅、复制双方提交的新证据目录及新证据复印件、照片。

人民法院应当在开庭十五日前通知控辩双方查阅、复制人民法院调取的新证据目录及新证据复印件、照片等证据。

**第十四条** 控辩双方收到再审决定书或抗诉书后，人民法院通知开庭之日前，可以提交新的证据。开庭后，除对原审被告人（原审上诉人）有利的外，人民法院不再接纳新证据。

**第十五条** 开庭审理前，合议庭应当核实原审被告人（原审上诉人）何时因何案被人民法院依法裁判，在服刑中有无重新犯罪，有无减刑、假释，何时刑满释放等情形。

**第十六条** 开庭审理前，原审被告人（原审上诉人）到达开庭地点后，合议庭应当查明原审被告人（原审上诉人）基本情况，告知原审被告人（原审上诉人）享有辩护权和最后陈述权，制作笔录后，分别由该合议庭成员和书记员签名。

**第十七条** 开庭审理时，审判长宣布合议庭组成人员及书记员，公诉人、辩护人、鉴定人和翻译人员的名单，并告知当事人、法定代理人享有申请回避的权利。

**第十八条** 人民法院决定再审的，由合议庭组成人员宣读再审决定书。

根据人民检察院提出抗诉进行再审的，由公诉人宣读抗诉书。

当事人及其法定代理人、近亲属提出申诉的，由原审被告人（原审上诉人）及其辩护人陈述申诉理由。

**第十九条** 在审判长主持下，控辩双方应就案件的事实、证据和适用法律等问题分别进行陈述。合议庭对控辩双方无争议和有争议的事实、证据及适用法律问题进行归纳，予以确认。

**第二十条** 在审判长主持下，就控辩双方有争议的问题，进行法庭调查和辩论。

**第二十一条** 在审判长主持下，控辩双方对提出的新证据或者有异议的原审据以定罪量刑的证据进行质证。

**第二十二条** 进入辩论阶段，原审被告人（原审上诉人）及其法定代理人、近亲属提出申诉的，先由原审被告人（原审上诉人）及其辩护人发表辩护意见，然后由公诉人发言，被害人及其代理人发言。

被害人及其法定代理人、近亲属提出申诉的，先由被害人及其代理人发言，公诉人发言，然后由原审被告人（原审上诉人）及其辩护人发表辩护意见。

人民检察院提出抗诉的，先由公诉人发言，被害人及其代理人发言，然后由原审被告人（原审上诉人）及其辩护人发表辩护意见。

既有申诉又有抗诉的，先由公诉人发言，后由申诉方当事人及其代理人或者辩护人发言或者发表辩护意见，然后由对方当事人及其代理人或辩护人发言或者发表辩护意见。

公诉人、当事人和辩护人、诉讼代理人经审判长许可，可以互相辩论。

**第二十三条** 合议庭根据控辩双方举证、质证和辩论情况，可以当庭宣布认证结果。

**第二十四条** 再审改判宣告无罪并依法享有申请国家赔偿权利的当事人，宣判时合议庭应当告知其该判决发生法律效力后即有申请国家赔偿的权利。

**第二十六条** 依照第一、二审程序审理的刑事自诉再审案件开庭审理程序，参照本规定执行。

# 第五节　刑事申诉及再审的法定期限

## 一、申诉的审查期限

**《关于适用〈中华人民共和国刑事诉讼法〉的解释》**（自2021年3月1日起施行，法释〔2021〕1号）（节录）

**第四百五十七条**　对立案审查的申诉案件，应当在三个月以内作出决定，至迟不得超过六个月。因案件疑难、复杂、重大或者其他特殊原因需要延长审查期限的，参照本解释第二百一十条的规定处理。

经审查，具有下列情形之一的，应当根据刑事诉讼法第二百五十三条的规定，决定重新审判：

（一）有新的证据证明原判决、裁定认定的事实确有错误，可能影响定罪量刑的；

（二）据以定罪量刑的证据不确实、不充分、依法应当排除的；

（三）证明案件事实的主要证据之间存在矛盾的；

（四）主要事实依据被依法变更或者撤销的；

（五）认定罪名错误的；

（六）量刑明显不当的；

（七）对违法所得或者其他涉案财物的处理确有明显错误的；

（八）违反法律关于溯及力规定的；

（九）违反法定诉讼程序，可能影响公正裁判的；

（十）审判人员在审理该案件时有贪污受贿、徇私舞弊、枉法裁判行为的。

申诉不具有上述情形的，应当说服申诉人撤回申诉；对仍然坚持申诉的，应当书面通知驳回。

## 二、人民法院的审理期限

1. **《中华人民共和国刑事诉讼法》**（2018年10月26日修正）（节录）

**第二百五十八条**　人民法院按照审判监督程序重新审判的案件，应当在作出提审、再审决定之日起三个月以内审结，需要延长期限的，不得超过六个月。

接受抗诉的人民法院按照审判监督程序审判抗诉的案件，审理期限适用前款规定；对需要指令下级人民法院再审的，应当自接受抗诉之日起一个月以内作出决定，下级人民法院审理案件的期限适用前款规定。

2. **最高人民法院《关于刑事再审案件开庭审理程序的具体规定（试行）》**（自2002年1月1日起施行，法释〔2001〕31号）（节录）

**第二十五条**　人民法院审理再审案件，应当在作出再审决定之日起三个月内审结。需要延长期限的，经本院院长批准，可以延长三个月。

自接到阅卷通知后的第二日起，人民检察院查阅案卷超过七日后的期限，不计入再审审理期限。

## 三、人民检察院的审查及复查期限

**《人民检察院办理刑事申诉案件规定》**（自2020年9月22日起施行，高检发办字〔2020〕55号）（节录）

**第二十三条**　控告申诉检察部门审查刑事申诉案件，应当自受理之日起三个月以内作出审查结案或者移送刑事检察部门办理的决定，并告知申诉人。

刑事检察部门对移送的刑事申诉案件，应当自收到案件之日起三个月以内作出审查结案或者进行复查的决定，并告知申诉人。

重大、疑难、复杂案件，报检察长决定，可以适当延长办理期限。

调取卷宗期间不计入办案期限。

**第三十六条**　复查刑事申诉案件，应当自决定复查之日起三个月以内办结。三个月以内不能办结的，报检察长决定，可以延长三个月，并告知申诉人。

重大、疑难、复杂案件，在前款规定期限内仍不能办结，确需延长办理期限的，报检察长决定延长办理期限。

## 第六节　再审结果及送达

1. **《关于适用〈中华人民共和国刑事诉讼法〉的解释》**（自2021年3月1日起施行，法释〔2021〕1号）（节录）

**第四百七十二条**　再审案件经过重新审理后，应当按照下列情形分别处理：

（一）原判决、裁定认定事实和适用法律正确、量刑适当的，应当裁定驳回申诉或者抗诉，维持原判决、裁定；

（二）原判决、裁定定罪准确、量刑适当，但在认定事实、适用法律等方面有瑕疵的，应当裁定纠正并维持原判决、裁定；

（三）原判决、裁定认定事实没有错误，但适用法律错误或者量刑不当的，应当撤销原判决、裁定，依法改判；

（四）依照第二审程序审理的案件，原判决、裁定事实不清、证据不足的，可以在查清事实后改判，也可以裁定撤销原判，发回原审人民法院重新审判。

原判决、裁定事实不清或者证据不足，经审理事实已经查清的，应当根据查清的事实依法裁判；事实仍无法查清，证据不足，不能认定被告人有罪的，应当撤销原判决、裁定，判决宣告被告人无罪。

**第四百七十三条**　原判决、裁定认定被告人姓名等身份信息有误，但认定事实和适用法律正确、量刑适当的，作出生效判决、裁定的人民法院可以通过裁定对有关信息予以更正。

**第四百七十四条**　对再审改判宣告无罪并依法享有申请国家赔偿权利的当事人，人民法院宣判时，应当告知其在判决发生法律效力后可以依法申请国家赔偿。

2. **最高人民法院《关于审理人民检察院按照审判监督程序提出的刑事抗诉案件若干问题的规定》**（自2012年1月1日起施行，法释〔2011〕23号）（节录）

**第一条**　人民法院收到人民检察院的抗诉书后，应在一个月内立案。经审查，具有下列情形之一的，应当决定退回人民检察院：

（一）不属于本院管辖的；

（二）按照抗诉书提供的住址无法向被提出抗诉的原审被告人送达抗诉书的；

（三）以有新证据为由提出抗诉，抗诉书未附有新的证据目录、证人名单和主要证据复印件或者照片的；

（四）以有新证据为由提出抗诉，但该证据并不是指向原起诉事实的。

人民法院决定退回的刑事抗诉案件，人民检察院经补充相关材料后再次提出抗诉，经审查符合受理条件的，人民法院应当予以受理。

**第二条**　人民检察院按照审判监督程序提出的刑事抗诉案件，接受抗诉的人民法院应当组成合议庭进行审理。涉及新证据需要指令下级人民法院再审的，接受抗诉的人民法院应当在接受抗诉之日起一个月以内作出决定，并将指令再审决定书送达提出抗诉的人民检察院。

**第三条**　本规定所指的新证据，是指具有下列情形之一，指向原起诉事实并可能改变原判决、裁定据以定罪量刑的事实的证据：

（一）原判决、裁定生效后新发现的证据；

（二）原判决、裁定生效前已经发现，但由于客观原因未予收集的证据；

（三）原判决、裁定生效前已经收集，但庭审中未予质证、认证的证据；

（四）原生效判决、裁定所依据的鉴定结论，勘验、检查笔录或其他证据被改变或者否定的。

**第四条**　对于原判决、裁定事实不清或者证据不足的案件，接受抗诉的人民法院进行重新审理后，应当按照下列情形分别处理：

（一）经审理能够查清事实的，应当在查清事实后依法裁判；

（二）经审理仍无法查清事实，证据不足，不能认定原审被告人有罪的，应当判决宣告原审被告人无罪；

（三）经审理发现有新证据且超过刑事诉讼法规定的指令再审期限的，可以裁定撤销原判，发回原审人民法院重新审判。

**第八条**　被提出抗诉的原审被告人已经死亡或者在审理过程中死亡的，人民法院应当裁定终止审理，但对能够查清事实，确认原审被告人无罪的案件，应当予以改判。

**第九条**　人民法院作出裁判后，当庭宣告判决的，应当在五日内将裁判文书送达当事人、法定代理人、诉讼代理人、提出抗诉的人民检察院、辩护人和原审被告人的近亲属；定期宣告判决的，应当在判决宣告后立即将裁判文书送达当事人、法定代理人、诉讼代理人、提出抗诉的人民检察院、辩护人和原审被告人的近亲属。

# 第七节　申诉人的救济途径

1.《**关于适用〈中华人民共和国刑事诉讼法〉的解释**》（自2021年3月1日起施行，法释〔2021〕1号）（节录）

**第四百五十九条**　申诉人对驳回申诉不服的，可以向上一级人民法院申诉。上一级人民法院经审查认为申诉不符合刑事诉讼法第二百五十三条和本解释第四百五十七条第二款规定的，应当说服申诉人撤回申诉；对仍然坚持申诉的，应当驳回或者通知不予重新审判。

2.《**人民检察院刑事诉讼规则**》（自2019年12月30日起施行，高检发释字〔2019〕4号）（节录）

**第五百九十四条**　对不服人民法院已经发生法律效力的判决、裁定的申诉，经两级人民检察院办理且省级人民检察院已经复查的，如果没有新的证据，人民检察院不再复查，但原审被告人可能被宣告无罪或者判决、裁定有其他重大错误可能的除外。

3.《**人民检察院办理刑事申诉案件规定**》（自2020年9月22日起施行，高检发办字〔2020〕55号）（节录）

**第五十八条**　申诉人对处理结论有异议的刑事申诉案件，人民检察院可以进行公开答复，做好解释、说明和教育工作，预防和化解社会矛盾。

# 第八节　典型案例

## 案例1　于英生申诉案[①]

**【关键词】**

刑事申诉　再审检察建议　改判无罪

**【基本案情】**

于英生，男，1962年3月生。1996年12月2日，于英生的妻子韩某在家中被人杀害。安徽省蚌埠市中区公安分局侦查认为于英生有重大犯罪嫌疑，于1996年12月12日将其刑事拘留。

1996年12月21日，蚌埠市中市区人民检察院以于英生涉嫌故意杀人罪，将其批准逮捕。在侦查阶段的审讯中，于英生供认了杀害妻子的主要犯罪事实。蚌埠市中区公安分局侦查终结后，移送蚌埠市中市区人民检察院审查起诉。蚌埠市中市区人民检察院审查后，依法移送蚌埠市人民检察院审查起诉。1997年12月24日，蚌埠市人民检察院以涉嫌故意杀人罪对于英生提起公诉。蚌埠市中级人民法院一审判决认定以下事实：1996年12月1日，于英生一家三口在逛商场时，韩某将2800元现金交给于英生让其存入银行，但却不愿告诉这笔钱的来源，引起于英生的不满。12月2日7时20分，于英生送其子去上学，回家后再次追问韩某2800元现金是哪来的。因韩某坚持不愿说明来源，二人发生争吵厮打。厮打过程中，于英生见韩某声音越来越大，即恼羞成怒将其推倒在床上，然后从厨房拿了一根塑料绳，将韩某的双手拧到背后捆上。接着又用棉被盖住韩某头面部并隔着棉被用双手紧捂其口鼻，将其捂昏迷后匆忙离开现场到单位上班。约9时50分，于英生从单位返回家中，发现韩某已经死亡，便先解开捆绑韩某的塑料绳，用菜刀对韩某的颈部割了数刀，然后将其内衣向上推至胸部、将其外面穿的毛线衣拉平，并将尸体翻成俯卧状。接着又将屋内家具的柜门、抽屉拉开，将物品翻乱，造成家中被抢劫、韩某被奸杀的

① 本案例选自2016年5月31日最高人民检察院第七批指导性案例，检例第25号。

假象。临走时，于英生又将液化气打开并点燃一根蜡烛放在床头柜上的烟灰缸里，企图使液化气排放到一定程度，烛火引燃液化气，达到烧毁现场的目的。后因被及时发现而未引燃。经法医鉴定：死者韩某口、鼻腔受暴力作用，致机械性窒息死亡。

**【诉讼过程】**

1998 年 4 月 7 日，蚌埠市中级人民法院以故意杀人罪判处于英生死刑，缓期二年执行。于英生不服，向安徽省高级人民法院提出上诉。

1998 年 9 月 14 日，安徽省高级人民法院以原审判决认定于英生故意杀人的部分事实不清，证据不足为由，裁定撤销原判，发回重审。被害人韩某的父母提起附带民事诉讼。

1999 年 9 月 16 日，蚌埠市中级人民法院以故意杀人罪判处于英生死刑，缓期二年执行。于英生不服，再次向安徽省高级人民法院提出上诉。

2000 年 5 月 15 日，安徽省高级人民法院以原审判决事实不清，证据不足为由，裁定撤销原判，发回重审。

2000 年 10 月 25 日，蚌埠市中级人民法院以故意杀人罪判处于英生无期徒刑。于英生不服，向安徽省高级人民法院提出上诉。2002 年 7 月 1 日，安徽省高级人民法院裁定驳回上诉，维持原判。

2002 年 12 月 8 日，于英生向安徽省高级人民法院提出申诉。2004 年 8 月 9 日，安徽省高级人民法院驳回于英生的申诉。后于英生向安徽省人民检察院提出申诉。

安徽省人民检察院经复查，提请最高人民检察院按照审判监督程序提出抗诉。最高人民检察院经审查，于 2013 年 5 月 24 日向最高人民法院提出再审检察建议。

**【建议再审理由】**

最高人民检察院审查认为，原审判决、裁定认定于英生故意杀人的事实不清，证据不足，案件存在的矛盾和疑点无法得到合理排除，案件事实结论不具有唯一性。

一、原审判决认定事实的证据不确实、不充分。一是根据安徽省人民检察院复查调取的公安机关侦查内卷中的手写“现场手印检验报告”及其他相关证据，能够证实现场存在的 2 枚指纹不是于英生及其家人所留，但侦查机关并未将该情况写入检验报告。原审判决依据该“现场手印检验报告”得出“没有发现外人进入现场的痕迹”的结论与客观事实不符。二是关于于英生送孩子上学以及到单位上班的时间，缺少明确证据支持，且证人证言之间存在矛盾。原审判决认定于英生 9 时 50 分回家伪造现场，10 时 20 分回到单位，而于英生辩解其在10时左右回到单位，后接到传呼并用办公室电话回此传呼，并在侦查阶段将传呼机提交侦查机关。安徽省人民检察院复查及最高人民检察院审查时，相关人员证实侦查机关曾对有关人员及传呼机信息问题进行了调查，并调取了通话记录，但案卷中并没有相关调查材料及通话记录，于英生关于在10时左右回到单位的辩解不能合理排除。因此依据现有证据，原审判决认定于英生具有20分钟作案时间和30分钟伪造现场时间的证据不足。

二、原审判决定罪的主要证据之间存在矛盾。原审判决认定于英生有罪的证据主要是现场勘查笔录、尸检报告以及于英生曾作过的有罪供述。而于英生在侦查阶段虽曾作过有罪供述，但其有罪供述不稳定，时供时翻，供述前后矛盾。且其有罪供述与现场勘查笔录、尸检报告等证据亦存在诸多不一致的地方，如于英生曾作有罪供述中有关菜刀放置的位置、拽断电话线、用于点燃蜡烛的火柴梗丢弃在现场以及与被害人发生性行为等情节与现场勘查笔录、尸检报告等证据均存在矛盾。

三、原审判决认定于英生故意杀人的结论不具有唯一性。根据从公安机关侦查内卷中调取的手写“手印检验报告”以及DNA鉴定意见，现场提取到外来指纹，被害人阴道提取的精子也不是于英生的精子，因此存在其他人作案的可能。同时，根据侦查机关蜡烛燃烧试验反映的情况，该案存在杀害被害人并伪造现场均在8时之前完成的可能。原审判决认定于英生故意杀害韩某的证据未形成完整的证据链，认定的事实不能排除合理怀疑。

**【案件结果】**

2013年6月6日，最高人民法院将最高人民检察院再审检察建议转安徽省高级人民法院。2013年6月27日，安徽省高级人民法院对该案决定再审。2013年8月5日，安徽省高级人民法院不公开开庭审理了该案。安徽省高级人民法院审理认为，原判决、裁定根据于英生的有罪供述、现场勘查笔录、尸体检验报告、刑事科学技术鉴定、证人证言等证据，认定原审被告人于英生杀害了韩某。但于英生供述中部分情节与现场勘查笔录、尸体检验报告、刑事科学技术鉴定等证据存在矛盾，且韩某阴道擦拭纱布及三角内裤上的精子经DNA鉴定不是于英生的，安徽省人民检察院提供的侦查人员从现场提取的没有比对结果的他人指纹等证据没有得到合理排除，因此原审判决、裁定认定于英生犯故意杀人罪的事实不清、证据不足，指控的犯罪不能成立。2013年8月8日，安徽省高级人民法院作出再审判决：撤销原审判决裁定，原审被告人于英生无罪。

**【要旨】**

坚守防止冤假错案底线，是保障社会公平正义的重要方面。检察机关既要依法监督纠正确有错误的生效刑事裁判，又要注意在审查逮捕、审查起诉等环节有效发挥监督制约作用，努力从源头上防止冤假错案发生。在监督纠正冤错案件方面，要严格把握纠错标准，对于被告人供述反复，有罪供述前后矛盾，且有罪供述的关键情节与其他在案证据存在无法排除的重大矛盾，不能排除有其他人作案可能的，应当依法进行监督。

**【指导意义】**

1. 对案件事实结论应当坚持“唯一性”证明标准。刑事诉讼法第一百九十五条第一项规定：“案件事实清楚，证据确实、充分，依据法律认定被告人有罪的，应当作出有罪判决。”刑事诉讼法第五十三条第二款对于认定“证据确实、充分”的条件进行了规定：“（一）定罪量刑的事实都有证据证明；（二）据以定案的证据均经法定程序查证属实；（三）综合全案证据，对所认定的案件事实已排除合理怀疑。”排除合理怀疑，要求对于认定的案件事实，从证据角度已经没有符合常理的、有根据的怀疑，特别在是否存在犯罪事实和被告人是否实施了犯罪等关键问题上，确信证据指向的案件结论具有唯一性。只有坚持对案件事实结论的唯一性标准，才能够保证裁判认定的案件事实与客观事实相符，最大限度避免冤假错案的发生。

2. 坚持全面收集证据，严格把握纠错标准。在复查刑事申诉案件过程中，除全面审查原有证据外，还应当注意补充收集、调取能够证实被告人有罪或者无罪、犯罪情节轻重的新证据，通过正向肯定与反向否定，检验原审裁判是否做到案件事实清楚，证据确实、充分。要坚持疑罪从无原则，严格把握纠错标准，对于被告人有罪供述出现反复且前后矛盾，关键情节与其他在案证据存在无法排除的重大矛盾，不能排除有其他人作案可能的，应当认为认定主要案件事实的结论不具有唯一性。人民法院据此判决被告人有罪的，人民检察院应当按照审判监督程序向人民法院提出抗诉，或者向同级人民法院提出再审检察建议。

**【相关法律规定】**

《中华人民共和国刑事诉讼法》

**第五十三条** 对一切案件的判处都要重证据，重调查研究，不轻信口供。只有被告人供述，没有其他证据的，不能认定被告人有罪和处以刑罚；没有被告人供述，证据确实、充分的，可以认定被告人有罪和处以刑罚。证据确实、充分，应当符合以下条件：

（一）定罪量刑的事实都有证据证明；

（二）据以定案的证据均经法定程序查证属实；

（三）综合全案证据，对所认定事实已排除合理怀疑。

**第二百四十二条** 当事人及其法定代理人、近亲属的申诉符合下列情形之一的，人民法院应当重新审判：（一）有新的证据证明原判决、裁定认定的事实确有错误，可能影响定罪量刑的；（二）据以定罪量刑的证据不确实、不充分、依法应当予以排除，或者证明案件事实的主要证据之间存在矛盾的；（三）原判决、裁定适用法律确有错误的；（四）违反法律规定的诉讼程序，可能影响公正审判的；（五）审判人员在审理该案件的时候，有贪污受贿、徇私舞弊、枉法裁判行为的。

**第二百四十三条**　各级人民法院院长对本院已经发生法律效力的判决和裁定，如果发现在认定事实上或者在适用法律上确有错误，必须提交审判委员会处理。

最高人民法院对各级人民法院已经发生法律效力的判决和裁定，上级人民法院对下级人民法院已经发生法律效力的判决和裁定，如果发现确有错误，有权提审或者指令下级人民法院再审。

最高人民检察院对各级人民法院已经发生法律效力的判决和裁定，上级人民检察院对下级人民法院已经发生法律效力的判决和裁定，如果发现确有错误，有权按照审判监督程序向同级人民法院提出抗诉。

人民检察院抗诉的案件，接受抗诉的人民法院应当组成合议庭重新审理，对于原判决事实不清楚或者证据不足的，可以指令下级人民法院再审。

## 案例2　陈满申诉案[①]

**【关键词】**

刑事申诉　刑事抗诉　改判无罪

**【基本案情】**

陈满，男，1963年2月生。

1992年12月25日19时30分许，海南省海口市振东区上坡下村109号发生火灾。19时58分，海口市消防中队接警后赶到现场救火，并在灭火过程中发现室内有一具尸体，立即向公安机关报案。20时30分，海口市公安局接报警后派员赴现场进行现场勘查及调查工作。经走访调查后确定，死者是居住在109号的钟某，曾经在此处租住的陈满有重大作案嫌疑。同年12月28日凌晨，公安机关将犯罪嫌疑人陈满抓获。1993年9月25日，海口市人民检察院以陈满涉嫌故意杀人罪，将其批准逮捕。1993年11月29日，海口市人民检

① 此案例选自2016年5月31日最高人民检察院第七批指导性案例，检例第26号。

察院以涉嫌故意杀人罪对陈满提起公诉。海口市中级人民法院一审判决认定以下事实：1992年1月，被告人陈满搬到海口市上坡下村109号钟某所在公司的住房租住。期间，陈满因未交房租等，与钟某发生矛盾，钟某声称要向公安机关告发陈满私刻公章帮他人办工商执照之事，并于同年12月17日要陈满搬出上坡下村109号房。陈满怀恨在心，遂起杀害钟某的歹念。同年12月25日19时许，陈满发现上坡下村停电并得知钟某要返回四川老家，便从宁屯大厦窜至上坡下村109号，见钟某正在客厅喝酒，便与其聊天，随后从厨房拿起一把菜刀，趁钟某不备，向其头部、颈部、躯干部等处连砍数刀，致钟某当即死亡。后陈满将厨房的煤气罐搬到钟某卧室门口，用打火机点着火焚尸灭迹。大火烧毁了钟某卧室里的床及办公桌等家具，消防队员及时赶到，才将大火扑灭。经法医鉴定：被害人钟某身上有多处锐器伤、颈动脉被割断造成失血性休克死亡。

**【诉讼过程】**

1994年11月9日，海口市中级人民法院以故意杀人罪判处陈满死刑，缓期二年执行，剥夺政治权利终身；以放火罪，判处有期徒刑九年，决定执行死刑，缓期二年执行，剥夺政治权利终身。

1994年11月13日，海口市人民检察院以原审判决量刑过轻，应当判处死刑立即执行为由提出抗诉。1999年4月15日，海南省高级人民法院驳回抗诉，维持原判。判决生效后，陈满的父母提出申诉。

2001年11月8日，海南省高级人民法院经复查驳回申诉。陈满的父母仍不服，向海南省人民检察院提出申诉。

2013年4月9日，海南省人民检察院经审查，认为申诉人的申诉理由不成立，不符合立案复查条件。陈满不服，向最高人民检察院提出申诉。

2015年2月10日，最高人民检察院按照审判监督程序向最高人民法院提出抗诉。

**【抗诉理由】**

最高人民检察院复查认为，原审判决据以定案的证据不确实、不充分，认定原审被告人陈满故意杀人、放火的事实不清、证据不足。

一、原审裁判认定陈满具有作案时间与在案证据证明的案件事实不符。原审裁判认定原审被告人陈满于1992年12月25日19时许，在海口市振东区上坡下村109号房间持刀将钟某杀死。根据证人杨某春、刘某生、章某胜的证言，能够证实在当日19时左右陈满仍在宁屯大厦，而根据证人何某庆、刘某清的证言，19时多一点听到109号传出上气不接下气的“啊啊”声，大约过了30分钟看见109号起火。据此，有证据证明陈满案发时仍然在宁屯大厦，不可能在同一时间出现在案发现场，原审裁判认定陈满在 19 时许进入 109 号并实施杀人、放火行为与证人提供的情况不符。

二、原审裁判认定事实的证据不足，部分重要证据未经依法查证属实。原审裁判认定原审被告人陈满实施杀人、放火行为的主要证据，除陈满有罪供述为直接证据外，其他如公安机关火灾原因认定书、现场勘查笔录、现场照片、物证照片、法医检验报告书、物证检验报告书、刑事科学技术鉴定书等仅能证明被害人钟某被人杀害，现场遭到人为纵火；在案证人证言只是证明了发案时的相关情况、案发前后陈满的活动情况以及陈满与被害人的关系等情况，但均不能证实犯罪行为系陈满所为。而在现场提取的带血白衬衫、黑色男西装等物品在侦查阶段丢失，没有在原审法院庭审中出示并接受检验，因此不能作为定案的根据。

三、陈满有罪供述的真实性存在疑问。陈满在侦查阶段虽曾作过有罪供述，但其有罪供述不稳定，时供时翻，且与现场勘查笔录、法医检验报告等证据存在矛盾。如陈满供述杀人后厨房水龙头没有关，而现场勘查时，厨房水龙头呈关闭状，而是卫生间的水龙头没有关；陈满供述杀人后菜刀扔到被害人的卧室中，而现场勘查时，该菜刀放在厨房的砧板上，且在菜刀上未发现血迹、指纹等痕迹；陈满供述将“工作证”放在被害人身上，是为了制造自己被烧死假象的说法，与案发后其依然正常工作，并未逃避侦查的实际情况相矛盾。

**【案件结果】**

2015 年 4 月 24 日，最高人民法院作出再审决定，指令浙江省高级人民法院再审。2015 年 12 月 29 日，浙江省高级人民法院公开开庭审理了本案。法院经过审理认为，原审裁判据以定案的主要证据即陈满的有罪供述及辨认笔录的客观性、真实性存疑，依法不能作为定案依据；本案除原被告人陈满有罪供述外无其他证据指向陈满作案。因此，原审裁判认定原审被告人陈满故意杀人并放火焚尸灭迹的事实不清、证据不足，指控的犯罪不能成立。2016 年 1 月 25 日，浙江省高级人民法院作出再审判决：撤销原审判决裁定，原审被告人陈满无罪。

**【要旨】**

证据是刑事诉讼的基石，认定案件事实，必须以证据为根据。证据未经当庭出示、辨认、质证等法庭调查程序查证属实，不能作为定案的根据。对于在案发现场提取的物证等实物证据，未经鉴定，且在诉讼过程中丢失或者毁灭，无法在庭审中出示、质证，有罪供述的主要情节又得不到其他证据印证，而原审裁判认定被告人有罪的，应当依法进行监督。

**【指导意义】**

1. 切实强化证据裁判和证据审查意识。证据裁判原则是现代刑事诉讼的一项基本原则，是正确惩治犯罪，防止冤假错案的重要保障。证据裁判原则不仅要求认定案件事实必须以证据为依据，而且所依据的证据必须客观真实、合法有效。我国刑事诉讼法第四十八条第三款规定："证据必须经过查证属实，才能作为定案的根据。"这是证据使用的根本原则，违背这一原则就有可能导致冤假错案，放纵罪犯或者侵犯公民的合法权利。检察机关审查逮捕、审查起诉和复查刑事申诉案件，都必须注意对证据的客观性、合法性进行审查，及时防止和纠正冤假错案。对于刑事申诉案件，经审查，如果原审裁判据以定案的有关证据，在原审过程中未经法定程序证明其真实性、合法性，而人民法院据此认定被告人有罪的，人民检察院应当依法进行监督。

2. 坚持综合审查判断证据规则。刑事诉讼法第一百九十五条第一项规定："案件事实清楚，证据确实、充分，依据法律认定被告人有罪的，应当作出有罪判决。"证据确实、充分，不仅是对单一证据的要求，而且是对审查判断全案证据的要求。只有使各项证据相互印证，合理解释消除证据之间存在的矛盾，才能确保查明案件事实真相，避免出现冤假错案。特别是在将犯罪嫌疑人、被告人有罪供述作为定罪主要证据的案件中，尤其要重视以客观性证据检验补强口供等言词证据。只有口供而没有其他客观性证据，或者口供与其他客观性证据相互矛盾、不能相互印证，对所认定的事实不能排除合理怀疑的，应当坚持疑罪从无原则，不能认定被告人有罪。

**【相关法律规定】**

《中华人民共和国刑事诉讼法》

**第四十八条**　可以用于证明案件事实的材料，都是证据。

证据包括：（一）物证；（二）书证；（三）证人证言；（四）被害人陈述；（五）犯罪嫌疑人、被告人供述和辩解；（六）鉴定意见；（七）勘验、检查、辨认、侦查实验等笔录；（八）视听资料、电子数据。

证据必须经过查证属实，才能作为定案的根据。

**第一百九十三条**　法庭审理过程中，对与定罪、量刑有关的事实、证据都应当进行调查、辩论。

经审判长许可，公诉人、当事人和辩护人、诉讼代理人可以对证据和案件情况发表意见并且可以相互辩论。

审判长在宣布辩论终结后，被告人有最后陈述的权利。

## 案例3　朱红蔚申请无罪逮捕赔偿案①

**【关键词】**

国家赔偿　刑事赔偿　无罪逮捕　精神损害赔偿

**【裁判要点】**

1. 国家机关及其工作人员行使职权时侵犯公民人身自由权，严重影响受害人正常的工作、生活，导致其精神极度痛苦，属于造成精神损害严重后果。

2. 赔偿义务机关支付精神损害抚慰金的数额，应当根据侵权行为的手段、场合、方式等具体情节，侵权行为造成的影响、后果，以及当地平均生活水平等综合因素确定。

**【相关法条】**

《中华人民共和国国家赔偿法》第三十五条

**【基本案情】**

赔偿请求人朱红蔚申请称：检察机关的错误羁押致使其遭受了极大的物质损失和精神损害，申请最高人民法院赔偿委员会维持广东省人民检察院支付侵犯人身自由的赔偿金的决定，并决定由广东省人民检察院登报赔礼道歉、消除影响、恢复名誉，赔偿精神损害抚慰金200万元，赔付被扣押车辆、被拍卖房产等损失。广东省人民检察院答辩称：朱红蔚被无罪羁押873天，广东省人民检察院依法决定支付侵犯人身自由的赔偿金124254.09元，已向朱红蔚当面道歉，并为帮助朱红蔚恢复经营走访了相关工商管理部门及向有关银行出具情况说明。广东省人民检察院未参与涉案车辆的扣押，不应对此承担赔偿责任。朱红蔚未能提供精神损害后果严重的证据，其要求支付精神损害抚慰金的请求不应予支持，其他请求不属于国家赔偿范围。法院经审理查明：因涉嫌犯合同诈骗罪，朱红蔚于2005年7月25日被刑事拘留，同年8月26日被取保候审。2006年5月26日，广东省人民检察院以粤检侦监核〔2006〕4号复核决定书批准逮捕朱红蔚。同年6月1日，朱红蔚被执行逮捕。2008年9月11日，广东省深圳市中级人民法院以指控依据不足为由，判决宣告朱红蔚无罪。同月19日，朱红蔚被释放。朱红蔚被羁押时间共计875天。2011年3月15日，朱红蔚以无罪逮捕为由向广东省人民检察院申请国家赔偿。同年7月19日，广东省人民检察院作出粤检赔决〔2011〕1号刑事赔偿决定；按照2010年度全

① 此案例选自2014年12月25日最高人民法院第九批指导性案例，指导案例42号。

国职工日平均工资标准支付侵犯人身自由的赔偿金 124254.09 元（142.33 元×873 天）；口头赔礼道歉并依法在职能范围内为朱红蔚恢复生产提供方便；对支付精神损害抚慰金的请求不予支持。

另查明：（1）朱红蔚之女朱某某在朱红蔚被刑事拘留时未满 18 周岁，至 2012 年抑郁症仍未愈。（2）深圳一和实业有限公司自 2004 年由朱红蔚任董事长兼法定代表人，2005 年以来未参加年检。（3）朱红蔚另案申请深圳市公安局赔偿被扣押车辆损失，广东省高级人民法院赔偿委员会以朱红蔚无证据证明其系车辆所有权人和受到实际损失为由，决定驳回朱红蔚赔偿申请。（4）2011 年 9 月 5 日，广东省高级人民法院、广东省人民检察院、广东省公安厅联合发布粤高法〔2011〕382 号《关于在国家赔偿工作中适用精神损害抚慰金若干问题的座谈会纪要》。该纪要发布后，广东省人民检察院表示可据此支付精神损害抚慰金。

**【裁判结果】**

最高人民法院赔偿委员会于 2012 年 6 月 18 日作出（2011）法委赔字第 4 号国家赔偿决定：维持广东省人民检察院粤检赔决〔2011〕1 号刑事赔偿决定第二项；撤销广东省人民检察院粤检赔决〔2011〕1 号刑事赔偿决定第一、三项；广东省人民检察院向朱红蔚支付侵犯人身自由的赔偿金 142318.75 元；广东省人民检察院向朱红蔚支付精神损害抚慰金 50000 元；驳回朱红蔚的其他赔偿请求。

**【裁判理由】**

最高人民法院认为：赔偿请求人朱红蔚于 2011 年 3 月 15 日向赔偿义务机关广东省人民检察院提出赔偿请求，本案应适用修订后的《中华人民共和国国家赔偿法》。朱红蔚被实际羁押时间为 875 天，广东省人民检察院计算为 873 天有误，应予纠正。根据《最高人民法院关于人民法院执行〈中华人民共和国国家赔偿法〉几个问题的解释》第六条规定，赔偿委员会变更赔偿义务机关尚未生效的赔偿决定，应以作出本赔偿决定时的上年度即 2011 年度全国职工日平均工资 162.65 元为赔偿标准。因此，广东省人民检察院应按照 2011 年度全国职工日平均工资标准向朱红蔚支付侵犯人身自由 875 天的赔偿金 142318.75 元。朱红蔚被宣告无罪后，广东省人民检察院已决定向朱红蔚以口头方式赔礼道歉，并为其恢复生产提供方便，从而在侵权行为范围内为朱红蔚消除影响、恢复名誉，该项决定应予维持。朱红蔚另要求广东省人民检察院以登报方式赔礼道歉，不予支持。朱红蔚被羁押 875 天，正常的家庭生活和公司经营也因此受到影响，导致其精神极度痛苦，应认定精神损害后果严重。对朱红蔚主张的精神损害抚慰金，根据自 2005 年朱红蔚被羁押以来深圳一和实业有限公司不能正常经营，朱红蔚之女患抑郁症未愈，以及粤高法〔2011〕382号《关于在国家赔偿工作中适用精神损害抚慰金若干问题的座谈会纪要》明确的广东省赔偿精神损害抚慰金的参考标准，结合赔偿协商协调情况以及当地平均生活水平等情况，确定为50000元。朱红蔚提出的其他请求，不予支持。

# 第五章

# 警钟长鸣——监狱工作人员犯罪风险防范

# 第一节　徇私舞弊减刑、假释、暂予监外执行罪

## 一、刑法规定

《中华人民共和国刑法》（2020 年 12 月 26 日修正）（节录）

**第四百零一条**　司法工作人员徇私舞弊，对不符合减刑、假释、暂予监外执行条件的罪犯，予以减刑、假释、暂予监外执行的，处三年以下有期徒刑或者拘役；情节严重的，处三年以上七年以下有期徒刑。

## 二、犯罪构成

1. 本罪侵犯的客体是国家的刑罚执行制度和司法机关正常的刑事司法活动。

2. 本罪的客观方面表现为徇私舞弊对不符合减刑、假释、暂予监外执行条件的罪犯，予以减刑、假释或者暂予监外执行的行为。罪犯是否符合减刑、假释、暂予监外执行条件，应当根据法律、法规及相关司法解释所规定的条件审查予以确认。“徇私舞弊”根据最高人民检察院《关于渎职侵权犯罪案件立案标准的规定》（自 2006 年 7 月 26 日起实施，高检发释字〔2006〕2 号）规定，是指国家机关工作人员为徇私情、私利，故意违背事实和法律，伪造材料，隐瞒情况，弄虚作假的行为。

3. 本罪的主体是司法工作人员。根据《中华人民共和国刑法》第九十四条规定，本法所称司法工作人员，是指有侦查、检察、审判、监管职责的工作人员。

4. 本罪的主观方面是故意，且出于徇私动机。

## 三、立案标准

**最高人民检察院《关于渎职侵权犯罪案件立案标准的规定》**（自2006年7月26日起实施，高检发释字〔2006〕2号）（节录）

徇私舞弊减刑、假释、暂予监外执行罪是指司法工作人员徇私舞弊，对不符合减刑、假释、暂予监外执行条件的罪犯予以减刑、假释、暂予监外执行的行为。

涉嫌下列情形之一的，应予立案：

1. 刑罚执行机关的工作人员对不符合减刑、假释、暂予监外执行条件的罪犯，捏造事实，伪造材料，违法报请减刑、假释、暂予监外执行的；

2. 审判人员对不符合减刑、假释、暂予监外执行条件的罪犯，徇私舞弊，违法裁定减刑、假释或者违法决定暂予监外执行的；

3. 监狱管理机关、公安机关的工作人员对不符合暂予监外执行条件的罪犯，徇私舞弊，违法批准暂予监外执行的；

4. 不具有报请、裁定、决定或者批准减刑、假释、暂予监外执行权的司法工作人员利用职务上的便利，伪造有关材料，导致不符合减刑、假释、暂予监外执行条件的罪犯被减刑、假释、暂予监外执行的；

5. 其他徇私舞弊减刑、假释、暂予监外执行应予追究刑事责任的情形。

## 四、重、特大案件标准

**最高人民检察院《人民检察院直接受理立案侦查的渎职侵权重特大案件标准（试行）》**（自2002年1月1日起施行，高检发〔2001〕13号）（节录）

徇私舞弊减刑、假释、暂予监外执行案

1. 重大案件

（1）办理三次以上或者一次办理三人以上的；

（2）为重大刑事犯罪分子办理减刑、假释、暂予监外执行的。

2. 特大案件

（1）办理五次以上或者一次办理五人以上的；

（2）为特别重大刑事犯罪分子办理减刑、假释、暂予监外执行的。

## 五、刑事责任

根据《中华人民共和国刑法》第 401 条的规定，犯本罪的，处三年以下有期徒刑或者拘役；情节严重的，处三年以上七年以下有期徒刑。

## 六、参考案例

### 林志斌徇私舞弊暂予监外执行案[①]

**【要旨】**

司法工作人员收受贿赂，对不符合减刑、假释、暂予监外执行条件的罪犯，予以减刑、假释或者暂予监外执行的，应根据案件的具体情况，依法追究刑事责任。

**【基本案情】**

被告人林志斌。2008 年 11 月 1 日，因涉嫌徇私舞弊暂予监外执行罪被刑事拘留，2008 年 11 月 14 日被逮捕。

2003 年 12 月，高俊宏因犯合同诈骗罪，被北京市东城区人民法院判处有期徒刑十二年，2004 年 1 月入吉林省吉林监狱服刑。服刑期间，高俊宏认识了服刑犯人赵金喜，并请赵金喜为其办理保外就医。赵金喜找到时任吉林监狱第五监区副监区长的被告人林志斌，称高俊宏愿意出钱办理保外就医，让林志斌帮忙把手续办下来。林志斌答应帮助沟通此事。之后赵金喜找到服刑犯人杜迎涛，由杜迎涛配制了能表现出患病症状的药物。在赵金喜的安排下，高俊宏于同年 3 月 24 日服药后“发病”住院。林志斌明知高俊宏伪造病情，仍找到吉林监狱刑罚执行科的王连发（另案处理），让其为高俊宏办理保外就医，并主持召开了对高俊宏提请保外就医的监区干部讨论会。会上，林志斌隐瞒了高俊宏伪造病情的情况，致使讨论会通过了高俊宏的保外就医申请，然后其将高俊宏的保外就医相关材料报到刑罚执行科。其间高俊宏授意其弟高俊卫与赵金喜向林志斌行贿人民币 5 万元（林志斌将其中 3 万元交王连发）。2004 年 4 月

① 此案例选自 2010 年 12 月 31 日最高人民检察院第一批指导性案例，检例第 3 号。

28 日，经吉林监狱呈报，吉林省监狱管理局以高俊宏双肺肺炎、感染性休克、呼吸衰竭，批准高俊宏暂予监外执行一年。同年 4 月 30 日，高俊宏被保外就医。2006 年 5 月 18 日，高俊宏被收监。

**【诉讼过程】**

2008 年 10 月 28 日，吉林省长春市宽城区人民检察院对林志斌涉嫌徇私舞弊暂予监外执行一案立案侦查。2009 年 8 月 4 日，长春市宽城区人民检察院以林志斌涉嫌徇私舞弊暂予监外执行罪向长春市宽城区人民法院提起公诉。2009 年 10 月 20 日，长春市宽城区人民法院作出（2009）宽刑初字第 223 号刑事判决，以被告人林志斌犯徇私舞弊暂予监外执行罪，判处有期徒刑三年。

# 第二节　刑讯逼供罪

## 一、刑法规定

**《中华人民共和国刑法》**（2020 年 12 月 26 日修正）（节录）

**第二百四十七条**　司法工作人员对犯罪嫌疑人、被告人实行刑讯逼供或者使用暴力逼取证人证言的，处三年以下有期徒刑或者拘役。致人伤残、死亡的，依照本法第二百三十四条、第二百三十二条的规定定罪从重处罚。

## 二、犯罪构成

1. 本罪侵犯的客体是犯罪嫌疑人、被告人的人身权利及司法机关的正常活动。

2. 本罪的客观方面表现为司法工作人员对犯罪嫌疑人、被告人使用肉刑或者变相肉刑，逼取口供的行为。本罪的行为对象为犯罪嫌疑人及被告人。所谓肉刑是指对犯罪嫌疑人、被告人的肉体施行暴力，如吊打、捆绑、殴打、使用戒具、刑具以及其他折磨人的肉体的方法。变相肉刑是指对犯罪嫌疑人、被告人使用类似于暴力的摧残和折磨，如冻、饿、晒、烤、不准睡觉等。

3. 本罪的主体是司法工作人员。根据《中华人民共和国刑法》第 94 条规定，本法所称司法工作人员，是指有侦查、检察、审判、监管职责的工作人员。

4. 本罪的主观方面是故意，并有逼取口供的目的。

## 三、立案标准

**最高人民检察院《关于渎职侵权犯罪案件立案标准的规定》**（自2006年7月26日起实施，高检发释字〔2006〕2号）（节录）

刑讯逼供罪是指司法工作人员对犯罪嫌疑人、被告人使用肉刑或者变相肉刑逼取口供的行为。

涉嫌下列情形之一的，应予立案：

1. 以殴打、捆绑、违法使用械具等恶劣手段逼取口供的；

2. 以较长时间冻、饿、晒、烤等手段逼取口供，严重损害犯罪嫌疑人、被告人身体健康的；

3. 刑讯逼供造成犯罪嫌疑人、被告人轻伤、重伤、死亡的；

4. 刑讯逼供，情节严重，导致犯罪嫌疑人、被告人自杀、自残造成重伤、死亡，或者精神失常的；

5. 刑讯逼供，造成错案的；

6. 刑讯逼供3人次以上的；

7. 纵容、授意、指使、强迫他人刑讯逼供，具有上述情形之一的；

8. 其他刑讯逼供应予追究刑事责任的情形。

## 四、重、特大案件标准

**最高人民检察院《人民检察院直接受理立案侦查的渎职侵权重特大案件标准（试行）》**（自2002年1月1日起施行，高检发〔2001〕13号）（节录）

刑讯逼供案

1. 重大案件

（1）致人重伤或者精神失常的；

（2）五次以上或者对五人以上刑迅逼供的；

（3）造成冤、假、错案的。

2. 特大案件

（1）致人死亡的；

（2）七次以上或者对七人以上刑迅逼供的；

（3）致使无辜的人被判处十年以上有期徒刑、无期徒刑、死刑的。

## 五、刑事责任

根据《中华人民共和国刑法》第247条的规定，犯本罪的，处三年以下有期徒刑或者拘役。致人伤残、死亡的，依照本法第234条、第232条的规定从重处罚。

## 六、参考案例

### 林某某刑讯逼供案

被告人林某某，原系某市公安局经侦支队民警。2010年7月13日因涉嫌刑讯逼供罪被逮捕。

2010年6月25日，被告人林某某与市公安局经侦支队其他民警将涉嫌犯合同诈骗罪的犯罪嫌疑人翟某抓获。当日下午，在某市公安局一号审讯室，被告人林某某为获取犯罪嫌疑人翟某的口供，殴打翟某并用香烟烧烫翟某腹部皮肤，致其皮肤烫伤26处。经法医鉴定，翟某腹部多处皮肤烫伤构成轻微伤。

人民法院经审理认为，被告人林某某身为司法工作人员，以殴打和香烟烧烫皮肤等恶劣手段对犯罪嫌疑人逼取口供，其行为已构成刑讯逼供罪，应追究刑事责任。被告人林某某犯罪后自动投案，如实供述了犯罪事实，系自首，依法可从轻或者减轻处罚。被告人林某某自愿认罪，可酌情予以从轻处罚。综合考虑被告人林某某的犯罪情节、造成的危害后果及其认罪悔罪态度，对其可宣告缓刑。人民法院以被告人林某某犯刑讯逼供罪，判处拘役六个月，缓刑一年。

# 第三节 暴力取证罪

## 一、刑法规定

《**中华人民共和国刑法**》（2020 年 12 月 26 日修正）（节录）

**第二百四十七条** 司法工作人员对犯罪嫌疑人、被告人实行刑讯逼供或者使用暴力逼取证人证言的，处三年以下有期徒刑或者拘役。致人伤残、死亡的，依照本法第二百三十四条、第二百三十二条的规定定罪从重处罚。

## 二、犯罪构成

1. 本罪侵犯的客体是证人的人身权利及司法机关的正常活动。

2. 本罪的客观方面表现为司法工作人员使用暴力逼取证人证言的行为。暴力是指施加于证人人身，可以使其身体健康遭受到损害或肉体、精神遭受痛苦的摧残手段，如捆绑、吊打、使用戒具、刑具等。暴力的对象是证人。逼取证人证言是指强迫证人做出证言，包括涉案人员有罪、无罪、罪重、罪轻及其他证言。

3. 本罪的主体是司法工作人员。根据《中华人民共和国刑法》第 94 条规定，本法所称司法工作人员，是指有侦查、检察、审判、监管职责的工作人员。

4. 本罪的主观方面是故意，且具有逼取证言的目的。

## 三、立案标准

**最高人民检察院《关于渎职侵权犯罪案件立案标准的规定》**（自2006年7月26日起实施，高检发释字〔2006〕2号）（节录）

暴力取证罪是指司法工作人员以暴力逼取证人证言的行为。

涉嫌下列情形之一的，应予立案：

1. 以殴打、捆绑、违法使用械具等恶劣手段逼取证人证言的；

2. 暴力取证造成证人轻伤、重伤、死亡的；

3. 暴力取证，情节严重，导致证人自杀、自残造成重伤、死亡，或者精神失常的；

4. 暴力取证，造成错案的；

5. 暴力取证3人次以上的；

6. 纵容、授意、指使、强迫他人暴力取证，具有上述情形之一的；

7. 其他暴力取证应予追究刑事责任的情形。

## 四、重、特大案件标准

**最高人民检察院《人民检察院直接受理立案侦查的渎职侵权重特大案件标准（试行）》**（自2002年1月1日起施行，高检发〔2001〕13号）（节录）

暴力取证案

1. 重大案件

（1）致人重伤或者精神失常的；

（2）五次以上或者对五人以上暴力取证的。

2. 特大案件

（1）致人死亡的；

（2）七次以上或者对七人以上暴力取证的。

## 五、刑事责任

根据《中华人民共和国刑法》第 247 条的规定，犯本罪的，处三年以下有期徒刑或者拘役。致人伤残、死亡的，依照本法第 234 条、第 232 条的规定从重处罚。

## 六、参考案例

### 邹某暴力取证案

被告人邹某，原系某县公安局刑侦警察，因涉嫌暴力取证罪于 1999 年 5 月 21 日被逮捕。

1999 年 1 月 12 日 10 时许，被告人邹某传唤涉嫌故意伤害罪的嫌疑人徐某的妻子陆某到县公安局询问室进行取证询问。在询问结束时，陆某以制作的笔录中部分内容与其叙述不一致为理由要求更正，否则拒绝捺指印，被告人邹某经解释无效，随即朝陆某的胸腹部踢了三脚，并迫使陆某在询问笔录上签名捺指印。陆某倒地后被送医院治疗，经法医鉴定，陆某肋骨骨折构成轻伤二级。

县人民法院经审理后认为，被告人邹某身为司法工作人员，在执行职务中，使用暴力逼取证人证言，其行为已构成暴力取证罪。判处被告人邹某犯暴力取证罪，判处有期徒刑二年，缓刑二年。宣判后，被告人邹某不服，向市中级人民法院提出上诉。

市中级人民法院经过二审审理后认为，原审判决认定事实清楚，证据确实、充分，适用法律正确，审判程序合法。上诉人邹某身为司法工作人员，在调查取证过程中，当场使用暴力逼取证人证言，致使证人轻伤二级的后果，其行为符合暴力取证罪的构成要件，上诉人的上诉理由不能成立。依法作出驳回上诉，维持原判的裁定。

# 第四节　虐待被监管人罪

## 一、刑法规定

《**中华人民共和国刑法**》（2020年12月26日修正）（节录）

**第二百四十八条**　监狱、拘留所、看守所等监管机构的监管人员对被监管人进行殴打或者体罚虐待，情节严重的，处三年以下有期徒刑或者拘役；情节特别严重的，处三年以上十年以下有期徒刑。致人伤残、死亡的，依照本法第二百三十四条、第二百三十二条的规定定罪从重处罚。

监管人员指使被监管人殴打或者体罚虐待其他被监管人的，依照前款的规定处罚。

## 二、犯罪构成

1. 本罪侵犯的客体是被监管人不受虐待的人身权利及监管场所的正常监管秩序。

2. 本罪的客观方面表现为监狱、拘留所、看守所等监管机构的监管人员对被监管人进行殴打或者体罚虐待，情节严重的行为。本罪的行为对象是被依法剥夺、限制人身自由而被监管的人员，既包括犯罪嫌疑人、被告人、罪犯，也包括被行政拘留人员、被司法拘留人员、被强制戒毒人员等。本罪的实行行为是对被监管人进行殴打或者体罚。殴打是指造成被监管人肉体上暂时痛苦的行为。体罚是指以各种非人道方式，造成被监管人肉体、精神痛苦的行为。殴打或者体罚是对本罪“虐待”的本质内涵的列举，殴打以外的对被监管人实行折磨、摧残的行为均可归入体罚虐待。本罪需情节严重才够罪，情节是否严重根据下述的立案标准确定。监管人员指使被监管人殴打或者体罚虐待其他被监管人的，也属于体罚虐待被监管人的行为，情节严重的，以犯罪论。

3. 本罪的主体是监管人员，既包括监狱、看守所、拘留所中的监管人员，也包括强制隔离戒毒所的工作人员。2015 年 2 月 15 日最高人民检察院《关于强制隔离戒毒所工作人员能否成为虐待被监管人罪主体问题的批复》(高检发释字〔2015〕2 号,自 2015 年 2 月 15 日起施行)指出,根据有关法律规定,强制隔离戒毒所是对符合特定条件的吸毒成瘾人员限制人身自由,进行强制隔离戒毒的监管机构,其履行监管职责的工作人员属于刑法第二百四十八条规定的监管人员。对于强制隔离戒毒所监管人员殴打或者体罚虐待戒毒人员,或者指使戒毒人员殴打、体罚虐待其他戒毒人员,情节严重的,应当适用刑法第二百四十八条的规定,以虐待被监管人罪追究刑事责任;造成戒毒人员伤残、死亡后果的,应当依照《刑法》第 234 条、第 232 条的规定,以故意伤害罪、故意杀人罪从重处罚。

4. 本罪的主观方面是故意。

## 三、立案标准

**最高人民检察院《关于渎职侵权犯罪案件立案标准的规定》**(自 2006 年 7 月 26 日起实施,高检发释字〔2006〕2 号)(节录)

虐待被监管人罪是指监狱、拘留所、看守所、拘役所、劳教所等监管机构的监管人员对被监管人进行殴打或者体罚虐待,情节严重的行为。

涉嫌下列情形之一的,应予立案:

1. 以殴打、捆绑、违法使用械具等恶劣手段虐待被监管人的;

2. 以较长时间冻、饿、晒、烤等手段虐待被监管人,严重损害其身体健康的;

3. 虐待造成被监管人轻伤、重伤、死亡的;

4. 虐待被监管人,情节严重,导致被监管人自杀、自残造成重伤、死亡,或者精神失常的;

5. 殴打或者体罚虐待 3 人次以上的;

6. 指使被监管人殴打、体罚虐待其他被监管人,具有上述情形之一的;

7. 其他情节严重的情形。

## 四、重、特大案件标准

**最高人民检察院《人民检察院直接受理立案侦查的渎职侵权重特大案件标准（试行）》**（自2002年1月1日起施行，高检发〔2001〕13号）（节录）

虐待被监管人案

1. 重大案件

（1）致使被监管人重伤或者精神失常的；

（2）对被监管人五人以上或五次以上实施虐待的。

2. 特大案件

（1）致使被监管人死亡的；

（2）对被监管人七人以上或七次以上实施虐待的。

## 五、刑事责任

根据《刑法》第248条的规定，犯本罪的，情节严重的，处三年以下有期徒刑或者拘役；情节特别严重的，处三年以上十年以下有期徒刑。致人伤残、死亡的，依照本法第234条、第232条的规定从重处罚。

监管人员指使被监管人殴打或者体罚虐待其他被监管人的，依照前款规定处罚。

## 六、参考案例

### 冯某某虐待被监管人案

被告人冯某某，原系某监狱警察，因涉嫌犯虐待被监管人罪于2014年3月9日被刑事拘留，同年3月22日被取保候审。

2013年8月一天下午，被告人冯某某因罪犯余某某违纪将其叫至办公室进行教育。被告人冯某某命令罪犯余某某靠墙蹲下，并用电警棍对其电击，罪犯余某某反抗，被告人冯某某遂用手铐将罪犯余某某的双手铐上，并用电警棍电击罪犯余某某前胸、背部等部位。约15分钟后，被告人冯某某将罪犯余某某手铐解开。因罪犯余某某不认错，被告人冯某某又用脚踢踹罪犯余某某肋骨处，致罪犯余某某肋骨骨折，经鉴定为轻伤二级。

2013 年 10 月的一天上午，因罪犯王某等四人在劳役现场相互戏闹，被告人冯某某将罪犯王某等四人叫到劳役车间办公室进行教育，对罪犯王某等四人每人抽打数记耳光，又持电警棍电击罪犯王某等四人颈部、前胸、后背等部位，致罪犯王某等四人皮肤受伤，整个过程持续约 20 分钟。

人民法院经审理认为，被告人冯某某身为监管人员对被监管人员进行殴打、体罚，情节严重，其行为构成虐待被监管人员罪。被告人冯某某能够自愿认罪，积极赔偿被害人的经济损失，取得被害人的谅解，确有悔罪表现，可酌情从轻处罚。根据被告人犯罪的事实、犯罪的性质、情节和对于社会的危害程度，判决被告人冯某某犯虐待被监管人罪，免予刑事处罚。

# 第五节　滥用职权罪

## 一、刑法规定

《**中华人民共和国刑法**》（2020 年 12 月 26 日修正）（节录）

**第三百九十七条**　国家机关工作人员滥用职权或者玩忽职守，致使公共财产、国家和人民利益遭受重大损失的，处三年以下有期徒刑或者拘役；情节特别严重的，处三年以上七年以下有期徒刑。本法另有规定的，依照规定。

国家机关工作人员徇私舞弊，犯前款罪的，处五年以下有期徒刑或者拘役；情节特别严重的，处五年以上十年以下有期徒刑。本法另有规定的，依照规定。

## 二、犯罪构成

1. 本罪侵犯的客体是国家机关的正常管理活动。

2. 本罪的客观方面表现为国家机关工作人员滥用职权，致使公共财产、国家和人民利益遭受重大损失的行为。滥用职权表现为行为人超越职权，违法决定、处理其无权决定、处理的事项，或者违反规定处理公务，致使公共财产、国家和人民利益遭受重大损失的行为。

3. 本罪的主体是国家机关工作人员。最高人民检察院《关于渎职侵权犯罪案件立案标准的规定》（自 2006 年 7 月 26 日起实施，高检发释字〔2006〕2 号）中规定的“国家机关工作人员”，是指在国家机关中从事公务的人员，包括在各级国家权力机关、行政机关、司法机关和军事机关中从事公务的人员。在依照法律、法规规定行使国家行政管理职权的组织中从事公务的人员，或者在受国家机关委托代表国家行使职权的组织中从事公务的人员，或者虽未列入国家机关人员编制但在国家机关中从事公务的人员，在代表国家机关行使职权时，视为国家机关工作人员。在乡（镇）以上中国共产党机关、人民政协机关中从事公务的人员，视为国家机关工作人员。

根据2002年全国人民代表大会常务委员会通过的《关于〈中华人民共和国刑法〉第九章渎职罪主体适用问题的解释》的规定，在依照法律、法规规定行使国家行政管理职权的组织中从事公务的人员，或者在受国家机关委托代表国家机关行使职权的组织中从事公务的人员，或者虽未列入国家机关人员编制但在国家机关中从事公务的人员，在代表国家机关行使职权时，有渎职行为，构成犯罪的，依照刑法关于渎职罪的规定追究刑事责任。

4. 本罪的主观方面是故意。

## 三、立案标准

1. **最高人民检察院《关于渎职侵权犯罪案件立案标准的规定》**（自2006年7月26日起实施，高检发释字〔2006〕2号）（节录）

滥用职权罪是指国家机关工作人员超越职权，违法决定、处理其无权决定、处理的事项，或者违反规定处理公务，致使公共财产、国家和人民利益遭受重大损失的行为。

涉嫌下列情形之一的，应予立案：

1. 造成死亡1人以上，或者重伤2人以上，或者重伤1人、轻伤3人以上，或者轻伤5人以上的；

2. 导致10人以上严重中毒的；

3. 造成个人财产直接经济损失10万元以上，或者直接经济损失不满10万元，但间接经济损失50万元以上的；

4. 造成公共财产或者法人、其他组织财产直接经济损失20万元以上，或者直接经济损失不满20万元，但间接经济损失100万元以上的；

5. 虽未达到3、4两项数额标准，但3、4两项合计直接经济损失20万元以上，或者合计直接经济损失不满20万元，但合计间接经济损失100万元以上的；

6. 造成公司、企业等单位停业、停产6个月以上，或者破产的；

7. 弄虚作假，不报、缓报、谎报或者授意、指使、强令他人不报、缓报、谎报情况，导致重特大事故危害结果继续、扩大，或者致使抢救、调查、处理工作延误的；

8. 严重损害国家声誉，或者造成恶劣社会影响的；

9. 其他致使公共财产、国家和人民利益遭受重大损失的情形。

国家机关工作人员滥用职权，符合刑法第九章所规定的特殊渎职罪构成要件的，按照该特殊规定追究刑事责任；主体不符合刑法第九章所规定的特殊渎职罪的主体要件，但滥用职权涉嫌前款第 1 项至第 9 项规定情形之一的，按照刑法第 397 条的规定以滥用职权罪追究刑事责任。

注：根据 2013 年 1 月 9 日最高人民法院、最高人民检察院《关于办理渎职刑事案件适用法律若干问题的解释（一）》的规定，本规定中滥用职权中的 1 –5 不再适用。

**2. 最高人民法院、最高人民检察院《关于办理渎职刑事案件适用法律若干问题的解释（一）》**（法释〔2012〕18 号）（节录）

**第一条**　国家机关工作人员滥用职权或者玩忽职守，具有下列情形之一的，应当认定为刑法第三百九十七条规定的“致使公共财产、国家和人民利益遭受重大损失”：

（一）造成死亡 1 人以上，或者重伤 3 人以上，或者轻伤 9 人以上，或者重伤 2 人、轻伤 3 人以上，或者重伤 1 人、轻伤 6 人以上的；

（二）造成经济损失 30 万元以上的；

（三）造成恶劣社会影响的；

（四）其他致使公共财产、国家和人民利益遭受重大损失的情形。

具有下列情形之一的，应当认定为刑法第三百九十七条规定的“情节特别严重”：

（一）造成伤亡达到前款第（一）项规定人数 3 倍以上的；

（二）造成经济损失 150 万元以上的；

（三）造成前款规定的损失后果，不报、迟报、谎报或者授意、指使、强令他人不报、迟报、谎报事故情况，致使损失后果持续、扩大或者抢救工作延误的；

（四）造成特别恶劣社会影响的；

（五）其他特别严重的情节。

**第十条**　最高人民法院、最高人民检察院此前发布的司法解释与本解释不一致的，以本解释为准。

## 四、重、特大案件标准

**最高人民检察院《人民检察院直接受理立案侦查的渎职侵权重特大案件标准（试行)》**（自2002年1月1日起施行，高检发〔2001〕13号）（节录）

滥用职权案

1. 重大案件

（1）致人死亡二人以上，或者重伤五人以上，或者轻伤十人以上的；

（2）造成直接经济损失五十万元以上的。

2. 特大案件

（1）致人死亡五人以上，或者重伤十人以上，或者轻伤二十人以上的；

（2）造成直接经济损失一百万元以上的。

## 五、刑事责任

根据《中华人民共和国刑法》第397条的规定，犯本罪的，处三年以下有期徒刑或者拘役；情节特别严重的，处三年以上七年以下有期徒刑。本法另有规定的，依照规定。

国家机关工作人员徇私舞弊，犯前款罪的，处五年以下有期徒刑或者拘役；情节特别严重的，处五年以上十年以下有期徒刑。本法另有规定的，依照规定。

## 六、参考案例

### 赵某某滥用职权案

被告人赵某某，原系某监狱警察，因涉嫌滥用职权罪于2016年10月24日被刑事拘留，同年10月29日被取保候审。

2012年10月至2013年10月，被告人赵某某在某监狱内看守大队任看守员期间，多次接受罪犯沈某往监狱内贩运酒、肉、豆油、蔬菜等物品的请托，收受罪犯沈某给予的好处费人民币9000元。2014年9月，被告人赵某某在该监狱狱侦处任职期间，接受罪犯张某某的请托，先后分多次将现金捎带进监狱交给罪犯张某某，共计人民币 25000 元左右。被告人赵某某从中获取好处费人民币 1000 元。2014 年中秋节前夕，被告人赵某某接受罪犯鲍某购买白酒、香烟的请托，先后多次为其购买白酒及香烟，赵某某将上述白酒、香烟分多次捎带进监狱交给罪犯鲍某，收受罪犯鲍某给予的人民币 1500 元。2014 年至 2015 年 1 月期间，被告人赵某某利用职务之便，多次违规为罪犯孙某某往监狱内捎带对讲机、MP4、数据线、耳机等电子产品以及食品等。

人民法院经审理认为，被告人赵某某身为国家工作人员，滥用职权，多次违规为罪犯向监狱内捎带违禁品，致使该监狱部分罪犯在监内持有大量违禁物品，并被媒体报道，造成严重的不良社会影响，其行为已构成滥用职权罪。被告人赵某某系自首，且积极退赃，确有悔改表现，依法可从轻处罚。根据被告人犯罪的事实，犯罪的性质、情节和对于社会的危害程度，以被告人赵某某犯滥用职权罪，判处有期徒刑一年，缓刑一年；赃款人民币 11500 元予以没收，上缴国库。

# 第六节　玩忽职守罪

## 一、刑法规定

《**中华人民共和国刑法**》（2020 年 12 月 26 日修正）（节录）

**第三百九十七条**　国家机关工作人员滥用职权或者玩忽职守，致使公共财产、国家和人民利益遭受重大损失的，处三年以下有期徒刑或者拘役；情节特别严重的，处三年以上七年以下有期徒刑。本法另有规定的，依照规定。

国家机关工作人员徇私舞弊，犯前款罪的，处五年以下有期徒刑或者拘役；情节特别严重的，处五年以上十年以下有期徒刑。本法另有规定的，依照规定。

## 二、犯罪构成

1. 本罪侵犯的客体是国家机关的正常管理活动。

2. 本罪的客观方面表现为国家机关工作人员严重不负责任，不履行或者不认真履行职责，致使公共财产、国家和人民利益遭受重大损失的行为。玩忽职守是指严重不负责任，在工作中草率马虎，不履行或者不认真履行职责。不履行职责是指行为人违背职责要求，没有履行根据职责应当履行的职责。不正确履行职责是指违背职责要求，不按照法定的条件、程序和方式履行职责。本罪要求因玩忽职守，致使公共财产、国家和人民利益遭受重大损失。

3. 本罪的主体是国家机关工作人员。最高人民检察院《关于渎职侵权犯罪案件立案标准的规定》（自 2006 年 7 月 26 日起实施，高检发释字〔2006〕2 号）中规定的“国家机关工作人员”，是指在国家机关中从事公务的人员，包括在各级国家权力机关、行政机关、司法机关和军事机关中从事公务的人员。在依照法律、法规规定行使国家行政管理职权的组织中从事公务的人员，或者在受国家机关委托代表国家行使职权的组织中从事公务的人员，或者虽未列入国家机关人员编制但在国家机关中从事公务的人员，在代表国家机关行使职权时，视为国家机关工作人员。在乡（镇）以上中国共产党机关、人民政协机关中从事公务的人员，视为国家机关工作人员。

根据2002年全国人民代表大会常务委员会通过的《关于〈中华人民共和国刑法〉第九章渎职罪主体适用问题的解释》的规定，在依照法律、法规规定行使国家行政管理职权的组织中从事公务的人员，或者在受国家机关委托代表国家机关行使职权的组织中从事公务的人员，或者虽未列入国家机关人员编制但在国家机关中从事公务的人员，在代表国家机关行使职权时，有渎职行为，构成犯罪的，依照刑法关于渎职罪的规定追究刑事责任。

根据2000年10月9日最高人民检察院《关于合同制民警能否成为玩忽职守罪主体问题的批复》（高检发研字〔2000〕20号），根据《刑法》第93条第2款的规定，合同制民警在依法执行公务期间，属其他依照法律从事公务的人员，应以国家机关工作人员论。对合同制民警在依法执行公务活动中的玩忽职守行为，符合《刑法》第397条规定的玩忽职守罪构成条件的，依法以玩忽职守罪追究刑事责任。

4. 本罪的主观方面是过失。

## 三、立案标准

1. **最高人民检察院《关于渎职侵权犯罪案件立案标准的规定》**（自2006年7月26日起实施，高检发释字〔2006〕2号）

玩忽职守罪是指国家机关工作人员严重不负责任，不履行或者不认真履行职责，致使公共财产、国家和人民利益遭受重大损失的行为。

涉嫌下列情形之一的，应予立案：

1. 造成死亡1人以上，或者重伤3人以上，或者重伤2人、轻伤4人以上，或者重伤1人、轻伤7人以上，或者轻伤10人以上的；

2. 导致20人以上严重中毒的；

3. 造成个人财产直接经济损失15万元以上，或者直接经济损失不满15万元，但间接经济损失75万元以上的；

4. 造成公共财产或者法人、其他组织财产直接经济损失30万元以上，或者直接经济损失不满30万元，但间接经济损失150万元以上的；

5. 虽未达到3、4两项数额标准，但3、4两项合计直接经济损失30万元以上，或者合计直接经济损失不满30万元，但合计间接经济损失150万元以上的；

6. 造成公司、企业等单位停业、停产1年以上，或者破产的；

7. 海关、外汇管理部门的工作人员严重不负责任，造成100万美元以上外汇被骗购或者逃汇1000万美元以上的；

8. 严重损害国家声誉，或者造成恶劣社会影响的；

9. 其他致使公共财产、国家和人民利益遭受重大损失的情形。

国家机关工作人员玩忽职守，符合刑法第九章所规定的特殊渎职罪构成要件的，按照该特殊规定追究刑事责任；主体不符合刑法第九章所规定的特殊渎职罪的主体要件，但玩忽职守涉嫌前款第1项至第9项规定情形之一的，按照刑法第397条的规定以玩忽职守罪追究刑事责任。

注：根据2013年1月9日最高人民法院、最高人民检察院《关于办理渎职刑事案件适用法律若干问题的解释（一）》的规定，本规定中玩忽职守罪中的1~5、7不再适用。

**2. 最高人民法院、最高人民检察院《关于办理渎职刑事案件适用法律若干问题的解释（一）》**（法释〔2012〕18号）（节录）

**第一条** 国家机关工作人员滥用职权或者玩忽职守，具有下列情形之一的，应当认定为刑法第三百九十七条规定的“致使公共财产、国家和人民利益遭受重大损失”：

（一）造成死亡1人以上，或者重伤3人以上，或者轻伤9人以上，或者重伤2人、轻伤3人以上，或者重伤1人、轻伤6人以上的；

（二）造成经济损失30万元以上的；

（三）造成恶劣社会影响的；

（四）其他致使公共财产、国家和人民利益遭受重大损失的情形。

具有下列情形之一的，应当认定为刑法第三百九十七条规定的“情节特别严重”：

（一）造成伤亡达到前款第（一）项规定人数3倍以上的；

（二）造成经济损失150万元以上的；

（三）造成前款规定的损失后果，不报、迟报、谎报或者授意、指使、强令他人不报、迟报、谎报事故情况，致使损失后果持续、扩大或者抢救工作延误的；

（四）造成特别恶劣社会影响的；

（五）其他特别严重的情节。

**第十条** 最高人民法院、最高人民检察院此前发布的司法解释与本解释不一致的，以本解释为准。

## 四、重、特大案件标准

**最高人民检察院《人民检察院直接受理立案侦查的渎职侵权重特大案件标准（试行）》**（自2002年1月1日起施行，高检发〔2001〕13号）（节录）

玩忽职守案

1. 重大案件

（1）致人死亡三人以上，或者重伤十人以上，或者轻伤十五人以上的；

（2）造成直接经济损失一百万元以上的。

2. 特大案件

（1）致人死亡七人以上，或者重伤十五人以上，或者轻伤三十人以上的；

（2）造成直接经济损失二百万元以上的。

## 五、刑事责任

根据《中华人民共和国刑法》第397条的规定，犯本罪的，处三年以下有期徒刑或者拘役；情节特别严重的，处三年以上七年以下有期徒刑。本法另有规定的，依照规定。

国家机关工作人员徇私舞弊，犯前款罪的，处五年以下有期徒刑或者拘役；情节特别严重的，处五年以上十年以下有期徒刑。本法另有规定的，依照规定。

## 六、参考案例

### 裘某玩忽职守案

被告人裘某，原系某监狱警察，因涉嫌玩忽职守罪于2015年10月12日被取保候审。

2015年8月11日15时30分至8月12日7时30分，被告人裘某主要负责菜窖劳役现场的监管与巡查。被告人裘某没有按照干警值班的相关规定履行亲自点名、全面巡查等制度。当日两次整点清点罪犯人数时，由罪犯代为行使点名职责，其未对人数进行核实即在点名簿上签字；值班期间未曾到罪犯谢某的劳役地点即菜窖内进行巡查，致使在此处从事劳役的罪犯处于失管状态。17时15分许，在菜窖内劳役的罪犯陆续离开菜窖，发现缺少罪犯谢某后便开始寻找，并于17时21分许向被告人裘某报告。后其他罪犯进入菜窖寻找，在菜窖内发现罪犯谢某自缢，经抢救无效死亡。经法医鉴定，罪犯谢某的死亡符合缢死。

人民法院经审理认为，被告人裘某身为国家工作人员，在值班期间，未亲自点名，未在劳役场所认真履行监管职责，造成罪犯处于失管状态，罪犯谢某在此期间自杀死亡，其行为已构成玩忽职守罪。鉴于被告人裘某犯罪后能够如实供述自己的罪行，依法可以对其从轻处罚。由于被告人犯罪情节轻微，依法可以免于刑事处罚。根据被告人犯罪的事实，犯罪的性质、情节和对于社会的危害程度，判决被告人裘某犯玩忽职守罪，免于刑事处罚。

# 第七节　私放在押人员罪

## 一、刑法规定

《**中华人民共和国刑法**》（2020 年 12 月 26 日修正）（节录）

**第四百条**　司法工作人员私放在押的犯罪嫌疑人、被告人或者罪犯的，处五年以下有期徒刑或者拘役；情节严重的，处五年以上十年以下有期徒刑；情节特别严重的，处十年以上有期徒刑。

## 二、犯罪构成

1. 本罪侵犯的客体是国家司法机关工作人员监管职责的正确性及对犯罪嫌疑人、被告人、罪犯的羁押、监管制度。

2. 本罪的客观方面表现为司法工作人员利用职务便利实施私放在押的犯罪嫌疑人、被告人、罪犯的行为。其中“私放”是指行为人违反规定将在押的犯罪嫌疑人、被告人、罪犯予以释放的行为，私放可以是主动为之也可以是受到胁迫或者威胁下的行为。“在押人员”包括被关押在监管场所的人员以及在押解途中的人员。本罪的行为对象是在押的犯罪嫌疑人、被告人、罪犯。被行政拘留、司法拘留的人员不属于本罪的行为对象。本罪的行为方式可以是作为也可以是不作为，包括伪造、变造相关的法律文书、证明文件私自将在押的犯罪嫌疑人、被告人、罪犯放走，也包括明知在押的犯罪嫌疑人、被告人、罪犯脱逃而不阻拦、不追捕导致其脱逃的。

3. 本罪的主体是司法工作人员。根据《中华人民共和国刑法》第九十四条规定，本法所称司法工作人员，是指有侦查、检察、审判、监管职责的工作人员。

根据 2001 年 3 月 2 日最高人民检察院《关于工人等非监管机关在编监管人员私放在押人员和失职致使在押人员脱逃行为适用法律问题的解释》（高检发释字〔2001〕2 号），工人等非监管机关在编监管人员在被监管机关聘用受委托履行监管职责的过程中私放在押人员的，应当依照刑法第四百条第一款的规定，以私放在押人员罪追究刑事责任；由于严重不负责任，致使在押人员脱逃，造成严重后果的，应当依照刑法第四百条第二款的规定，以失职致使在押人员脱逃罪追究刑事责任。

4. 本罪的主观方面是故意。

## 三、立案标准

**最高人民检察院《关于渎职侵权犯罪案件立案标准的规定》**（自2006年7月26日起实施，高检发释字〔2006〕2号）

私放在押人员罪是指司法工作人员私放在押（包括在羁押场所和押解途中）的犯罪嫌疑人、被告人或者罪犯的行为。

涉嫌下列情形之一的，应予立案：

1. 私自将在押的犯罪嫌疑人、被告人、罪犯放走，或者授意、指使、强迫他人将在押的犯罪嫌疑人、被告人、罪犯放走的；

2. 伪造、变造有关法律文书、证明材料，以使在押的犯罪嫌疑人、被告人、罪犯逃跑或者被释放的；

3. 为私放在押的犯罪嫌疑人、被告人、罪犯，故意向其通风报信、提供条件，致使该在押的犯罪嫌疑人、被告人、罪犯脱逃的；

4. 其他私放在押的犯罪嫌疑人、被告人、罪犯应予追究刑事责任的情形。

## 四、重、特大案件标准

**最高人民检察院《人民检察院直接受理立案侦查的渎职侵权重特大案件标准（试行）》**（自2002年1月1日起施行，高检发〔2001〕13号）

私放在押人员案

1. 重大案件

（1）私放三人以上的；

（2）私放可能判处有期徒刑十年以上或者余刑在五年以上的重大刑事犯罪分子的；

（3）在押人员被私放后又实施重大犯罪的。

2. 特大案件

（1）私放五人以上的；

（2）私放可能判处无期徒刑以上的重大刑事犯罪分子的；

（3）在押人员被私放后又犯罪致人死亡的。

## 五、刑事责任

根据《刑法》第400条第1款的规定，犯本罪的，处五年以下有期徒刑或者拘役；情节特别严重的，处五年以上十年以下有期徒刑。情节特别严重的，处十年以上有期徒刑。

## 六、参考案例

### 戴某私放在押人员案

被告人戴某，原系某县公安局看守所警察，因涉嫌私放在押人员罪于2004年10月13日被取保候审。

被告人李某，原系某县公安局看守所警察，因涉嫌私放在押人员罪于2004年10月13日被取保候审。

2004年8月17日，被告人戴某、李某与县公安局干警梁某、乔某等四人押解罪犯章某某、罪犯柳某某至市第一监狱入监服刑。当日，省人民医院对罪犯章某某、罪犯柳某某进行了体检，发现罪犯章某某、罪犯柳某某患有传染性疾病，市第一监狱以此为由，拒绝接收两名罪犯。当日，被告人戴某、李某与干警梁某、乔某将罪犯章某某、罪犯柳某某押解回县公安局看守所，车行半路，干警梁某、乔某等二人因需办事，中途下车。当被告人戴某、李某押解罪犯到达县城后，罪犯章某某、罪犯柳某某以病痛难忍需回家治疗为由，请求被告人戴某、李某放其回家居住，被告人戴某、李某认为两名罪犯患有疾病，监狱不收，便同意两名罪犯回家居住治疗。9月16日，罪犯章某某、罪犯柳某某被县公安局看守所收监。

某县人民法院经过审理认为，被告人戴某、李某身为公安人员，担负着维护社会稳定，打击刑事犯罪的重任，本应模范地遵守国家的法律法规，但其却置法律于不顾，明知罪犯章某某、罪犯柳某某是在押人员，却私自将其放回家，其行为均已构成私放在押人员罪。罪犯章某某、罪犯柳某某脱离监管期间，没有重新犯罪，即被告人戴某、李某的行为没有给社会造成危害，在量刑时，应酌情予以考虑。判处被告人戴某犯私放在押人员罪，判处拘役六个月，缓刑一年；判处被告人李某犯私放在押人员罪，判处拘役六个月，缓刑一年。一审判决作出后，被告人戴某、李某不服，向市中级人民法院提出上诉。

市中级人民法院经审理认为，被告人戴某、李某利用职务上的便利，私自将罪犯放回家，脱离看守所的监管，其行为已构成私放在押人员罪。原判法院认定事实清楚、证据确实充分，定性准确，适用法律正确，上诉人的上诉理由不能成立。依法作出驳回上诉，维持原判的裁定。

# 第八节　失职致使在押人员脱逃罪

## 一、刑法规定

**《中华人民共和国刑法》**（2020 年 12 月 26 日修正）（节录）

**第四百条**　……

司法工作人员由于严重不负责任，致使在押的犯罪嫌疑人、被告人或者罪犯脱逃，造成严重后果的，处三年以下有期徒刑或者拘役；造成特别严重后果的，处三年以上十年以下徒刑。

## 二、犯罪构成

1. 本罪侵犯的客体是国家司法机关工作人员监管职责的正确性及对犯罪嫌疑人、被告人、罪犯的羁押、监管制度。

2. 本罪的客观方面表现为司法工作人员由于严重不负责任，致使在押的犯罪嫌疑人、被告人或者罪犯脱逃，造成严重后果的。“严重不负责任”是指司法工作人员在行使羁押、监管职责工作中掉以轻心、草率马虎，不依法认真履行监管在押人员的职责。“在押人员”包括被关押在监管场所的人员以及在押解途中的人员。

3. 本罪的主体是司法工作人员。根据《中华人民共和国刑法》第 94 条规定，本法所称司法工作人员，是指有侦查、检察、审判、监管职责的工作人员。

根据 2001 年 3 月 2 日最高检《关于工人等非监管机关在编监管人员私放在押人员和失职致使在押人员脱逃行为适用法律问题的解释》（高检发释字〔2001〕2 号）工人等非监管机关在编监管人员在被监管机关聘用受委托履行监管职责的过程中私放在押人员的，应当依照刑法第四百条第一款的规定，以私放在押人员罪追究刑事责任；由于严重不负责任，致使在押人员脱逃，造成严重后果的，应当依照刑法第四百条第二款的规定，以失职致使在押人员脱逃罪追究刑事责任。

4. 本罪的主观方面是过失。

## 三、立案标准

**最高人民检察院《关于渎职侵权犯罪案件立案标准的规定》**（自2006年7月26日起实施，高检发释字〔2006〕2号）（节录）

失职致使在押人员脱逃罪是指司法工作人员由于严重不负责任，不履行或者不认真履行职责，致使在押（包括在羁押场所和押解途中）的犯罪嫌疑人、被告人、罪犯脱逃，造成严重后果的行为。

涉嫌下列情形之一的，应予立案：

1. 致使依法可能判处或者已经判处10年以上有期徒刑、无期徒刑、死刑的犯罪嫌疑人、被告人、罪犯脱逃的；

2. 致使犯罪嫌疑人、被告人、罪犯脱逃3人次以上的；

3. 犯罪嫌疑人、被告人、罪犯脱逃以后，打击报复报案人、控告人、举报人、被害人、证人和司法工作人员等，或者继续犯罪的；

4. 其他致使在押的犯罪嫌疑人、被告人、罪犯脱逃，造成严重后果的情形。

## 四、重、特大案件标准

**最高人民检察院《人民检察院直接受理立案侦查的渎职侵权重特大案件标准（试行）》**（自2002年1月1日起施行，高检发〔2001〕13号）（节录）

失职致使在押人员脱逃案

1. 重大案件

（1）致使脱逃五人以上的；

（2）致使可能判处无期徒刑或者死刑缓期二年执行的重大刑事犯罪分子脱逃的；

（3）在押人员脱逃后实施重大犯罪致人死亡的。

2. 特大案件

（1）致使脱逃十人以上的；

（2）致使可能判处死刑的重大刑事犯罪分子脱逃的；

（3）在押人员脱逃后实施重大犯罪致人死亡二人以上的。

## 五、刑事责任

根据《刑法》第400条第2款的规定，犯本罪造成严重后果的，处三年以下有期徒刑或者拘役；造成特别严重后果的，处三年以上十年以下有期徒刑。

## 六、参考案例

### 张某、赵某失职致使在押人员脱逃案

被告人张某，原系某监狱警察，因涉嫌失职致使在押人员脱逃罪于2011年11月4日被刑事拘留，2011年11月9日被逮捕。

被告人赵某，原系某监狱警察，因涉嫌失职致使在押人员脱逃罪于2011年11月7日被刑事拘留，2011年11月11日被逮捕。

被告人张某和被告人赵某于2011年10月18日起受所在监区指派与其他干警轮流戒护因患心脏病在市医院住院治疗的原判无期徒刑的罪犯薄某某。10月27日由被告人张某、赵某值班戒护。当日9时许，被告人张某独自一人接班并未按照规定着警装，被告人赵某因身体不适未到岗值班，且没有向监区领导请假。15时许，罪犯薄某某谎称去门诊检查，被告人张某在未对罪犯薄某某加戴戒具的情况下，将罪犯薄某某带到一楼，导致罪犯薄某某被事先电话勾结的社会人员开车接应逃走，罪犯薄某某于2011年11月8日被公安机关抓获。

人民法院经审理认为，被告人张某、赵某身为司法工作人员，由于严重不负责任致使被判处无期徒刑的罪犯脱逃，其行为均已构成失职致使在押人员脱逃罪，应依法惩处。鉴于被告人张某、赵某自愿认罪，且犯罪情节轻微，依法均可以免除处罚。根据被告人犯罪的事实，犯罪的性质、情节和对于社会的危害程度判处被告人张某犯失职致使在押人员脱逃罪，免于刑事处罚；判处被告人赵某犯失职致使在押人员脱逃罪，免于刑事处罚。